조조의 병법경영

조조의 병법경영

발행일 1쇄 2012년 10월 20일
지은이 신동준 **펴낸이** 여국동

펴낸곳 도서출판 인간사랑
출판등록 1983. 1. 26. 제일-3호
주소 경기도 고양시 일산동구 백석동 1178-1번지 2층
전화 031)901-8144(대표) | 977-3073(영업부) | 907-2003(편집부)
팩스 031)905-5815
전자우편 igsr@naver.com | igsr@yahoo.co.kr
블로그 http://blog.naver.com/igsr
인쇄 인성인쇄 **출력** 현대미디어 **종이** 세원지업사

값 19,000원
ISBN 978-89-7418-067-6 03320

조조의 병법경영

신동준 지음

인간사랑

|저자 서문|

삼국시대는 춘추전국시대와 더불어 대표적인 난세에 해당한다. 당시 세상은 마치 실타래가 마구 뒤엉킨 것과 같았다. 근원적인 해결은 단칼에 엉킨 실타래를 베어버리는 길밖에 없었다. 엉킨 실타래는 군웅할거를 뜻한다. 백성들에게는 지옥이었다. 조조와 유비 및 손권이 제폭구민除暴救民을 기치로 내걸고 자웅을 겨룬 이유다. 이들의 리더십은 각기 뛰어난 장점이 있었다. 오늘날에도 귀감이 될 만하다.

그러나 이들 가운데 조조가 가장 뛰어나다. 기존의 가치와 관행에 얽매이지 않는 창조적인 발상, 능력위주의 인재등용과 적재적소 활용, 파격적인 포상과 일벌백계의 신상필벌, 때가 왔을 때 우물쭈물하지 않는 과감한 결단 등이 그렇다. 나관중은 『삼국연의』에서 조조를 난세의 간웅으로 그려놓았으나 진수의 정사 『삼국지』와 사마광의 『자치통감』은 오히려 난세의 영웅으로 칭송해 놓았다. 불행히도 세상에는

『삼국연의』만이 널리 유포됐다. 조조가 오랫동안 난세의 간웅으로 매도된 배경이다. '신 중국제국'이 들어선 뒤에도 별반 다를 게 없었다. 중국의 초대 사회과학원장을 지낸 곽말약은 이같이 일갈했다.

"후한의 조정은 외척과 환관들의 온갖 비행으로 인해 부도덕한 지배층의 소굴에 지나지 않았다. 이런 자들을 골아낸 게 어찌 찬역인가? 조조는 부패하고 무능한 한나라를 대신해 위나라를 세우고, 경제를 부흥시켰고, 한나라를 재건하겠다는 백일몽에 빠진 유비 등의 야심가들과 싸웠다. 그는 탁월한 정치가였고, 우수한 전략가였고, 백성들의 아픔을 아는 진정한 황제였다!"

경서와 사서를 두루 꿴 조조는 시문에도 밝았다. 험한 산과 깊은 물을 건널 때 시흥이 일면 곧바로 시를 지었다. 건안문학建安文學을 창도한 배경이다. 평생을 전쟁터에서 보낸 조조가 가장 관심을 기울인 것은 병서였다. 그가 펴낸『손자약해孫子略解』가 현재 우리가 읽고 있는『손자병법』이다. 21세기에 들어와 시간이 갈수록 조조의 리더십이 더욱 각광을 받는 것도 이와 무관치 않을 것이다.

『손자병법』의 원저자는 춘추시대 말기 오자서와 함께 오왕 합려를 섬겨 패업을 이룬 명장 손무孫武로 알려져 왔으나 예로부터 논란이 많다. 객관적으로 볼 때 손무는 가공의 인물에 가깝다. 가장 권위 있는 사서인『춘추좌전』에 오직 오자서의 이름만 나오고 그의 이름이 전혀 나오지 않기 때문이다. 손빈의 이름에서 손孫을 따오고 병법을 상징하는 무武 자를 덧붙여 창작해낸 이름이라는 주장이 그럴듯하다.『손자병법』 역시 고대로부터 전해져 내려온 병서를 정리한 것으로 보는 게 합리적이다. 실제로 춘추전국시대에 저자를 알 수 없는 무수한 병서가 만들어졌다.『춘추좌전』에는 고대의 병서『군지軍志』의 명칭이 나온다. 무명인의 저서이다. 『손자병법』에도 저자의 이름을 알 길이 없는 고대 병서 『군정軍政』의 명칭이 나온다.

현재 대다수 중국인들은 불후의 명저인 『손자병법』이 가공의 인물에 의해 편제되었다는 사실을 인정하고 싶지 않은 까닭에 이런 주장을 무시하고 있다. 학계도 별반 다를 게 없다. 그러나 손무를 가공의 인물로 볼지라도 결코 『손자병법』의 위대한 면모가 약화되는 것은 아니다. 조조도 『손자약해』를 펴내면서 『손자병법』이야말로 천고의 병서라고 극찬한 바 있다.

『사기』「손자오기열전」은 『손자병법』이 원래 13편이라고 했으나 『한서』「예문지」는 82편으로 기록해 놓았다. 전한 초기에서 후한 초기에 이르는 사이 옥석이 마구 뒤섞인 결과다. 조조는 기왕의 82편 가운데 번잡한 것은 삭제하고 정수만을 추려 13편으로 다시 펴냈다. 이것이 사마천이 본 원래의 『손자병법』인지 여부는 확인할 길이 없다. 『사기』에 13편의 편목이 실려 있지 않기 때문이다. 사실상 조조가 『손자병법』을 새롭게 편찬한 것이나 다름없다.

조조는 생전에 주석서인 『손자약해』 3권을 비롯해 『속손자병법』 2권과 『병법접요』 3권, 『병서약요』 9권 등 총 24권에 달하는 방대한 병서를 저술했다. 역사상 이처럼 많은 병서를 지은 사람은 없다. 오늘날 『손자병법』이 동서고금을 통틀어 최고의 병서로 인정받게 된 데에는 그의 공이 크다. 그럼에도 기왕에 나와 있는 『손자병법』 관련 주석서와 개발서 대부분이 조조의 주석을 빼놓고 있다. 『한비자』「외저설 좌상」에서 알맹이 없는 세론을 두고 구슬은 빼놓은 채 구슬상자만 파는 소위 매독환주買櫝還珠로 비유한 것과 닮았다. 필자가 이번에 조조의 주석만을 토대로 본서를 펴낸 이유다. 원전인 『손자약해』로 돌아가

병법의 진수를 찾아내고자 한 것이다.

『손자약해』를 관통하는 전략전술은 허허실실의 임기응변臨機應變으로 요약할 수 있다. 조조는 임기응변의 대가였다. 기존의 가치와 관행을 과감히 깨는 이른바 '파탈擺脫의 미학'을 터득한 덕분이다. 평시에 파탈의 행보를 보이면 비난의 대상이 될 수 있다. 왕조시대에는 자칫 역도로 몰려 목숨을 부지하지 못할 수도 있다. 그러나 난세는 다르다. 위기를 전화위복의 계기로 만들 수 있는 발상의 전환이 필요하다. 능히 새 왕조를 창업할 수도 있다. 21세기의 살벌한 경제전쟁 상황에도 예외 없이 적용된다. '스마트 시대'를 창도해 세계 제1의 글로벌 기업으로 우뚝 선 애플 제국이 그 실례다.

'파탈의 미학'에 입각한 창업이 가능한 근원이 바로 임기응변의 전략전술이다. 본서가 언급한 20가지 전략이 도두 임기응변의 구체적인 실천지침에 해당한다. 실전에서 구사되는 임기응변의 관건은 기왕의 전례戰例와 전법戰法에 얽매이지 않는 데 있다. 마치 입신의 경지에 이른 바둑의 고수들이 실전에서 정석을 버리는 것과 같다. 지난 2007년 《파이낸셜 타임스》 선정 최고의 경영도서 『업사이드』를 펴낸 와이먼도 유사한 취지의 말을 했다. 2012년 4월 국내 한 언론사의 주간경제 섹션 '위클리 비즈'와 가진 인터뷰 내용이다.

"불황타령은 사치이다. 똑같은 제품을 만드는데 어떤 회사는 '대박'이 나고 어떤 회사는 '쪽박'을 판다. 소니는 킨들의 선구격인 제품을 내놓으면서 출판사 1백 곳으로부터 수천 권에 대한 판권만 동의를 받았지만 뒤늦게 뛰어든 아마존은 출판사 네트워크를 총동원해 8만 권이 넘는 콘텐츠를 확보해 시장을 석권했다. 『손자병법』의 가르침을 좇은 결과다. 『손자병법』은 확실한 정보를 제공하는 네트워크가 없으면 많은 병사가 목숨을 잃게 된다고 했다."

'네트워크' 운운은 조조가 『손자약해』에서 시종 역설하고 있는 임기응변을 달리 표현한 것이다. 조조는 『손자약해』「시계」에서 임기응변을 이같이 풀이해 놓았다.

"병법에 고정된 본보기는 없다. 임기응변으로 적을 속여 이기는 게 요체이다. 용병은 늘 상황변화에 따라 임기응변해야 하는 만큼 고정된 형세가 없다. 마치 물이 지형에 따라 자유자재로 모습을 바꿔가며 흐르는 것과 같다. 실전에 구사되는 무궁무진한 임기응변의 이치를 어떤 고정된 이론으로 정립해 미리 전수할 수 없다고 하는 이유다."

승패의 관건이 곧 궤사詭詐이고, 궤사의 요체가 곧 임기응변임을 지적한 것이다. 많은 사람들이 이를 간계奸計로 해석하고 있으나 이는 반만 맞는 말이다. 적군의 입장에서 볼 때는 간계인 것이 맞다. 그러나 아군 측에서 볼 때 이는 필승의 계책에 해당한다. 조조가 말한 '궤사'는 임기응변으로 구사되는 모든 종류의 계책을 총칭한 것이다.

그러나 이론과 실전은 다르다. 병법의 대가인 조조도 적벽대전과 한중대전에서 방심하는 바람에 다 이긴 싸움을 놓쳤다. 자만심이 화근이었다. 훗날 모택동은 이를 반면교사로 삼아 G1 미국의 지원을 받는 장개석을 대륙에서 완전히 몰아낼 때까지 잠시도 긴장의 끈을 늦추지 않았다. 21세기에 들어와 G2의 일원이 된 '신 중화제국'의 창업주가 된 배경이다. 승승장구하고 있는 삼성과 현대기아차 등이 스스로에게 주마가편走馬加鞭의 채찍을 들이대는 것도 같은 맥락이다.

무한경쟁의 국가 총력전으로 치닫고 있는 21세기 스마트 시대의 경제전쟁 양상도 삼국시대의 난세상황과 하등 다를 바가 없다. 실제로 삼성과 애플의 격돌, 현대기아차와 도요타자동차의 접전 등 한국의 대표적인 글로벌 기업이 세계시장에서 벌이고 있는 모든 싸움은 삼국시대의 관도대전과 적벽대전, 한중대전, 이릉대전 등을 방불하고 있다.

조조는 제폭구민의 기치를 높이 내건 후 죽을 때까지 40여 년 동안 줄곧 모든 상황이 급변하는 전쟁터에서 살았다. 전쟁터는 실수를 용납지 않는다. 조조가 『손자약해』를 펴낸 이유다. 와이먼이 증언하고 있듯이 조조의 천하경영 전략은 21세기 경제전쟁에 그대로 관통하고 있다. 실제로 『손자약해』에 나오는 조조의 주석에는 21세기 경제전쟁에서 살아남을 수 있는 비책이 무궁무진하다. 동아3국을 통틀어 『손자약해』에 나오는 조조의 주석만을 토대로 21세기 경영전략을 논한 것은 본서가 처음일 듯싶다. 많은 사람이 이를 터득해 '동북아 허브시대'의 견인차 역할을 해주었으면 하는 바람이다.

2012년 가을

학오재學吾齋에서 저자 쓰다

차례

世界經營

"가느다란 낚싯줄을 묶은 보통의 낚싯대를 쳐들고 작은 도랑을 좇아 붕어와 같은 잔챙이나 지켜보며 낚으려는 자들은 이런 대어를 낚기가 어렵다. 쓸모없는 작은 언설이나 꾸며대며 작은 벼슬자리라도 요구하며 다니는 자들은 이처럼 큰 경지에 이른 대인과는 비교할 수조차 없다. 임나라 공자의 풍도를 아직 듣지 못한 사람과는 함께 천하경영을 논할 수 없는 것 또한 분명한 일이다."

1/ 세계경영

이용후생을 내세워라

曹公曰: 操聞上古弧矢之利. 『論語』曰, '足兵'. 『尚書』「八政」曰, '師'. 『易』曰, '師, 貞, 丈人吉.' 『詩』曰, '王赫斯怒, 爰征其旅.' 黃帝湯武, 咸用干戚以濟世也.

조조가 말했다.

내가 듣건대 상고시대에는 무기를 써 세상을 바로 잡는 이로움이 있었다고 한다. 『논어』「안연」은 확고한 군비를 뜻하는 족병足兵을 얘기했고, 『상서』「홍범」은 8정八政을 예로 들며 군사문제를 언급했고, 『주역』「사괘師卦」는 '군사가 바르니 현명한 군주가 이끌면 길하다'고 했고, 『시경』「황의」는 '주문왕이 크게 화를 내며 군사를 가지런히 갖춰 침략의 무리를 막았네!'라고 했다. 황제黃帝와 상나라 탕왕湯王, 주나라 무왕武

王 모두 무력을 동원해 세상을 구제했다. 『손자약해』 「서문」

조조와 잡스

21세기는 말 그대로 '스마트 시대'다. 초고속 인터넷 덕분에 지구촌 곳곳의 소식을 실시간으로 접할 수 있다. 안방과 문밖의 경계가 사라진 것이다. 우물 안의 개구리처럼 현실에 안주하는 것은 패망의 길이다. 일본의 대표적 전자업체인 소니와 파나소닉 등의 부진이 그 실례다. 지난 1983년부터 일본의 만화주간지 《모닝》에 연재되고 있는 기업만화 '시마 시리즈'의 저자 히로카네 겐시弘兼憲史의 우울한 전망이 일본인들의 마음을 무겁게 만들고 있다. 그는 2012년 4월 국내 일간지와 가진 인터뷰에서 이같이 말했다.

"소니와 파나소닉 등 일본 전기전자 기업이 2011년 사상 최악의 적자를 본 것은 잘나가던 시절의 향수에 젖어 오랫동안 내수시장에 안주해 온 업보이다. 이제 일본 기업들이 제조업 세계 1위라는 명성을 되찾기는 힘들 것이다. 새로운 기업전략이 필요하지만 삼성과 LG 등 한국 기업들 때문에 좀처럼 여유가 없기 때문이다."

'시마 시리즈'는 2012년 현재까지 총 69권의 단행본이 출판됐으며, 총 4천만 권이 팔려 나갔다. 주인공 시마 고사쿠島耕作는 하쓰시바 전산(만화 속의 파나소닉)에 입사한 뒤 과장, 부장, 임원, 상무, 전무 등을 거쳐 38년 만에 사장 자리에 올랐다. 《아사히신문》 등 일본 주요 신문은 지난 2008년 4월 1일 시마 전무가 하쓰시바 전산(파나소닉)과 고요전기(산요)가 합병해 탄생한 하쓰시바·고요홀딩스의 사장에 올랐다고 대대적으로 보도했다. 히로카네의 고향이자 시마 사장의 고향인 야마구치山口 이와쿠니巖國 시에서는 시마 사장의 취임 축하 플래카드를 내걸기도 했다. 주목할 것은 첫 이사회에서 토로한 시마 사장의 취임일성이다.

"한국의 섬상전자는 불과 20년 전엔 일개 르컬 전기 메이커였습니다. 그런데 지금은 주식 시가총액이 하쓰시바의 2배에 달하는 거대기업으로 성장했습니다. 어떻게 단기간에 세계 정상에 오른 것인지 섬상의 전략을 자세히 연구해 배워야 할 점은 배워야 하지 않겠습니까?"

만화 속에서 한국 기업인 삼성과 LG가 각각 섬상과 PG로 소개되고 있다. 시마 사장은 내수시장에 안주했던 일본 기업을 신랄하게 비판한다.

"일본은 세계무대에서 싸우기를 피해온 대가를 치르고 있습니다. 우리의 경쟁자는 더 이상 국내기업이 아닙니다. 바로 한국의 삼성입니다!"

과거 한 수 아래로 봤던 삼성의 승승장구에 당혹해하는 일본 기업들의 속내가 적나라하게 드러나고 있다. 만화에서는 섬상이 고요에 대한 적대적 인수합병을 추진하자 하쓰시바가 백기사로 나서 간신히 방어하는 장면도 나온다. 그러나 만화 속 섬상의 앞날이 걱정이다. 히로카네의 전망이다.

"일본 제조업은 이제 한계에 봉착했다. 하지만 일본이 한국에 자리를 내준 것처럼 한국 역시 중국에 밀려날 수밖에 없다. 시간이 많이 남지 않았다. 지금 일본이 겪고 있는 저출산 고령화 문제, 고령자 복지를 위한 재정부담 증가 등 제반 문제들은 조만간 한국도 똑같이 겪을 수밖에 없다. 한국은 일본 사례를 꼼꼼하게 연구할 필요가 있다."

현실에 안주했다가는 소니와 파나소닉의 전철을 밟을 수밖에 없다고 지적한 것이다. 그의 이런 전망은 나름 일리가 있다. 중국의 IT기술이 한국의 턱밑까지 치고 올라왔다. 한마디로 위기다. 그러나 위기는 기회이기도 하다. 제조업이 무너진 미국을 제치고 세계 최대의 글로벌 시장으로 부상한 중국의 내수시장이 바로 지척에 있다. 이곳을 공략하면 소니와 파나소닉과 정반대되는 길로 나아갈 수 있다. 이는 애플 제국의 타도를 뜻한다.

요체는 이용후생利用厚生이다. 중국의 소비자들이 삼성과 LG제품을 사용하면서부터 삶이 편리해지고 스마트 시대를 살아나가는 데 큰 도움을 받게 됐다는 풍토를 만들어야 한다는 얘기다. 애플이 '스마트폰 혁명'을 일으켜 전 세계인을 열광시킨 것과 똑같은 일을 해내야 한다는 의미이다.

실제로 잡스는 불가능한 것처럼 여겨지던 '손 안의 세상'을 가능하게 만들었다. 인류의 '이용후생' 증진에 매진한 결과다. 오직 5개의 제품만으로 세계의 부를 한 손에 거머쥔 애플 제국의 등장배경이 여기에 있다. 우리도 하면 된다. 삼성과 LG 등의 심기일전心機一轉 각오가 절실한 이유다.

우리는 삼국시대 조조의 행보를 통해 심기일전의 대표적인 성공 사례를 확인할 수 있다. 당시 그가 내건 기치는 제폭구민除暴救民이다. 폭력을 휘두르는 군웅들을 제거하고, 도탄에 빠진 백성들을 구한다는 뜻이다. 이는 조조만 내세운 것도 아니다. 유비와 손권 등 모든 군웅이 내세운 것이다. 심지어 동탁도 '제폭구민'을 기치로 내세웠다. 그러나 정사 『삼국지』와 『자치통감』의 기록을 토대로 객관적으로 살펴볼 때 진정한 '제폭구민'은 오직 조조만이 이뤘다고 할 수 있다. 잡스가

'스마트 시대'를 연 것과 닮았다.

공교롭게도 잡스와 조조는 여러 면에서 닮았다. 조조는 세인들의 손가락질을 받은 환관 집안 출신이고, 잡스는 어렸을 때부터 남의 집에 입양돼 생장했다. 『세설신어世說新語』「가휼假譎」을 보면 조조는 젊었을 때 원소와 더불어 '망나니짓'을 많이 했다. 아이작슨의 『스티브 잡스』에 따르면 잡스도 젊었을 때 마약을 하는 히피로 사는 등 '망나니'와 유사한 모습을 보였다.

그러나 두 사람은 커다란 꿈을 지니고 있었다. 바로 세계를 경영하겠다는 웅대한 꿈이다. 동양의 고전은 이를 경영천하經營天下로 표현해 놓았다. 사마천은 『사기』「항우본기」에서 항우가 '경영천하'에 실패한 배경을 이같이 분석했다.

"항우는 자신이 세운 공에 대한 자부심이 지나쳤다. 패왕霸王의 대업을 이룬 후 계속 힘으로만 '경영천하'하려고 한 것이 결정적인 패착이다. 실제로 그는 패왕의 대업을 이룬 지 불과 5년 만에 패망하고 말았다. 그런데도 그는 죽는 순간까지 자신의 잘못을 알지 못했다. 스스로 자책하기는커녕 오히려 하늘을 원망하며 '하늘이 나를 패망케 만들었다. 내가 용병을 잘못한 탓이 아니다!'라고 했다. 이 어찌 해괴한 논리가 아니겠는가!"

조조와 잡스의 '경영천하'는 이와 달랐다. 두 사람은 항우처럼 조그마한 성과에 안주하지 않았다. 뜻이 그만큼 컸다는 얘기다. 이들이 기존의 관행과 가치에 얽매이지 않고 창조적인 행보를 보인 덕분이다. 조조가 유비 앞에서 갈파한 영웅론英雄論이 이를 뒷받침한다. 『삼국연의』는 『자치통감』에 나오는 조조와 유비의 만남에 살을 붙여 두 영웅의 엇갈린 행보를 매우 흥미진진하게 그려놓았다.

유비가 조조에게 몸을 맡기고 있을 당시 하루는 조조가 유비를 불러 술상을 사이에 두고 마주 앉은 후 술을 권했다. 마침 검은 구름이 온 하늘을 뒤덮으며 금세 소나기가 쏟아지려 했다. 조조가 문득 유비에게 물었다.

"현덕玄德은 용의 조화를 아시오?"

"아직 잘 모릅니다."

"용은 커지기도 하고 작아지기도 하며 하늘에 오르기도 하고 물속에 숨기도 하는데, 그 조화가 무궁하여 이루 다 말할 수가 없소. 커지면 구름을 일으키며 안개를 토하고, 작아지면 티끌 속에 형체를 감추오. 하늘로 오를 때에는 우주를 날고, 숨을 때는 파도 속에 몸을 숨기오. 지금 바야흐로 봄이 깊었으니 용이 바로 때를 만나 조화를 부리려는 참이오. 모름지기 용이라는 영물은 가히 인간세상의 영웅에 비할 만하오. 현덕은 오랫동안 사방을 편력했으니 당대의 영웅들을 잘 알 것이오. 과연 누가 영웅인지 어디 한번 말씀해 보시오."

"저야 승상 덕분에 조정에 들어와 있는데 어찌 천하의 영웅들을 제대로 알 리 있겠습니까?"

"그렇지라도 이름이야 들어보지 않았겠소?"

"원술은 군사와 식량을 넉넉히 가지고 있으니 가히 영웅이라 할 수 있지 않겠습니까?"

"그는 무덤 속의 해골이오. 조만간 내가 그를 사로잡을 것이오."

"원소는 명문가 출신에 기주 땅을 차지한 채 많은 인재를 부리고 있으니 가히 영웅이라 부를 수 있지 않겠습니까?"

"원소는 겉보기에는 위엄이 있으나 담이 작고, 계책을 꾸미기는 좋아하나 결단을 내리지 못하고, 큰일을 당하면 몸을 사리고, 작은 이익을 보면 목숨을 걸고 달려드오. 그도 영웅이 아니오."

"문인들에게 명망이 높은 유표는 어떻습니까?"

"유표는 허명만 있을 뿐 속이 비어 있으니 영웅이 아니오."

"무력이 뛰어난 손책은 어떻습니까?"

"손책은 부친의 위광을 빌었으니 그도 영웅이 아니오."

"익주의 유장은 가히 영웅이라고 할 수 있지 않겠습니까?"

"유장은 한실의 종친이라고는 하나 실은 집 지키는 개에 불과할 뿐이오."

"그러면 장로와 한수 같은 사람은 어떻습니까?"

"그런 자들이야 보잘것없는 소인배에 불과하니 거론할 가치조차 없소."

"그들 외에는 더 아는 사람이 없습니다."

그러자 조조가 그 유명한 '영웅론'을 설파했다.

"무릇 영웅이란 가슴에 큰 뜻을 품고 뱃속에 좋은 계책이 있어야 하니 바로 우주를 감싸안을 기지機智와 천지를 삼켰다 뱉을 정도의 의지를 지닌 자를 말합니다."

유비가 물었다.

"그러면 누구를 가리켜 그런 사람이라고 할 수 있습니까?"

조조가 문득 손을 들어 유비를 가리킨 뒤 자신을 가리키며 말했다.

"지금 천하의 영웅은 오직 그대와 나 조조뿐이오. 원소와 같은 자들은 낄 수조차 없소."

그 말에 밥을 먹던 유비가 문득 수저를 바닥에 떨어뜨렸다. 그는 자신이 거기장군 동승과 모의해 해치려 하는 사실을 조조가 알아차린 줄 알고 대경실색한 것이다. 마침 하늘에서 우레 소리가 들리자 유비가 천연스레 고개를 숙이고 수저를 집어든 뒤 이같이 변명했다.

"성인이 말하기를, '빠른 번개와 광풍에는 으레 낯빛을 바꾼다'고 했는데 이 말이 실로 일리가 있습니다."

당시 조조는 유비가 거기장군 동승과 한통속이 되어 은밀히 자신을 해치려 한다는 사실을 전혀 몰랐다. 그가 껄껄 웃어 젖혔다.

"현덕 같은 영웅도 성인의 말씀을 좇아 우레 소리에 낯빛을 바꾸는 것이오!"

얼마 후 유비는 못내 불안했는지 이내 도주하듯이 조조 곁을 떠났다. 훗날 조조의 영웅론에 크게 공명한 모택동은 장개석을 유비에 비유하며 삼국시대 당시 진정한 영웅은 조조밖에 없었다고 단언했다. '신 중화제국'의 창업주가 된 그는 말년에 서법을 연구하면서 조조의 영웅론을 자주 써 주변 사람들에게 선물하곤 했다. 조조의 영웅론은 기존의 관행과 가치에 얽매이지 않았기에 가능했다. 이를 통상 파탈擺脫이라고 한다. 당시 조조는 희로애락의 감정을 그대로 드러냈지만 천하의 선비와 백성들 모두 그의 파탈 행보에 감복했다. 잡스 역시 어렸을 때부터 '우주를 놀라게 하자'는 웅혼한 좌우명을 갖고 있었다. '애플 제국'의 창업주가 된 그 역시 새 제품을 발표할 때마다 정장 대신 청바지를 입고 온갖 독설과 자화자찬을 늘어놓았지만 전 세계의 소비자들은 환호했다. 조조와 잡스 모두 '파탈의 미학'을 체득한 덕분에 천하통일의 기반을 닦았던 셈이다.

그러나 두 사람이 천하 사람을 감동시키게 된 과정은 그야말로 우여곡절의 연속이었다. 잡스는 자신이 세운 회사에서 쫓겨나는 등의 온갖 수모를 당했다. 그는 이에 좌절하지 않고 부단히 노력한 결과 애플 제국을 만들어냈다. 조조 역시 끊임없이 노력한 덕분에 진수의 『삼국지』와 사마광의 『자치통감』에서 당대 최고의 영웅이라는 찬사를 받을 수 있었다. 군웅들 가운데 뒤늦게 일어섰음에도 '제폭구민'의 공의公義를 기치로 내걸고 천하의 인재를 그러모은 덕분이다. 이에 공명한 천하의 인재들이 그의 휘하로 구름같이 몰려들었다. 유비의 '제폭구민' 기치가 공의보다는 사의私義에 가깝다는 것을 직감적으로 깨달은 결과다. 실제로 그의 휘하에는 싸움을 잘하는 용장, 꾀를 잘 내는 모사, 언변과 글 솜씨가 뛰어난 문사 등 온갖 유형의 인물이 다 모여 있었다. '파탈의 미학'에 입각해 실력위주의 인재등용과 신상필벌 원칙을 관철한 덕분이다.

잡스가 애플 제국을 건설한 배경과 사뭇 닮았다. 잡스는 조조의 '제폭구민' 기치를 '손안의 세상'으로 상징되는 '이용후생'으로 바꾼 것만이 다를 뿐이다. 애플을 '기술기업을 넘어선 예술기업'으로 승화시킨 결과다. '일본의 피터 드러커'로 불리는 노나카 이쿠지로野中郁次郎는 2011년 말 국내 한 언론과의 인터뷰에서 잡스의 '예술기업'을 이같이 평가했다.

"미국은 경제의 축이 제조업에서 금융업으로 옮겨가면서 투철한 장인정신을 잃고 금융공학에 몰두하다가 위기를 맞았다. 그러나 잡스와 같은 기업가가 있기에 아직 희망이 있다. 애플은 기술과 인문학의 접점에 서 있다. 좋은 문화를 온 세상에 퍼뜨리기 위해 좋은 제품을 만든다. 그게 애플의 비전이자 그들이 추구하는 공동선共同善이다. 기술과 예술이 함께 존재하는 지식창조 경영의 전형에 해당한다. 공동체 속에서 탁월성을 추구하면서 기업의 존재 의미를 완성하는 것이 21세기 경영의 요체이다."

노나카가 말한 '공동선'이 바로 잡스가 역설한 예술기업의 궁극적인 목표이다. 바로 이용후생이다. 안방과 문밖의 구별이 사라진 21세기의 '스마트 시대'에 기업이 살아남기 위해서는 이윤을 기업의 존재 이유로 내세운 과거의 경영학 이론과 단호히 결별해야만 한다. 과거와 달리 작게는 국가사회 발전, 크게는 인류공영의 기치를 내걸어야만 전 세계 소비자들의 지지를 받을 수 있다. 그러기 위해서는 먼저 중소기업을 쥐어짜는 식의 기업풍토에서 하루빨리 벗어나야만 한다.

조조와 잡스가 수천 년을 격해 천하를 호령케 된 것은 대격변의 시대상황과 파탈의 리더십이 절묘하게 맞아떨어진 결과이다. 세계 최빈국이었던 중국이 '사회주의 시장경제' 하에서 문득 G2로 부상한 데서 알 수 있듯이 모든 것이 급변하고 있는 21세기의 격동기는 새로운 차원의 리더십을 요구하고 있다. 마르크스의 출현 이래 매사를 좌와 우, 유산자와 무산자로 나눠보는 낡은 이념의 틀에서 벗어나 동서고금을 하나로 꿰는 새로운 패러다임을 추구할 필요가 있다. 조조와 잡스가 그랬듯이 자유롭고 창조적인 발상과 기존의 관행과 가치에 얽매이지 않는 파탈의 행보가 관건이다. 이는 천하를 삼켰다 뱉을 정도의 웅혼한 기개와 포부, 작은 성과에 안주하지 않고 끊임없이 전진하는 자강불식自强不息의 자세, 천하의 인재를 그러모아 자유자재로 부릴 줄 아는 탁월한 용인술 등이 전제돼야 한다.

소프트웨어와 하드웨어가 하나로 통합된 '스마트 시대'에는 승리하면 천하의 부를 거머쥘 수 있고, 패하면 이내 흔적도 없이 사라지고 만다. 삼성과 애플 가운데 누가 조조이고 누가 원소인지, 나아가 누가 천하를 통일한 사마씨가 될 것인지 아직 결정 나지 않았다. 현대기아차와 도요타 등 다른 분야도 마찬가지다. 누가 해당 분야의 진정한 '이용후생'을 실현할 것인지 여부는 조만간 판가름날 것이다. 애플 하청업체인 폭스콘의 열악한 노동환경이 전 세계인의 관심대상으로 부상한 점에 비춰볼 때 상황은 삼성에 유리하게 돌아가고 있다.

홍혹과 붕새

중국 역사에서 최초의 농민반란은 진시황 사후 진승陳勝이 친구인 오광吳光과 함께 일으킨 난이다. 농민반란의 지도자인 진승은 자字가 섭涉으로 지금의 하남성 등봉현인 양성陽城 사람이다. 그는 사상 최초로 어제의 빈농도 오늘의 왕후장상이 될 수 있다는 사실을 보여준 인물이다.

기원전 210년 진시황이 죽고 막내아들 호해胡亥가 2세 황제로 즉위했다. 호해는 대규모 토목사업을 위해 부역이 면제된 빈민까지 징발했다. 진승도 징발되어 900명의 일행과 함께 지금의 북경시 밀운密雲인 어양漁陽으로 출발하였다. 일행이 지금의 안휘성 숙주시 숙현인 대택향大澤鄕에 이르렀을 때 큰 비를 만났다. 정해진 기한 안에 도착하는 게 불가능했다. 당시 진제국의 법은 기한을 어기는 사람들을 무조건 참형에 처하도록 정해놓고 있었다. 진승이 마침내 동료인 오광과 함께 무리를 이끌고 반란을 일으켰다.

"왕과 제후, 장수와 재상인 왕후장상王侯將相의 씨가 따로 있겠는가!"

과거 위나라의 명신인 장이張耳와 진여陳餘 등이 가담하면서 농민군의 세력이 급속도로 커졌다. 진승은 과거 초나라 말기의 도읍인 지금의 하남성 회양인 진성陳城에서 보위에 올라 국호를 장초張楚라고 했다. 초나라의 유지를 받든다는 뜻을 담고 있다. 곧이어 초나라의 명문가 출신인 항우를 비롯해 농민 출신 유방 등의 군웅이 사방에서 벌떼처럼 일어났다. 결국 진승이 반기를 들지 않았다면 진제국은 무너지지 않았을 것이고, 진승 또한 무지막지한 법령을 시행하지만 않았어도 반기를 들지 않았을 것이다. 진제국은 엄한 법제 때문에 패망했다는 얘기가 나오는 이유다.

『사기』를 쓴 사마천은 진승의 거병을 높이 평가해 그를 '열전'이 아닌 「진섭세가」에 기록했다. 공자의 제자들을 「중니열전」에 기록하면서 공자만 따로 떼어 「공자세가」를 쓴 것과 같은 차원이다. 사상 최초로 농민 출신 황제가 된 한고조 유방 역시 항우를 제압하고 천하를 통일한 뒤 그를 기려 은왕隱王이라는 시호를 내렸다.

원래 진승은 집안이 가난했던 까닭에 젊었을 때 남에게 고용되어 농사를 지었다. 머슴으로 살아간 셈이다. 그러나 그는 남달리 포부가 컸다. 하루는 그가 일손을 멈추고 휴식을 취하던 중 주위 사람들에게 이같이 말했다.

"만일 부귀하게 되면 서로 잊지 말도록 합시다!"

사람들이 비웃었다.

"그대는 머슴으로 있는 주제에 어찌 부귀를 이룬다는 것인가?"

이때 진섭이 크게 탄식하며 이같이 말했다.

"아, 제비와 참새가 어찌 홍혹鴻鵠의 뜻을 알겠는가!"

여기서 나온 성어가 연작안지홍혹지지燕雀安知鴻鵠之志이다. 대개 홍혹을 홍곡으로 읽고 있으나 이는 잘못이다. '혹'을 '곡'으로 읽으면 과녁을 뜻하는 표적標的의 적的과 같은 뜻이 된다. '정곡正鵠을 찌르다' 구절이 그 실례이다. 홍혹을 단순히 기러기를 뜻하는 홍안鴻雁이나 고니를 뜻하는 황혹黃鵠 등으로 새기는 것도 잘못이다. 홍혹은 봉황 및 붕새와 마찬가지로 상상의 길조를 뜻한다. 전국시대 중기 법가의 대가인 상앙商鞅의 스승인 전설적인 인물 시자尸子가 쓴 것으로 알려진 『시자』에 이런 구절이 나온다.

"홍혹은 날개가 합쳐지지 않는다. 사해를 품은 마음이 있기 때문이다."

홍혹을 홍곡으로 읽는 것은 크게 잘못된 것임을 알 수 있다. 홍혹은 봉황 및 대붕 등과 마찬가지로 영웅호걸을 뜻하는 상상 속의 새이다. 『장자』에도 유사한 얘기가 나온다. 이른바 붕정만리鵬程萬里 일화가 그것이다. 『장자』「소요유」의 해당 대목이다.

"북쪽 바다에 한 물고기가 있다. 이름은 곤鯤이다. 그 크기가 몇 천 리인지 알 수 없다. 이것이 변해 새가 되니 이름이 붕鵬이다. 붕새의 등 넓이도 몇천 리인지 알 수 없다. 온 힘을 다해 날면 그 날개가 하늘에 구름을 드리운 것 같다. 이 새는 바다가 움직이면 남쪽 바다로 날아간다. 날개로 바다의 수면을 3천 리나 친 뒤 회오리바람을 타고 9만 리 상공까지 올라간다. 하늘이 푸른 것은 본래의 제 빛깔인가, 아니면 끝없이 먼 까닭에 그런 것인가? 붕새가 9만 리 창공에서 아래를 내려다보는 것이 이와 같다."

여기서 대붕도남大鵬圖南 성어가 나왔다. 천하를 대상으로 한 치국평천하의 대업을 비유한 것이다. 천하를 시장으로 삼는 21세기 글로벌기업의 CEO 리더십과 하등 다를 바가 없다. 『장자』「외물」에 이를 뒷받침하는 일화가 나온다.

하루는 임任나라 공자가 커다란 낚싯바늘과 굵은 낚싯줄을 만들었다. 이어 50마리의 불깐 소를 미끼로 삼아 회계산에 앉아 동해에 낚싯대를 드리웠다. 날마다 낚시를 했으나 1년이 지나도록 한 마리도 잡지 못했다. 어느 날 마침내 대어가 미끼를 물었다. 거대한 낚싯바늘을 끌고 엄청나게 큰 쇠고기 미끼를 입에 문 채 바다 밑바닥까지 내려갔다가 다시 바다 위로 솟구쳐 올라 등지느러미를 마구 휘둘러댔다. 흰 파도가 산과 같고, 바닷물이 온통 뒤집힐 듯 요동쳤다. 신음소리가 마치 귀신의 울부짖는 소리와 같아 1천 리 밖에 있는 사람들까지 크게 놀라 두려움에 떨었다.

임나라 공자가 이내 이 물고기를 낚아올린 뒤 잘게 썰어 포를 만들었다. 절강浙江의 동쪽에서 창오蒼梧의 북쪽에 이르기까지 이곳에 사는 백성들 중 배불리 먹지 않은 사람이 없었다. 이후 후세의 천박한 재사와 떠벌리는 것을 좋아하는 무리들이 모두 놀라 이 얘기를 서로 전했다. 장자는 이 일화를 두고 이같이 언급했다.

"가느다란 낚싯줄을 묶은 보통의 낚싯대를 쳐들고 작은 도랑을 좇아 붕어와 같은 잔챙이나 지켜보며 낚으려는 자들은 이런 대어를 낚기가 어렵다. 쓸모없는 작은 언설이나 꾸며대며 작은 벼슬자리라도 요구하며 다니는 자들은 이처럼 큰 경지에 이른 대인과는 비교할 수조차 없다. 임나라 공자의 풍도를 아직 듣지 못한 사람과는 함께 천하경영을 논할 수 없는 것 또한 분명한 일이다."

대어를 낚아야만 절강의 동쪽에서 창오의 북쪽에 이르는 백성들이 배불리 먹을 수 있다. 이게 21세기 글로벌 기업 CEO 리더십의 요체이다. 글로벌 대학의 수가 그 나라 문화수준의 척도가 되듯이 글로벌 기업의 수가 그 나라 경제수준의 척도가 될 수밖에 없다. 미국이 천문학적인 재정적자에도 불구하고 여전히 세계 최고의 경제대국으로 군림하는 것도 바로 애플과 구글, MS, IBM 등 초일류 글로벌 기업이 다수 존재하기 때문이다. 이들 글로벌 기업의 CEO 모두 '대붕도남'의 마음가짐과 임나라 공자의 자세로 21세기 글로벌 비즈니스 세계를 호령하고 있다고 해도 과언이 아니다. 우리는 겨우 삼성과 현대기아차, LG 정도밖에 없다. 21세기의 경제전쟁에서 살아남기 위해서는 그 숫자를 최소한 미국의 절반수준까지라도 올려야 한다. 영웅론을 설파한 조조의 『손자약해』 지략을 깊이 탐사해야 하는 이유다.

富國經營

"위정자는 재물이 적은 것을 근심하지 않고 고르지 못한 것을 걱정하며, 가난한 것을 근심하지 않고 편안치 못한 것을 근심한다고 했다. 대개 고르면 가난하게 되는 일이 없고, 조화를 이루면 적게 되는 일이 없고, 편안하면 기울어지는 일이 없게 된다."

2/ 부국경영

최상품으로 승부하라

孫子曰, '兵者, 國之大事. 死生之地, 存亡之道, 不可不察也.' 曹公曰: 道者謂導之以教令. 危者. 危疑也.

손자가 말하기를,

'전쟁은 국가의 중대사인 군국기무軍國機務이다. 백성의 생사 및 국가의 존망과 직결돼 있는 까닭에 깊이 생각지 않을 수 없다'고 했다. 조조가 말했다. 이는 전쟁의 기본 이치인 병도兵道를 말한 것으로 가르침과 훈령을 통해 백성을 바르게 인도하는 것을 뜻한다. 군주가 백성과 운명을 함께한다는 믿음을 주지 못하면 백성들은 두려워한다. 두려움의 근원은 군주가 과연 백성과 운명을 함께할 것인지 여부를 의심하는 데 있다.

『손자약해』「시계」

보국과 충성

조조가 원소 등과 함께 반동탁을 기치로 내걸고 거병한 것은 사실 천하를 차지하기 위한 군벌상쟁의 성격이 짙었다. 모택동이 제2차 북벌 이후 중국의 명실상부한 최고 통치권자로 부상한 장개석을 반인민의 군벌 괴수로 낙인찍고 농민들로 구성된 홍군을 창설한 것과 비슷한 맥락이다. 이 싸움에서 동탁이 승리를 거뒀다면 그는 이후 새로운 왕조를 세워 초대 황제의 자리에 오르고 그를 추종했던 순상과 채옹 모두 승상 등의 자리에 올랐을 것이다. 『사기』「유협열전」에 이런 대목이 나온다.

"갈고리를 훔친 자는 주살되고, 나라를 훔친 자는 제후가 된다."

이는 『장자』「거협」의 다음 구절을 인용한 것이다.

"성인이 죽어버리면 큰 도둑이 일어나지 않을 것이고 천하는 태평하고 무사할 것이다. 성인이 죽지 않으면 큰 도둑도 그치지 않을 것이니 성인을 중용해 나라를 다스리는 것은 도둑을 거듭 이롭게 하는 것이다. 갈고리를 훔친 자는 죽임을 당하고 나라를 훔친 자는 제후가 된다. 제후가 되면 가문이 인의를 세운 것으로 미화되니 이는 곧 도둑놈이 인의와 성지聖智를 훔친 것이 아닌가?"

나라를 세운 창업주 모두 따지고 보면 도둑질을 창업으로 미화한 도적놈이 아니냐고 일갈한 것이다. 장자의 일갈은 나름 일리가 있다. 역사는 승자의 기록인 만큼 나라를 훔친 도적질은 이내 의거로 미화되고, 패자의 행보는 의로운 행보조차 역적질로 매도되기 마련이다. 난세의 시기에 군웅들이 내건 명분은 사실 싸움이 끝나봐야 최종평가가 나온다고 해도 과언이 아니다.

초평 2년(191) 정월, 효산崤山의 동쪽인 산동山東의 제후들이 다시 모여 동탁 토벌 문제를 상의할 때의 일화가 이를 뒷받침한다. 당시 원소 등은 다음과 같은 구실을 내세워 황제의 폐립을 획책했다.

"천자가 유충幼沖한 데다 동탁의 핍박을 받아 관문이 닫힌 먼 곳에 있어 생사를 알 수조차 없다. 황실에서 가장 뛰어난 유주목 유우劉虞를 천자로 옹립토록 하자."

이는 조조의 생각과 완전히 배치되는 것이었다. 「무제기」의 배송지 주에 인용된 『위서』는 당시 조조가 펼친 반론을 다음과 같이 기록해 놓았다.

"동탁의 죄악이 사해에 드러나 우리들이 거병하자 원근을 막론하고 호응하지 않는 곳이 없게 되었다. 이는 우리가 대의를 좇아 기병했기 때문이다. 지금 유주幼主가 비록 미약하여 간신에게 제압당하고 있다고는 하나 아직 창읍왕과 같이 망국의 단서를 내보인 적이 없다. 만일 하루아침에 폐립이 이뤄지면 천하인 가운데 누가 동의하겠는가? 제군이 유우를 옹립키 위해 북쪽을 향하면 나는 장안의 천자를 모시기 위해 서쪽을 향하겠다."

조조의 반론이 타당한 것임은 말할 것도 없다. 이는 조조가 원소와 갈라지는 결정적인 분기점이 되었다. 이때 원소는 조조의 동의를 얻기 위해 곧 세객說客을 조조에게 보냈다. 세객이 조조에게 이같이 말했다.

"지금 원공의 세력이 성하고 군사 또한 강하오. 천하의 호걸들 중 그 누가 그보다 뛰어날 수 있겠소?"

그러나 조조는 아무 대답도 하지 않았다. 원소가 천하대란을 이용해 천하에 뜻을 두고 있음을 알아채고 응답치 않은 것이다. 대의명분을 잃으면 반동탁의 기치가 무색케 된다. 이는 동탁을 대신해 전횡하겠다는 취지를 노골적으로 드러낸 것이나 다름없다. 조조와 원소의 그릇 차이가 여실히 드러나는 대목이다.

원소 등은 조조의 반대에도 불구하고 이해 2월 끝내 유우를 황제로 옹립코자 했다. 유우는 비록 황실의 친척이기는 했으나 헌제와는 촌수가 멀었다. 더구나 유우 자신이 이를 원치 않았다. 그는 원소 등이 자신을 황제로 옹립코자 한다는 서신을 받자 정색을 하며 사자를 꾸짖었다.

"지금 천하가 혼란하여 주상이 몽진蒙塵을 했어도 나는 국가의 두터운 은혜를 입은 몸으로 국치國恥를 씻지 못하고 있소. 제군은 각 주군을 점거하였으면 응당 황실을 위해 전심전력해야 하거늘 어찌 역모를 꾀해 서로 몸을 더럽히려 하는 것이오."

준열한 질책이다. 원소는 유우를 내세워 천하를 손에 넣으려는 계책이 실패로 돌아가자 이내 가장 가까운 동료 한복을 희생양으로 삼고자 했다. 당시 그는 한복에게 몸을 의탁하고 있었음에도 문객 봉기의 간계를 이용해 마침내 한복을 내쫓고 기주를 손에 넣었다. 한복은 자살하고 말았다.

당시 조조는 자신의 세력이 너무 미약해 원소의 이런 비열한 행위를 제지할 수 없었다. 『삼국지』「포훈전」의 배송지주에 인용된 『위서』는 당시 조조를 추종한 포신의 언급을 실어놓았다.

"지금 원소가 맹주가 되면 권세를 이용해 홀로 이익을 챙길 것이니 장차 천하에 커다란 화란을 일으킬 것이오. 이는 또 하나의 동탁이 있는 것과 같소. 지금 그를 제압하고자 해도 우리에게는 아직 힘이 없어

선불리 움직였다가는 단지 화만 부를 뿐이오. 그리되면 장차 어찌 난을 구할 수 있겠소. 잠시 황하 이남에서 시변時變을 지켜보며 때를 기다리는 것이 가할 것이오."

조조가 천하경략에 본격적으로 나서게 된 데에는 포신의 이런 권고가 커다란 영향을 미쳤다. 당시까지만 하더라도 조조는 원소를 통해 무엇을 이루려는 생각을 완전히 버리지 못했다. 그러나 포신의 이런 충심어린 권고를 들은 뒤 적극적인 자세로 일전했다. 이에 도광양회의 자세로 실력을 배양하다가 때가 오면 숲에서 뛰쳐나오는 맹호출림猛虎出林의 기세가 서서히 형성되기 시작했다.

이종오李宗吾가 『후흑학』에서 말하는 '속마음이 시커먼' 이른바 심흑心黑의 인물은 조조가 아니라 바로 원소였다. 20세기 초 사천 출신 이종오는 삼국시대 영웅들의 리더십을 새롭게 평한 『후흑학』을 펴내 낙양의 지가를 올린 바 있다. 그는 이 책에서 조조를 심흑의 대가, 유비를 낯가죽이 두꺼운 면후面厚의 대가, 사마의를 면후와 심흑 두 측면에서 최고의 경지에 달한 후흑厚黑의 달인으로 꼽았다. 유비와 사마의에 대한 평가는 역사적 사실에 부합한다.

그러나 조조에 대한 평은 일부분만 맞는다. 조조는 전장에서만 심흑을 발휘했다. 전쟁 자체가 적을 기만해 승리를 거두는 궤도詭道에 초점을 맞추고 있는 만큼 이는 불가피한 것이기도 했다. 그런 점에서 조조는 심흑의 달인에 해당한다. 그러나 조조는 평시에 그런 모습을 보인 적이 없다. 희로애락을 가감 없이 드러낸 게 그 증거다. 인재를 크게 질투한 원소와 수시로 눈물을 흘리며 자신을 군자로 포장한 유비, 짐짓 미친 척하며 정적을 안심시킨 뒤 일거에 때려눕힌 사마의 등이 평시에도 심흑을 발휘한 당사자들이다. 그런 점에서 조조는 오히려 평시에 심흑과는 정반대인 심백心白의 모습을 보였다고 평할 수 있다.

이종오의 조조에 대한 평은 기본적으로 조조를 난세의 간웅으로 묘사해 놓은 『삼국연의』의 내용을 역사적 사실로 간주한 데서 비롯된 것이다. 21세기에 들어와 중국과 한국의 삼국지 독자들을 매료시킨 역중천易中天의 『삼국지강의』도 마찬가지다. 이종오와 역중천 모두 조조를 높이 평가하면서도 이중인격의 인물로 몰아간 점에서 별반 차이가 없다.

조조는 죽을 때까지 평시에 궤도를 구사한 적이 단 한 번도 없다. 그는 비록 새 왕조 창업의 큰 발걸음을 떼기는 했으나 죽는 순간까지 한나라 황실을 보위한다는 대의명분을 잃지 않았다. 때를 기다리고자 한 것이다.

청조 말기에 태평천국의 난을 제압한 증국번曾國藩의 증언이 이를 뒷받침한다. 그가 태평천국을 제압하고 회수와 장강 일대를 포함해 천하의 절반을 차지했을 때 수많은 사람들이 그를 찾아와 청조에 반기를 들 것을 권했다. 그러나 증국번은 이를 일축했다. 천명이 바뀌면 자연스럽게 새 왕조가 들어설 것으로 본 것이다. 그가 끝까지 청조에 충성을 바친 이유다. 훗날 그는 주변 사람들에게 자신을 누구와 비교할 수 있는지를 물은 적이 있다. 여러 얘기가 나왔으나 그가 생각한 답은 나오지 않았다. 그가 말했다.

"모두 아니다. 나는 평생 조조를 배우고자 했다. 그러나 그러하지 못했다!"

공맹사상의 수호자를 자처한 증국번은 태평천국의 난이 일어나자 의용군을 결성해 이를 토벌하는 데 앞장섰다. 조조의 '제폭구민' 행보를 배우고자 한 것이다. 그러나 이로 인해 그는 등소평의 개혁개방이 본격화할 때까지 한족 출신 매국노를 뜻하는 한간漢奸으로 매도당했다. 문화대혁명 기간 중 공자가 반동의 표상으로 몰린 것과 닮았다. 비록 1백여 년의 시간이 필요하기는 했지만 21세기에 들어와 증국번이 한간에서 문득 역대 최고의 승상으로 칭송받던 제갈량을 누르고 성상聖相의 칭송을 듣게 된 게 결코 우연이 아니다. 조조에 대한 재조명이 활발히 전개된 덕분이다.

부국과 강병

동양은 오래전부터 부국강병이 국가존립의 기반이 된다는 사실을 통찰하고 있었다. 이를 이론적으로 정리한 사람이 바로 전국시대 중기에 활약한 진나라의 상앙과 전국시대 말기에 법가사상을 집대성한 한비자였다. 이들의 사상적 시조는 춘추시대 중기 최초의 패업을 이룬 제나라 재상 관중까지 거슬러 올라간다. 당시 제환공이 관중에게 재정 확충방안을 묻자 관중은 이같이 대답했다.

"산에 있는 광물을 녹여 돈을 만들고, 바다를 이용해 소금을 구우면 그 이익이 천하에 유통됩니다. 천하의 모든 물품을 거두어 두고, 때맞춰 무역하게 하면 장사하는 사람들이 모여들고 자연히 재화도 모일 것입니다. 그들로부터 적당한 세금을 징수해 군용을 돕는다면 어찌 재용을 걱정할 일이 있겠습니까?"

이는 관중의 재정경제 사상을 요약한 것이나 다름없다. 춘추전국시대에 등장한 제자백가 중 재정경제 사상을 최초로 밝힌 인물이 바로 관중이다. 관중의 사상은 부국부민富國富民으로 요약한다. '부민'에 방점이 찍혀 있다. 『관자』「치국」에 이를 뒷받침하는 구절이 나온다.

"무릇 치국의 길은 무엇보다 우선 백성을 잘살게 하는 데 있다."

이는 공자와 취지를 같이하는 것이다. 『논어』「자로」에 이를 뒷받침하는 일화가 나온다. 이에 따르면 공자가 천하유세를 떠나면서 먼저 위나라로 갔다. 이때 염유가 수레를 몰았다. 공자가 말했다.

"백성들이 많기도 하구나."

"이미 백성들이 많으면 또 무엇을 더해야 합니까?"

"부유하게 해주어야 한다."

"이미 부유해졌으면 또 무엇을 더해야 합니까?"

"가르쳐야 한다."

공자사상의 큰 특징 중 하나인 이른바 선부후교先富後敎 사상이 극명하게 드러난 대목이다. 공자는 '군자'의 육성을 위한 대전제로 백성을 가르치는 교민敎民의 중요성을 역설했다. 이는 '부민'을 전제로 한 것이다. '부민'이 전제되지 않는 한 '교민' 또한 실효를 거둘 수 없다는 게 그의 확고한 생각이었다. 공자의 '선부후교'는 『관자』의 첫 편인 「목민」의 맨 첫머리에 나오는 다음 구절과 그 취지를 같이한다.

"무릇 백성을 양육하는 군주는 반드시 4계절의 농경에 힘쓰고 창름倉廩을 잘 지켜야 한다. 나라에 재물이 많고 풍성하면 먼 곳에 사는 사람도 찾아오고, 땅이 모두 개간되면 백성이 안정된 생업에 종사하며 머물 곳을 찾게 된다. '창름'이 가득 차야 백성들이 예절禮節을 알고, 의식衣食이 족해야 영욕榮辱을 알게 된다."

이는 치국평천하의 이치를 〈족식足食→지례知禮〉 도식으로 요약해 놓은 것이나 다름없다. 공자가 관중의 부국부민 사상을 그대로 흡입

했을 가능성을 시사한다. '지례', 즉 '교민'의 궁극적인 목적은 예의염치를 아는 군자의 양성에 있다. 관중이 「목민」에서 '창름' 운운한 것은 공자가 「자로」에서 '선부후교'를 역설한 취지와 같다.

동양에서는 오랫동안 관원들이 '부민'의 주역을 맡아왔다. 그들은 '교민'에 앞서 솔선수범하여 백성들에게 농사를 권하고, 흉년이 들면 관곡을 이용해 굶주린 백성을 구휼하는 '부민'을 최우선 과제로 삼았다. 그들을 '목민관'으로 칭한 이유다. 제왕은 목민관의 수장에 해당한다.

그럼에도 적잖은 사람들이 「목민」의 〈족식→지례〉 도식의 취지를 제대로 이해하지 못하고 관중과 공자의 입장이 다른 것으로 오해하고 있다. 이런 오해는 『논어』 「안연」에 나오는 '족식'에 대한 오해에서 비롯된 것이다.

하루는 자공이 정치에 대해 묻자 공자가 이같이 대답했다.

"족식足食, 족병足兵, 민신民信이 이뤄져야 한다."

족식은 경제, 족병은 국방, 민신은 대정부 신뢰를 뜻한다. 자공이 다시 물었다.

"만일 부득이하여 반드시 하나를 버리기로 한다면 세 가지 중에서 무엇을 먼저 버려야 합니까?"

"거병去兵이다."

거병은 병력감축을 뜻한다. 자공이 재차 물었다.

"만일 부득이하여 반드시 하나를 버리기로 한다면 나머지 두 가지 중에서 무엇을 먼저 버려야 합니까?"

"거식去食이다. 자고로 먹지 못하면 죽을 수밖에 없으나 사람은 누구나 죽기 마련이다. 그러나 '민신'이 없으면 나라가 설 수조차 없게 된다."

『논어』에서 이 대목만큼 오랫동안 세인들의 오해를 불러일으킨 대목도 많지 않다. 21세기 현재도 별반 상황이 나아지지 않았다. 성리학자들의 주석을 그대로 용인한 결과다. 공자는 이 대목에서 나라를 지키기 위한 '강병'과 이를 뒷받침할 '부국'을 강조했다. 그럼에도 성리학자들은 이를 무시한 채 마지막에 나오는 구절을 확대해석해 공자가 마치 맹자와 똑같이 도덕정치를 역설한 것으로 풀이했다. 공자가 마지막 대목에서 '민신'을 국가존립에 필요한 최소한의 조건으로 제시케 된 배경에 대한 종합적인 고찰을 거부한 것이다. 이로 인해 '부국'을 강조한 공자의 취지가 완전히 파묻히고 말았다.

이 대목에서 공자가 '민신'을 거론한 것은 기본적으로 국가존립을 위한 최소한의 조건인 '민신'을 확보하기 위해 백성을 굶겨도 좋다고 한 게 아니다. 그가 마지막 구절에서 '민신'을 강조한 것은 난세가 극에 달해 패망의 위기에 직면했을 경우 군주가 솔선수범하는 자세를 보여야만 그런 위기상황을 벗어날 수 있다는 점을 역설하기 위한 것이다. 지배자와 피지배자 모두 생사를 같이하는 국가공동체의 주체라는 점을 부각시키고자 한 것이다. 너무나 간단하면서도 중요한 이치를 군주와 신민 모두에게 주지시킬 의도에서 이런 언급을 한 것으로 풀이해야 한다.

이같이 해석할 경우 이는 관중이 「목민」에서 언급한 〈족식→지례〉의 도식과 완전히 일치한다. 역사상 『관자』「목민」의 〈족식→지례〉와 『논어』「안연」의 〈거병→거식→민신〉이 사실상 같은 얘기를 다르게 설명한 동공이곡同工異曲이라는 사실을 최초로 규명한 사람은 명대 말기의 기인 이탁오李卓吾이다. 그는 『분서焚書』「잡술, 병식론兵食論」에서 이같이 갈파했다.

"무릇 윗사람이 되어 백성들이 배불리 먹고 안전하게 살 수 있도록 지켜주기만 하면 백성들도 그를 믿고 따르며, 부득이한 상황에 이르러서도 차라리 죽을지언정 윗사람 곁을 떠나지 않을 것이다. 이는 평소 윗사람이 그들의 안전과 식량을 충분히 제공해 주었기 때문이다. 공자가 「안연」에서 '거병'과 '거식'을 거론한 것은 실제로 군사와 식량을 버리게 하려는 의도가 아니다. 이는 어쩔 수 없는 위기상황을 전제로 한 것이다. 어쩔 수 없는 위기상황에서 비롯된 것이라면 백성들도 '거병'과 '거식'의 부득이한 상황을 감내하면서 윗사람을 불신하는 지경까지는 이르지 않게 된다. 그래서 마지막에 '민신'을 언급한 것이다. 그럼에도 어리석은 유생들은 이와 정반대로 '믿음이 무기나 식량보다 더 중요하다'고 지껄이고 있다. 이는 성인이 하신 말씀의 참뜻을 제대로 파악치 못한 소치이다."

이탁오는 관중이 「목민」에서 언급한 〈족식→지례〉 도식이 공자가 「안연」에서 언급한 〈족식, 족병→민신〉 도식과 완전히 일치하고 있음을 밝혀낸 최초의 인물이다. 성리학자들이 '믿음이 무기나 식량보다 더 중요하다'는 식으로 곡해한 〈거병→거식→민신〉의 도식은 국가패망 등의 특수한 위기상황을 전제로 한 반대 해석임을 밝혀낸 것이다. 조조가 『손자약해』「시계」에서 '군주가 백성과 운명을 함께한다는 믿음을 주지 못하면 백성들은 두려워한다. 두려움의 근원은 군주가 과연 백성과 운명을 함께할 것인지 여부를 의심하는 데 있다'고 언급한 것과 같다.

고금의 역사를 볼지라도 막강한 무력은 반드시 튼튼한 경제적 기반 위에서만 가능하고, 생명과 재산을 보호하는 국가안전이 보장돼야만 국민들이 안심하고 생업에 종사할 수 있으며, 그래야 궁극적으로 정부도 국민의 신뢰를 얻게 된다. 아무리 고상하고 거창한 정치구호를 내세울지라도 인민들이 먹는 문제가 해결되지 않는 한 공허할 수밖에 없고, 인민들 모두 인간으로서의 최소한의 예도 갖추기 어려운 법이다. 그리되면 아예 국가가 존립할 수조차 없게 된다. 문화대혁명이 참담한 실패로 끝난 것은 공자의 '선부후교' 가르침과 정반대되는 '선교후부'의 노선을 취한 데 있다. 그런 점에서 '흑묘백묘론'으로 요약되는 등소평의 개혁개방은 '선부후교'로의 복귀를 선언한 것이나 다름없다. 중국이 초고속 성장을 거듭하는 것도 이 때문이다. 관중과 공자의 위대함을 반증하는 대목이다.

실제로 관중과 공자의 사상은 모든 프롤레타리아의 공영을 기치로 내건 공산주의 사상과도 부합하는 면이 있다. '부민'뿐만 아니라 모든 백성이 고루 잘사는 균부를 역설한 게 그 증거다. 관중은 일찍이 땅과 노동력의 균배를 의미하는 균지분력均地分力과 전 인민에게 재화를 고르게 나눠주는 여민분화與民分貨를 역설했다. 『관자』「치미」의 해당 대목이다.

"지나치게 부유하면 부릴 수가 없고 지나치게 가난하면 염치를 모르게 된다."

그는 빈부의 격차가 적어야만 통치가 제대로 이뤄질 수 있다고 지적한 것이다. 공자도 『논어』「계씨」에서 '균부'를 정치의 요체로 내세웠다.

"위정자는 재물이 적은 것을 근심하지 않고 고르지 못한 것을 걱정하며, 가난한 것을 근심하지 않고 편안치 못한 것을 근심한다고 했다. 대개 고르면 가난하게 되는 일이 없고, 조화를 이루면 적게 되는 일이 없고, 편안하면 기울어지는 일이 없게 된다."

재화의 균배가 중요한 과제로 남아 있는 오늘날의 관점에서 볼지라도 관중과 공자의 이런 주장은 탁견이다. 21세기 글로벌 비즈니스 상황에서 '부민'과 '선부'의 최전선 책임자는 말할 것도 없이 기업인들이다. 서구의 경영 모델 잣대를 들이대 한국의 오너 CEO 리더십은 무조건 잘못인 양 몰아붙이는 그릇된 인식부터 바꿀 필요가 있다. 역사문화의 전통에 뿌리 내리지 못한 리더십은 국가경영이든 기업경영이든 이내 실패할 수밖에 없다. 한국의 오너 CEO들 역시 부민부국의 최선봉이라는 자부심을 갖되 보다 겸허한 자세로 사업에 임할 필요가 있다. 자만은 패망의 길이다. 글로벌 기업의 몰락은 자칫 국가패망으로 연결될 소지가 크다. 부민부국의 기반이 무너지기 때문이다. 통일시대를 코앞에 둔 한반도의 현 상황은 삼성과 현대기아차 등 글로벌 기업 CEO의 심기일전 각오와 자강불식自强不息을 요구하고 있다. 사실 그리해야만 국민들과 세계인의 칭송을 받는 초일류 글로벌 국민기업으로 장수할 수 있다.

사업보국과 부국

서구에서 20세기 최고의 지성인으로 손꼽히고 있는 한나 아렌트는 『인간의 조건』에서 서양의 사상사는 아리스토텔레스가 언명한 '정치적 동물'의 해석을 둘러싼 논쟁으로 점철되었다고 했다. 개인의 권익을 중시하는 '철학적 삶'과 공동체의 이익을 중시하는 '정치적 삶'의 대립이 그것이다. '철학적 삶'은 개인권익의 총합인 '사회'를 앞세우고,

'정치적 삶'은 공동체 전체의 이익을 중시하는 '국가'를 앞세운다.

로마시대의 세네카는 아리스토텔레스의 작품을 라틴어로 번역하는 과정에서 '정치적 동물'을 '사회적 동물'로 바꿔놓았다. 서양에서 국가보다 사회를 중시하는 풍조가 이때부터 형성되기 시작했다. 국가가 사회의 하위 개념으로 굳어지면서 계약자유 등을 구실로 한 인간의 인간에 대한 착취가 가능해졌고, 끝내는 개개인의 인간적 존엄성마저 보장받을 수 없게 되었다는 게 아렌트의 지적이다.

동양은 이와 정반대로 국가 개념만 존재한 까닭에 사회 개념이 끼어들 여지가 없다. 메이지유신의 사상적 스승인 후쿠자와 유기치福澤諭吉가 초기에 영어 '소사이어티'를 '인간교제'로 번역한 사실이 이를 뒷받침한다. 일본에는 수직적인 국가 개념은 있어도 수평적인 사회 개념이 없었던 탓이다. 이후 여러 번역어가 새로이 등장했다. 그 중 하나가 바로 회사會社다. 이는 원래 사람들이 토지신에게 제사를 지내기 위해 사社에 모인 점에 착안한 번역어다.

새 번역어 '회사'는 간명한 데다 뜻도 좋았으나 이내 상사商社를 뜻하는 '컴퍼니'의 번역어와 충돌했다. 이로 인해 한동안 영어 '소사이어티'와 '컴퍼니'가 모두 회사로 통칭되는 우여곡절을 겪어야만 했다. 회사를 뒤집어 표현한 사회라는 새 용어는 후쿠자와가 『학문의 권장』 마지막 편에서 처음 사용한 후 요즘과 동일한 뜻으로 굳어지기 시작했다.

동양에서는 수천 년 동안 '수신제가'의 소규모 공동체인 가家와 향鄕이 '치국평천하'의 대규모 공동체인 국國 속에 유기적으로 흡수돼 있었던 까닭에 서양에서 발달한 개인주의 차원의 사회 개념이 존립할 여지가 없었다. 춘추전국시대 이래 동양의 모든 문헌에 오직 국가만

나오고 사회가 나오지 않는 이유다.

기업은 서양에서 발달한 '컴퍼니', 즉 상사의 후신이다. 서양은 '소사이어티'의 역사인 만큼 기업의 존재 이유를 이익의 극대화에서 찾을지라도 탓할 일이 아니다. 그러나 사회는 없고 오직 국가 개념만 존재했던 동양에서 이를 관철할 경우, 이는 강남의 귤을 토양이 다른 강북에 심어 탱자를 만드는 짓이나 다름없다. 국가경영은 말할 것도 없고 기업경영 역시 역사문화의 토양을 무시하면 이내 실패하고 만다. 서구의 민주주의 체제를 도입한 대다수 국가들이 실패한 사례가 그 증거다. 한중일 등 동아3국에서 글로벌 기업으로 성장하기 위해서는 반드시 동양 전래의 역사문화 토양 위에 뿌리를 내린 뒤 천하를 호령할 수 있어야 한다. 이게 흔히 말하는 '글로컬라이제이션'의 요체이기도 하다.

지난 2011년 홍콩에 유령회사를 세워 국부유출 혐의를 받은 모 상선회사가 고발조치를 당했다. '선박왕'으로 불리는 당사자는 국내재산이 거의 없는 것으로 알려져 국세청이 승소할지라도 얼마나 압류할 수 있을지는 미지수이다. 이 회사는 왜 삼성이나 현대기아차 등처럼 나라에 많은 세금을 내며 글로벌 국민기업으로 성장하는 길을 택하지 않은 것인지 안타깝다.

21세기에 들어 기업의 존재 이유를 '사업보국'에서 찾는 것은 개인의 자아실현 무대 및 배경을 국가에서 찾는 것과 취지를 같이하는 것이다. 삼성의 창업주 이병철은 지난 1980년 7월 전경련 강연에서 이같이 주장한 바 있다.

"기업은 국력이다. 국력이 큰 나라일수록 대기업이 많다. 우리나라에서는 대기업이라고 해도 외국에 비하면 중소기업에 불과하다. 마치

우물 안 개구리와 같이 이 좁은 국내에서 첫째 둘째를 겨룬다는 건 우스운 일이다. 나는 기업을 건실하게 발전시켜 국부 형성에 이바지하고 나아가 세계 기업들과 어깨를 나란히 하는 것이 꿈이다."

그는 기업 CEO가 인류와 국가에 공헌하는 방법은 위정자와 다르다고 생각했다. 질 좋은 제품을 싸게 널리 공급해 크게는 인류의 이용후생에 도움을 주고, 나라 및 종업원에게 많은 세금과 임금을 지급해 작게는 국가재정 및 가계경제에 기여하는 게 기업 CEO의 중대 책무로 본 것이다. 21세기의 글로벌 비즈니스 환경이라고 해서 이게 달라질 리 없다.

비록 후쿠시마 원전 사태 등에 따른 반사이익의 측면이 없지 않아 있지만 최근 현대기아차의 약진은 눈부시다. '싸구려' 오명을 벗어던지고 승승장구를 거듭하고 있다. 2012년 초 미국 자동차 전문 평가기관 켈리블루북의 차급별 평가에서는 기아차의 쏘울이 준중형 1위, 현대차의 쏘나타와 싼타페가 각각 중형차급과 크로스오버 차급에서 1위를 차지했다. 비슷한 시기 또 다른 평가기관인 제이디파워가 발표한 재구매율 조사에서 현대차가 62퍼센트, 기아차가 59퍼센트를 기록하며 각각 1위와 4위에 올랐다. 세계적인 브랜드 BMW와 벤츠 등을 제친 것이다. 지난 2009년 현대차의 제네시스가 '북미 올해의 차'에 선정된 데 이어 2012년에도 아반떼가 '북미 올해의 차'로 선정되는 쾌거를 이뤘다.

질 좋은 제품을 싸게 널리 공급해 세계 시장을 석권함으로써 국가와 국민의 성원에 보답코자 하는 현대기아차의 사령탑 정몽구의 '기업보국' 정신 덕분으로 해석할 수 있다. 그는 1999년 취임 이후 조금이라도 만족스럽지 않으면 아예 신차 출시를 연기시킨 바 있다. 조립이 끝난 승합차의 슬라이딩 도어를 20여 차례나 있는 힘을 다해 여닫아 결국 문이 슬라이딩 레일에서 이탈하자 처음부터 다시 만들라고 지시한 적도 있다.

끊임없이 노력해 최상의 상품으로 세계시장을 석권하는 것이 곧 나라에 보답하는 길이다. 글로벌 기업을 지향하는 기업 CEO들은 과거의 독립투사와 민주투사 못지않게 나라의 앞날을 걱정하며 부민부국을 이루기 위해 애쓰는 '경세제민經世濟民 투사'가 돼야만 한다. 그래야만 국민들의 박수를 받을 수 있다. 사실 이게 동양 전래의 역사문화에 부응하고 장차 초일류 글로벌 기업이 될 수 있는 지름길이기도 하다.

愛民經營

"왕자王者는 백성을 부유하게 만들고, 패자覇者는 선비를 부유하게 만들고, 강자强者는 대부를 부유하게 만들고, 위자危者는 군주와 가까운 자들을 부유하게 만들고, 망자亡者는 군주 자신을 부유하게 만든다."

3/ 애민경영
민생을 염두에 둬라

曹公曰: 凡用兵之法, 越境千里. 久則鈍, 鈍. 弊也. 攻城則力屈, 屈, 盡也. 軍行已出界, 近師者貪財, 皆貴賣, 則百姓虛竭也. 久則不利. 兵猶火也, 不戢將自焚也.

조조가 말했다.

무릇 전쟁을 치를 경우 국경을 넘어 1천 리 밖까지 진출하는 경우가 비일비재하다. 싸움을 거듭하면 칼이 무뎌지고 화살도 다 떨어지게 된다. 적의 성을 공략할 경우 폐해가 가장 심하다. 지구전으로 이어지면 결국 나라의 재정이 바닥나고 만다. 군사가 국경 너머로 출정하면 군수품 관련 물자가 모두 부족하게 된다. 악덕 상인들이 이를 구실로 생필품까지 매점매석해 물가가 치솟는다. 결국 백성들은 이를 구입하기 위해 가진 재산을 모두 써버리고 파산할 수밖에 없게 된다. 지구전이 되면 전비가 천문학적으로 늘어나 아무 이익이 없다. 전쟁은 요원의 불길과 같다. 목적을 이룬 뒤 곧바로 거둬들이지 않으면 불길은 불씨가 스스로 꺼질 때까지 모든 것을 태워버린다. 『손자약해』「작전」

둔전제와 민생

조조와 유비 등의 군웅들이 거병하게 된 빌미는 황건적이 제공했다. 기본적으로 환관을 비롯한 관원들의 부패가 극에 달한 결과였다. 당시 백성들은 살아갈 길이 막막해지자 이판사판의 심경으로 봉기에 나선 것이다. 난이 일어나자마자 그 숫자가 급속도로 늘어나 순식간에 1백만 명을 넘어섰다. 민심이반의 수준이 어느 정도였는지를 반증한다.

당시 민란의 불을 붙인 사람은 장각張角이었다. 당초 그는 이미 태평교太平敎를 이용해 급속도로 세를 확장해 신도의 숫자만도 수십만 명에 달하는 거대한 세력으로 성장하게 되었다. 대현량사大賢良師를 자처한 그는 병자를 찾아가 자신의 죄를 참회하게 한 뒤 부적을 태운 물로 이들을 치료하는 수법으로 신도를 모았다. 수많은 신도를 확보하게 된 그는 한제국의 천명이 다한 것을 알고 장차 새로운 왕조를 건설하고자 하는 야망을 품게 되었다.

중평 원년(184) 2월 장각은 전국의 교도에게 일시에 사발통문을 돌려 일제히 거사토록 명하면서 후한제국 타도의 기치를 내걸고 나섰다. 이들은 이해 3월 5일에 거사하기로 했다가 기밀이 누설되자 거사일정을 당초보다 앞당긴 것이다. 당시 장각은 부하들에게 머리에 황건黃巾을 매게 해 봉기군의 표지로 삼았다.

이들 황건적은 개미떼처럼 떼를 지어 다니며 가는 곳마다 불을 지르고 약탈을 자행해 불과 10여 일 만에 전국을 혼란의 도가니로 몰아넣었다. 사람들이 이들을 개미떼 도적을 뜻하는 의적蟻賊으로 부른 이유다. 이들 의적의 난은 후한제국을 일거에 두너뜨리는 광풍으로 작용했다. 사실 후한제국을 버티고 있는 기둥은 이미 크게 썩어 있었다.

건안 9년(204) 가을 조조가 원소를 제압한 뒤 하북성 자현 부근인 업성鄴城에 입성했다. 이때 그가 취한 조치 중 가장 눈여겨볼 만한 것은 하북 지역의 조세와 부역을 면제한 일이다. 그는 입성 직후 두 가지 영을 내렸다. 하나는 그해의 조세와 부역을 면제해 주는 것이고, 다른 하나는 호강豪强한 자들의 토지겸병을 금한 것이다. 「무제기」의 해당 기록이다.

"전조田租는 무畝 당 곡식 4승升으로, 가호 당 견絹 두 필을 내거나 면綿 두 근을 낼 수 있도록 하고, 멋대로 조세를 거두어서는 안 된다. 군국의 태수와 국상國相 왕국의 재상은 이를 세밀히 살펴 힘없는 백성들이 거듭 조세를 내는 일이 없도록 하라."

하북의 백성들이 크게 기뻐한 것은 말할 것도 없다. 조조는 이 조치를 통해 하북 지역의 민심을 일거에 수습할 수 있었다. 이는 업성을 천하경략의 본거지로 삼고자 하는 심모에서 나온 것이었다. 실제로 업성은 이때를 기점으로 천하의 중심지로 부상하기 시작했다. 헌제가 머무는 허도許都는 명목상의 수도에 지나지 않았다.

당시 조조는 위나라를 세우기 전후로 민생의 안정을 위해 여러 대책을 강구했다. 사서에 나온 내용을 토대로 정리하면 크게 둔전屯田을 통한 민생해결 및 군자軍資의 확보, 가벼운 세금을 기조로 한 부세賦稅의 개편, 호강한 자들에 대한 억제를 통한 농상農桑의 장려 등으로 요약할 수 있다. 그 밖에도 수리水利의 개발, 술의 제조 및 판매 금지, 염철鹽鐵의 전매 등도 주요한 민생안정 대책으로 꼽을 만하다. 이 중 가장 영향력이 컸고 후대의 사가들로부터 커다란 칭송을 받고 있는 것이 바로 둔전이다.

둔전과 수리, 염철 전매 등은 이미 춘추전국시대와 진한시대에 실시된 바 있다. 나아가 삼국시대 당시 둔전은 결코 조조만 생각했던 것도 아니었다. 문제는 누가 먼저 이를 가장 효과적으로 실시해 당면한 기아문제를 해결할 수 있는가 하는 것이었다. 전 인민이 기아에 시달리고 있는 상황에서 둔전의 시행은 시대적 소명이기도 했다.

당시 천하는 수십 년간에 걸친 전쟁으로 인해 인구가 격감하고 있었다. 이런 상황에서 잇단 민란과 군벌 간의 각축으로 장정들이 대거 전장으로 투입됨에 따라 경지 역시 모두 황폐해졌다. 병사와 백성 모두 기근에 시달리는 상황에서 승패의 관건은 군량의 확보에 달려 있었다. 당시 모든 군벌들이 둔전을 떠올린 이유다.

조조는 일찍이 초평 3년(192)에 참모 모개毛玠로부터 경작지를 정비해 군량을 안정적으로 확보해야 한다는 건의를 받은 바 있다. 조조도 헌제를 허도로 모시기 전에 이미 둔전을 통한 부국방안을 제시한 바 있다. 「무제기」의 배송지주에 인용된 『위서』의 해당 대목이다.

"무릇 나라를 안정되게 하는 계책은 강병에게 충분한 식량을 공급하는 데 있습니다. 과거 진시황은 농전農戰으로 천하를 병탄했습니다. 한무제도 둔전을 이용해 마침내 서역을 평정했습니다. 이는 선대의 뛰어난 제도입니다."

농전이 농사를 위주로 한 것에 비해 둔전은 전투를 위주로 한 것이 약간 달랐다. 역사적으로 볼 때 농전을 가장 먼저 실시한 사람은 전국시대의 진효공이다. 그는 상앙의 건의를 좇아 백성들을 농사를 지으며 농한기를 이용해 군사훈련을 받는 뛰어난 전사로 만들었다.

둔전을 가장 먼저 실시한 사람은 진시황이었다. 『한서』「흉노전」에 따르면 진시황은 장수 몽념을 시켜 흉노를 치게 하면서 소위 오르도스로 불리는 황하 상류의 하투河套 지역 일대에 백성들을 이주시켜 운량運糧의 수고를 크게 던 바 있다. 한무제도 이를 흉내 내 하서河西 지역에 여러 차례에 걸쳐 둔전을 실시해 서역개척에 큰 도움을 받았다.

그러나 이들이 행한 당시의 둔전은 주로 변경 주둔군의 군량확보와 군량수송의 노동력 절감 등을 이유로 한 한시적인 조치였다. 삼국시대는 상황이 달랐다. 군벌 간의 치열한 각축전이 연일 계속된 까닭에 식량문제를 근원적으로 해결할 필요가 있었다. 이를 절감한 사람이 바로 조조였다. 진시황과 한무제가 농전과 둔전을 실시해 큰 효과를 보았다는 사실을 익히 알고 있었던 그는 이를 지속적인 부국방안으로 변환시킨 것이다. 창의적인 발상이 여실히 드러나는 대목이다.

민주와 민본

공자를 위시한 춘추전국시대의 제자백가는 국가공동체의 구성원을 크게 치자와 피치자로 양분했다. 치자는 군주와 신하를 총칭하는 군신君臣, 피치자는 농·공·상 등 생산활동에 종사하는 서민을 의미했다. 신하의 경우는 그 계층이 매우 다양해 가장 높은 위치의 공경公卿

을 위시해 그 밑의 대부大夫와 가장 밑의 사士로 구성돼 있었다. 사대부는 대부와 사를 총칭한 것으로, 이는 각각 상·중·하로 나뉘어 상대부上大夫에서 하사下士에 이르기까지 모두 6개 층을 포괄한다.

공자가 활동하는 춘추시대 말기까지만 해도 신분세습의 봉건질서가 완강했던 까닭에 하사의 자식으로 태어난 공자는 원래 상사까지는 몰라도 차원이 다른 대부의 반열에 오를 수 없었다. 공자는 워낙 학식과 덕망이 뛰어났던 까닭에 대부의 반열에 오를 수 있었다. 그러나 그 역시 하대부에 그쳤다. 공경은커녕 중대부의 자리도 오르지 못한 것이다. 신분세습의 벽이 이처럼 두터웠다.

후대의 문헌에서는 공자를 신격화한 나머지 공자가 생전에 마치 공경의 자리까지 오른 것으로 묘사해 놓았으나 이는 사실과 다르다. 봉건질서가 엄존하던 시절에는 아무리 뛰어난 인물일지라도 태어날 때부터 확정된 신분질서의 틀에서 벗어날 수 없었다. 이런 불합리한 질서는 전국시대에 들어와 서서히 무너지기 시작했다. 무력을 동원한 합병이 당연시되면서 국가존망이 한순간에 결정되는 험악한 상황에서 신분질서를 고집할 수 없게 된 탓이다.

이에 학식을 지닌 사인士人들이 대부와 공경을 누르고 재상의 자리에 오르는 일이 가능하게 되었다. 전국시대 말기에는 여불위의 사례를 통해 알 수 있듯이 생산계층에서도 최하층에 속하는 상인 출신이 정승의 자리에 오르는 일도 가능하게 되었다.

맹자가 생산계층인 사·농·공의 백성이 국가공동체의 주역이라고 역설하며 소위 민본民本을 주장하게 된 것도 바로 전국시대 말기의 이런 시대적 분위기와 무관할 수 없다. 맹자의 민본주의는 서구의 민주주의와 맥을 같이하는 것이다. 『맹자』「진심 하」의 다음 구절을 보면 이를 대략 짐작할 수 있다.

"백성이 귀하고, 사직은 다음이고, 군주는 가볍다. 그래서 들에서 일하는 백성의 마음을 얻는 자는 천자, 천자의 마음을 얻는 자는 제후, 제후의 마음을 얻는 자는 대부가 된다."

많은 사람들이 맹자가 말한 사직을 두고 국가로 해석하고 있으나 이는 잘못이다. 여기의 사직은 왕조를 상징한 것이다. 왕조는 바뀔 수 있어도 백성이 근간이 된 나라는 바뀔 수 없다는 게 골자다. 백성이 있는 한 나라는 계속 존재한다. 중원에 수많은 이민족 왕조가 명멸했음에도 불구하고 중국이라는 나라가 수천 년 동안 그대로 유지된 사실이 이를 뒷받침한다.

민본주의와 민주주의 모두 백성을 정치변혁의 주체로 상정한 점에서 하등 차이가 없다. 오직 위정자를 선택하는 방법론적 차이만 있을 뿐이다. 맹자가 역설한 소위 귀민경군貴民輕君 사상이 자유와 평등 및 박애로 상징되는 프랑스대혁명에 지대한 영향을 미친 배경이 여기에 있다. 당시 볼테르와 루소 등의 계몽주의 사상가들이 선교사의 라틴어 번역본인 『맹자』의 이른바 일부가주론一夫可誅論에 열광했다. 앙시앙 레짐을 타파하는 데 이것보다 더 나은 이론을 찾을 수 없었기 때문이다. 『맹자』 「양혜왕 하」를 보면 탕무湯武의 역성혁명을 시군弑君으로 해석코자 하는 제선왕의 질문에 대해 맹자가 힐난하는 대목이 나온다.

"인을 해치는 자를 적賊, 의를 해치는 자를 잔殘이라고 합니다. 잔적의 인물을 일부一夫라고 합니다. 나는 일부를 주벌誅罰했다는 얘기는 들었어도 군주를 시해했다는 얘기는 듣지 못했습니다."

흔히 폭군방벌론暴君放伐論으로 불리는 이 이론은 백성을 괴롭히는 폭군은 일개 사내에 불과한 까닭에 보위에서 끌어내는 것은 물론 목을 칠 수도 있다는 주장을 담고 있다. 실제로 프랑스대혁명 과정에서 루이 16세는 단두대로 끌려가 목이 잘렸다. 민심을 배반했다는 게 이유다.

삼국시대 당시 최초로 황제를 칭한 원술의 비참한 최후도 이와 닮았다. 건안 2년(197) 봄 원술이 수춘에서 칭제하며 스스로 중가仲家를 칭했다. 중가는 예로부터 여러 해석이 있었으나 크게 번성하는 국가라는 뜻이다. 여기의 가家는 왕조를 의미한다.

원술은 중가의 황제 자격으로 공경백관을 두고 천지에 제사를 지내는 의식을 거행했다. 그러나 이는 민심을 거스른 것이었다. 이해 가을 9월, 조조가 조명을 받들어 동쪽으로 원술 토벌에 나섰다. 원술이 크게 놀라 이내 군사를 버리고 도주했다. 그의 부장 교유 등이 기양에 머물며 조조에 대항했으나 이내 격파되고 말았다. 원술은 비록 회수를 건넜으나 한발 등으로 인해 먹을 것이 없어 병사들 대부분이 얼어 죽거나 굶어죽었다. 원술은 자립 기반을 완전히 상실하고 말았다.

건안 4년(199) 6월 원술이 주방에 식량사정을 물었다. 보리 부스러기 30석이 남아 있었다. 원술은 이를 모두 군사들에게 나눠주게 했다. 그는 험한 밥이 목에 넘어가지 않자 갈증을 풀려고 주방장인 숙수熟手에게 꿀물을 가져오게 했다. 숙수가 퉁명스럽게 대답했다.

"남은 것은 핏물뿐인데 어디서 꿀물을 얻을 수 있겠습니까?"

원술이 기가 막혀 말을 잇지 못했다. 그는 대나무 평상 위에 홀로 앉아 장탄식을 했다.

"내가 끝내 이 지경이 되고 말았구나."

그리고는 이내 울분을 참지 못해 평상 위에서 굴러떨어져 피를 한 말이나 토한 뒤 자리에 눕더니 며칠 못 가 죽고 말았다. 원술이 죽자 그의 무리가 손책에게 귀의했다. 조조는 조카딸을 손책의 동생인 손광에게 보내는 방식으로 혼인을 맺고 강동을 자신의 세력권에 편입시켰다. 서서히 세력을 확장하며 때를 기다리고자 한 것이다. 민생안정의 애민경영을 실천해야 민심을 얻을 수 있고, 궁극적으로 천하도 거머쥘 수 있다는 이치를 통찰한 결과다.

동반성장과 균부

2011년 초, 소위 초과이익공유제 문제가 세간의 뜨거운 관심사로 떠올랐다. 동반성장위원장으로 있던 정운찬 전 총리의 발언에 삼성 이건희 회장이 '금시초문' 운운하며 정면으로 공박하고 나서면서 열기가 뜨거워졌다. 당시 이를 지지하는 사람들은 대기업과 중소기업 간의 불공정거래가 엄존한 상황에서 납품단가를 조정하는 것보다 초과이익공유제를 통해 중소기업의 어려움을 해소하는 데 도움이 될 수 있을 것으로 보았다. 그러나 반발도 만만치 않았다. 초과이익의 생성 여부와 그 크기를 가늠하기 어렵고, 애초부터 목표를 가능한 한 높게 설정하거나 협력업체의 기여도를 저평가할 경우 실효성을 거두기 어려우며 자본주의 시장경제 원리에도 부합하지 않는다는 점 등이 논거였다. 당시 카이스트 교수로 있던 안철수는 관훈클럽 초청 포럼에서 이같이 말했다.

"한국의 중소기업은 통상 대기업에 납품하기 위해 불공정 독점계약을 맺는다. 그 순간부터 삼성이나 LG, SK 동물원에 갇히게 된다. 중소기업은 죽는 순간에야 비로소 이 동물원에서 빠져나올 수 있다. 현재 대기업 임직원들은 협력업체를 쥐어짜서라도 실적을 올리려 든다. 그래야 인사고과를 잘 받기 때문이다. 협력업체의 핵심 기술을 빼내오고, 경영에 간섭하고, 납품단가를 후려치는 불법적 횡포도 서슴지 않는다. 이같이 해서는 한국 IT산업의 미래는 없다."

서울시장 보궐선거와 대선정국에서 '돌풍'을 일으킨 것도 이와 무관치 않을 듯싶다. '88만 원 세대'를 자조하는 젊은이를 포함해 수많은 서민들이 공명한 결과로 보인다. 사실 이는 IT업계에선 이미 오래전부터 지적된 고질적인 문제이기도 했다. 답안은 이미 나와 있었다. 과감한 결단이 문제였을 뿐이다. 물론 정부의 제도적인 개선 노력이 없었던 것은 아니나 의지가 부족했다. 19대 총선 직전 정운찬이 허울뿐인 동반성장위원장 자리를 박차고 나오면서 전경련 해체까지 언급하고 나선 게 그 증거다. 사퇴의 명분은 실질적인 동반성장을 통한 빈부 양극화의 해소였다.

2012년 현재 영세 자영업자인 소상공인을 포함한 한국의 중소기업 비중은 숫자로만 따지만 99.9퍼센트에 달한다. 극히 기형적이다. 동반성장이 절실히 필요한 이유다. 2012년 초 애플은 시가총액에서 엑손모빌을 제치고 세계 최대 기업으로 올라섰다. 마이크로소프트와 인텔, 시스코시스템스 3사를 합친 것보다 더 많다. 일각에서는 자본주의 역사상 전무후무한 시가총액 1조 달러 돌파도 시간문제라고 보고 있다. 모두 중소기업에 해당하는 콘텐츠 업체와 공생하는 '지식 생태계'를 구축한 덕분이다. 민생의 요체가 중소기업 경쟁력 강화를 통한 동반성장에 있음을 웅변한다. 중소기업과 서민에게 물고기 잡는 법을 가르쳐야 한다는 얘기나 다름없다. 사마천은 『사기』 「화식열전」에서 이같이 말한 바 있다.

"농업, 공업, 상업, 어업·광업 등 4가지 산업은 백성이 입고 먹는 근원이다. 나라를 부강하게 하고 백성을 부유하게 만드는 비결이 이들 산업의 육성에 달려 있다."

산업의 균형발전이 필요하다는 지적이다. 사마천이 『사기』「평준서」에서 균부均富를 역설한 것도 같은 맥락이다. 훗날 반고는 『한서』를 펴내면서 「평준서」의 취지에 공명해 「식화지」를 썼다. 식화食貨는 『서경』의 홍범팔정洪範八政에서 따온 것이다. 천하를 다스리는 8가지 원칙 가운데 백성들이 먹고 사는 민식民食이 가장 중요하고, 그 다음으로 산업의 균형발전을 통한 재화의 원활한 생산유통이 중요하다는 취지이다. 중국의 역대 왕조 모두 이를 좇아 이전 왕조의 정사를 편찬할 때 빠짐없이 「식화지」를 편제했다. 사마천은 「평준서」에서 이같이 지적했다.

"한문제 때는 나라가 태평해 골목을 지키는 자도 좋은 음식을 먹었고 사람들 모두 의로운 행동을 우선으로 여기며 치욕스런 행위를 멀리했다. 그러나 한무제 이후 정사가 어지러워지면서 부호들이 부를 빙자해 서민들의 땅을 겸병하며 오만한 모습을 보였다. 황실과 공경 이하의 사대부 관원도 앞다퉈 사치를 부렸다. 주택과 거마 및 의복 등이 분수를 넘어 한계가 없었다. 모든 것은 성하면 쇠하기 마련이다."

'식화'가 치국의 요체임을 설파한 것이다. 편년체로 된 『조선왕조실록』도 비록 「식화지」를 따로 편제하지는 않았으나 나름 선왕 치세의 민생현황과 경제정책을 상세히 수록해 놓았다. '조선 식화지'의 관점에서 보면 최근 서민들의 등을 쳐 국민들의 공분을 산 저축은행 사태는 극히 망국적이다. 『태조실록』「원년 9월」조는 '추수 후에는 본래의 수량만 받는다'고 기록해 놓았다. 춘궁기의 서민들에게 곡식을 무이자로 빌려준 것이다. 붕당이 처음으로 결성되는 명종 때 빌려준 곡식의 부족분을 메운다는 구실로 1할의 이자를 받기 시작했다. 황당한 것은 병자호란 후 민생이 극도로 피폐해졌는데도 3할의 고리를 받은 점이다. 얼마 후 다시 새와 쥐가 축내는 분량을 충당한다는 구실로 선이자 성격의 작서모雀鼠耗까지 등장했다. 서민의 등골을 빼먹은 것이다.

조선조는 후기에 들어와 사대부 지주세력이 서민을 대상으로 고리대놀이를 하는 바람에 나라의 기둥이 썩어내리고 있었다. 세도정치가 출현하고 민란이 잇따른 배경이다. 저축은행 사태는 고위관원과 대부업자가 한통속이 돼 서민의 등을 친 점에서 순조와 철종 때 터져나온 홍경래 난 및 진주민란 당시 상황과 꼭 닮았다.

2012년에 들어와 문어발식 확장을 뜻하는 이른바 '재벌빵집' 사건으로 인해 대기업에 대한 여론이 과거보다 더 불리해졌다. 대기업이 초호황의 과실을 만끽하는 사이 하도급의 중소업체들이 고전하는 모습을 보인 후과다. 국민들의 지지를 받지 못하는 기업은 아무리 초일류 글로벌 기업이 될지라도 이는 사상누각에 불과하다. 이내 세계시장에서 패퇴할 수밖에 없다.

앞서 언급한 것처럼 공자가 『논어』「계씨」에서 균부를 역설한 것은 관중의 '여민분화與民分貨' 취지에 공명한 결과다. 실제로 공자는 『논어』「헌문」에서 관중의 행보를 인仁의 실현으로 극찬했다. 관중과 공자의 사상적 후계자에 해당하는 전국시대 말기의 순자 역시 『순자』「왕제」에서 이같이 언급한 바 있다.

"왕자王者는 백성을 부유하게 만들고, 패자覇者는 선비를 부유하게 만들고, 강자强者는 대부를 부유하게 만들고, 위자危者는 군주와 가까운 자들을 부유하게 만들고, 망자亡者는 군주 자신을 부유하게 만든다."

고금동서를 막론하고 '균부'는 모든 국가의 통치과제이다. 요즘처럼 양극화가 심한 상황에서는 이들의 주장이 더욱 가슴에 와닿을 수밖에 없다. 글로벌 스탠더드 차원의 '자본주의 시장경제'이든 아니면 중국식의 독특한 '사회주의 시장경제'이든 정부가 가장 먼저 해야 할 일은 공정한 시장경쟁 체제의 확립이다. 이게 확립된 연후에 동반성장 문제를 논하더라도 논해야 할 것이다.

동반성장은 2012년 초 전국을 소란스럽게 만든 이른바 '재벌빵집'이 상징하듯 민생을 궁지로 몰아넣는 불공정한 시장질서를 바로잡는 데서 출발할 수밖에 없다. 이는 무차별 무상복지와 엄히 구별해야 한다. 원래 호강豪强한 자를 억눌러 백성을 고루 잘살게 만드는 '균부'와 부유한 자를 더욱 부유하게 만드는 무차별 무상복지는 하늘과 땅만큼의 차이가 있다. 물고기 잡는 법을 가르치는 '균부'의 실현 여부가 흥망의 관건이다. 『한비자』「현학」의 해당 대목이다.

"요즘 정치에 관해 논하는 자들 대부분이 '빈궁한 자에게 땅을 무상으로 나눠주어 고루 부유하게 만들어야 한다'고 말한다. 그러나 풍년이 들었거나 따로 부수입이 있는 것도 아닌데 먹고 입는 것이 넉넉하면 이는 그 사람이 열심히 노력했거나 근검절약한 덕분이다. 흉년이 들었거나 질병과 재난 등의 불행을 겪은 것도 아닌데 빈궁하다면 이는 그 사람이 사치하며 낭비했거나 일을 게을리한 탓이다. 그런데도 요즘 군주들은 부자들로부터 거둬들여 가난한 백성에게 나눠주며 덕행을 선전하고 있다. 이는 열심히 노력하며 근검절약하는 자의 것을 빼앗아 사치하고 게으른 자를 돕는 짓이다."

한비자의 지적처럼 무차별 무상복지의 가장 큰 문제는 근면한 서민들의 근로의욕을 갉아먹어 결국 경제 전체를 골병들게 만드는 데 있다. 이는 균부가 아닌 균빈均貧의 길이다. 동양의 역대 왕조가 무상복지의 수혜대상을 홀아비와 과부, 고아, 자식 없는 노약자 등 이른바 환과고독鰥寡孤獨으로 한정한 이유다. 「현학」에 '균빈'을 경계하는 대목이 나온다.

"지금 치국방략을 모르는 자들은 반드시 말하기를, '민심을 얻어야 잘 다스릴 수 있다'고 한다. 무릇 어미가 아이의 머리에 난 종기를 쨀 때 아이는 시끄럽게 울며 울음을 그치지 않는다. 작은 고통을 견뎌야 큰 이익을 얻을 수 있다는 사실을 모르기 때문이다. 옛날 우임금이 홍수를 다스릴 때 백성들은 기왓장과 돌을 내던졌다. 천하를 이롭게 하는 데도 비방을 들은 것이다. 지금의 군주들은 정사를 펴면서 반드시 백성에 영합코자 한다. 이같이 하면 패망한다."

삼척동자도 무차별 무상복지 재원이 국민들의 알량한 호주머니에서 나온다는 사실을 익히 알고 있다. 이를 관철할 경우 정작 도움이 필요한 서민과 중소기업의 자력갱생自力更生 지원은 실종되고 만다. 조조가 둔전을 시행한 것은 바로 자력갱생을 촉진하기 위한 것이었다.

이는 전국시대 중엽 진나라를 최강국으로 만든 상앙의 농전農戰 사상을 추종한 것이다. 농전은 말 그대로 평소 농사를 지으며 '부국'에 매진하다가 전시에 용사로 싸우며 '강병'에 헌신하는 것을 말한다. 병사들이 경작하며 싸우는 것을 골자로 한 조조의 둔전제는 바로 상앙의 농전에 기초한 것이다.

상앙의 저서 『상군서商君書』는 오직 부국강병 하나에 초점을 맞추고 있는 게 특징이다. 『한비자』를 난세 제왕 리더십의 보고, 『상군서』

는 난세 부국강병 방략의 보고로 간주하는 이유다. 한비자는 『상군서』에 나오는 병치兵治와 법치法治, 술치術治, 세치勢治 이론 가운데 병치를 제외한 나머지 이론 위에 『도덕경』의 도치道治 이론을 덧씌워 법가 이론을 완성했다. 한비자가 사상 최초로 『도덕경』에 주석을 가한 이유다. 상앙과 신불해 등 기존의 법가 이론 위에 도치 이론의 외피를 입힌 것은 창견創見이다. 그러나 농전의 기본취지가 퇴색한 것 또한 부인할 수 없다.

크게 보면 『상군서』는 병서에 해당한다. 실제로 『한서』「예문지」는 병서목록에 『상군서』 27편을 기록해 놓았다. 『상군서』가 오랫동안 '상앙병법'으로 불린 것도 이와 무관하지 않다. 난세 때마다 유가경전에서 갈증을 느낀 많은 유학자들이 『상군서』를 탐독하며 부국강병의 방략을 찾아낸 것도 같은 맥락이다. 실제로 왕조교체기의 난세인 명대와 청대 말기에 유학자들의 『상군서』에 대한 주석서가 쏟아져 나왔다. 대표적인 인물이 청조 말기 공맹사상의 대변자 역할을 자임한 호광총독 장지동張之洞이다. 그는 서구 열강의 침탈로 유가경전에 대한 회의가 확산되고 서학西學에 대한 열기가 뜨거워지자 중체서용中體西用을 역설하며 『상군서』를 중학中學의 핵심으로 내세웠다. 그의 주장은 조야에 커다란 반향을 낳았다. 당대 최고의 지식인으로 손꼽힌 양계초梁啓超를 비롯한 많은 유학자들이 『상군서』 주석에 뛰어든 이유다. 한무제가 유학을 유일한 관학으로 인정하는 독존유술獨尊儒術을 선언한 이래 사상 처음으로 법가서가 유가경전을 압도한 사건이다.

당시 『상군서』가 『한비자』를 누르고 법가서의 대표가 된 것은 한비자가 부국강병에 방점을 찍은 상앙과 달리 군주의 제신술制臣術에 초점을 맞춘 데 따른 것이다. 한비자는 통치의 요체가 백성을 다스리는 치민治民에 있는 게 아니라 신하를 자유자재로 부리는 데 있다는 이른바 '치리불치민治吏不治民'을 역설했다. 이는 군주가 신하와 함께 천하를 다스리는 유가의 군신공치君臣共治 이념과 정면으로 배치된다. 이에 반해 『상군서』는 시종 부국강병에 초점을 맞춘 까닭에 저항감이 적었다. 『한비자』가 오랫동안 금서처럼 간주된 데 반해 『상군서』는 일반 병서처럼 공개적인 연구대상이 된 배경이다.

『상군서』의 부강강병 방략은 크게 두 가지다. 중벌소상重罰少賞과 빈치균민貧治均民이 그것이다. 중벌소상의 '중벌'은 엄한 벌로 중죄의 가능성을 미연에 방지하는 이형거형以刑去刑을 뜻한다. 이법거법以法去法으로 표현돼 있기도 하다. 형법을 적용할 필요가 없는 상황을 말한다. '소상'은 오직 전공에 의해서만 관직과 작위를 내리는 식으로 백성을 천하무적의 전사로 만들어 결국 적이 감히 전쟁을 일으킬 엄두를 내지 못하는 이전거전以戰去戰을 말한다. 공평무사한 법치가 관건이다. 실제로 그는 태자 사駟가 법을 어기자 태자의 스승과 교관에게 코를 베고 얼굴에 먹을 뜨는 형벌을 가했다. 비록 태자가 즉위하면서 이 일로 인해 온몸이 찢기는 화를 입기는 했으나 엄정한 법치가 관철되지 못했으면 훗날 진나라의 천하통일도 불가능했다.

빈치균민은 가난한 자를 부유하게 만들고 부유한 자의 부를 덜어내 백성을 고르게 만드는 경제정책을 말한다. 공자가 역설한 균부와 취지를 같이한다. 그럼에도 오랫동안 커다란 오해를 샀다. '빈치'에 대한 잘못된 해석 때문이다. 『상군서』「거강去彊」의 해당 대목이다.

"나라가 부유한데도 국고를 계속 채우면서 부유한 백성의 부를 덜어내는 빈치로 다스리는 나라는 강해진다. 나라가 가난한데도 국고를 계속 비우면서 부유한 백성을 더욱 부유하게 만드는 부치富治로 다스리는 나라는 패망한다.”

빈치는 부국강병을 치국의 요체로 설파한 『관자』와 취지를 같이한다. 『관자』가 부민에 초점을 맞춘 것과 달리 부국에 방점을 찍은 것이 다를 뿐이다. ‘부치’에 가까운 무차별 무상급식 정책이 난무하는 요즘과 대비된다. 대륙에서 『상군서』를 새롭게 해석한 책이 쏟아져 나오고 있다. G2시대를 난세로 간주해 ‘빈치균민’의 취지를 살리고자 한 것이다. 『상군서』는 「병수兵守」에서 방어경영을 집중 거론했지만 나머지는 온통 천하통일을 위한 공격경영 일색이다. 안방과 문밖의 경계가 사라진 21세기 스마트 시대의 경제전쟁에서 최후의 승자가 될 수 있는 지략이 무궁무진하게 담겨 있다. 난세의 제왕학 이론을 갈파한 『관자』와 『한비자』 『손자병법』 등을 읽을 때 반드시 『상군서』를 겸해 읽어야 하는 이유다.

內實經營

조조는 젊었을 때 귀향을 선택함으로써 자중자애를 실현했다고 할 수 있다. 당시 조조가 섣불리 나섰다가는 오히려 화를 초래할 소지가 컸다. 조조는 현명하게도 낙향의 시간을 혼미한 정국상황에서 벗어나 머리를 식히며 심신을 단련하는 호기로 삼았다.

4/ 내실경영

때가 오길 기다려라

曹公曰: 自修理以待敵之虛懈也. 勝可知而不可爲. 見成形也, 敵有備故也. 守也, 藏形也. 敵攻己, 乃可勝. 吾所以守者, 力不足也. 所以攻者, 力有餘也.

조조가 말했다.

먼저 아군의 조직을 잘 다지고 무기와 장비를 완벽하게 준비해 둔 뒤 적이 느슨해지며 허점이 드러날 때까지 기다려야 한다. 아군이 승리를 점칠 수 있는 것은 겉으로 드러난 모습을 토대로 한 것이다. 그러나 이것이 승리를 담보하는 것은 아니다. 싸움은 늘 상대방이 있기 마련이니 적도 아군의 움직임에 따라 미리 대비하기 때문이다. 기회가 올 때까지 아군의 실정이 드러나지 않도록 주의해야 한다. 완벽하게 준비했을 때 적이 공격해 오면 그 자리에서 승리를 결정지을 수 있다. 아군이 수비에 치중하며 때를 기다리는 것은 적에 비해 상대적으로 힘이 부족하기 때문이다. 아군이 적극 공세를 취하는 것은 힘에 여유가 있기 때문이다. 『손자약해』「군형」

조조와 법치

『삼국연의』는 조조를 천하의 간웅으로 만드는 데 결정적인 역할을 했다. 무고한 여백사呂伯奢를 죽인 뒤 '내가 천하 사람을 버릴지언정' 운운한 것으로 묘사한 게 대표적이다. 그러나 이는 있을 수 없는 일이다. 만일 조조가 이런 광언狂言을 지껄인 사실이 알려졌다면 이내 원술의 전철을 밟고 말았을 것이다.

그럼에도 이종오는 이를 근거로 『후흑학』에서 조조를 심흑心黑의 달인으로 간주했다. 이는 전장에서 현란한 궤사詭詐를 구사한 조조가 득인과 용인의 계책에도 그대로 썼을 것으로 지레짐작한 데 따른 것이다. 실제로 『삼국연의』는 그런 식으로 묘사해 놓았다.

조조가 17만 대군의 양식을 댈 길이 없자 죄 없는 군량책임관 왕후王垕의 목을 베어 동요하는 군심을 진정시킨 대목이 그렇다. 이에 따르면 조조는 원술의 군사를 여러 차례 공격했으나 별다른 성과를 거두지 못할 때 마침 양식이 부족하게 되자 왕후가 조조에게 이같이 보고했다.

"군사는 많고 양식은 적으니 어찌합니까?"

"작은되로 나눠주어 우선 굶주림이나 면하게 하시오."

"병사들이 불만을 가지면 어떻게 합니까?"

조조가 미소를 지으며 말했다.

"그때는 나에게 생각이 있소."

왕후는 조조의 속셈도 모르고 조조로부터 들은 바대로 시행했다. 조조가 비밀히 사람을 시켜 각 영채에 가서 살피게 했더니 모두들 조조가 자신들을 속인다며 크게 원망했다. 이에 조조가 은밀히 왕후를 불러들였다.

"내가 당신한테 물건 하나를 빌려서 그것으로 군심을 진정시켜 보려고 하는데 당신은 부디 아까워하지 마시오."

"어떤 물건을 쓰려고 하십니까?"

"군사들에게 보여주기 위해 당신의 머리를 빌리고 싶소."

왕후가 소스라치게 놀라며 말한다.

"저는 실로 아무 죄도 없습니다."

"나도 당신한테 죄가 없는 것을 알지만 당신을 죽이지 않으면 필시 변이 일어나고 말 터이니 어쩔 수가 없소. 당신이 죽은 뒤에 처자는 내가 잘 돌봐줄 것이오."

그러고는 곧바로 도부수刀斧手를 불러 그의 목을 치게 했다. 이어 그의 머리를 장대에 높이 매달아놓고 이런 내용의 방을 붙였다.

'왕후가 함부로 작은되를 써서 양곡을 도둑질하였기로 군법에 의해 처단한다.'

이게 사실이라면 조조는 이종오가 말한 대로 통상적인 득인술과 용인술에서 심흑을 거리낌 없이 구사한 셈이 된다. 그야말로 목표를 달성하기 위해 수단방법을 가리지 않는 이중인격의 표본이 되는 셈이다. 과연 이런 일이 있었을까? 후흑의 달인인 사마의는 이런 일을 눈 하나

까닥하지 않고 했을 것이다. 그러나 조조는 기본적으로 이런 일을 하기에는 적합지 않은 인물이다.

원래 이 대목의 출처는 「무제기」 배송지주에 인용된 『조만전』이다. 『조만전』에 나오는 내용은 『삼국연의』 내용과도 사뭇 다르다. 『조만전』에는 군량미 담당관이라고만 되어 있지 왕후라는 이름이 나오지 않는다. 말할 것도 없이 가공의 인물이다. 조조를 극도로 폄하해놓은 『조만전』조차 작은되로 군량미를 나누어 주자고 제안한 사람은 조조가 아니라 군량미 담당관으로 되어 있다. 당시 이런 식의 속이 빤히 들여다보이는 심흑을 구사했다가는 이내 궤멸할 수밖에 없다.

조조는 관직에 나선 이후 시종 매우 근엄하면서도 신중한 행보를 보였다. 대표적인 예로 20세 때 효렴에 추천되어 낭관郎官이 된 뒤 곧바로 낙양의 북부위北部尉에 제수되었을 때의 일화를 들 수 있다. 위尉는 군사나 형옥의 일을 담당하는 관원을 총칭하는 말이다. 태위太尉가 군사를 담당하고 정위廷尉가 형옥을 맡고, 위위衛尉가 궁문의 수비 등을 담당한 것이 그 증거다. 이 밖에도 중위中尉와 도위都尉, 교위校尉 등이 있었다. 지방의 경우는 군郡 단위의 군위郡尉와 현 단위의 현위縣尉가 따로 있어 각기 해당 지방의 치안을 담당했다. 무관은 고위직에서 하위직에 이르기까지 모두 '위'로 통칭되었다.

전한 때의 장안과 후한 때의 낙양의 경우는 동서남북으로 4명의 위를 두었다. 조조는 북쪽을 담당하는 북부위가 되었다. 조조를 추천한 사람은 상서우승尙書右丞으로 경조윤京兆尹을 겸직하고 있던 사마방司馬防이었다. 그는 이종오가 당대 최고의 면후와 심흑을 구사한 인물로 지목한 사마의의 부친이다.

당시 낙양 북부위는 소관小官에 불과했으나 조조는 이 직책을 매우 신중히 수행했다. 당초 그는 부임하자마자 4대문부터 정비했다. 다섯 가지 색깔의 몽둥이 10여 개를 만들어 고을의 4대문에 걸어두고 법을 어기는 자가 있으면 아무리 권귀權貴라 할지라도 예외 없이 벌을 주었다.

하루는 영제가 총애하는 소황문 건석의 숙부가 통금을 어기고 밤중에 다니는 것을 잡아 죽였다. 이후 경사京師 내의 모든 사람이 밤길을 자제한 것은 물론 감히 이를 범하려는 자가 없게 되었다. 그러나 조조는 건석 등 환관의 미움을 받아 모두 두 번에 걸쳐 낙향하게 되었다. 조조가 고향인 초현으로 돌아간 이후의 상황과 관련해 배송지주에 인용된 『위서』는 이같이 기록해 놓았다.

"성 밖에 집을 짓고 봄과 여름에는 독서를 하고 가을과 겨울에는 수렵을 하며 이를 낙으로 삼았다."

당시 조조의 심경은 어떠했을까? 그는 훗날 「양현자명본지령讓縣自明本志令」에서 당시를 이같이 회상한 바 있다.

"관직을 내놓은 뒤에도 내 나이는 아직 어렸다. 효렴에 천거된 동료들을 돌아보니 나이가 50세에 이르렀는데도 이름을 세우지 못한 채 늙은 자도 있었다. 이에 내심 도모키를, 오히려 20년쯤 세상과 떨어져 천하가 맑아질 때를 기다렸다가 다시 나가 같은 나이에 효렴에 천거된 자들과 동등한 위치에 서고자 했다. 이에 늘 고향으로 돌아가 초현의 동쪽 50리에 정자를 짓고는 여름 가을로 독서하고 겨울과 봄으로 사냥하면서 지하 토굴을 만든 뒤 흙벽을 쌓고 빈객과 내왕코자 하는 마음을 끊고자 했다. 그러나 부득이 그같이 하지 못했다."

이를 통해 당시 조조가 장기에 걸친 은거를 준비했음을 알 수 있다. 조조는 시세에 아부하며 도를 어기고 얼굴을 꾸미는 소위 위도취용違道取容과 거리가 먼 인물이었다. 당시의 정황에 비춰 그의 귀향은 뛰어난 계책에 해당한다. 천하가 혼미한 상황에서 장차 천하가 맑아지기를 기다린 후 다시 출사하는 것도 하나의 방법이다.

당시 조조는 혼미한 시국을 이유로 부득이 20년 후에 관직에 다시 나갈 생각을 했으나 이는 그의 생각에 지나지 않았다. 세월이 조조를 마냥 놓아주지 않았기 때문이다. 조조는 이 기간 중 자신의 시국수습에 관한 구상을 정리하고 시변時變을 예의주시하면서 시대의 부름을 기다릴 수 있었다.

자중자애와 웅지

조조는 젊었을 때 귀향을 선택함으로써 자중자애를 실현했다고 할 수 있다. 당시 조조가 섣불리 나섰다가는 오히려 화를 초래할 소지가 컸다. 조조는 현명하게도 낙향의 시간을 혼미한 정국상황에서 벗어나 머리를 식히며 심신을 단련하는 호기로 삼았다.

중평 3년(186) 조조는 도위都尉에 임명돼 다시 상경하게 되었다. 세 번째로 출사의 길에 오르게 된 것이다. 당시 세인들은 조조가 10여 년 동안 보여준 활약을 통해 그의 식견과 담략 등에 대해 익히 알고 있었다. 조조가 비록 병을 칭하며 귀향하여 은거하고 있었으나 안목이 있는 사람들은 그의 속뜻을 알고 있었다. 조조가 도위에 임명돼 병권을 쥐게 되자 많은 사람들이 그를 찾아왔다.

조조의 나이 34세가 되는 중평 5년(188), 기주자사 왕분王芬과 남양 출신 허유許攸 등이 조조를 찾아와 영제를 폐하고 합비후合肥侯를 세우는 일을 상의했다. 조조는 일언지하에 거절했다. 배송지주에 인용된 『위서』와 사마표의 『구주춘추九州春秋』는 당시의 상황을 이같이 기록해 놓았다.

"전 태부 진번의 아들 진일이 기주자사 왕분을 만나는 자리에서 술사로 활약한 평원 사람 양해와 마주치게 되었다. 양해가 앞날을 예언하여 말하기를, '천문이 환관에게 불리하니 황문과 상시가 틀림없이 멸족할 것이오'라고 했다. 진일이 기뻐하자 왕분이 나서서 말하기를, '만일 그렇게 된다면 나 또한 그들을 제거하는 일에 나서고 싶소'라고 했다. 이에 진일과 왕분은 곧 호걸들과 서로 교신하여 세력을 규합하기로 의견을 모았다. 마침 영제가 하간의 옛집에 머물며 북쪽을 순행하려고 하자 왕분 등이 이 틈을 타 난을 일으키고자 했다. 이에 우선 상주문을 올려 흑산적이 인근 군현을 겁략하니 이를 소탕하기 위해 거병하는 것을 허락해 달라고 요청했다. 이때 마침 북방의 한밤중에 붉은 기운이 있어 동서를 가로질러 하늘을 관통하자 천문을 관측하는 태사가 영제에게 상언하기를, '북방에 불순한 조짐이 있으니 북쪽으로 순행해서는 안 됩니다'라고 했다. 영제가 이를 받아들였다. 얼마 후 영제는 왕분이 불순한 생각을 가졌다는 것을 알고 조명을 내려 낙양으로 불렀다. 왕분은 자신의 계책이 누설된 것을 알고 크게 두려워한 나머지 인수를 풀고 도주했다가 평원에 이르러 자살하고 말았다."

왕분 등은 나름 담략이 있기는 했으나 대세를 정확히 읽지 못한 데다가 거사를 너무 서둘렀다. 조조가 이들이 실패할 것을 예견하고 가담을 거절한 것은 당연한 일이었다. 그는 시국 및 대세의 흐름을 정확히 읽고 있었다. 배송지주에 나오는 『위서』의 다음 기록은 조조가 얼마나 자중자애했는지를 잘 보여주고 있다.

"무릇 천자를 폐립하는 것은 천하에 가장 상서롭지 못한 일이오. 황제 폐립의 성패와 경중을 치밀하게 저울질하여 시행한 사람으로는 오직 이윤과 곽광이 있을 뿐이오. 지금 제군들은 옛날 이윤과 곽광의 거사가 쉽게 이뤄진 것만 보고 지금의 어려움을 보지 못하고 있소. 제군들은 사람들을 모아 무리를 이룰 수 있다고 스스로 판단하고 있으나 어떻게 전한제국 초기 오초칠국吳楚七國의 난 때처럼 여러 제후의 지지를 받을 수 있겠소. 합비후가 귀한 신분이라 한들 어찌 오초칠국의 난 주동자인 오왕과 초왕보다 더할 수 있겠소. 비상한 거사를 하게 되면 반드시 성공해야 하는데 이번 일은 매우 위험하기 짝이 없소."

황제의 폐립이 성공하기 위해서는 모든 주변 여건이 정확히 맞아떨어져야 한다는 지적이다. 조조는 왕분 등의 능력이 이윤 및 곽광에 미칠 수 없다는 점을 통찰하고 있었다. 천하대세를 읽는 조조의 뛰어난 식견이 여실히 드러나는 대목이다.

당시 조조의 말을 제대로 이해하지 못한 왕분은 이내 평원 사람 화흠華歆과 도구홍陶丘洪 등을 끌어들여 무리하게 일을 추진하려 했다. 화흠은 도구홍이 왕분에게 부화뇌동하여 거사하려 하자 이같이 만류했다.

"폐립의 대사는 이윤과 곽광도 어려웠소. 왕분은 성정이 조악하고 군사를 모르기 때문에 이 일은 반드시 성공할 수 없소."

도구홍은 훗날 왕분이 실패하자 자신의 식견이 화흠에게 미칠 수 없음을 자인하고 그에게 심복케 되었다. 화흠은 하급관원이었지만 공평하게 일을 처리해 칭송이 자자했다. 당시 도구홍도 제법 명망이 있어 늘 자신이 화흠보다 식견이 뛰어났다고 생각했다. 그러나 그는 이때 화흠의 식견에 탄복한 나머지 마침내 심복케 된 것이다.

만일 당시 조조가 자중자애하지 않았다면 천하통일의 기반을 닦는 일도 불가능했을 것이다. 조조와 화흠은 서로 얼굴 한 번 본 적이 없으나 천하대세를 읽는 식견은 똑같았다. 훗날 조조가 손권 밑에 있던 화흠을 불러 자신의 사람으로 만든 것도 결코 우연으로 볼 수 없다. 중국에서 널리 사용되는 성어 중 '호한식호한好漢識好漢'이 있다. 호걸만이 호걸을 알아본다는 뜻이다. 화흠과 조조의 만남에 비유할 만하다.

국가경영이든 기업경영이든 인간이 하는 사업은 우주만물이 생장소멸의 과정을 거치듯이 구상과 기획, 실행, 결실, 새로운 구상 등 생장소멸의 순환과정을 반복한다. 왕조의 흥망성쇠가 연이어지는 이유다. 기업의 명멸도 이와 다를 게 없다. 아무리 천하를 탄토呑吐하는 웅지를 품을지라도 이를 실행에 옮기기 위해서는 치밀한 구상과 계획이 필요하다. 산모가 아이를 출산할 때 최소한 10달의 회임기간이 필요한 것과 같다. 산모가 그렇듯이 옥동자를 낳기 위해서는 먼저 자중자애부터 실천할 필요가 있다.

거화취실과 외화내빈

국가총력전 양상을 보이고 있는 21세기 글로벌 비즈니스 환경은 난세의 상황과 닮았다. 내실경영이 더욱 절실히 요구되는 이유이다. 이는 겉의 화려함을 버리고 속의 알참을 구하는 데서 출발한다. 이를 소위 거화취실去華就實이라고 한다. 거화취실과 대비되는 것이 외화내빈外華內貧이다.

지난 2011년 초 한 대기업 총수가 법인 명의로 포르셰 등 수억 원짜

리 고급 스포츠카를 위장 계열사를 통해 구입한 뒤 가족이 개인적으로 사용한 사실이 드러나 세인의 눈살을 찌푸리게 만든 바 있다. 문제는 이런 일이 중견기업과 학교법인, 심지어 사회복지법인까지 광범위하게 이뤄지고 있다는 점이다. 현재 국내 법인에 등록된 고급 스포츠카는 모두 수천 대가 넘는 것으로 알려졌다. 20퍼센트 가량이 일반법인 소유다. 슈퍼 카는 외관이 눈에 띄게 튀고 다루기도 까다로워 업무용 차량이라고 보기는 힘들다. 오너가 회사 돈으로 값비싼 스포츠카를 굴리는 것 아니냐는 비판이 나온 이유다.

최고급 스포츠카 외에도 대당 8억 원에 달하는 최고급 럭셔리 세단 마이바흐 10여 대 대부분이 법인 차이다. 리무진인 벤츠 S600L 이상급과 렉서스 460 이상급 보유 대수는 1천여 대를 훨씬 상회하고 있다. 해당 회사 모두 기업 총수의 업무용이거나 바이어 접대용이라고 변명하고 있다. 페라리를 보유한 한 타이어 업체는 타이어 연구를 위해 보유 중이라는 해명을 내놓았다. 타이어를 연구할 요량이면 해당 타이어만 구입하면 되지 굳이 비싼 차를 살 필요가 있는 것인지 상식적으로 도무지 이해가 가지 않는다.

더 황당한 것은 최고급 외제 스포츠카를 소유한 법인 수백 곳 가운데 90% 이상은 일반인들이 잘 모르는 중소기업이라는 점이다. 대기업보다 바이어 접대 기회가 적은 중소기업에서 고가의 스포츠카를 보유한 것은 오너의 '외화내빈' 취향이 반영된 결과로 볼 수밖에 없다. 물론 자신의 돈으로 굴리는 것이라면 크게 문제 삼을 게 없다. 업무용이 아닌 개인용으로 사용하고도 모든 것을 회사에 부담토록 한 게 문제다. 이는 공금횡령과 다를 게 없다. 도덕적 해이를 넘어 범죄행위에 가깝다. 이런 회사가 잘 될 리 없다.

역대 왕조사를 보면 패망 직전에 이런 모습을 자주 볼 수 있다. 남북조 때 남조 최후의 왕조인 진陳나라의 마지막 황제 진숙보陳叔寶는 당대 최고의 예술인이었다. 그는 보위에 오른 후 2년간에 걸쳐 세 채의 거대한 누각을 지었다. 임춘각臨春閣, 결기각結綺閣, 망선각望仙閣이 그것이다. 세 채의 전각은 극도의 사치를 부린 건물이었다. 높이는 몇 장 높이나 되었고, 수십 칸에 달했다. 창문과 벽, 처마, 난간 등은 최고급 목재인 침단향목沈檀香木이었고 금옥과 주취珠翠 등으로 장식했다. 밖에는 주렴珠簾, 안에는 갖가지 보물로 장식된 휘장을 드리웠다. 아침에 해가 뜨고 강남의 따스한 바람이 불 때면 보석을 비롯해 금과 은으로 된 장식이 찬연한 빛을 발해 궁정을 환하게 밝혔다.

이들 전각 모두 귀빈 장려화張麗華를 비롯한 후궁들을 위한 것이었다. 장려화는 출신이 미천하기는 했으나 특이한 미덕이 있었다. 바로 투기를 하지 않는 것이었다. 그녀는 오히려 늘 미모의 궁녀를 진숙보에게 천거했다. 후궁들 역시 장귀비의 덕을 칭송했다. 민간에 나도는 얘기도 먼저 알아 진후주 진숙보에게 보고했다. 이로 인해 장귀비에 대한 진숙보의 총애는 날로 더해갔다. 백관들이 환관들을 통해 보고서를 올리면 진숙보는 매번 장귀비를 무릎 위에 올려놓고 함께 결재했다. 총애를 받은 후궁으로는 장귀비 이외에도 공귀빈龔貴嬪과 공귀빈孔貴嬪, 왕미인王美人, 이미인李美人, 장숙원張淑媛, 설숙원薛淑媛, 원소의袁昭儀, 하첩여何婕妤, 강수용江修容 등이 있었다. 진숙보는 이들 10여 명의 미희들을 대동한 채 대신들과 함께 수시로 연회를 갖고 시부와 가무 등을 즐기며 살았다.

진숙보는 제법 글재주가 있는 재상 강총江總과 자주 어울렸다. 그는 명색만 재상일 뿐 사실은 한량이나 다름없었다. 60여 세의 나이에 반백의 수염을 날리며 정사는 돌보지 않고 도관상서都官尙書 공범孔范 등 10여 명의 문사와 함께 후정의 연회에서 진숙보를 모시는 게 일이었다. 이들은 존비를 따지지 않고 술을 마시며 웃고 떠들었다. 압객狎客 성어는 여기서 나왔다. 마음을 터놓고 지내는 사람이나 친하게 지내는 손님을 뜻하는 말이나 군주의 근신으로서 군주의 뜻에 부합되는 행동만을 하는 자를 가리키기도 한다. 우리말의 오입쟁이와 유사한 뜻이다.

공범은 시세에 부합하기를 잘 했다. 그는 같은 성씨의 공귀빈과 '오빠와 여동생'의 관계를 맺었다. 이로 인해 진숙보는 신하 공범의 '매부'가 되었다. 당시 진숙보가 태자로 있을 때부터 동궁에서 근무했던 시문경施文慶과 그의 친구 심객경沈客卿 등은 재정대권을 장악해 끊임없이 백성들로부터 무수한 종류의 세금을 뜯어냈다. 진숙보의 끝을 알 수 없는 사치를 뒷받침하기 위한 것임은 말할 것도 없다. 백성들의 원성이 들끓었다. 당시 공범은 진후주 진숙보에게 이같이 말했다.

"밖에 주둔하고 있는 무장들은 모두 잡졸 출신입니다. 필부지용匹夫之勇밖에 없는 이들에게 무슨 심모원려가 있겠습니까?"

곁에 있던 시문경과 사마신 등이 이에 동조하며 진숙보를 사주했다. 이로 인해 진숙보는 장수들이 사소한 실수만 저질러도 곧바로 조명을 내려 휘하의 병마를 빼앗아 공범 등의 문사에게 지휘권을 넘겼다. 비록 그러하기는 했으나 진숙보의 시사詩詞는 확실히 뛰어난 바가 있었다. 흔히 '망국의 노래'로 알려진 「옥수후정화玉樹後庭花」가 대표적이다. 진후주 정명 2년(588) 4월, 수문제가 진나라 토벌의 조명을 내렸다.

"진숙보는 손바닥만한 땅에서 멋대로 방자한 모습을 보이고 있다.

안팎으로 신민을 괴롭히며 밤낮으로 사치의 극을 달리고 있다. 직언을 하는 자들의 목을 치고, 아무 죄가 없는 자들을 죽이고 있다. 하늘을 속여 악을 행하면서도 귀신에게 제사를 지내 은혜를 구한다. 얼굴에 화장을 하고 손에 창과 방패를 든 꼴이다. 자고로 이처럼 혼란한 적이 없었다. 군자가 사방으로 도주해 숨고, 소인이 뜻을 얻으니 천재지변이 그치지 않고 온갖 귀신이 난무한다. 하늘 아래 짐의 신하 아닌 자가 없다. 매번 저들의 얘기를 들을 때마다 마음의 상처와 측은한 마음이 든다. 가히 군사를 내어 저들을 토벌할 만하다. 이번의 거사로 저들 오월 땅을 맑게 만들도록 하라!"

이와 동시에 수문제 양견은 사람을 시켜 진숙보의 20가지 죄목을 열거한 조서 30만 장을 장강 하류인 남경 아래의 남쪽 연안인 강좌江左 일대에 뿌리게 했다. 이해 겨울 진왕晉王 양광楊廣을 총사령관으로 하는 50여만 명의 수나라 군사가 쳐들어왔다. 깃발을 꽂은 배가 수천 리에 이르렀다. 소식을 들은 도관상서 공범이 말했다.

"장강은 자고 이래 남북을 가르는 천혜의 장애물입니다. 오늘 오랑캐 군사가 어찌 이를 날아서 넘어올 수 있겠습니까? 변경의 장병 모두 요격해 공을 세울 생각을 하고 있으니 망언이 있다 한들 무슨 큰 일이 일어날 리 있겠습니까? 신은 늘 관직이 낮다고 생각해 왔으니 만일 오랑캐가 도강하면 신 또한 적들을 섬멸하는 공을 세워 장차 태위의 대관 자리를 맡을 생각입니다."

조정의 신하들이 그의 말을 좇아 온갖 얘기로 아부했다. 진숙보가 크게 기뻐하며 응당 그럴 것으로 생각했다. 음주가무와 시 짓기 작업을 계속했다.

진후주 정명 3년(589) 정월, 수나라 군사가 남북으로 병진하자 강변의 진나라 군사들이 싸우기도 전에 사방으로 도주했다. 건강성이 이내 포위됐다. 진숙보가 포로로 잡히기 직전 건강성 내에는 진나라 황실의 종실과 왕후 등 1백여 명이 있었다. 진숙보는 이들이 난을 일으켜 자립할 것을 우려해 모두 황궁 내의 한곳에 집결시켜 놓았다. 수나라 군사들은 진숙보의 친필 유조를 진나라 각지에 보내 투항을 권했다. 진나라는 이내 멸망하고 건강성의 궁실이 모두 헐렸다. 호사를 다해 지은 임춘각과 결기각, 망선각도 같이 헐린 것은 말할 것도 없다.

수문제 인수 4년(604) 말 진숙보가 병사했다. 당시 52세였다. 수문제 양견보다 반년 정도 더 산 셈이다. 재미난 것은 진숙보 사후 수문제의 뒤를 이어 보위에 오른 수양제 양광이 그를 대장군, 장성현공에 추증하면서 시호를 '양煬'으로 내린 점이다. 시법諡法에 따르면 '양'은 '내총內寵으로 인해 정사를 게을리하고, 예를 멀리하고, 백성을 멀리하고, 하늘을 거슬러 백성들을 학대한다'의 뜻을 지니고 있다. 10여 년 뒤 수양제 양광 역시 '양'의 시호를 받았다. 이는 중국 역사상 가장 희극적인 사건 중 하나로 꼽히고 있다.

「옥수후정화」는 워낙 유명해 심지어 조선조 때 궁중음악으로까지 채택됐다. 고려 말기에 원나라를 통해 들어와 계속 사용되다가 세종 때 음탕한 노래라고 해서 폐지됐다. 그러다가 성종 때 왕명으로 『악학궤범』을 지으면서 조선 창업을 송축한 가사로 개작해 다시 부르게 됐다. '외화내빈'의 사치를 일삼다가 패망한 남조 진나라의 노래를 다시 부르게 한 것은 불길한 조짐이었다. 물론 조선조는 그로부터 수백 년 뒤에 패망하기는 했으나 제정신이 아니었다고 봐야 한다. 실제로 조선조 5백 년을 통틀어 가장 사치스러웠던 때가 성종 때였다. 성종의 부인 윤씨가 폐출돼 사약을 받아 죽고, 그의 아들 연산군이 폭군으로 몰린 나머지 동아3국을 통틀어 사상 처음으로 '반정'의 이름 아래 희생양이 된 것도 결코 우연으로 볼 수 없다. 내실경영의 중요성을 상시 시켜주는 대목이다.

危機經營

난세의 위정자는 국익을 위해서라면 얼굴에 웃음이 가득한 만면춘풍滿面春風의 모습으로 내실을 꾀하는 계책을 구사할 줄 알아야 한다. 월왕 구천은 온갖 치욕을 견뎌내고 '만면춘풍'으로 칼을 갈며 내실을 기해 마침내 오왕 부차에게 설욕할 수 있었다. 그가 만일 세상의 불의한 모든 것에 분개하는 분세질속憤世疾俗의 모습을 보이며 명분과 청렴을 다투어 추구했다면 이내 패하고 말았을 것이다.

5/ 위기경영
초지를 잃지 말라

曹公曰: 己與敵人衆等, 善者猶當設奇伏以勝之. 少則高壁堅壘, 勿與戰也. 不若則引兵避之也. 小不能當大也. 將周密, 謀不泄也. 形見於外也.

조조가 말했다.

적과 아군의 병력이 비등할 때는 매복이나 기습 등의 다양한 전술을 활용해야만 승리를 거둘 수 있다. 아군이 열세일 때는 성벽을 높이고 보루를 튼튼히 하는 방법으로 맞서야 하고, 결코 접전해서는 안 된다. 아군의 세력이 극히 열세일 때는 병사를 이끌고 재빨리 피해야 한다. 병력이 압도적으로 강한 적군과 정면으로 맞붙으면 이길 도리가 없기 때문이다. 장수가 빈틈없이 세밀하면 승리를 얻기 위한 계책을 완벽하게 마련할 수 있다. 그러나 장수가 미욱하면 아군의 형세와 전술 등이 있는 그대로 드러나 패하게 된다. 『손자약해』「모공」

반정과 혁명

춘추전국시대에 등장한 이른바 반정反正의 논리는 신하가 군주를 시해하고 보위를 빼앗는 등의 하극상을 제어하기 위한 논리로 등장한 것이다. 조조와 원소 등이 반동탁을 기치로 내건 것은 반정의 논리에 입각한 것이다. 이는 『춘추공양전』의 맨 마지막 조인 「노애공 14년」(기원전 481)조에 나오는 '발란세撥亂世, 반저정反諸正' 구절을 축약한 것이다. 부정不正한 난세를 평정해 정正의 치세로 돌려놓는다는 뜻이다. 여기의 저諸는 지어之於의 준말이고 반反은 되돌려놓는다는 뜻의 동사이다. 이 말이 나오게 된 것은 약육강식과 하극상의 풍조가 만연함에 따라 왕을 시해하고 왕위를 찬탈하는 이른바 찬위시군簒位弑君의 현상이 빈발한 데 있다.

당시 찬탈의 가장 대표적인 사례로 춘추시대 말기에 강태공의 후손인 강씨姜氏의 제나라가 전씨田氏의 제나라로 바뀌는 과정을 들 수 있다. 삼국시대 당시 사마씨가 조씨의 위나라를 찬탈한 과정과 똑같다. 사마의 역할을 한 인물이 춘추시대 말기 전횡을 일삼은 제나라 권신 진항陳恒이다.

그는 후손이 훗날 강씨의 나라를 찬탈한 뒤 성씨를 전씨田氏로 바꾸면서 전항田恒으로 불리게 됐다. 이후 한문제 유항劉恒의 이름을 꺼려 다시 사서에는 전상田常으로 기록됐다. 초한전 당시 한신의 책사인 괴철蒯徹의 이름을 한무제 유철劉徹의 이름을 꺼려 괴통蒯通으로 바꾼 것과 같다.

『사기』「전경중완세가」에 따르면 당시 전항은 제나라의 여인 가운데 키가 7척 이상 되는 자를 1백여 명 선발해 자신의 집 후실에 두었다. 그러고는 자신의 집 일족이면 누구를 막론하고 후실에 드나드는 것을 막지 않았다. 후실에 있는 여인의 몸에서 난 자식만도 70여 명에 달하게 되었다. 그는 강태공의 후신인 강씨의 제나라를 찬탈하기 위해 이런 기상천외한 방법을 동원한 것이다. 『논어』「헌문」에 공자가 전항, 즉 진항을 질타한 대목이 나온다.

"진항이 제간공을 시해했다. 소식을 들은 공자가 목욕한 뒤 입조해 노애공에게 간하기를, '진항이 군주를 시해했으니 토벌해야 합니다'라고 했다."

노애공이 이를 듣지 않은 것은 말할 것도 없다. 전항이 죽자 그의 아들 전반田盤이 제나라의 집정대부가 되어 제나라의 실권을 장악했다. 전반은 부친의 후실 소생을 포함한 자신의 일족을 모든 요소에 두루 배치하고 제나라의 땅을 거의 모두 차지했다. 보위찬탈을 위한 모든 준비를 마무리한 뒤 숨을 거두자 아들 전백田白이 뒤를 이어 제나라의 상국이 되었다. 전백의 아들 전화田和가 바로 강씨의 제나라를 빼앗아 전씨의 제나라를 만든 장본인이다.

기원전 386년, 전화가 마침내 찬역의 칼을 뽑아들었다. 그는 제강공齊康公 대貸를 임치성에서 내쫓은 뒤 동쪽 바다 근처에 있는 조그마한 마을로 가 살게 하면서 작은 성읍 하나를 떼어주고 강씨 선조들의 제사를 받들게 했다. 이로부터 7년 뒤인 기원전 379년 제강공이 사망하면서 강씨의 제나라는 완전히 사라지고 말았다. 공교롭게도 이때 처음으로 왕을 칭하는 제위왕이 보위에 올랐다. 제강공을 살해했을 가능성을 시사한다. 일부 사가들은 본격적인 전국시대가 이때 개막한 것으로 본다.

이들 전씨 4대가 보여준 행보는 삼국시대 말기 위나라의 사마 3대가 조씨曹氏의 위나라를 찬탈하는 과정과 꼭 닮아 있다. 춘추시대의 전씨는 국명을 그대로 사용한 데 반해 사마씨는 국명을 위魏에서 진晉으로 바꾼 것만이 다를 뿐이다. 조조 사후 역사에 밝았던 사마의는 찬탈의 초석을 깔기 위해 전항을 자신의 '롤모델'로 삼았을 공산이 크다.

조조가 반동탁의 기치를 내걸고 거병할 당시만 해도 그는 여러 모로 동탁과 비교조차 되지 않았다. 명분 면에서도 크게 우위를 점한 것도 아니었다. 당시 서민과 지식인들 중 상당수가 동탁을 지지했다. 오히려 반동탁의 연합세력이 지리멸렬한 모습을 보였다. 이런 상황에서 오직 조조만이 불요불굴의 자세를 보여준 것이다. 난세를 틈타 적당히 할거코자 한 여타 군벌과 근본적인 차이를 보인 셈이다. 그의 뜻이 그만큼 컸다는 반증이기도 하다. 그러나 이를 제대로 알아보는 사람이 없었다.

반정은 혁명과 동전의 양면관계를 이루고 있다. 반정을 확대하면 혁명이 되고, 혁명을 소규모로 진행하면 반정이 된다. 새 왕조의 건립 여부가 갈림길이다. 왕조교체기 때마다 새 왕조의 창업을 합리화하기 위한 중요한 이론적 무기로 반정론이 먼저 제기됐다가 이윽고 혁명론이 등장하는 이유다. 혁명론은 천명을 받은 자만이 제왕이 될 수 있다는 주왕조 이래의 천명론天命論을 동태적으로 해석한 이론을 말한다.

조조가 거병할 당시에는 아직 시기가 무르익지 않은 까닭에 혁명론을 동원할 수는 없었다. 조비가 헌제로부터 보위를 선양禪讓받을 때 비로소 혁명론을 거론할 수 있었다. 요가 순에게 선양하고 순은 하나라 우禹에게 선양했다는 선양론은 유가가 혁명론을 미화한 것이다. 그러나 이는 전설에 불과하다. 한헌제가 조조에게 선양한 것은 사실상 유사 이래 처음 이뤄진 것이다.

통상 혁명은 역사상 같은 성씨로서 왕조를 뒤엎은 경우는 전무했기 때문에 곧 역성혁명易姓革命을 의미하는 것으로 해석되었다. 이론적으로는 동성혁명同姓革命도 가능하다. 삼국시대 당시 촉나라의 유비가 천하를 통일한 뒤 한나라가 아닌 새 제국을 건설했다면 역사상 처음으로 동성혁명이 이루어질 수 있었다. 역성혁명은 왕조와 왕실이 모두 바뀌는 경우이고, 동성혁명은 왕실은 바뀌지 않은 채 왕조만이 바뀌는 경우를 말한다.

왕조는 바뀌지 않은 채 왕실만이 바뀔 수도 있다. 태조 이성계가 조선을 개국하기 직전 고려의 공양왕으로부터 선양을 받은 뒤 잠시 고려라는 국호를 그대로 유지한 적이 있었다. 왕조는 바뀌지 않은 채 왕실만 바뀐 대표적인 사례다. 그러나 이는 과도적인 상황에서 나타난 특이한 경우에 불과하다.

반정은 왕조와 왕실은 그대로 둔 채 왕위만 바꾸는 경우에 해당한다. 반정과 구별해야 할 것은 왕실 내부의 각축으로 왕이 교체되는 정난靖難의 경우다. 조선조의 세조가 즉위하는 과정에서 빚어진 계유정난癸酉靖難이 대표적인 사례다. 결과적으로는 반정과 동일하나 교체의 주역이 신권臣權세력이 아니라 왕실 내부에 있다는 점에서 반정과 구별된다. 반정은 오직 신권세력에 의한 왕의 교체만을 의미한다.

엄밀한 의미에서 보면 동탁이 황제를 임의로 바꾼 것도 반정에 해당한다. 실제로 동탁은 그렇게 주장했다. 정사 『삼국지』에 등장하는 동탁은 나름 뛰어난 재능을 지닌 인물이다. 일설에는 시서詩書에 밝았다는 주장마저 있다. 『후한서』「동탁전」에 따르면 그의 군사는 서북방 이민족인 강족羌族으로부터 신군神軍으로 불릴 정도로 무공이 뛰어난 공포의 대상이었다. 이는 그가 자신의 녹봉을 모두 부하들에게 나눠줄 정도의 덕을 베푼 사실과 무관하지 않았다. 청조 말기에 원세개가 바로 동탁의 이런 행보를 흉내 내 사상 최초이자 마지막인 '중화제국'의 황제 자리에 오른 바 있다.

동탁은 실권을 장악해 제1기 장안정권을 세운 후 환관을 제거하며 소위 당고지화黨錮之禍를 당한 선비들을 방면하고 천하의 인재를 발탁하기 위해 애쓰는 모습을 보여주었다. 당대 최고의 인물인 순상荀爽 및 채옹蔡雍 등과 같은 인물이 모두 동탁에 의해 중용된 사실이 이를 뒷받침한다. 채옹은 훗날 동탁의 죽음을 애도하는 말을 했다가 왕윤에게 죽임을 당했다. 천하의 인재가 초개草芥처럼 스러져간 것이다. 당시 동탁이 포악하기만 했다면 천자를 옆에 끼고 천하를 호령하는 일 자체가 불가능했다. 휘하 장수였던 이각과 곽사 등이 동탁 사후 제2기 장안정권을 성립시킨 것도 동탁의 억울한 죽음을 풀어주겠다는 대의명분에서 나온 것이었다. 그의 리더십이 간단치 않았음을 방증하는 대목이다.

그런 점에서 보면 조조가 원소 등과 함께 반동탁을 기치로 내걸고 거병한 것은 사실 천하를 차지하기 위한 군벌상쟁의 성격이 짙었다. 왕조교체기의 혼란한 상황에서 충역忠逆이 갈리는 것은 결국 무력전에서 누가 승리하느냐에 달려 있다. 조조도 따지고 보면 동탁이 이내 몰락하고 이후 원소까지 제압하는 바람에 의거로 평가받은 경우에 속한다.

그럼에도 조조는 확실히 원소 등의 여타 인물과는 질적인 차이가 있다. 공의公義에 입각해 수미일관한 행보를 보인 게 그 증거다. 이는 그가 애초부터 폭력을 제거하고 백성들을 구한다는 제폭구민除暴救民을 기치로 내건 사실과 무관하지 않다.

물론 동탁도 이와 유사한 주장을 펼쳤다. 『자치통감』에 따르면 중평 6년(189) 9월 계유일, 동탁이 백관들을 모아놓고는 황제폐립의 뜻을 내비쳤다.

"황제가 어둡고 약해 종묘를 받들기 어려우니 천하의 주인이 될 수 없다. 지금 이윤과 곽광의 고사를 좇아 진류왕을 세우고자 하니 어떻게 생각하는가."

대신들이 모두 놀라 감히 입을 열지 못했다. 동탁이 또 큰 소리로 말했다.

"예전에 곽광이 폐립의 큰 계책을 세웠을 때 전연년田延年이 칼자루를 어루만졌다. 감히 이를 막으려 드는 자는 군법에 따라 처결할 것이다."

전연년은 곽광의 심복으로 황제폐립을 무력으로 관철시킨 장본인이다. 여기서 곽광과 전연년이 사서에 그 이름을 남기게 된 배경을 간략히 살펴보자.

원평 원년(기원전 74) 한소제가 후사 없이 죽었다. 이해 6월 1일 곽광이 창읍왕 유박의 아들 유하를 새 황제로 맞아들였다. 그러나 한무제의 손자인 유하는 방탕했다. 곽광이 고민에 빠지자 휘하 전연년이 곽광에게 결단을 촉구했다. 곽광이 이를 수락하자 전연년은 백관들이 모인 자리에서 칼을 어루만지며 가장 늦게 응답하는 자는 목을 베겠다고 엄포를 놓았다. 이로써 창읍왕은 보위에 오른 지 불과 27일 만에 폐위되고 말았다.

당시 동탁이 곽광의 고사를 들먹이며 전연년을 언급한 것은 동탁 휘하의 재사들이 조언을 한 결과로 보인다. 실제로 유사한 상황이 빚어졌다. 백관들은 두려운 나머지 모두 입을 다물었다. 이때 상서 노식이 홀로 나서 이같이 반대했다

"전에 창읍왕은 죄목이 1천여 가지나 되어 폐위되었던 것이다. 그러나 지금 금상의 춘추가 아직 어리고 덕을 잃을 만한 행위를 한 적이 없으니 옛날 고사에 비유할 수 없다."

동탁이 대노하여 회의를 중지시킨 뒤 노식을 죽이려 하자 채옹이 나서 극구 만류했다.

"노상서는 해내의 대유大儒여서 사람들이 모두 앙망하고 있습니다. 지금 그를 해치면 천하 사람이 크게 놀랄 것입니다."

동탁은 노식을 죽이려는 계획을 버리는 대신 그의 관직을 빼앗았다. 당시 채옹 등이 노식을 극구 변명한 것은 같은 청류 사대부로서 최소한의 의리를 보인 것이다.

여기서 주목할 것은 비록 결과론이기는 하나 채옹 등이 모두 황제 폐립에 동조한 점이다. 내용상 곽광이 창읍왕을 폐위할 때와 별반 다를 바가 없다. 그럼에도 사서는 이구동성으로 곽광은 선했고 동탁은 악했다는 식으로 기술해 놓았다. 역사는 패자의 처지를 고려하지 않는 법이다. 사실을 왜곡해도 할 말이 없다.

문제는 동탁과 조조 모두 반정의 논리를 내세워 황제를 폐립하고 반동탁의 의병을 일으킨 점이다. 어느 쪽의 반정 논리가 맞는 것일까? 객관적으로 볼 때 동탁 쪽이었다. 황제를 끼고 있었기 때문이다.

실제로 동탁은 곽광과 동일한 방식으로 채옹을 비롯한 조정 백관들

의 동의를 얻어냄으로써 황제폐립의 정당성을 확보했다. 조조와 원소 등은 비록 반정 논리를 내세웠으나 객관적으로 볼 때 이들은 조정을 거부하는 조적朝敵에 해당했다. 동탁이 이들을 제압했다면 곽광과 같은 칭송을 들었을지 모른다.

그러나 황제가 마구 폐립되는 난세의 상황에서는 결국 무력이 정답이 될 수밖에 없다. 자신의 반정 논리를 합리화하기 위해서는 상대방을 무력으로 제압할 수밖에 없었다. 동탁과 비교할 때 조조와 원소 무리는 오합지졸에 지나지 않았다. 동탁이 낙양에서 장안으로 퇴군하는 절호의 기회를 맞이하고도 원소 등이 동탁군의 반격을 두려워한 나머지 감히 진격치 않으려고 한 게 그 증거다. 이를 답답해한 조조가 목소리를 높였다.

"의병을 일으키는 것은 폭란暴亂을 제압하기 위한 것이오. 많은 병사들이 이미 모였는데 제군들은 무엇을 의심하는 것이오? 동탁이 장안에서 황실의 존엄에 기대어 천하에 군림하게 되면 비록 무도한 행동을 할지라도 어찌할 수가 없게 되오. 지금 그가 궁실을 불태우고, 천자를 겁박해 서쪽으로 옮기자 백성들이 돌아갈 곳을 모르고 있소. 이는 하늘이 그를 망하게 하려는 것이오. 한 번의 싸움으로 천하를 안정되게 할 수 있으니 이 기회를 잃어서는 안 되오."

그는 동탁군이 무차별적으로 노략질을 하여 민심이 등을 돌리고 있는 이때야말로 적을 일거에 궤멸시킬 수 있는 절호의 기회라고 판단한 것이다. 이것이 타당한 것임은 말할 것도 없다. 그가 염려한 것은 동탁이 장안을 기반으로 안정을 되찾아 천하에 군림하는 상황이었다. 이 경우 자신을 포함한 반동탁의 제후들은 모두 역적이 되고 만다. 그럼에도 반동탁 연합군의 수장으로 추대된 원소는 그 의미를 제대로 이해하지 못했다. 조조가 자신의 병사들을 이끌고 단독으로 진격한 이유다. 절호의 기회를 놓쳐서는 안 된다는 판단에 따른 것이었다.

좌절과 불요불굴

조조가 절호의 기회를 놓치지 않기 위해 과감히 출병을 결단할 당시 제북상 포신 등이 그를 지원했다. 원래 포신은 신중한 데다가 지략도 있는 인물이다. 그는 일찍이 동탁이 낙양에 입성했을 때 원소에게 동탁을 조기에 제거할 것을 권한 바 있다. 그러나 원소는 감히 거병하려 하지 않았다. 포신은 원소가 결코 대업을 이룰 인물이 아님을 알아챈 후 조조에게 커다란 기대를 걸었다. 이를 뒷받침하는 『삼국지』「위서·포훈전」의 해당 대목이다.

"무릇 불세출의 지략을 지니고 능히 반정을 행할 수 있는 사람은 바로 그대밖에 없소. 그대는 아마도 하늘이 난세를 구하라고 내려보낸 사람인 듯싶소."

극찬이다. 포신 역시 허소 등과 마찬가지로 사람을 알아보는 식견인 소위 지인지감知人之鑑이 있는 인물임을 알 수 있다. 실제로 포신은 원소와 조조가 천하를 놓고 다툴 경우 원소가 필패하리라는 것을 예감하고 있었다. 당시 포신 이외에도 조조에게 지지를 보낸 인물이 있었다. 진류태수 장막이었다. 그는 비록 포신과 같이 전폭적인 지지를 보내지는 않았으나 휘하의 위자를 시켜 일부 병사를 이끌고 가 조조를 돕게 했다.

조조는 이들을 이끌고 동탁의 뒤를 쫓다가 형양의 변수汴水에 이르렸을 때 동탁의 부장 서영과 맞닥뜨리게 되었다. 병력상의 차이가 심해 곧 불리하게 되었다. 마침내 포신은 부상을 입고 휘하장수 위자와 자신의 동생 포도가 진중에서 죽는 패배를 당하게 되었다. 병사들도 상당수가 죽거나 다쳤다. 조조 역시 난전亂箭을 맞아 부상을 입고 타고 있던 말도 중상을 입어 위기에 처하게 되었다. 상황이 급해지자 종제인 조홍曹洪이 조조에게 자신의 말을 주었다. 조조가 사양하자 조홍이 이같이 말했다.

"천하는 조홍이 없어도 되지만 당신이 없으면 안 됩니다."

이에 조조는 조홍의 말을 타고, 조홍은 걸어서 야음을 틈타 험지를 벗어났다. 이들은 변수를 도강해 간신히 고향인 초현으로 돌아올 수 있었다. 이는 조조의 첫 패배였다. 당시 얼마 안 되는 군사로 막강한 동탁군을 추격한 것은 무리였다.

그럼에도 조조는 좌절하지 않았다. 이내 조씨와 하후씨 등 일족을 총동원했다. 그러나 겨우 조홍 일가만이 1천여 명의 가족을 동원했을 뿐이다. 얼마 후 조홍과 하후돈 등이 양주揚州로 가 모병하자 자사 진온과 단양태수 주흔 등이 병사 4천여 명을 지원했다. 그러나 조조가 이들을 이끌고 출병하던 중 병사들이 조조에게 반기를 들고 도주해 버렸다. 「무제기」는 당시의 상황을 이같이 기술해 놓았다.

"병사들이 모반하여 밤에 조조의 장막을 불태웠다. 조조가 손에 검을 들고 수십 명을 죽이자 나머지는 모두 도주했다. 출영할 때 배반하지 않고 조조를 좇은 자는 겨우 5백여 명에 불과했다."

조조는 다시 1천여 명을 병사를 그러모은 뒤 대략 3천여 명 안팎의 병사들을 이끌고 원소가 주둔하고 있는 하내 땅으로 갔다. 조조는 훗날 「양현자명본지령」에서 당시의 상황을 이같이 술회했다.

"당시 나는 병력손실이 있음에도 불구하고 병사들을 무작정 늘리려 하지 않았다. 너무 큰 병력을 만들어 왕성한 기세로 강적과 다투게 되면 나중에 커다란 화근이 될 것으로 생각했기 때문이었다. 그래서 변수汴水에서 동탁군과 싸울 때도 불과 수천 명에 불과했고, 후에 양주에서 병사들을 모았을 때도 3천 명을 넘지 않았다. 이는 그 정도 숫자가 나의 본래 뜻에 합당하리라고 생각했기 때문이다."

조조는 3천여 명의 병사를 하내에 주둔시킨 뒤 연합군이 몰려 있는 산조酸棗로 갔다. 당시 연합군의 병력은 대략 10여만 명에 달했다. 그러나 원소 등은 매일 주연을 베풀며 진격하려 하지 않았다. 조조가 목소리를 높여 이같이 제안했다.

"제장들은 보루를 높이 쌓고 해자를 깊이 파되 교전하지는 말고 적의 눈을 속이기 위하여 거짓으로 군사를 꾸미는 의병疑兵을 행하도록 하시오. 이어 천하의 대세가 이미 드러났음을 과시하면서 적당한 때를 틈타 명분을 내세워 공격하면 능히 적을 평정할 수 있소. 지금 우리가 대의로써 기병하고도 오히려 의심하여 나아가지 않으니 천하 사람이 실망하고 있소. 나 또한 제군들로 인해 부끄러움을 감출 수 없소."

그러나 아무도 조조의 말을 귀담아들으려 하지 않았다. 각자 자신의 병력만 손상시킬 일을 자원할 이유가 없다고 판단해 서로 눈치만 살핀 것이다. 결국 얼마 안 돼 군량이 바닥나게 되자 각기 흩어지고 말았다. 조조도 원소 등이 제각기 딴마음을 품고 있어 도저히 함께 거사를 도모할 수 없다는 것을 깨닫고는 이내 군사를 이끌고 다시 양주로 떠났다.

이로써 반동탁을 기치로 내건 반정은 이내 유야무야되고 말았다.

당시 비록 패하기는 했으나 동탁군과 싸운 사람은 오직 조조밖에 없었다. 조조는 첫 전투에서 크게 패했을 뿐만 아니라 그 자신도 죽을 고비를 넘겼다. 난세를 평정코자 하는 큰 뜻이 없었다면 조조는 이내 의기소침해 주저앉고 말았을 것이다. 그러나 조조는 다시 군사를 그러모아 거듭 도전에 나섰다. 비록 원소 등이 미적거리는 바람에 제2차 접전을 벌이지는 못했으나 그의 기개만큼은 높이 살 필요가 있다.

주목할 것은 당시 조조가 대의명분을 살리기 위해 부단히 노력한 점이다. 그가 동탁군과의 제1차 접전의 참패에 굴하지 않고 백절불요의 자세로 제2차 접전을 준비한 것은 반동탁으로 상징되는 반정의 명분을 살리기 위한 것이었다. 실리를 좇아 명분을 아무렇지도 않게 내팽개치는 심흑의 대가로 간주하는 기존의 견해에 일대 수정을 요하는 대목이다. 초지를 관철코자 하는 그의 강고한 의지가 없었다면 훗날 천하를 제압해 군웅들을 호령하는 일 자체가 불가능했을 것이다.

조조와 교현

난세의 위정자는 국익을 위해서라면 얼굴에 웃음이 가득한 만면춘풍滿面春風의 모습으로 내실을 꾀하는 계책을 구사할 줄 알아야 한다. 월왕 구천은 온갖 치욕을 견뎌내고 '만면춘풍'으로 칼을 갈며 내실을 기해 마침내 오왕 부차에게 설욕할 수 있었다. 그가 만일 세상의 불의한 모든 것에 분개하는 분세질속憤世疾俗의 모습을 보이며 명분과 청렴을 다투어 추구했다면 이내 패하고 말았을 것이다.

일본인들이 일상 회화에서 가장 많이 쓰는 말은 크게 세 가지다. 고

맙다는 뜻의 '아리가토오有り難う'와 죄송하다는 뜻의 '스미마셍濟みません', 괜찮다는 뜻의 '다이죠부大丈夫'가 그것이다. '아리가토오'는 이 자리에 서 있기가 어려울 정도로 은혜를 입었다는 뜻이고, '스미마셍'은 전에 입은 은혜로 인한 채무를 아직도 다 갚지 못했다는 의미이다.

주목할 것은 '다이죠부'이다. 이는 대장부처럼 의연하니 크게 심려하지 말라는 뜻을 담고 있다. 남에게 신세지는 것을 극도로 꺼리는 일본인의 정서가 그대로 드러나는 대목이다. 『사기』「고조본기」에 따르면 한고조 유방은 젊었을 때 함양으로 일하러 갔다가 진시황의 나들이 행차를 보고 이같이 탄식한 바 있다.

"아, 대장부라면 응당 저와 같아야 할 것이다!"

이게 사실이라면 그는 천하를 삼키겠다는 뜻을 이때부터 품었다는 게 된다. 유방이 훗날 한제국을 세우고 보위에 오른 뒤에 그를 미화하기 위해 만들어냈을지도 모른다. 유방이 언급한 '대장부'는 원래 『맹자』「등문공 하」에 나온다. 이에 따르면 당시 종횡가로 있던 경춘이 맹자에게 이같이 말했다.

"공손연公孫衍과 장의張儀는 어찌 실로 대장부가 아니겠습니까? 이들이 한번 화를 내자 천하의 제후들이 두려워하고, 안거安居하자 천하가 잠잠해졌습니다."

공손연은 전국시대 말기 다섯 나라의 재상을 역임한 위나라의 종횡가로 『전국책』에는 그의 화려한 행보가 자세히 소개돼 있다. 장의 역시 소진蘇秦과 더불어 일세를 풍미한 당대의 종횡가다. 그러자 맹자가 이같이 반박했다.

"장부는 천하라는 넓은 집에 거처하고, 바른 자리를 세우고, 큰 도를 행해야 한다. 뜻을 얻었을 때는 백성들과 함께 그 도를 행하고, 그러지 못했을 때에는 홀로 그 도를 행한다. 부귀해져도 마음을 방탕하게 하지 않고, 빈천한 처지에도 의지가 변치 않는 것은 물론 위엄과 무력에도 굴하지 않아야 한다. 이런 사람을 대장부라고 이르는 것이다."

맹자가 말한 대장부는 장부 중의 장부를 뜻하는 말이다. 원래 장부는 통상적인 의미의 장정 내지 지아비를 의미한다. 공자가 『논어』에서 역설한 군자와 거의 같은 뜻으로 쓰인 것이다. 그러나 당시 많은 사람들은 대장부를 군자가 아니라 권세를 지닌 인물로 이해했다. 맹자는 바로 이런 통상적인 개념을 반박하고 나선 것이다.

맹자의 반론 후 대장부는 군자의 뜻으로 굳어졌다. 공자가 학문과 덕행을 닦은 사람을 군자로 규정한 이후 군주의 아들이라는 원래의 뜻이 바뀐 것에 비유할 만하다. 맹자가 말한 대장부의 요체는 어떠한 위엄이나 무력에도 굴하지 않을 정도로 위풍당당한 모습을 보이는 데 있다.

그러나 사실 이게 말이 쉽지 그리 쉬운 일이 아니다. 맹자 자신이 열국의 군주 앞에서 짐짓 주눅들지 않기 위해 과장된 몸짓을 보인 바 있다. 자연스럽지가 못했던 것이다.

대장부가 『논어』에서 말하는 군자와 뉘앙스의 차이를 보이는 이유가 여기에 있다. 『논어』의 군자는 학문과 덕행을 고루 닦은 까닭에 군주의 위엄이나 무력은 말할 것도 없고 부귀공명이나 위협 등 그 어떤 일에도 전혀 흔들리지 않는다. 의연한 모습이 『도덕경』에서 말하는 도인에 가깝다.

대표적인 인물로 조조를 천하의 기재로 높이 칭송한 바 있는 교현橋玄을 들 수 있다. 그는 조조가 젊었을 때 조조에게 이같이 말한 바 있다.

"천하가 앞으로 어지러울 것이니 천명을 받은 큰 인물인 소위 명세지재命世之才가 아니면 이를 구할 수 없다. 천하를 능히 평안하게 만들 수 있는 사람은 바로 그대일 것이다!"

조조가 장차 큰 인물이 될 것이라는 것을 가장 먼저 예언한 사람이 바로 교현이었다. 그는 관직에 있을 때 엄정한 법집행으로 유명하다. 교현의 인품과 관련해 「무제기」의 배송지주에 인용된 장번의 『한기漢紀』는 이같이 기록해 놓았다.

"교현은 중외의 관직을 두루 맡으면서 강고한 결단으로 칭송이 높았다. 그는 아랫사람에게 겸손했고, 왕공대부와 사적으로 친하게 지내지 않았다. 광화 연간에 태위가 되었으나 오랜 지병으로 그만두고자 했다. 그러나 곧 태중대부에 제수되었다가 이내 죽었다. 그는 빈한하면서도 이재에 신경을 쓰지 않아 죽었을 때에는 영구靈柩를 둘 곳조차 없었다. 세인들이 모두 그를 명신으로 칭송했다."

이를 통해 알 수 있듯이 교현은 당대의 명인이었다. 그와 관련해 이런 일화가 전해져 오고 있다. 하루는 교현의 어린 아들이 강도들에게 붙잡혀 갔다. 양구라는 장수가 즉시 관병을 이끌고 구출에 나섰다. 관병들은 교현의 아들이 다칠까봐 강도들을 포위만 하고는 감히 더 이상 손을 쓰지 못했다. 이 사실을 안 교현이 크게 화를 냈다.

"강도는 법을 무시하고 날뛰는 무리들인데 어찌 내 아들을 위하느라 그들을 놓아준다는 말인가?"

그가 속히 강도들을 잡으라고 관병을 다그치자 결국 강도들은 모두 붙잡혔다. 이 과정에서 교현의 어린 아들은 강도들에게 살해되고 말았다. 사람들은 몸을 던져 악에 대항하는 교현을 크게 칭송했다. 교현이 죽자 나중에 동탁정권에 가담했던 채옹은 그를 위해 비문을 지어 칭송했다.

"백 번 꺾일지언정 흔들리지 않았고, 큰 절개에 임해서는 빼앗을 수 없는 풍모를 지녔다."

여기서 백절불요百折不撓 성어가 나왔다. 흔들리거나 굽히지 않는다는 뜻이다. 대략 대장부의 위세를 보여주며 굳건하게 버티는 위무불굴威武不屈, 굳은 각오로 온갖 어려움을 참으며 마음을 다잡는 견인불발堅忍不拔과 같은 취지이다.

당시 교현은 사람이 청렴하고 강직해 악을 원수처럼 미워한 까닭에 청류 사대부들로부터 커다란 존경을 받았다. 『삼국지』「무제기」의 배송지주에 인용된 왕침의 『위서』에는 교현이 말년에 조조에게 당부한 말이 나온다.

"나는 천하에서 이름난 사람들을 많이 만나보았지만 그대만한 사람은 아직 보지 못했다. 부디 자중자애하도록 하라. 내가 늙어 죽게 되면 나의 처자를 자네에게 부탁하고자 한다."

두 사람이 개인적으로 매우 가까웠음을 방증한다. 조조는 자신을 알아준 은혜를 뜻하는 소위 지우지은知遇之恩을 갚기 위해 훗날 사람을 보내 제사를 올리게 했다. 이는 조비 때까지도 그대로 이어졌다. 조조가 『후흑학』에서 말하는 심흑과 거리가 멀었음을 뒷받침하는 일화다.

民心經營

조조는 난세에 능력 있는 자들이 강한 편에 붙어 일신의 안전을 보전할 수밖에 없는 인간의 약점을 깊이 이해하고 있었다. 대개 재능이 많은 자는 어느 곳에서도 중용될 수 있으므로 지조를 가벼이 여기는 경향이 있다. 이런 태도는 바람직하지 못한 것이 사실이나 동시에 능력 있는 사람이 목숨을 보존하는 방법이기도 했다. 조조는 인간의 이런 습성을 통찰하고 이를 오히려 당연한 것으로 간주한 것이다. 그는 한마디로 말해 그릇이 큰 인물이었다.

6/ 민심경영
민심과 부합하라

孫子曰, '勝者之戰民也, 若決積水於千仞之溪者.' 曹公曰: 善用兵者, 先修治爲不可勝之道, 保法度不失敵之敗亂也. 決水千仞, 其勢疾也.

손자가 말하기를,

'승리의 요체는 백성의 마음을 하나로 결집시키는 데 있다. 그리되면 마치 천 길이나 되는 높은 계곡에 막아둔 물을 한 번에 터뜨려 쏟아지게 하는 것처럼 된다'고 했다. 조조가 말했다. 용병을 잘하는 군주는 먼저 나라 안의 정사와 인사를 바르게 해 적이 감히 넘볼 수 없는 정사를 펼친다. 법령을 공평히 시행하면서 적의 피폐하고 어지러운 틈을 놓치지 않는 게 요체이다. 손자가 천 길이나 되는 높은 계곡에 막아둔 물을 한 번에 터뜨려 쏟아지게 한다고 말한 것은 그 기세가 도무지 막을 길이 없을 정도로 거세다는 취지에서 나온 것이다. 『손자약해』「군형」

탁류와 득인

조조는 중국의 역대 황제 가운데 득인과 용인에서 가장 뛰어난 모습을 보였다. 이는 그가 환관 집안의 탁류濁流 출신이었던 사실과 무관하지 않다. 당시 탁류는 청류淸流 사대부들의 조롱대상이었다. 조조는 재주도 없는 자들이 청류 출신이라는 이유만으로 사람을 얕잡아보는 것을 못마땅해했다. 대표적인 인물이 원소다.

원소는 고조부인 원안 때부터 삼촌에 이르기까지 모두 3공을 지낸 명문집안 출신이다. 이로 인해 흔히 사세오공四世五公이라는 말이 나오게 되었다. 사세오공은 모두 4대에 걸쳐 5명의 3공이 나온 것을 말한다. 조조는 원소와 정반대로 세인들의 손가락질을 받는 탁류 출신이었다.

후한제국은 청류와 탁류를 너무 엄격히 가르는 바람에 쇠망하게 되었다고 해도 과언이 아니다. 새로운 질서가 필요했다. 탁류 출신인 조조가 바로 이런 시대적 요망에 부응해 구시대의 낡은 관행과 가치관을 뒤엎는 데 앞장을 서게 된 것이다.

조조가 반동탁을 기치로 거병한 뒤 문호를 활짝 열고 천하의 인재를 그러모은 배경이 여기에 있다. 청류와 탁류를 엄격히 가르는 기존의 가치를 좇을 경우 그는 뜻을 펼 길이 없었다. 사실 조조가 인재를 얻기 위해 보여준 일련의 행보는 난세 득인술의 요체가 어디에 있는지를 극명하게 보여주고 있다. 공교롭게도 이는 시정의 건달 출신인 유방이 보여준 득인술과 많이 닮아 있다. 누대의 귀족가문 출신인 항우가 보여준 행보 역시 사세오공을 자랑한 원소와 닮았다. 초한전의 시기와 삼국시대가 자주 비교되는 이유다.

조조는 생전에 자신의 조상에 대해 구체적으로 언급한 바가 없다. 이는 그가 자신의 조상에 대한 언급을 크게 꺼렸음을 보여준다. 그 또한 자신의 집안이 탁류였다는 사실을 인정치 않을 수 없었을 것이다. 실제로 관도대전 당시 원소의 휘하에 있던 진림陳琳이 조조 토벌을 위해 쓴 「토조격문討曹檄文」을 보면 당시 세인들이 탁류 출신 조조를 어떻게 손가락질했는지를 대략 짐작할 수 있다.

"조조의 조부 중상시 조등은 포악한 환관들과 한통속이 되어 한나라 사직의 커다란 우환이 되었고, 극악무도한 짓을 자행해 백성을 수탈하고 나라를 망친 대악당이다. 또 그의 아비 조숭은 본래 거렁뱅이로 문전걸식하다가 환관의 양자가 되어 돈으로 관직을 사고 금은보화를 수레에 싣고 권문세가의 뒷문으로 뇌물을 바쳐 3공의 지위까지 도적질한 자이다."

이는 진림이 사실을 침소봉대한 것이기는 하나 골자만큼은 사실에 기초한 것이다. 조조의 반대진영은 대개 이런 식으로 조조를 헐뜯었을 것이다. 조조도 사람인 까닭에 진림의 「토조격문」을 보고 격노했다. 지병인 두통으로 인해 자리에 누워 있다가 「토조격문」을 보고는 두통이 흔적도 없이 사라졌다는 얘기는 그가 얼마나 충격을 받았는지를 반증한다.

조조는 일찍이 약식 족보에 해당하는 『가전家傳』을 지으면서 스스로를 주문왕의 아들이자 주무왕이 동생인 진탁振鐸의 후예라고 칭한 바 있다. 진탁은 조曹나라에 봉해져 조씨 성을 갖게 됐다. 조조가 죽은 뒤 조식은 조조를 애도하는 조사弔辭인 「무제뢰武帝誄」를 지으면서 부친의 주장을 그대로 이어받아 조씨는 모두 주문왕의 후예로 원래는 희성姬姓이라고 주장했다. 그러나 이런 주장은 사람들로부터 인정을 받지 못했다.

이는 조조가 어릴 때부터 자신이 탁류 출신이라는 것을 강하게 의식하고 있었음을 반증하는 것이다. 그가 어렸을 때 원소 등과 함께 방탕한 모습을 보인 것도 이에 대한 반작용일 공산이 크다. 그러나 이는 훗날 그가 큰 그릇으로 성장하는 배경이 되었다. 청년시절 교현 및 하옹 등과 같은 명사들로부터 천하의 기재奇才라는 칭송을 받은 게 결정적인 계기로 작용했다. 이 시기를 전후해 그는 웅지를 키웠을 것으로 보인다. 당시 조조 역시 이들의 지감知鑑에 크게 감복했음에 틀림없다. 이는 훗날 조조가 정벌에 나서는 와중에 교현의 묘를 지나면서 제사를 올린 사실이 뒷받침한다. 「무제기」의 배송지주에 인용된 곽반郭頒의 『위진세어魏晉世語』에는 다음과 같은 기록이 나온다.

"교현이 조조에게 말하기를, '그대는 아직 명성이 높지 않으니 허소許劭와 사귀는 것이 좋을 듯하다'고 했다. 조조가 이내 허소를 찾아가자 허소가 조조를 받아들였다. 이로써 그의 이름이 널리 알려지게 되었다."

당시 허소는 인물평으로 명성이 자자한 당대의 인물이었다. 그가 조조에게 교유를 허락했다는 것은 그 역시 조조를 당대의 인물로 보았기 때문이다. 실제로 허소는 조조를 보자마자 난세의 영웅으로 평했다.

하옹은 원래 조조보다 원소와 가까웠다. 함께 달아날 정도로 뜻을 같이하는 친교를 뜻하는 소위 분주지우奔走之友를 맺은 인물이다. 동탁이 정권을 잡자 하옹은 사공 순상荀爽 및 사도 왕윤王允과 함께 동탁 제거 방안을 모의했다. 그러다가 기밀이 누설돼 체포되자 이내 울분을 참지 못해 죽고 말았다. 『후한서』「하옹전」에는 하옹이 조조를 보고 찬탄한 대목이 나온다.

"한나라가 장차 망하게 되면 천하를 편하게 할 자는 바로 이 사람이다!"

조조의 입장에서 볼 때 하옹은 교현에 이어 두 번째로 지우지은을 베푼 인물에 해당했다. 이 밖에도 청년 조조를 극히 중시한 또 다른 인물로 청류의 상징인 이응의 아들 이찬李瓚을 들 수 있다. 『후한서』「당고열전」에 다음과 같은 기록이 나온다.

"이찬은 조조가 미미했을 때 그의 기재를 알고 장차 죽기 전에 아들 이선 등에게 이르기를, '시류를 보건대 장차 난이 일어날 것이다. 천하의 영웅들이 조조를 넘지 못할 것이다. 네가 의지하지 않을지라도 반드시 조씨에게 귀의토록 하라!'고 했다. 그의 아들들이 모두 이를 좇아 난세에 화를 면했다."

만일 조조가 뜻을 세우지 않고 계속 원소 등의 권문세가 자제들과 어울리며 비단바지를 입고 귀하게 자란 자를 뜻하는 소위 환고자제紈綺子弟로 남았다면 어지러운 시기에 가장 먼저 목이 달아났을 것이다. 사람들이 볼 때 탁류의 자제가 주제넘게 청류의 자제처럼 방탕한 모습을 보이는 것은 용납지 않았을 것이기 때문이다.

이 시기에 조조가 보여준 모습은 놀라운 바가 있다. 그는 어느 시기인가 문을 걸어 잠근 채 군서박람群書博覽하며 병서 등을 탐독했다. 이는 장차 천하를 틀어쥐려는 웅지를 품었기 때문에 가능했다. 진시황의 급서를 계기로 문득 시골 작은 마을의 유적단 우두머리로 몸을 일으킨 유방이 이후 나름 탁월한 득인 행보를 보여주었음에도 조조와 비교할 때 일정한 한계를 드러낸 배경이 여기에 있다.

유방은 조조처럼 체계적인 학문을 연마하지 못했다. 그럼에도 그가 누대의 명문가 출신인 항우를 제압하고 천하를 거머쥔 데에는 자신의 잘못을 지적하는 주변의 말을 곧바로 수용할 줄 아는 미덕을 지니고 있었기 때문이다. 나름 조조 못지않은 득인술을 보여준 배경이다.

그럼에도 조조의 득인술은 범인들은 물론 유방과 같은 인물도 흉내내기 어려울 정도의 탁월한 면이 있었다. 배신을 일삼은 위충魏种을 포용한 일화가 그 실례다. 『자치통감』「건안 4년」조는 그 배경을 이같이 기록해 놓았다.

"당초 조조가 연주에 있을 때 위충을 효렴으로 추천한 적이 있었다. 연주에서 반란이 일어났을 때 조조가 장담하기를, '오직 위충만이 나를 배반하지 않을 것이다'라고 했다. 이후 조조는 위충이 도망갔다는 얘기를 듣고 크게 노해 말하기를, '위충은 남쪽으로 도망해 월나라 땅으로 가지는 않고 북쪽으로 도주해 호인들이 있는 곳으로 갔을 것이다. 내가 그를 그대로 가게 하지는 않을 것이다'라고 했다. 건안 4년(199) 원소를 대파한 후 위충을 사로잡게 되자 조조는 '나는 단지 너의 재주를 아낄 뿐이다'라고 말하면서 그의 결박을 풀어주고 하내태수에 임명해 황하 이북의 일을 그에게 맡겼다."

상식적으로 볼 때 위충처럼 배신을 일삼은 경우는 당시의 정황에 비춰 능지처참을 면하기 어려웠다. 실제로 모든 사람들은 조조가 위충을 죽일 것이라고 생각했다. 그러나 조조는 일반인의 상상을 뛰어넘는 행동을 보였다. 그의 포승줄을 풀어주고 그를 또 다시 등용한 것이다. 조조가 중시했던 것은 오직 그의 재능이었다.

유방이 비록 잡색주의雜色主義를 관철했다고는 하나 위충과 같은 자까지 끌어안지는 못했다. 이는 그가 천하를 거머쥔 뒤 토사구팽을 행한 것과 무관하지 않다. 조조의 경우는 설령 당대에 천하통일의 위업을 이뤘을지라도 이런 식의 배신적인 행위를 하지는 않았을 것이다. 이는 그의 식견과 그릇이 그만큼 컸음을 의미한다. 난세에는 비상한 사고와 행보가 필요하다. 기존의 가치관과 관행에 얽매여서는 안 된다. 특히 가문의 영광에 연연하는 것은 스스로 묘혈을 파는 것과 같다.

세상의 모든 것은 마치 세월이 그렇듯이 쉼없이 바뀌며 순환하기 마련이다. 어제의 황제가 내일의 필부가 될 수도 있고, 오늘의 필부가 내일의 황제가 될 수도 있는 것이다. 병자호란 당시의 일화가 좋은 실례다.

인조 14년(1636) 겨울 청태종은 12만 명의 군사를 이끌고 압록강을 넘었다. 조선의 군신은 황급히 남한산성 안으로 들어갔다. 독 안의 쥐 신세를 자처한 셈이다. 그런데도 김상헌을 비롯한 척화파들은 척화의 목소리를 더욱 높였다. 새해 다음날인 이듬해 1월 2일 청태종이 인조에게 조서를 보냈다.

"너는 정묘년의 치욕을 씻는다며 화를 자초해 후세에 웃음거리를 남기려 하니 이 치욕은 또 장차 어떻게 씻으려 하는 것인가? 황제를 일컫는 게 옳고 그름은 너에게 달려 있는 게 아니다. 하늘이 도우면 필부라도 천자가 될 수 있고, 하늘이 화를 내리면 천자라도 외로운 필부가 되는 것이다."

당시 조선의 군신은 한때 야인野人으로 얕보았던 만주족이 부모의 나라로 섬기던 명나라를 누르고 천하의 중심이 되고자 하는 것은 하늘이 무너져도 인정할 수 없다는 생각을 갖고 있었다. 하늘이 도우면 필부라도 천자가 될 수 있다는 치란治亂의 기본이치를 애써 무시한 것이다.

동양고전에서 말하는 천명은 곧 민심의 순역順逆을 뜻한다. 민심이 거꾸로 뒤집히면 기왕의 왕조는 수명을 다한 것이나 다름없다. 이때 군웅들이 우후죽순처럼 일어나 상호 치열한 각축 끝에 최후에 승리한 자가 새로운 왕조를 열기 마련이다. 각축에서 궁극적인 승리를 얻기 위해서는 먼저 득인에 성공해야 한다. 득민심도 인재를 얻는 경쟁에서 이겨야만 가능하다. 그런 점에서 조조는 당시 군웅들 중 가장 앞서 갔다고 할 수 있다. 요체는 청류와 탁류를 불문하고 문호를 활짝 개방한 데 있다. 청류의 대표주자에 해당하는 원소가 폐쇄적인 득인술을 고집하다가 결국 패망한 것과 극명한 대조를 이루는 대목이다.

득인과 득민심

예나 지금이나 천하를 놓고 다투는 싸움에서 이기려면 기본적으로 인재싸움에서 이겨야 한다. 사서에 나오는 수많은 일화가 이를 뒷받침한다. 소위 득인得人을 득국得國의 요체로 간주하는 이유다. 백성의 마음을 얻는 득민심得民心은 득인의 일환이다.

난세는 새 왕조의 개창이든 아니면 새 정부의 수립이든 권력다툼이라는 속성에서 벗어날 수 없다. 권력다툼에서 승패를 가르는 관건은 바로 득인에 있다. 서구의 투표제도를 도입해 선거로 정권을 교체하는 21세기의 민주공화정 체제라고 해서 그 본질이 달라질 리 없다. 득인에 성공한 자가 이기는 이치는 고금동서를 막론하고 한결같다.

주의할 점은 득인의 방법론이다. 좋은 예가 있다. 초한전 당시 항우는 정예주의精銳主義를 고수한 데 반해 유방은 잡다한 세력을 계속 흡수하는 잡색주의雜色主義를 채택했다. 그 결과는 유방의 승리로 나타났다. 가장 바람직한 것은 정예와 잡색을 종합하는 것이나 이게 안 될 때는 정예보다 잡색으로 나아가야 한다. 이는 소수의 사대부 세력과 다수 민중세력의 이익관계가 충돌할 경우 다수 쪽을 택하는 것과 같다. 국공내전 당시 소수의 상공업자를 지지세력으로 삼은 장개석이 다수의 농민을 지지세력으로 삼은 모택동에게 패한 게 그 실례다.

초한전 당시 항우는 귀족세력을 대표했고, 유방은 농민을 포함한 서민세력을 대표했다. 유방이 함양에 입성한 후 소위 법삼장法三章을 발표하면서 백성들을 옥죄인 법률을 모두 폐기한 것은 다수세력을 포섭코자 하는 의도에서 나온 것이다. 혹독한 법률의 규제로 고통을 받아온 인민들이 환호작약한 것은 물론이다.

유방은 득인의 과정에서 예외 없이 잡색주의를 관철했다. 그는 자신의 능력을 잘 알고 있었기 때문이다. 아무리 노력할지라도 책략을 만드는 데서 장량張良을 앞설 수는 없었다. 행정과 경제는 소하蕭荷가 훨씬 뛰어났다. 군사 측면에서는 한신韓信이 가진 재능이 자신에게는 없다는 것을 자인했다. 그의 휘하에 많은 인재가 모인 이유다. 항우처럼 모든 것을 자신이 도맡아 하려는 자에게는 인재가 모일 리 없다. 설사 유능한 인재가 있을지라도 능력을 충분히 발휘할 수 없다. 진평의 반간계反間計에 빠져 최고의 책사인 범증范曾을 내친 게 그 증거다.

항우와 같은 사람 밑에서는 자신의 능력을 유감없이 발휘했다가는 오히려 시기를 당해 쫓겨나거나 피살되는 등의 화를 입을 소지가 크다. 사실 따지고 보면 '토사구팽'을 행한 유방도 항우와 별반 다를 게 없었다. 원래 한신은 유방의 군사軍師가 되어 유방의 천하통일에 결정적인 역할을 수행한 인물이다. 한신의 핵심 참모인 괴철蒯徹은 유방이 월왕 구천처럼 어려움은 같이해도 부귀영화는 함께 누릴 수 없는 인물이라는 것을 진즉에 알고 있었다. 이에 사상 최초의 천하삼분지계天下三分之計를 건의했다. 그러나 한신은 유방의 은혜를 저버릴 수 없다며 주저하는 모습을 보였다. 괴철은 유방이 한신의 재주와 지략을 시기하고 있기 때문에 반드시 화가 미구에 닥칠 것이라며 한신을 설득시키려고 애를 썼으나 실패했다.

결국 한신은 그 대가로 토사구팽을 당하고 말았다. 한신은 형장으로 끌려나갈 때 괴철의 계책을 쓰지 않은 것을 크게 후회했으나 이미 때가 늦었다. 뛰어난 재주를 지녔음에도 후세의 웃음거리가 된 것은 바로 결정적인 시기에 머뭇거리며 결단하지 못한 탓이다

당초 한신은 항우의 죽음을 놓고 부인지인婦人之仁과 필부지용匹夫之勇에 불과하다고 비웃었다. 아녀자의 어짊과 필부의 용기를 지닌 까닭에 패했다고 지적한 것이다. 그러나 그 또한 괴철의 간언을 듣지 않은 나머지 유방에게 죽임을 당하고 말았다. 한신도 따지고 보면 부인지인과 필부지용에 지나지 않았던 것이다. 이를 두고 이종오는 한신이 후흑의 이치를 터득하지 못해 실패했다고 지적했다. 확실히 한신은 시정의 건달에서 몸을 일으킨 유방에 비해 마음이 시커멓지 못했고 낯가죽이 두껍지 못했다.

삼국시대 당시 조조만큼 인재를 아낀 인물은 없었다. 조조는 인품 여부와는 상관없이 재주만 있으면 모두 발탁했다. 오히려 유비 측이 사람을 가려 썼다. 이는 명분을 중시한 결과로 해석할 수 있다. 난세

에 지나치게 명분에 집착해 인재를 협소하게 쓰는 것은 위험한 일이다. 난세에는 누구나 다 약간의 흠이 있을 수밖에 없기 때문이다. 한치 앞을 내다볼 수 없는 난세에는 두루 여러 곳에 몸을 걸쳐놓지 않고는 언제 횡액을 당할지 모른다. 고금동서를 막론하고 난세에 목숨을 부지하는 것보다 우선되는 일은 없다. 목숨을 바쳐 충성할 수 있는 사람은 극히 소수라고 보아야 한다.

조조는 인재를 구하기 위해 수단방법을 가리지 않았다. 그는 오직 재능만 있다면 그의 출신이나 과거를 묻지 않고 발탁했다. 심지어 그는 형수와 접선하고 뇌물을 먹은 자를 뜻하는 도수수금盜嫂受金으로 지탄을 받는 자일지라도 재능만 있으면 등용하겠다고 선언했다. 부도덕한 인물일지라도 능력만 있다면 과거를 묻지 않고 과감히 발탁해 대업의 전위부대로 활용한 것이다.

조조가 원소의 부대를 점령했을 때 제일 먼저 한 일은 기밀서류의 소각이었다. 원소가 가지고 있는 기밀서류에는 엄청난 정보가 담겨 있었음에도 불구하고 서류를 불태우도록 지시한 것이다. 이것이 바로 그 유명한 분소밀신焚燒密信 사건이다. 이는 후한제국을 세운 광무제光武帝 유수劉秀의 행보를 흉내 낸 것이기도 하다.

갱시 2년(24) 5월 황제를 칭하며 하북 일대를 호령했던 왕랑王郞의 부하들은 유수의 포위공격을 견디지 못해 마침내 성문을 열고 항복했다. 왕랑은 도주하다가 죽임을 당했다. 왕랑이 한단에 세운 궁에 머물던 유수는 부하들에게 모든 문서를 조사토록 했다.

대부분 각 군현의 관원과 지방 유지들이 왕랑과 주고받은 서신이었다. 왕랑을 칭송하고 유수를 헐뜯는 내용이 주를 이뤘다. 심지어 유수와 그 무리를 어떻게 소탕하면 좋을지를 적어놓은 서신도 있었다. 유수는 서신들을 보지도 않은 채 모두 궁 앞 광장에 쌓아놓은 후 관원과 호족들을 전부 불러들여 놓고는 그들이 보는 앞에서 불살라 버렸다. 곁에 있던 막료가 깜짝 놀라 유수에게 물었다.

"왜 이러십니까? 저희를 반대하던 자들이 모두 이 안에 기록돼 있는데 이제 이름조차 알아볼 수 없게 되었습니다."

"내가 이것들을 불사른 이유는 더 이상 과거의 은원을 문제 삼지 않겠다는 나의 의지를 보여주고자 하는 것이다."

비밀이 밝혀질까 가슴을 졸였던 지방 호족과 관원들은 증거물이 불태워지자 안도의 한숨을 내쉬었다. 유수는 문서를 태움으로써 그들이 보복을 두려워하여 반反유수 진영에 들어가는 일을 사전에 차단한 것이다. 조조의 분소밀신과 같은 맥락이다. 간첩행위를 했거나 잠재적 배신자를 제거할 수 있는 절호의 기회였음에도 불구하고 짐짓 아무것도 아닌 것처럼 소각을 명령한 분소밀신은 난세의 득인술이 어떤 것인지를 극명하게 보여준다.

조조는 난세에 능력 있는 자들이 강한 편에 붙어 일신의 안전을 보전할 수밖에 없는 인간의 약점을 깊이 이해하고 있었다. 대개 재능이 많은 자는 어느 곳에서도 중용될 수 있으므로 지조를 가벼이 여기는 경향이 있다. 이런 태도는 바람직하지 못한 것이 사실이나 동시에 능력 있는 사람이 목숨을 보존하는 방법이기도 했다. 조조는 인간의 이런 습성을 통찰하고 이를 오히려 당연한 것으로 간주한 것이다. 그는 한마디로 말해 그릇이 큰 인물이었다.

애플과 구글

21세기 현재 폐쇄적인 원소와 개방적인 조조가 맞붙은 것과 유사한 상황이 미국에서 벌어지고 있다. 바로 애플과 구글의 대결이다. 외부에서 보면 얼핏 자중지란처럼 보이지만 이는 미국의 전 세계의 IT시장 장악에 커다란 활력소가 되고 있다. 한국에서는 LG가 삼성의 독주를 허용한 후 이런 모습을 보기가 어렵게 됐다. 안타까운 일이다.

한때 마이크로소프트에 밀려 IT계에서 사라진 것처럼 보이던 애플은 애플컴퓨터라는 이름을 내던지고 '애플'이라는 이름으로 새롭게 등장한 후 불과 몇 년 안 돼 세계시장을 석권했다. 지난 2007년 아이폰을 처음 내놓은 지 불과 5년도 지나지 않은 2012년 초 애플은 시가총액에서 엑손모빌을 제치고 세계 1위를 자지한 게 그렇다. 이에 반해 막대한 판매량을 바탕으로 줄곧 휴대폰 매출 1위를 지켜왔던 노키아는 존폐의 기로에 서게 됐다. 삼성은 그나마 나름 발 빠르게 대응한 덕분에 노키아의 신세를 면하기는 했으나 대응이 늦은 LG는 한때 대만의 중소업체인 HTC에게도 뒤지는 부진을 면치 못했다.

현재 스마트폰 시장의 성장세는 가히 폭발적이다. 조만간 휴대폰과 스마트폰으로 나뉘어져 있던 시장이 아예 스마트폰 자체로 전환될 것이라는 전망이다. 삼성은 애플의 독주를 저지하기 위해 전략적으로 구글과 손을 잡고 맹추격을 벌인 결과 스마트폰 시장에서 1위를 차지하기는 했으나 자체 운영체제인 '바다'가 약세를 면치 못하고 있어 적잖은 문제를 안고 있다. 삼성이 지나치게 구글의 안드로이드 체제에 편중돼 있는 것은 또 다른 미국 업체를 돕는 것에 지나지 않는다.

지난 2010년에 출간된 오가와 히로시小川浩의 『애플 대 구글』이 바로 이런 입장에 서 있다. 이 책에서 세계 최강의 하드웨어를 자랑하는 삼성은 논외이다. 오가와는 서문에서 두 기업을 능가하는 기업이 일본에서 등장하기를 바라는 간절한 마음으로 썼다고 밝혔다. 실제로 한국 기업이 귀담아들을 만한 얘기가 제법 많다.

저자는 애플과 구글 가운데 누가 최후의 승자가 될 것인지 예언하지 않았다. 초점은 애플과 구글이 상호 경쟁하면서 바꾸어놓을 스마트폰 세상의 새로운 생태계와 패러다임에 맞춰져 있다. 현재의 규격화된 체질을 대폭 개선해 독자적인 길을 개척하지 않으면 일본의 소니와 히타치는 물론 삼성 등 한국의 IT업체 모두 애플과 구글에 결국 종속되고 말 것이라는 게 요지이다. 해당 대목이다.

"애플이 몸이라면 구글은 정신이다. 애플이 한 사람 한 사람의 생활을 변화시키겠다는 목적으로 제품을 만든다면 구글은 사회 전체가 바뀜으로써 개개인의 생활도 바뀐다는 입장을 견지한다. 양자 모두 인터넷 너머의 세상에서 사람들이 환히 웃고 있는 모습을 상상하면서 제품을 만들고 있는지도 모른다."

주목할 점은 애플과 구글 모두 비즈니스 모델이 삼성과 LG처럼 하드웨어가 아닌 소프트웨어 판매에 있다는 것이다. 이들의 궁극적인 목표는 모든 소비자들이 애플과 구글을 통해 소프트웨어를 생산하고 소비하는 플랫폼 구축에 있다. 삼성 등에게 경고음을 울린 것이나 다름없다.

원래 구굴은 애플이 '전화를 재발명할 것이다'라는 선언과 함께 아이폰을 발표한 지 반년여 뒤인 지난 2007년 11월 안드로이드 운영체제를 발표하면서 제조사의 무료 사용을 선언했다. 당시 자체적인 운영체제가 없었던 휴대전화 제조사들 모두 쌍수를 들어 환영했다. 그만큼 상황이 다급했다. 구글이 급속한 시일 내에 애플에 역전할 수 있는 발판을 마련한 배경이 여기에 있다.

현재 애플은 잡스의 사망 이후 외양상 아무 문제가 없는 듯 보이나 여기저기서 경고음이 울리고 있다. 공룡기업으로 급성장한 데 따른 '관료주의' 병폐가 조금씩 표면화하고 있는 게 그렇다. 이에 반해 구글은 끝없이 변화하는 모습을 보이고 있다. 기존의 컴퓨터에 설치했던 복잡한 운영체제 대신 PC를 켜면 바로 쓸 수 있는 크롬 체제를 독자적으로 만들어 운용하고 있는 게 그렇다. 적잖은 사람들이 애플보다 삼성 및 LG 등과 전략적 제휴를 맺고 있는 구글에 더 점수를 주는 이유다.

큰 틀에서 보면 삼성과 LG가 애플의 독주를 막기 위해 허겁지겁 구글과 손을 잡고 뒤늦게 스마트폰 시장에 뛰어든 것 역시 하드웨어라는 좁은 공간에 머물며 안주한 결과로 볼 수 있다. 눈여겨 볼 대목은 애플이 미국의 연방 배심원 특허소송 판결에서 승리를 거둔 직후 삼성을 막후에서 조종해온 구글이 "삼성에서 문제시되는 특허의 대부분은 핵심 안드로이드 OS와 무관하다"며 선을 긋고 나선 점이다. 삼성의 뒤통수를 친 것이나 다름없다. 삼성으로서는 '닭 쫓던 개 지붕 쳐다보는 신세'가 되고 만 셈이다. 삼성이 멀리 내다보지 못하고 '패스트 팔로워'에 만족하며 '퍼스트 무버'의 길을 걷지 않은 후과다.

폐쇄와 개방은 상대적인 개념이다. 늘 개방적인 자세를 갖고 있으면 일시적으로 늦고 빠른 것은 큰 문제가 아니다. 정작 중요한 것은 제품의 최종 구매자인 소비자의 입장에서 세상을 바라보는 것이다. 일상적인 생활 패턴과 삶의 질을 바꾸고자 하는 최종 소비자의 입장에서 그 '니즈'를 읽고 이를 제품화기 위해 끊임없이 노력하는 자세가 관건이다. 애플 제국의 급성장이 보여주듯이 천문학적인 수익은 자연스런 부산물에 불과할 뿐이다.

人才經營

자고로 천명을 받아 창업을 하거나 나라를 중흥시킨 군주로서 일찍이 현인군자를 얻어 그들과 함께 천하를 통치하지 않으려고 한 자가 어디 있었겠는가? 천하가 아직도 안정되지 않아 더욱 더 현자를 구하는 일을 서둘러야 할 시기다. 지금 천하에 피갈회옥被褐懷玉의 자세로 위수 가에서 낚시질이나 하는 현자가 어찌 없겠는가?

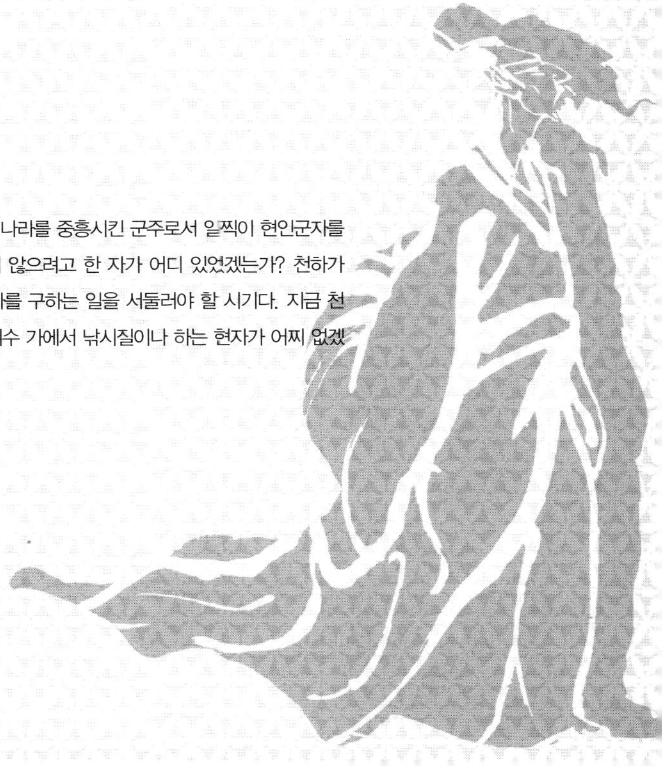

7/ 인재경영

인재를 영입하라

曹公曰: 計者, 選將量敵, 度地料卒. 遠近險易, 計於廟堂也.

조조가 말했다.

필승계책은 먼저 뛰어난 장수를 골라 적의 실정을 정밀하게 분석하고, 전쟁터 상황을 헤아려 그에 필요한 병사를 엄선해 잘 훈련시키는 게 우선이다. 조정에서 군신이 머리를 맞대고 전쟁터까지 거리가 얼마나 멀고 가까운지, 이동하는 행군로가 험한지 평탄한지 등을 면밀히 검토하면서 승산을 따지는 것은 그 다음이다. 『손자약해』「시계」

득인과 용인

건안 15년(210) 조조는 천하의 인재를 널리 구하기 위해 '구현령求賢令'을 발포했다. 이는 중국의 역대 왕조에서 제왕이 반드시 본받아야 할 모범적인 사례로 평가받고 있다. '구현령'의 글자는 대략 다음과 같다.

"자고로 천명을 받아 창업을 하거나 나라를 중흥시킨 군주로서 일찍이 현인군자를 얻어 그들과 함께 천하를 통치하지 않으려고 한 자가 어디 있었겠는가? 천하가 아직도 안정되지 않아 더욱 더 현자를 구하는 일을 서둘러야 할 시기다. 지금 천하에 피갈회옥被褐懷玉의 자세로 위수 가에서 낚시질이나 하는 현자가 어찌 없겠는가? 또 도수수금盜嫂受金의 재능을 갖추고도 위무지魏無知의 천거를 받지 못한 자가 어찌 없겠는가? 여러분은 나를 도와 누항陋巷에 있는 자일지라도 오직 능력만 있으면 천거하도록 하라. 내가 그들을 얻어 임용할 것이다."

'피갈회옥'은 남루한 옷을 걸치고 웅지를 품은 사람을 말한다. 주왕조 개국공신인 여상呂尙이 그 주인공이다. 형수와 사통하고 뇌물을 받는 '도수수금'은 전한의 개국공신 진평陳平이 당사자이다. 위무지는 진평을 천거한 사람이다.

'구현령'의 핵심은 크게 두 가지로 나눠 볼 수 있다. 하나는 피갈회옥의 현인군자를 구하는 것이고, 다른 하나는 도수수금의 인재를 구하는 것이다. 소위 강태공으로 불리는 여상은 주문왕을 위수 가에서 만날 때까지 궁핍하게 살며 낚시로 소일했다. 주문왕은 여상을 만나 곧바로 그를 국사國師로 삼음으로써 마침내 주나라 건국의 기틀을 다지게 되었다.

조조가 여상을 예로 든 것은 재덕을 겸비한 현인군자의 지혜를 빌려야만 비로소 새로운 왕조를 개창하거나 피폐한 왕조를 중흥시킬 수 있다는 판단에 따른 것이다. 피갈회옥의 현인군자를 모으고자 한 것은 득천하得天下를 넘어 치천하治天下까지 염두에 두고 있음을 시사하고 있다. 치천하의 방략은 재덕을 겸비한 자를 발탁해 보필케 하는 이른바 유덕시보惟德是輔에 있다.

당시 조조의 휘하에서 피갈회옥의 현인군자에 가장 가까웠던 인물은 다름 아닌 순욱荀彧과 순유荀攸였다. 두 사람 모두 재덕을 겸비한 뛰어난 인물이었다. 그러나 불행하게도 두 사람 모두 조조가 위공 및 위왕이 되는 것을 반대했다가 조조의 손권 토벌전에 종군하던 중 병사하고 말았다. 이로 인해 이에 대한 여러 얘기가 나오게 되었으나 근본적으로는 두 사람 모두 조조가 득천하를 거쳐 치천하로까지 나아가려 하는 것을 원치 않은 사실과 무관하지 않다. 이들은 조조의 속셈을 읽고는 한실의 앞날에 대한 우려와 조조와의 의리에 대한 번민을 이기지 못하고 병사했던 것이다.

득천하는 치천하와 달리 오직 능력만 있으면 발탁하는 유재시거惟才是擧가 요체이다. 조조는 유재시거의 원칙을 설파하기 위해 제환공의 경우를 들었다. 관중은 청렴한 선비인 소위 염사廉士가 아니었던 것은 말할 것도 없고 원래는 훗날 자신이 모시게 된 제환공의 적이었다. 그러나 제환공은 관중의 능력을 높이 사 그를 과감히 발탁함으로써 마침내 춘추시대의 첫 패자가 될 수 있었다. 조조가 득천하 단계에서 절실히 필요로 한 인물은 바로 관중과 같은 인재였다.

당시 조조의 휘하에서 관중과 유사한 역할을 한 인물을 고르라면 단연 곽가를 들 수 있다. 그는 원소의 휘하에 있다가 자진하여 조조에게 몸을 의탁한 후 조조의 웅지와 책략, 인간적인 장단점 등을 가장 적확히 이해한 인물이다. 그러나 불행히도 곽가는 요절하고 말았다. 조조의 입장에서 볼 때 치명타가 아닐 수 없다. 조조가 탄식한 바와 같이 곽가가 살아 있었다면 적벽대전에서 패하지 않은 것은 물론 동오의 손권을 제압하고 당대에 천하통일의 위업을 이뤘을 가능성이 매우 높았다.

도수수금 일화는 『사기』 「진승상세가」에 나온다. 일찍이 유방이 항우를 치러 갔다가 패한 후 군사를 이끌고 돌아오던 중 흩어진 군사를 수습해 형양에 이르러 진평을 아장亞將으로 삼아 한왕韓王 한신韓信 밑에 둔 바 있다. 그는 토사구팽을 당한 회음후 한신과 동명이인이다. 그러자 주발周勃과 관영灌嬰이 유방 앞에서 진평을 이같이 헐뜯었다.

"진평이 비록 호남아이기는 하나 겉모습만 뛰어나고 그 속은 아무것도 없을 것입니다. 신들이 듣건대, 진평은 집에 있을 때는 형수와 사통했고, 위나라를 섬겼으나 받아들여지지 않자 도망하여 초나라에 귀순했고, 초나라에 귀순하여 뜻대로 되지 않자 다시 도망하여 우리 한나라에 귀순했습니다. 그런데 오늘 대왕이 그를 높여 관직을 주고 호군으로 삼았습니다. 또 신들이 듣건대, 진평은 여러 장수들로부터 금품을 받으면서 금품을 많이 준 자는 후대하고 금품을 적게 준 자는 박대했다고 합니다. 진평은 반복무상한 역신逆臣이니 원컨대 대왕은 그를 깊이 헤아리기 바랍니다."

유방은 이 말을 듣고 진평을 천거한 위무지를 불러 크게 질책했다. 그러자 위무지가 유방에게 이같이 말했다.

"신이 응답한 것은 그의 능력이고, 대왕이 물은 것은 그의 행동입니다. 지금 만일 그에게 약속을 지키기 위해 만남의 장소인 다리 밑에서 한없이 기다리다 물에 빠져 죽은 미생尾生과 효성이 지극했던 은고종의 아들 효기孝己와 같은 행실이 있을지라도 승부를 다투는 데는 아무런 도움이 되지 않습니다. 대왕이 어느 겨를에 그런 사람을 쓸 수 있겠습니다. 지금 바야흐로 초나라와 한나라가 서로 대항하고 있기에 신이 기이한 계책을 내는 뛰어난 책사인 기모지사奇謀之士를 천거한 것이니 그의 계책이 나라에 이로운지만을 살펴야 할 것입니다. 그러니 도수수금이 어찌 문제가 될 수 있겠습니까?"

그러나 유방은 위무지로부터 이런 얘기를 듣고도 못내 안심이 안되어 진평을 불러 어찌하여 반복무상하게도 여러 사람을 섬기게 되었는지를 따졌다. 그러자 진평이 이같이 응답했다.

"신이 위왕을 섬겼으나 위왕은 신의 말을 채택하지 않았습니다. 그래서 위왕을 떠나 항우를 섬긴 것입니다. 그러나 항왕은 다른 사람을 믿지 못하면서 오직 항씨 일가와 처남들만을 총애했습니다. 설령 뛰어난 책사가 있다 한들 중용될 여지가 없기에 저는 초나라를 떠났던 것입니다. 그런데 도중에 대왕이 사람을 잘 가려 쓴다는 얘기를 듣고 대왕에게 귀의케 된 것입니다. 신은 빈손으로 온 까닭에 여러 장군들이 보내준 황금을 받지 않고서는 쓸 돈이 없었습니다. 만일 신의 계책 중 쓸만한 것이 있으면 원컨대 대왕이 저를 채용하고, 만일 쓸만한 것이 없다고 판단되면 황금이 아직 그대로 있으니 잘 봉하여 관청으로 보내고 사직케 해주시기 바랍니다."

이에 유방이 진평에게 사과하고 후한 상을 내린 뒤 호군중위護軍中尉에 임명해 제장들을 지휘케 했다. 그러자 제장들이 더 이상 진평을 헐뜯지 못했다. 유방은 진평을 발탁해 마침내 천하통일의 대업을 이룰 수 있었다. 조조는 바로 유방의 이런 행보를 본받고자 했다.

조조의 휘하 인물 중 진평과 가장 유사한 인물을 고르라면 단연 가후賈詡를 꼽을 수 있다. 가후는 동탁의 휘하에 있다가 이각 및 곽사를 부추겨 장안정권을 세우게 한 뒤 다시 장수에게 몸을 맡겼다가 마침내 조조에게 귀의한 인물이다. 가후가 장수를 부추겨 함께 조조에게 귀의한 것은 전적으로 자신의 이익을 위한 것이었다. 그의 행보에서는 순욱 및 순유와 같은 절조는 물론 곽가와 같은 충성이 전혀 보이지 않는다. 그는 난세에 자신의 재능을 팔아 보신하는 요령을 깊이 터득한 인물이었다. 특히 전술 면에서 조조를 능가할 정도의 탁월한 재능을 지니고 있었다. 조조는 가후의 이런 재능을 높이 사 그의 덕성을 전혀 개의치 않았던 것이다.

건안 18년(213) 5월 조조는 그간의 공을 인정받아 위공魏公으로 작위가 올라갔다. 종묘사직을 비롯해 백관을 신설해야만 했다. 인재의 선발 및 충원이 시급한 과제로 대두됐다. 그는 '취사물폐편단령取士勿廢偏短令'을 내렸다. 재능과 덕행을 모두 갖춘 인재를 찾기는 어려우니 한쪽으로 치우친 단점이 있을지라도 인재를 놓쳐서는 안 된다는 게 골자였다.

"무릇 품행이 뛰어난 선비가 반드시 진취적인 것은 아니다. 적극적으로 일을 추진해 공업을 세우는 선비 역시 반드시 품행이 뛰어난 것도 아니다. 진평이 어찌 독실한 인물이고, 소진이 어찌 신뢰를 지키는 인물이라 할 수 있겠는가? 그러나 진평은 천하를 평정하고 한나라 건국의 대업을 이뤘고, 소진은 미약한 연나라를 구했다. 이로써 말하건대 선비가 설령 한쪽으로 치우친 단점이 있을지라도 어찌 가히 폐할 수 있겠는가? 해당 관원은 이 뜻을 분명히 생각해 선비 중에 발탁되지 못해 초야에 묻혀 있는 자가 없게 하고, 관원 중에 그 업무를 폐하는 자가 없게 하라."

이는 건안 15년(210)에 인재를 널리 천거토록 촉구한 '구현령'보다 훨씬 진전된 것이었다. '취사물폐편단령'이 나오게 된 것은 재덕을 겸비한 인재는 매우 희귀할 수밖에 없다는 사실을 통찰한 결과다. 당시 조조는 인재의 발탁을 관장하는 부서의 관원들이 한쪽으로 치우친 단점이 있다는 이유로 많은 인재들을 방치하고 있다는 우려를 거둘 수가 없었다. 어느 세상이나 재덕을 겸비한 사람은 드문 법이다. 조조는 어느 한쪽이 부족한 것을 이유로 유능하기 그지없는 인재를 놓치는 일이 없도록 하기 위해 이를 선포한 것이다. 조조의 인재에 대한 열의는 그의 위치가 높아질수록 더욱 강화되는 모습을 보였다. 건안 21년(216) 5월 그는 위공에서 다시 위왕魏王으로 작위가 올라갔다.

이듬해인 건안 22년(217) 4월 천자의 깃발을 세우고 출입할 때 경필警蹕을 할 수 있는 특권까지 인정받았다. 경필은 미리 앞서가며 길을 치우는 등 부분적인 계엄을 실시하는 것을 말한다. 이로 인해 보다 많은 인재들이 더욱 필요하게 되었다. 이해 8월 조조는 '거현물구품행령擧賢勿拘品行令'을 내렸다. 품행에 구애받지 말고 재능만 있으면 무조건 천거하라고 독려한 것이다. 「무제기」의 배송지주에 인용된 『위서』에 그 내용이 실려 있다.

"옛날 이윤伊尹과 부열傅說은 천인 출신이었고, 관중은 제환공의 적이었으나 모두 크게 발탁되어 나라를 흥하게 만들었다. 소하와 조참은 현의 아전 출신이었고, 한신과 진평은 더러운 오명에 웃음거리를 당한 부끄러움이 있었으나 마침내 왕업을 이뤄 그 명성이 1천 년 동안 빛나고 있다. 오기吳起는 장수 자리를 탐하여 처를 죽이고 금전을 뿌려 관직을 얻었다. 모친이 죽었어도 문상을 가지 않은 채 위나라에 머물자 진秦나라가 감히 동쪽으로 나아가지 못했다. 그가 초나라에 머물 때는 위·한·조 등의 3진三晋이 감히 남쪽을 넘보지 못했다. 지극한 덕을 갖춘 인물이 민간 사이에 방치되거나 과단성과 용기를 지닌 채 자신을 돌보지 않고 적을 만나 죽기로 싸울 수 있는 자를 그대로 놓아 두어서는 안 된다. 설령 낮은 직위에 있는 관원일지라도 그 재주가 높고 자질이 특이하여 장수가 될 만한 자가 있을 수 있다. 또 오명을 뒤집어쓰거나, 사람들의 웃음거리가 되는 품행이 있거나, 혹 불인불효不仁不孝할지라도 치국과 용병에 뛰어난 재주를 지닌 자가 있을 수 있다. 각기 이런 자들을 아는 대로 천거하여 빠지는 경우가 없도록 하라."

'거현물구품행령'이 나오게 된 근원은 말할 것도 없이 조조의 위나라가 장차 한나라를 대신해 새로운 왕조로 들어설 것임을 예고한 데 있다. 당시 조조가 빠짐없이 천거해야 할 인재로 거론한 유형은 모두 다섯 종류이다.

첫째, 출신이 미천하나 나라를 흥하게 만들 만한 경륜과 재주를 가진 사람이다. 은나라 때의 이윤과 부열이 그들이다. 이윤은 비록 노예 출신이나 탕왕을 도와 하나라를 멸한 개국공신이다. 부열은 은나라 고종 때의 대신으로 본래 성을 쌓는 노비 출신이었다. 무정은 부열을 발탁해 재상으로 삼음으로써 은나라를 중흥시킬 수 있었다.

둘째, 비록 적이기는 하나 나라의 패업을 이룰 수 있는 인물이다. 대표적인 인물이 제환공을 춘추시대의 첫 패자로 만든 관중이다. 그는 일찍이 관중을 죽이기 위해 화살을 날려 관중의 허리띠를 맞춘 인물이다. 제환공은 포숙아의 건의를 받아들여 그를 재상으로 삼음으로써 마침내 춘추시대의 첫 패자가 될 수 있었다.

셋째, 명성은 높지 않으나 그 치국의 재주가 출중한 인물이다. 한나라의 건국공신인 소하와 조참이 그들이다. 소하는 당초 패현의 아전으로 있다가 유방을 좇아 천하평정에 결정적인 공헌을 했다. 그는 유방이 항우와 다툴 때 군량 등을 제때 공급한 공을 인정받아 논공행상에서 수위를 차지했다. 조참은 소하의 뒤를 이어 승상이 된 인물로 도가의 무위지치無爲之治를 이용해 한나라의 기틀을 확고하게 다진 인물이다. 소하와 조참 모두 오랫동안 명재상의 전형으로 여겨졌다.

넷째, 오명을 뒤집어쓰고 사람들의 냉소를 받았으나 끝내 왕업을 이루는 데 결정적인 공헌을 함으로써 천고에 그 이름을 남긴 인물이다. 대표적인 인물이 바로 한신과 진평이다. 한신은 집이 가난하여 늘 남에게 얹혀 먹는 것을 해결하던 중 젊었을 때 남의 가랑이 밑을 기어가는 치욕인 소위 과하지욕跨下之辱을 당한 바 있다. 저자의 웃음거리가 되었으나 그는 이를 개의치 않고 유방을 도와 천하평정에 결정적인 공헌을 했다.

다섯째, 비록 어질지 못하고 불효하기는 하나 용병술에 뛰어난 인물로 전국시대의 오기를 들 수 있다. 오기는 노나라의 장수가 되기 위해 자신의 제나라 출신 처를 살해했다는 비난을 받았다. 또한 관직을 구하기 위해 집안의 재산을 모두 탕진하고 모친이 사망했을 때도 상례에 참석치 않아 불효한 인물로 손가락질을 받았다. 그러나 그는 노나라에서 벼슬할 때는 제나라를 대파하고, 위나라에서 벼슬을 할 때는 진秦나라의 5개 성을 공략하는 공을 세웠다. 또 초나라에서 벼슬할 때는 법령을 엄히 하여 남쪽으로 백월百越을 평정하고, 북쪽으로 진陳·채蔡를 합병하고, 3진三晉을 물리쳤으며, 서쪽으로 진나라를 정벌해 제후들을 두려움에 떨게 만들었다.

삼국시대 당시 조조처럼 공개적으로 인재를 모은 사람은 없다. 그는 생전에 모두 세 번에 걸쳐 대대적으로 인재를 모았다. '구현령'과 '취사물폐편단령', '거현물구품행령'이 그것이다. 이들 포고령을 관통하는 키워드는 오직 재능만 있으면 과감히 발탁한다는 '유재시거' 원칙이다. 조조가 난세의 시기에 득인에서 우위를 점한 배경이 바로 여기에 있다.

삼국시대 당시 이를 행한 사람은 오직 조조밖에 없었다. 유비는 군자 흉내를 내며 왕도를 내세운 까닭에 근본적으로 이를 행할 수가 없었다. 자신이 내세운 기치와 모순되기 때문이다. 유비의 무리가 늘 인재부족으로 어려움을 겪은 이유다. 손권 역시 유비에 비해 상대적으로 많은 인재를 보유하기는 했으나 조조에 비할 바가 못 되었다. 이는 동오의 인재들이 주로 현지에 뿌리를 내린 세족世族이었던 사실과 무관하지 않다. 조조처럼 유재시거를 기치로 내걸고 천하의 인재를 모으고자 할지라도 그 효과가 극히 의심스러웠다. 조조의 득인술이 돋보이는 이유다.

난세와 인재

예로부터 천하는 넓다. 한때 삼성 및 현대 등과 어깨를 나란히 했던 대우의 김우중 전 회장은 『세계는 넓고 할 일은 많다』는 자서전을 펴낸 바 있다. 최근 이 책이 복간됐다. IMF 환란 직후 천문학적 차입을 통한 방만한 회사운영 등의 이유로 영어의 몸이 되어 경영일선에서 물러났지만 그의 자서전이 던진 메시지는 간단치 않다. 이런 내용이 나온다.

"젊은이는 꿈을 꾸어야 한다. 역사는 꿈꾸는 사람의 것이다. 꿈이 있는 사람, 꿈을 키우는 사회, 꿈을 공유하는 민족만이 세계사의 주인이 될 수 있다. 젊은이의 꿈은 원대해야 한다. 옹졸하고 조잡한 꿈은 젊은이의 몫이 아니다."

무한경쟁의 국가총력전 양상을 보이고 있는 21세기 글로벌 비즈니스 환경에서 그의 이런 주장에 공감하는 사람이 부쩍 늘고 있다. 서울대 경영대학장을 지낸 조동성 교수는 지난 2005년에 펴낸 『김우중-신문배달원에서 세계 최고 경영자까지』에서 이같이 주장했다.

"김우중의 세계 경영방식은 이 시대에 가장 적합한 경영방식이다. 만일 그가 5년만 더 그의 방식대로 국제 경영활동을 할 수 있었다면 선진국 중심의 이론을 대체해 후진국과 개도국 경영자들에게 선진화와 경쟁력 강화 가능성에 대한 희망을 줄 수 있는 이론도 만들어낼 수 있었을 것이다."

사실 아직도 대우조선 등이 대우의 로고를 달고 크게 활약하고 있는 점을 보면 조 교수의 이런 지적이 결코 허언은 아닌 듯하다. 『세계는 넓고 할 일은 많다』가 던지고 있는 메시지의 요지는 한마디로 '초일류 글로벌 기업을 일구고자 하는 젊은이의 육성'에 있다. 미국에서는 이런 일이 너무나 자연스럽다. 애플의 스티브 잡스에 이어 페이스북을 창시한 마크 주커버그와 같은 인물들이 계속 출현하고 있는 게 그렇다. 우리나라라고 그런 인재가 없을 리 없다. 과감히 발굴해서 키우지 못하고 있을 뿐이다. 『시경』「대아·문왕」에 '많은 어진 선비 있으니(濟濟多士), 문왕이 편안했다(文王以寧)'는 구절이 나온다. 치세와 난세를 불문하고 천하는 그야말로 제제다사濟濟多士다. 곳곳에 인재가 넘쳐난다. 천하는 이런 인재들을 끌어와 함께 다스리는 것이다. 그것이 바로 인재들과 함께 천하를 다스리는 군신공치君臣共治 이념이다. 흔히 인사가 만사라고 한다. 그러나 이게 말처럼 쉬운 일이 아니다. 사람을 볼 줄 아는 지감知鑑이 있어야 하고, 지감은 오랜 세월 연마하지 않으면 터득하기가 쉽지 않기 때문이다. 중국의 역대 왕조 모두 인사가 만사라는 것을 익히 알고 있었음에도 시행착오를 거듭한 이유가 여기에 있다. 사람의 본성이 어려울 때 드러나듯이 인재의 진면목도 난세의 시기에 드러나기 마련이다.

삼국시대 위나라의 유소劉邵는 조조의 손자인 위명제 조예 때 활약한 당대의 인물이다. 그는 법률정비와 인사고과를 담당했다. 이때의 경험을 토대로 하여 쓴 것이 『인물지人物志』이다. 과거제가 공식적으로 도입되는 당제국 이전에는 전한제국 초기부터 실시돼 온 천거제薦擧制에 의해 인재를 발탁했다. 삼국시대도 마찬가지였다. 위문제 조비는 상서 진군陳群의 건의를 채택해 천거제의 기틀을 확고히 다졌다. 각 지역에서 명망 있는 인사를 중정中正으로 임명한 뒤 이들이 관할지역의 인재를 9품으로 분류해 추천하면 조정은 이 등급에 의거해 관원을 선발하는 식이었다. 남북조 때 이 제도가 정착됐다. 이를 소위 구품중정제九品中正制라고 한다.

『인물지』는 재능과 덕성을 모두 겸비한 사람은 고래로 적은 만큼 과연 어떻게 하면 이들을 두루 포용해 적재적소에 배치할 것인가 하는 데 초점을 맞추고 있다. 인재를 감별하는 지인知人과 휘하로 모아들이는 득인得人, 이후 이들을 배치하는 용인用人의 이치를 논한 것이다. 사람을 관찰하는 8가지 방법을 논한 「팔관八觀」에 이런 말이 나온다.

"사람은 누구나 남보다 앞서기를 바라는 마음이 있기 때문에 자기자랑을 늘어놓는 자를 미워한다. 장점을 가진 자는 반드시 단점을 드러내는 까닭에 드러난 단점의 특징을 관찰하면 역으로 장점도 알 수 있다."

유소가 『인물지』를 편찬할 때는 조조가 천하의 군웅들과 싸울 때와 달리 이미 한제국은 역사의 무대 뒤로 사라지고 새로운 제국인 위나라가 들어선 때였다. 위나라의 입장에서 볼 때 촉한과 동오는 지방의 반란정권에 지나지 않았다. 비록 천하통일은 이뤄지지 않았으나 새로운 제국이 등장한 만큼 조조가 활약할 때처럼 능력위주로 인재를 선발할 수는 없는 일이었다. 이 책은 바로 제국이 창업의 단계를 지나 수성의 단계로 들어가 인재를 선발할 때 재능과 덕성 중 어느 한쪽에 치우치지 말고 두 측면을 고루 조명할 것을 충고하고 있다.

유소는 원래 상서령 순욱의 관부에서 일했다. 당시부터 그는 고전에 매우 해박한 인물로 알려졌다. 그가 위명제 때에 이르러 이전 왕조의 법률을 일제히 정비하는 작업을 총괄하게 된 배경이다. 그의 대표작은 사실 『인물지』가 아니라 『법론法論』이다. 사마광은 『자치통감』에서 『법론』을 이같이 평했다.

"전국시대 초기 위문후의 스승이었던 이회李悝가 『법경法經』 6편을 짓자 상앙이 이를 받아들여 진나라를 다스렸다. 전한제국 초기 소하 역시 이를 바탕으로 『한률漢律』을 지으면서 9편을 증편했는데 후에 점차 증보되어 60편에 이르게 되었다. 위나라에 이르러 법조문은 모두 26,272개 조에 달해 이를 열독하는 일이 더욱 어렵게 되었다. 위명제 때 마련된 『신률新律』 등은 소하의 『정률正律』 9편에 비해 그 내용이 다소 늘어난 것이기는 하나 여타 부속 법령에 비하면 매우 정비된 것이었다."

사마광의 평을 통해 알 수 있듯이 당시 위나라는 조예 때 완성된 국제와 법제의 정비로 인해 후한 말기 이후 어지러웠던 제국체제가 오랜만에 다시 완비된 모습을 보이게 되었다. 이회는 전국시대 당시 위문후의 재상으로 있으면서 중국 최초로 체계적인 성문법전을 만든 인물이다. 진한시대의 법률은 모두 이회의 『법경』을 토대로 한 것이다. 당시 위명제는 유소에게 명해 관리의 고과考課제도도 정비하게 했다. 유소가 관련법 72개조를 만들자 위명제는 백관에게 조서를 내려 이를 토론하게 했다. 이는 법률정비와 달리 치열한 논전을 야기했다. 갑론을박이 이어졌으나 결론이 나지 않았다. 결국 이는 실행되지 못했다. 이를 두고 사마광은 『자치통감』에서 신랄한 비판을 가해놓았다. 조금 길기는 하나 그 내용이 구구절절 옳은 까닭에 전문을 그대로 옮겨놓기로 한다.

"인재를 아는 방법은 성현도 어렵게 생각했던 것이다. 만일 칭송과 비난에 근거해 인재를 구하면 결국 애증이 개입돼 선악이 뒤섞일 수밖에 없고, 고과에 근거하면 간사한 사술이 횡행하게 되어 진위가 불투명하게 된다. 핵심은 오직 공명정대에 있을 뿐이다. 위에 있는 사람은 친소귀천親疎貴賤에 동요하거나 희로호오喜怒好惡에 혼란해져서는 안 된다. 만일 경학에 밝은 자를 알고자 하면 그가 기억력이 좋고 독서량이 많으며 강론에 정통한지를 보면 곧 알 수 있다. 법에 밝은 자를 알고자 하면 그가 진위를 정밀히 파악하고 억울하게 몰린 자가 없는지를 보면 곧 알 수 있다. 재정에 밝은 자를 알고자 하면 그가 창고를 가득 채우고 백성을 부유하게 만드는지를 보면 곧 알 수 있다. 군사에 밝은 자를 알고자 하면 그가 전쟁에 이겨 적을 공략함으로써 적들이 두려워 복종하는지를 보면 곧 알 수 있다. 기타 관직 모두 이와 같지 않은 것이 없다.

이들을 선발할 때 다른 사람에게 자문을 구할지라도 그 결정만큼은 스스로 내려야만 한다. 비록 다른 사람의 행적을 관찰한다 할지라도 판단만큼은 자신이 내려야 하는 만큼 실제 정황을 정밀히 분석해 적의한 조치를 짐작하여야 한다. 이는 매우 미묘한 것으로 말로 설명할 수도 없고 책으로 써 전할 수도 없다. 그러니 어찌 모든 것을 예상하여 온갖 법을 만들어 해당 관원에게 처리토록 맡길 수 있겠는가?

어떤 자는 오직 위에 있는 사람과 가깝고 신분이 고귀하다는 이유로 무능한데도 불구하고 직무를 맡게 되고, 오직 자신과 소원하고 신분이 천하다는 이유로 유능한데도 불구하고 버려진다. 이로써 위에 있는 사람은 자신이 좋아하는 사람에 대해서는 비록 관직을 망칠지라도 파면하지 않고, 원한을 품거나 미워하는 사람에 대해서는 비록 공이 있을지라도 등용하지 않는다. 그리되면 다른 사람에게 자문을 해줄지라도 칭송과 비판이 반반이어서 스스로 결정하지 못하고, 다른 사람의 행적을 심사할지라도 유명무실을 능히 알아채지 못하게 된다. 비록 아무리 좋은 법으로 온갖 잡다한 조문을 만들고 장부와 문서를 정밀하게 조사할지라도 어찌 참된 정황을 파악해낼 수 있겠는가?

어떤 사람이 묻기를, '제왕의 통치는 크게는 천하를, 작게는 한 국가를 대상으로 하는데 조정 안팎의 관원이 수천 명에서 1만 명에 달하게 된다. 어찌 그들의 승진과 좌천인 출척黜陟 심사를 해당 관원에게 맡기지 않고 혼자 할 수 있겠는가?'라고 했다. 내가 대답하기를, '그렇지 않다. 무릇 위에 있는 사람은 비단 군주 1인만이 아니다. 태수는 1군의 위에 있고, 자사는 1주의 위에 있고, 9경은 속관의 위에 있고, 3공은 백관의 위에 있다. 모두 이런 방법으로 아랫사람들의 출척을 심사하는데 군주 역시 이런 방법으로 공경과 자사, 태수의 출척을 심사할 수 있다. 그러니 무슨 번다한 노고가 있겠는가'라고 했다.

어떤 사람이 또 묻기를, '고과제도는 요순이 만든 것이다. 유소는 단지 이를 받아들여 보충한 것에 지나지 않는데 어찌 폐할 수 있겠는가'라고 했다. 내가 대답하길, '요순 때의 관원은 재직기간이 길어 맡은 바 직무에 전념할 수 있었다. 당시의 입법은 관대했고 성적평가 또한 매우 오랜 시간이 지난 뒤에야 이뤄졌다. 이는 유소가 시행한 것처럼 통상적인 번쇄한 업무를 심사하여 하루만의 효과를 묻는 것과는 다른 것이다. 일이란 본래 이름만 같을 뿐 내용은 전혀 다른 것이므로 깊이 주의하지 않으면 안 된다. 유소는 고과의 근본을 찾지 않고 작은 말절만을 추구하는 잘못을 범했다'고 했다."

탁월한 지적이다. 그는 지인과 득인, 용인에 이르기까지 인재의 발탁은 결코 유소가 『인물지』에서 언급하듯이 어떤 유형에 집어넣어 획일적으로 변별할 수 있는 게 아니라고 비판한 것이다. 유소의 『인물지』는 참조할 만한 내용이 제법 많은 게 사실이다. 그럼에도 사마광의 지적처럼 너무 지엽말단적인 것에 치우쳤다는 지적을 면키 어렵다. 이는 조조가 천하의 인재를 구하기 위해 생전에 발포한 일련의 포고령을 보면 쉽게 알 수 있다.

증국번과 이홍장

함풍 9년(1859) 봄, 증국번이 태평군을 무찌르기 위해 호남성 일대에서 모집한 의용군인 상군湘軍을 이끌고 절강으로 들어갔다. 당시 상군은 잇달아 승리를 거둔 데 고무된 나머지 남경에 식량을 공급하는 태평천국의 병참기지 삼하진三河鎭을 공략하다가 이내 포위당하고 말았다. 상군 대장 이속빈이 급히 소수의 지원군을 이끌고 삼하진에 도착했을 때 태평군의 완강한 저항으로 더 이상 전진하지 못했다. 다급해진 그가 무모하게 돌진하자 태평군이 우회전술을 써 그의 퇴각로를 끊었다. 증국번은 이 얘기를 듣고 실색했다. 과연 이틀 뒤 삼하진에서 상군 지원군이 전멸했다는 소식이 들려왔다. 상군은 증국번의 동생 증국화가 전사하고 정예군 6천 명이 전멸하는 등 막대한 손실을 입었다. 이를 계기로 증국번은 부하들에게 수시로 교만과 조급함을 경계할 것을 훈계했다.

이때 마침 제자인 이홍장이 증국번이 머물고 있는 곳으로 와 막료로 활동하기 시작했다. 당초 이홍장은 뛰어난 전략으로 많은 공을 세웠으나 주변의 참소로 곤경에 처하게 되자 이때에 이르러 스승의 휘하로 들어오게 된 것이다. 그의 친형 이한장은 이미 증국번의 휘하로 들어와 군수물자를 담당하고 있었다.

당시 증국번은 이홍장에게 일반 문서를 담당하게 했다. 이는 재주가 뛰어난 제자의 기를 꺾고자 하는 속셈에서 나온 것이었다. 이홍장은 내심 전공을 세우고 싶었으나 겉으로 드러내지는 않았다. 그에게는 늦잠을 자는 버릇이 있었다. 병사들이 날이 새기도 전에 아침식사를 하는 일로 인해 그는 적잖이 고생해야만 했다. 하루는 핑계를 대고 늦잠을 자자 이내 전령이 와서 황급히 전했다.

"막료가 모두 한자리에 모여 식사를 하고 있으니 속히 오라는 명입니다."

이홍장이 서둘러 옷을 입고 달려가자 증국번은 말없이 젓가락을 들었다. 식사 도중 증국번은 한마디도 하지 않았다. 식사 후 증국번이

엄한 표정으로 이홍장을 질책했다.

"내 휘하에 들어온 이상 반드시 알아둘 일이 있다. 우리가 가장 중시하는 것은 성실할 성誠 한 글자뿐이다!"

이듬해인 함풍 10년(1860) 10월, 안팎으로 우환을 당한 청조는 서구 열강과 '북경조약'을 체결해 일단 급한 불 하나는 껐다. 이때 증국번 휘하 장수 이도원이 명을 어기고 출격했다가 태평군에게 대패해 휘주를 상실하는 일이 빚어졌다. 증국번이 이홍장에게 이도원과 자신을 탄핵하는 내용의 상주문을 쓰게 하자 이홍장이 반대했다.

"휘주의 함몰은 기본적으로 중과부적에 따른 것입니다. 이는 지나칩니다."

증국번이 이를 받아들이지 않고 직접 상주문을 쓰려고 하자 이홍장은 이에 반발해 막료 직책을 버린 뒤 증국번의 곁을 떠났다. 이해 11월 전투경험을 통해 서양의 무기가 얼마나 우월한지를 절감하고 있던 증국번은 곧 상주문을 올렸다.

"서양 오랑캐의 무력을 도적의 섬멸과 군량운반에 이용하고 저들의 지식을 운용해 화포와 선박을 제조함으로써 장구한 이익을 꾀해야 합니다."

이는 증국번이 양무운동의 필요성을 공식적으로 개진한 첫 번째 사례로 평가되고 있다. 이로부터 3년 뒤 안경安慶에 무기 제조공장이 들어서게 되었다. 최초의 서양식 군수공장이었다. 말할 것도 없이 증국번의 건의를 적극 수용한 결과였다.

함풍 11년(1861) 1월 20일, 청조는 북경에 총리각국사무아문總理各國事務衙門을 세우고 공친왕 혁흔을 총리로 삼았다. 이때 태평군이 휘주를 함락시킨 여세를 몰아 상군의 본영이 있는 기문祁門에 대한 총공격의 태세에 들어갔다. 이홍장은 앞서 증국번에게 기문에 본영을 세울 경우 태평군의 공격을 받을 소지가 크다고 진언한 바 있다.

"이곳은 적군이 가까운 곳에 위치해 우위를 점하고 있는 절지絶地에 해당합니다. 다른 곳으로 본영을 옮겨야만 합니다."

『손자병법』에서 말하는 '절지'는 퇴로가 끊긴 외딴 곳을 말한다. 사지死地 못지않게 위험한 곳이다. 이홍장은 병법의 대가였다. 당시 증국번은 수비를 튼튼히 할 경우 큰 문제가 없을 것으로 생각해 제자의 충고를 듣지 않았다. 이게 결국 화를 초래했다. 증국번은 주력부대를 급히 집결시켰다.

이해 7월 7일, 문득 함풍제가 열하의 피서산장에서 병사했다. 함풍제는 재위 6년째인 1856년에 발발한 제2차 아편전쟁이 계속 확산되자 난을 피해 북경 동북쪽에 있는 열하의 이궁으로 몽진했다가 이내 병사하고 만 것이다. 북경을 점령한 영불 연합군은 당시 세계의 정원 중 으뜸을 자랑한 원명원圓明園을 불태우고 무참히 약탈했다.

이해 8월 증국번은 안경 탈환을 계기로 이홍장의 계책을 듣지 않은 것을 크게 후회하며 본영을 안경으로 옮긴 뒤 남경을 탈환하기 위한 구체적인 작전 수립에 들어갔다. 이때 문득 이홍장으로부터 안경 탈환을 축하하는 서한이 날아들었다. 1년간 은둔생활을 한 이홍장은 다시 스승의 휘하로 들어와 전공을 세우고 싶었던 것이다. 증국번이 곧바로 답신을 썼다.

"처리할 일은 산더미처럼 쌓였다. 지금 나를 도와줄 사람은 하나도 없으니 속히 오도록 하라!"

이홍장이 합류한 지 얼마 안 돼 마침 조정에서 소주蘇州를 수비할 장수의 인선을 문의했다. 이에 증국번이 곧바로 상주문을 올려 이홍장을 천거했다.

"이홍장은 재주가 크면서도 세심하게 작전하고, 굳센 기운을 지니고도 이를 안으로 거둬 중임을 맡길 만합니다. 회남淮南 일대의 기풍이 굳세니 장차 별도의 군사를 조직해 북경 일원인 경기京畿를 보위하며 적들을 평정하는 군사로 활용하고자 합니다."

이에 이홍장은 증국번의 지원 하에 고향으로 돌아가 회군淮軍을 모집하게 되었다. 이후 이홍장이 북양대신北洋大臣을 역임하며 조정의 실권을 장악하게 된 배경이 여기에 있다. 병법에 뛰어난 제자를 높이 평가한 스승의 천거가 있었기에 가능한 일이었다.

委任經營

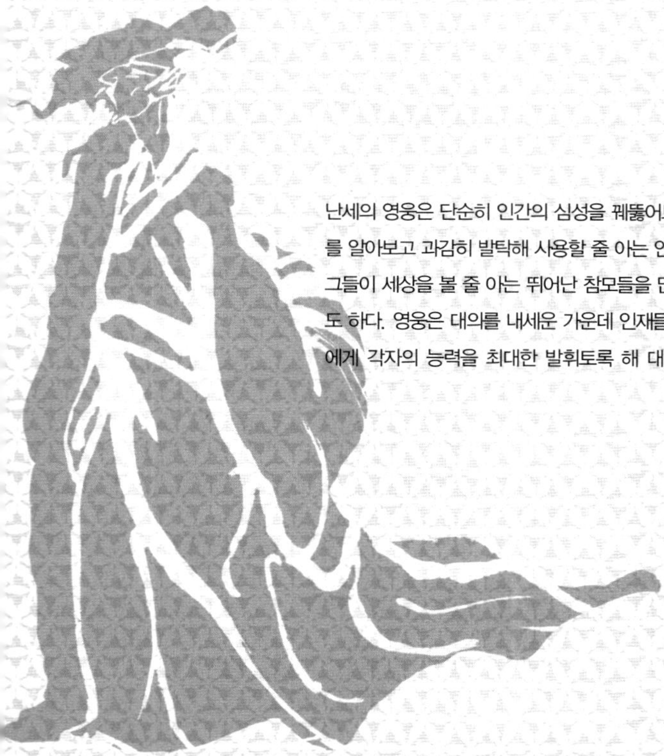

난세의 영웅은 단순히 인간의 심성을 꿰뚫어보는 데 뛰어났을 뿐만 아니라, 인재를 알아보고 과감히 발탁해 사용할 줄 아는 안목과 그릇을 갖춘 사람들이다. 이는 그들이 세상을 볼 줄 아는 뛰어난 참모들을 많이 거느렸기 때문에 가능한 것이기도 하다. 영웅은 대의를 내세운 가운데 인재들을 자신의 참모로 삼아 이들 참모들에게 각자의 능력을 최대한 발휘토록 해 대업을 이룬 사람들이다.

8/ 위임경영

맡겼으면 믿어라

曹公曰: '軍容不入國, 國容不入軍.' 禮不可以治兵也.

조조가 말했다.

『사마법』「천자지의天子之義」에 이르기를, '군대를 지휘하는 장수는 조정의 정사에 간섭하지 않고, 조정의 군주와 대신은 군사에 일일이 간섭하지 않는다'고 했다. 원래 평시의 예제로는 전시의 군사를 지휘할 수 없는 법이다. 『손자약해』「모공」

경영천하와 참모

조조는 평소 권력 자체를 대단치 않게 생각했다. 난세를 평정해 치세를 구현하고자 하는 거창한 생각을 한 결과다. 그가 볼 때 권력은 '경영천하'의 수단에 불과했다. 그가 모든 방법을 동원해 천하의 인재를 그러모은 이유다. 조조가 숱한 난관에도 불구하고 결코 좌절하지 않고 투지를 불태운 것도 이런 맥락에서 이해할 수 있다. 헌제가 허도로 옮겨온 지 얼마 안 되었을 때 올린 표문인 소위 「진손익표陳損益表」는 당시 조조의 뜻이 어디에 있었는지를 극명하게 보여주고 있다. 이는 통치에 해가 되는 것과 이익이 되는 것에 관한 소견을 밝힌 표문이다. 조조는 여기서 14개 조의 시무책을 건의했다. 자세한 내용은 실전되었으나 『예문유취』에는 그 대략이 실려 있다.

"옛날 한비자는 한나라가 쇠망하는 것을 애석히 여겨 부국강병에 노력하지 않고 인재를 발탁하지 않는 것을 애석히 여겼습니다. 신은 대임을 맡은 자로서 비록 어둡고 둔하기는 하나 명을 받들어 정사를 밝게 하고자 합니다."

이를 통해 「진손익표」의 골자는 대략 부강과 용현用賢임을 짐작할 수 있다. 부강의 핵심은 상앙이 역설한 바와 같이 농전農戰에 있었다. 일하면서 싸우는 것을 말한다. 조조는 이를 둔전제를 통해 해결했다. 여러 군웅들이 둔전제를 실시했으나 오직 성공을 거둔 사람은 조조밖에 없었다. 그만큼 치밀하게 준비했음을 반증한다. 조조가 당면현안인 기아문제를 해결하고 유민들의 정착을 통해 안정된 군량과 병력을 조달한 배경이 여기에 있다.

부강과 더불어 평생 동안 조조의 머리를 떠나지 않은 것은 용현이었다. 그는 구체적인 방안으로 우선 자신을 좇아 종군하는 책사에게 중임을 맡기는 방식을 택했다. 대표적인 인물이 바로 순욱이다. 순욱은 일찍이 지방 현령을 지내다가 동탁의 난이 일어나자 관직을 버리고 귀향해 기주로 피란을 갔다가 기주목 원소의 부름을 받았다. 순욱이 볼 때 원소는 그릇이 작았다. 얼마 후 조조가 웅략이 있다는 얘기를 듣고는 곧 원소를 떠나 조조에게 갔다. 조조는 순욱과 대화를 나눈 뒤 크게 기뻐한 나머지 이같이 말했다.

"나의 장자방張子房이다."

순욱은 과연 조조의 기대에 걸맞게 결정적인 순간에 큰 역할을 수행했다. 조조는 허도에 정도한 후 순욱을 시중으로 삼아 수상서령守尙書令을 맡게 했다. 임시직 총리에 해당한다. 순욱 이외에도 정욱과 만총 등이 모두 유사한 신임을 얻어 중책을 맡았다.

그럼에도 인재는 늘 부족했다. 조조가 사방으로 널리 인재를 구한 이유다. 이런 노력을 기울인 결과 순유荀攸와 곽가郭嘉 등을 얻을 수 있었다.

순유는 순욱의 조카이나 나이는 순욱보다 많았다. 일찍이 황문시랑이 되어 동탁척살을 꾀했다가 투옥된 바 있다. 후에 다시 관직에 복귀해 촉군태수가 되었으나 도로가 끊겨 형주에 머물러 있었다. 조조가 이 사실을 알고는 곧바로 사람을 보내 허도로 불렀다. 그가 오자마자 곧바로 상서로 삼았다.

곽가는 처음에 원소에게 몸을 맡겼으나 얼마 후 원소의 그릇이 작은 것을 알고 이내 그의 곁을 떠났다. 조조는 일찍이 순욱의 천거로 희지재戲志才라는 책사를 얻은 적이 있었다. 그러나 희지재는 요절하고 말았다. 이에 조조가 순욱에게 서신을 보내 인재 천거를 당부하자 순욱이 곽가를 추천했다. 조조는 곽가와 천하사를 논한 뒤 크게 기뻐하며 이같이 말했다.

"나에게 대사를 이루게 해줄 사람은 틀림없이 이 사람일 것이다!"

곽가도 조조와 얘기를 나눈 뒤 크게 기뻐했다.

"실로 이 분이야말로 나의 주인이 될 만하다!"

두습杜襲과 진군陳群, 사마랑司馬朗, 국연國淵 등이 모두 주위의 천거로 조조의 사람이 된 인재들이다. 당시 조조는 장차 누가 자신의 적이 될 자인지를 잘 알았음에도 민심을 잃지 않기 위해 사람을 죽이지 않았을 뿐만 아니라 예로써 후하게 대접했다. 대표적인 인물로 유비를 들 수 있다.

건안 원년(196) 유비는 여포의 공격을 받고 궁지에 몰려 조조에게 몸을 의탁한 바 있다. 이때 정욱을 비롯한 조조의 제장들이 차제에 유비를 제거할 것을 종용했으나 조조는 오히려 유비를 후대했다. 천하 사람의 마음을 사기 위한 심모원려였다. 실제로 조조가 인재를 아끼는 모습을 보이자 사방에서 뛰어난 인재들이 구름같이 몰려들었다. 이때 조조는 이들을 지성으로 대하면서 유공자에게 포상을 아끼지 않았다. 천하의 인재들이 조조에게 몰려와 등용되기를 바란 것은 당연한 일이었다.

종세림宗世林은 조조가 젊은 시절에 사귀기를 청했으나 이를 거절했던 인물이다. 조조가 사공이 되어 조정을 장악한 후 다시 조용히 종세림에게 함께 어울려 사귈 것을 청하자 종세림이 이같이 말했다.

"나에게는 아직 송백松柏의 뜻만 남아 있소."

그리고는 끝내 교류를 거절했다. 조조는 비록 불쾌하기는 했으나 그의 절조를 높이 사 한중태수에 임명한 뒤 조비에게 명하여 제자의 예를 갖추게 했다. 조조가 얼마나 관후한 풍도를 지녔는지를 보여주는 사례다. 많은 사람들이 조조의 용인술에 관해 여러 가지로 얘기하고 있으나 이를 종합해 보면 대략 네 가지로 요약할 수 있다.

첫째, 조조는 능력 있는 자는 친소를 가리지 않고 탁용했다. 조조가 진류에서 거병했을 때 그의 종족과 친우, 초현의 옛 추종자들이 주종을 이뤘다. 이들이 바로 조조 집단의 초기 핵심 인물들이다. 조조는 시종 이들을 주요한 위치에 배치해 기반을 다지는 데 적극 활용했다. 개중에는 대공을 세운 자도 있었지만 과실을 범하거나 행동에 문제가 있는 인물들도 적지 않았다. 그러나 조조는 시종 이들을 심복으로 삼고는 그들에 대한 신뢰를 거두지 않았다.

이들 중 대표적인 인물로는 하후돈과 하후연을 비롯한 여러 하후씨와 조인曹仁 및 조홍曹洪, 조휴曹休, 조진曹眞을 비롯한 여러 조씨들을 들 수 있다. 이들 이외에 조조의 신뢰를 받은 인물로 조조의 옛 친구 호통달의 아들 호질胡質을 들 수 있다. 호질은 어려서 장제蔣濟 및 주적朱績 등과 함께 장강 및 회수 일대에 널리 명성을 떨쳤다. 장제가 조조의 부름을 받고 조조를 만났을 때 조조가 이같이 물은 적이 있었다.

"호통달은 장자長者인데 과연 그의 자손은 있는가?"

"자식이 하나 있는데 이름은 호질이라고 합니다. 그는 큰 계책을 헤아리고 세우는 것은 그의 부친만 못하지만 마음이 고요하고 선량하여 일을 처리하는 데에는 그의 부친을 능가합니다."

조조는 즉시 호질을 불러 돈구현령에 임명했다. 호질은 후에 승상부의 관원이 되었다.

둘째, 자신에게 귀부한 사람을 의심치 않고 중임을 맡겼다. 조조의 부장 중에는 적진에 있다가 귀부한 자들이 매우 많았다. 조조는 이들을 정성을 다해 후하게 대한 것은 물론 그들의 말과 계책을 경청하면서 중임을 맡겼다. 이에 조조에게 귀부한 자들은 조조의 신뢰에 보답하기 위해 전력을 다해 심복으로 활약했다. 대표적인 인물로 순욱과 곽가, 가후, 동소董昭, 진림陳琳, 병원邴原, 관녕管寧, 장료張遼, 장합張郃, 문빙文聘, 방덕龐德, 서황徐晃, 허저許褚 등을 들 수 있다.

셋째, 일반 병사와 같이 낮은 직책에 있는 자들을 과감히 탁용하여 장수로 삼았다. 조조는 다른 사람의 추천을 받아 능력 있는 자들을 과감히 탁용하기도 했지만 자신이 직접 장수감을 발탁하기도 했다. 대표적인 인물로 악진樂進과 우금于禁, 전위典韋 등을 들 수 있다. 하급병사로 있다가 뛰어난 용맹으로 군공을 세워 조조에 의해 직접 발탁된 자들이다. 이들 모두 조조를 곁에서 호위하는 역할을 맡았다가 열후에 봉해졌다.

넷째, 지방관원이나 포의布衣의 인재를 널리 불러들였다. 조조가 문관인 모신을 거둘 때 늘 사용한 방법은 찾아가 모으는 징徵과 불러 모으는 소召, 예를 갖춰 관직을 제수하는 배拜, 상당한 지위에 있는 사람을 찾아가거나 불러 모으는 벽辟으로 요약할 수 있다. '징소배벽'은 곧 조정의 공문서를 보내 관직을 수여하는 방식을 통해 인재를 끌어모으는 것을 뜻한다. 조조는 한나라의 승상 지위를 최대한 활용해 자신의 명의는 물론 황제의 명의를 빌려 인재들을 최대한 불러 모았다.

원래 관행상 '징소배벽'을 받게 되면 '징소배벽'을 행한 사람을 위해 일해야 한다. 그게 의리다. 실제로 조조에 의해 '징소배벽'된 사람들 모두 조조정권의 기반을 다지는 데 중요한 역할을 했다. 대표적인 인물로 순유荀攸와 하기何夔, 형옹邢顒, 위기衛覬, 유이劉廙, 진교陳矯, 화흡和洽, 최림崔林 등을 들 수 있다.

이들 중 화흠華歆과 왕랑王朗의 경우는 지방관으로 있다가 조조의 부름을 받고 그의 심복이 된 경우다. 화흠은 원래 예장태수로 있다가 손책이 강동을 점거하자 그의 지은知恩을 입게 됐다. 이때 조조가 상표하여 그를 부르자 손권은 부득이 그를 조조에게 보내지 않을 수 없었다. 화흠은 조조 밑에서 의랑과등을 지내다가 조비 때에는 상국의 자리에 오르게 되었다. 왕랑 역시 회계태수로 있다가 손책에게 패해 그의 휘하에 있던 인물이다. 조조가 표문을 올려 자신을 부르자 곧바로 응했다. 이후 조조 밑에서 간의대부 등을 지내다가 조비 때에는 3공의 반열에 오르게 되었다.

일각에서는 조조가 자신의 뜻과 배치된 자를 대거 죽음으로 몰아간 점을 예로 들어 조조의 용인술에 나타난 주요한 특징으로 거론하고 있다. 공융과 최염, 허유, 양수 등이 논거로 제시되고 있다. 이들 중 대표적인 인물이 순욱이다. 사실 이는 조조의 용인 중 가장 비난을 받는 대목이기도 하다.

대업과 충성

순욱은 조조정권의 성립에 가장 큰 공헌을 한 인물이다. 그러나 그는 끝내 조조가 위공으로 진작하는 것을 반대하다가 조조의 손권 토벌전에 종군하던 중 수춘에서 병사하고 말았다. 이를 두고 『삼국연의』 등은 『삼국지』 「위서 · 순욱전」의 배송지주에 인용된 『위씨춘추』의 기록을 토대로 조조가 의도적으로 순욱을 죽음으로 몰아간 것으로 묘사해 놓았다.

그러나 「위서 · 순욱전」에는 분명 병사한 것으로 기록되어 있고, 『자치통감』에는 순욱이 한나라의 마지막 신하가 되고자 스스로 죽음을 선택한 것으로 기록되어 있다. 조조가 순욱을 죽음으로 몰아갔다는 부분은 분명 재검토를 요하는 대목이다.

당초 조조의 군사가 동오를 치기 위해 유수수를 향해 진군할 때 순욱은 병이 나 수춘에 머물게 되었다. 얼마 후 순욱은 한실의 앞날에 대한 걱정 등이 겹쳐 마침내 병사하고 말았다. 이때 그의 나이 50세였다. 『삼국지』 「위서 · 순욱전」의 배송지주에 인용된 『위씨춘추』는 다음과 같이 완전히 다른 내용을 싣고 있다.

"조조가 순욱에게 먹을 것을 보내주었다. 순욱이 뚜껑을 열어보니 속에 아무것도 없는 빈 그릇이었다. 순욱은 이내 조조의 뜻을 읽고 독약을 먹고 자진했다."

이는 항간의 소문을 옮겨놓은 것으로 짐작된다. 원래 순욱은 언행이 단정하고 지략 또한 풍부한 데다 늘 현사들을 추천하길 좋아한 까닭에 사람들 모두 그의 죽음을 애석하게 생각했다. 당시 조조는 행군 중이었던 까닭에 순욱의 죽음을 알지 못했다가 순욱의 장남 순운이 사람을 보내 부고를 전해주어 비로소 알게 되었다. 조조가 그의 죽음을 애통해하며 후하게 장사지내게 한 뒤 경후敬侯라는 시호를 내렸다. 순욱이 죽은 뒤 순운이 순욱의 작위를 이어받았는데 그는 조조의 사위이기도 했다.

공융의 죽음과 관련해서도 새로운 해석이 필요하다. 1950년대 말 곽말약 등은 조조가 사적인 원한을 갖고 공융을 죽인 것이 아니라 공융이 조정의 법제와 윤리기강을 위반해 화를 자초했다고 주장한 바 있다. 이는 조조가 고의적으로 공융을 무고하여 살해했다는 기존의 주장을 뒤엎는 것이다. 역사적 사실에 근거하고 있어 설득력이 있다.

이 밖에도 최염과 누규, 허유, 양수 등의 죽음과 관련해 아직까지 모든 책임을 조조에게 돌리는 견해가 있으나 이는 역사적 사실과 어긋난다. 이들 모두 반심叛心의 공공연한 표출과 방자한 언행, 세자책봉을 둘러싼 권력다툼 개입 등의 이유로 죽음에 이르게 되었다. 일차적인 원인을 제공한 자들은 조조가 아니라 당사자들이었다.

원인에 대한 정밀한 분석을 생략한 채 그 결과만을 놓고 조조의 용인을 판단하는 것은 문제가 있다. 용인의 달인이었던 조조가 오직 자신의 뜻에 거슬렸다는 이유만으로 자신에게 충성을 바친 인물들을 무자비하게 죽음으로 몰아넣었다고 보는 것 자체가 무리다. 『자치통감』 「황초 원년」조에 나오는 다음 평을 보면 조조가 얼마나 뛰어난 용인술을 구사했는지를 대략 짐작할 수 있다.

"위왕 조조는 사람을 잘 파악하여 거짓으로 미혹하기가 어려웠다. 특별히 재능 있는 자를 능히 식별하여 발탁할 줄 알았고, 신분에 구애받지 않고 재능에 따라 임용하니 그들 모두 자신의 능력을 발휘할 수 있었다."

조조가 구사한 득인과 용인의 계책은 기본적으로 왕도와 패도를 겸용한 왕패병용에 뿌리를 두고 있다. 유재시거는 때가 난세인 까닭에 덕행과 재능을 겸비한 인재를 찾기 어려웠기 때문이다. 이는 일종의 패도에 해당한다. 그렇다고 조조가 득인과 용인에서 왕도를 포기한 것은 아니다. 건안칠자建安七子의 한 사람인 유정劉楨과 얽힌 일화가 이를 뒷받침한다.

보옥과 잡석

원래 유정은 왕찬과 함께 건안칠자 중 가장 뛰어난 인물로 꼽힌다. 사서의 기록에 따르면 그는 매우 강직한 인물이었다. 당초 조조의 승상부에서 비서 일을 하다가 이내 조조 문하로 파견되었다. 마침 조비가 전쟁에서 둘째 아들인 원희의 처로 있던 진씨甄氏를 포로로 잡아 부인으로 삼았다.

조비는 성대한 잔치를 열어 진씨를 소개하며 손님들이 그녀의 미색을 감상토록 했다. 워낙에 절세미인이란 소문을 들은 터라 사람들은 대단한 호기심을 갖고 어떻게든 한 번이라도 더 미색을 감상하려 했다. 하지만 이미 위세당당한 조씨 가문의 사람이 되었으니 점잖게 예의를 갖춰 인사를 나누며 감히 고개를 들어 바라보지 못했다. 그런데 오직 유정만은 한동안 뚫어져라 그녀를 주시하고 훑어보았다. 태자비가 된 진씨를 똑바로 쳐다보는 불손한 행동을 저지른 셈이다.

당시 신하가 태자의 부인을 똑바로 쳐다보는 것은 불경죄에 해당했다. 이 소식을 들은 조조가 대로한 나머지 유정을 제왕이 쓰는 물건을 만드는 황실의 공장에서 일을 하도록 시켰다. 이에 유정은 돌 가는 일을 맡게 되었다.

하루는 조조가 황실의 공장에 들러 작업을 살피다가 유정이 돌을 가는 것을 보게 되었다. 가까이 다가가 물었다.

"자네가 가는 돌이 어떤 것인가?"

유정이 무릎을 꿇고 자신의 처지를 빗대어 말했다.

"이 돌은 형산荊山에 걸린 바위의 꼭대기에서 나왔으므로 겉으로는 다섯 색깔 무늬가 빛나고, 안으로는 변씨卞氏의 옥과 같은 가치를 지닙니다. 이 돌은 갈아도 이보다 빛나게 할 수 없고, 쪼아도 더 무늬를 보태지 못할 정도로 아름답습니다. 하늘로부터 받은 기운이 굳고 단단해서 이 모습이 본래 모습입니다. 그 무늬가 구불구불하다고 해서 똑바로 펼 수는 없습니다."

유정은 소위 화씨벽和氏璧의 고사를 인용해 자신의 억울한 처지를 하소연한 것이다. 이 고사의 내용은 대략 이렇다. 기원전 8세기 중엽 변화卞和라는 사람이 형산에서 보옥 하나를 주워 초여왕에게 바쳤다. 초여왕이 이를 옥장玉匠에게 보이자 옥장이 말했다.

"이는 보옥이 아니라 잡석입니다."

초여왕이 변화를 잡아들였다.

"잡석을 보옥이라고 속였으니 그 죄를 어찌 면하겠는가."

이에 변화는 왼쪽 다리를 잃고 말았다. 뒤이어 초무왕이 즉위하자 변화는 다시 이를 바쳤다. 옥장이 이번에도 잡석이라고 하자 대로한 초무왕은 그의 오른쪽 다리마저 끊게 했다. 다시 초문왕이 즉위하자 변화는 또 이를 바치고자 했으나 두 다리가 없어 움직일 수가 없었다. 형산 아래서 보옥을 가슴에 품은 채 사흘 밤낮을 통곡하자 눈에서 피가 흘렀다. 소문을 들은 초문왕이 그를 부른 뒤 옥장으로 하여금 보옥을 자르게 했다. 하자瑕疵 하나 없는 천하의 보배였다. 초문왕이 옥장을 시켜 둥근 고리 모양의 벽璧을 만들게 했다. 변화는 대부가 되어 종신토록 국록을 받았다. 여기서 포박抱璞이라는 성어가 나왔다. 때를 만나지 못해 불우한 처지에 있기는 하나 언젠가는 크게 쓰일 인재라는 뜻이다.

당시 유정은 조조 앞에서 자신을 '포박'에 비유한 것이다. 조조는 유정의 재치 있는 대답에 크게 웃고는 그날 바로 유정의 죄를 사면했다. 조조는 돌의 성질을 쉽사리 바꾸기 어려운 것처럼 사람의 성격도 바꾸기 어려우니 자신을 그만 고생시키라는 유정의 은유적 비유에 감탄하며 곧 그를 너그럽게 용서한 것이다.

여기서 유정이 마주 바라본다는 뜻의 유정병시劉楨拼視 성어가 나왔다. 이는 조조의 용인술이 내재한 낭만을 드러내는 것이기도 하다. '유정병시'는 조조 자신이 군서를 두루 읽고 시를 좋아하는 문인이었기에 가능한 일이었다. 조조의 대표적인 왕도 행보로 꼽을 만하다.

제경공과 안영

윗사람을 곁에서 돕는 것을 통상 보필輔弼이라고 한다. 보輔는 수레 거車 자가 있는 데서 알 수 있듯이 수레바퀴살의 힘을 돕기 위해 수레의 양쪽 가장자리에 덧대는 덧방나무를 말한다. 여기서 긴밀히 결속해 서로 돕고 의지하는 군신관계를 뜻하는 보거상의輔車相依라는 말이 나왔다. 수레에서 덧방나무와 바퀴처럼 뗄 수 없다는 의미이다. 필弼은 활 궁弓 자가 있는 데서 알 수 있듯이 틈이 나거나 뒤틀려진 활을 바로 잡는 도구인 도지개를 말한다. 군주 곁에서 충언을 하며 보좌하는 것을 의미한다.

춘추시대 말기에 활약한 제나라 재상 안영晏嬰이 바로 보필지신輔弼之臣의 전형에 해당한다. 이는 제경공齊景公이 안영을 전적으로 신임하며 국사를 맡겼기에 가능했다. 안영은 관중 사후 1백여 년 뒤에 태어난 공자와 거의 비슷한 시기에 살았다. 안영의 저서로 알려진 『안자

춘추』에는 공자와 안영에 관한 일화가 모두 여섯 번 나오나 사서의 기록에 따르면 두 사람은 한 번도 조우한 적이 없다. 공자가 안영과 만난 일화는 비록 역사적 사실과는 동떨어져 있는 것이기는 하나 당시 일각에서는 공자보다 안영을 더 높이 평가하는 흐름이 존재했음을 보여준다. 실제로 사마천은 춘추전국시대에 등장한 여러 뛰어난 재상 중 안영을 가장 높이 평가했다. 「관안열전」에 나오는 다음 평이 그 증거다.

"관중은 세인이 흔히 '현신'이라고 말하지만 공자는 그의 그릇이 작다고 지적했다. 주나라의 왕도가 쇠미한 가운데 제환공이 현명한 제후였는데도 불구하고 그에게 왕도를 적극 권하는 대신 패도를 추구한 것을 지적한 게 아니겠는가? 그러나 안자晏子는 제장공이 대부 최저에게 죽임을 당하자 시신 위에 엎드려 곡을 하고 예를 다한 후 떠났다. 이것이 어찌 '의를 보면 용기를 드러내지 않은 적이 없다'고 말하는 사례가 아니겠는가? 간언을 할 때는 군주의 면전에서 심기를 거스르며 시비를 가리는 범안犯顔을 행했으니 이 어찌 '나아가면 군주에게 충성을 다할 것을 생각하고 물러나면 군주의 과실을 보완한다'는 취지에 부합한 게 아니겠는가? 안자가 다시 살아난다면 나는 비록 말채찍을 들어 마부 노릇을 할지라도 이를 크게 기뻐하며 할 것이다."

사마천이 안영을 얼마나 사모했는지를 능히 짐작케 해주는 대목이다. 안영이 사직과 백성을 위해 군주 앞에서 범안간쟁犯顔諫爭을 했기 때문이다. '범안간쟁'은 군주가 화가 나 안색이 붉게 물들 정도로 간언을 그치지 않는다는 뜻이다. 사실 이는 한비자가 말한 소위 역린逆鱗에 걸려 목숨을 잃을 공산이 크다. 『한비자』 「세난」은 '역린'의 위험을 이같이 설명해 놓았다.

"용은 상냥한 짐승이다. 가까이 길들이면 능히 그 위에 올라탈 수 있다. 그러나 턱밑에 지름이 한 자나 되는 비늘이 거슬러서 난 게 있다. 이것을 건드리면 용은 그 사람을 반드시 죽여버리고 만다. 모든 군주에게는 이런 역린이 있다."

그런데도 사마천이 안영의 '범안간쟁'을 높이 평가한 것은 그 자신의 처절한 경험과 무관하지 않다. 그는 한무제 앞에서 '범안간쟁'을 했다가 남성을 잃어버리는 궁형宮刑을 당한 바 있다. 사마천은 자신의 심경을 안영에게 투사한 것이다. 그는 왕도주의자였다. 이는 최초의 패업을 이룬 관중을 '관자'로 칭하지 않고 굳이 '관중'으로 표현하고 안영을 '안자'로 높인 데서 잘 드러나고 있다.

공자와 사마천이 패도를 행한 자산 및 관중과 왕도를 행한 안영을 두고 이처럼 극명하게 엇갈린 행보를 보인 것은 말할 것도 없이 난세에 대한 기본인식의 차이에서 비롯된 것이다. 공자는 군주에게 간언을 할지라도 '범안간쟁'을 그다지 높이 평가하지 않았다. 자칫 '역린'으로 인해 무고하게 목숨을 잃을까 우려한 것이다. 이에 반해 사마천은 안영의 '면절정쟁'을 높이 평가했다. 제장공이 시해를 당했을 때의 행보를 두고 '의를 보면 용기를 드러내지 않은 적이 없다'고 평한 이유다. 죽는 것보다 더욱 수치스런 궁형宮刑을 당하고도 선친의 유업인 『사기』의 집필을 끝내 완수한 사마천은 죽음을 무릅쓰고 신하의 도리를 다한 자들을 보고 '동병상련'의 느낌을 받았을 공산이 크다.

안영은 평소 매우 검소하게 지냈다. 여우 가죽으로 만든 웃옷인 호구狐裘 한 벌을 30년 동안이나 입었다. 여기서 '안영호구' 성어가 나왔다. 검박한 모습으로 맡은 바 직무를 성실히 수행하는 고관대작의 바람직한 자세를 뜻한다. 『사기』「관안열전」에 이를 뒷받침하는 대목이

나온다.

"안영공은 제영공과 제장공, 제경공 등 3대를 모시면서 검약한 모습으로 집무했다. 재상의 자리에 올랐는데도 밥상에 두 가지 이상의 고기반찬을 올리지 않고, 처첩에게는 비단옷을 입지 못하게 했다. 조정에서 논의 도중 군주의 입에서 자신에 관한 얘기가 나오면 늘 겸양하며 자신의 공을 언급치 않았고, 그렇지 못할 대는 더욱 분발해 질책이 떨어지지 않도록 조심했다. 나라에 도가 통할 때는 군명을 충실히 좇았고, 도가 통하지 않을 때는 가부를 잘 판단해 할 만한 것만 좇았다. 이에 제후들 사이에 명성을 크게 떨치게 되었다."

『춘추좌전』에는 공자가 안영의 영향을 크게 받았음을 짐작케 해주는 일화가 나온다. 하루는 제경공이 패택沛澤에서 사냥을 했다. 제경공이 활을 이용해 수렵 담당 관원인 우인虞人을 부르자 우인이 응하지 않았다. 제경공이 사람을 보내 그를 잡아오게 하자 우인이 말했다.

"전에 선군은 사냥할 때 적색의 구부러진 자루에 달린 깃발로 대부를 부르고, 활로 선비를 부르고, 흰 사슴가죽으로 만든 피관皮冠으로 우인을 불렀습니다. 신은 피관을 보지 못했기 때문에 감히 나아가지 못했습니다."

제경공이 곧 우인을 풀어주었다. 사냥에서 돌아오자 대부 양구거가 수레를 급히 몰고 와 알현했다. 제경공이 크게 기뻐했다.

"오직 그대만이 과인과 마음이 맞소."

곁에 있던 안영이 반박했다.

"그는 군주의 비위를 맞추는 사람일 뿐입니다. 그가 어찌 군주의 마음과 맞는 사람이겠습니까?"

제경공이 물었다.

"마음이 맞는 것과 비위를 맞추는 것은 어떻게 다르오?"

안영이 대답했다.

"마음이 맞는 화和는 마치 국을 만드는 것과 같습니다. 생선이나 고기를 조리할 때 소금과 젓갈, 매실 등으로 간을 맞춥니다. 맛이 부족한 듯하면 양념을 더하고 지나치면 덜어냅니다. 군주가 가하다 할지라도 불가한 것이 있을 때는 신하가 그것을 지적해 더욱 완전하게 만듭니다. 군주가 불가하다고 할지라도 그 중 가한 것도 있을 때는 신하가 이를 지적해 불가한 것을 제거하도록 합니다. 이로써 정사가 공평하게 됩니다. 양구거는 이와 다릅니다. 그는 군주가 가하다고 하면 그 또한 가하다고 하고, 불가하다고 하면 그 또한 불가하다고 합니다. 만일 맹물을 이용해 맹물의 간을 맞추려 하면 누가 이를 마실 수 있겠습니까? 금슬琴瑟로 어느 한 가지 소리만 연주하면 누가 이를 들을 수 있겠습니까? 비위를 맞추는 동同은 마음이 맞는 화和와 다릅니다."

이는 공자가 군자의 덕목으로 언급한 소위 화이부동和而不同을 설명한 것이나 다름없다. 『논어』「자로」에 동일한 취지의 공자의 언급이 나온다.

"군자는 조화를 이루되 편당을 짓지 않는 '화이부동'을 행하고, 소인은 편당을 지으면서 조화를 이루지 못하는 동이불화同而不和를 행한다."

안영은 공자보다 1세대 정도 앞선 인물이다. 더구나 공자는 제나라로 망명에 가까운 유학을 떠난 적도 있다. 제나라에 머무는 동안 안영과 양구거에 관한 얘기를 들었을 가능성을 배제할 수 없다. 안영의 행보는 사상적으로 '백성이 귀하고, 사직은 다음이고, 군주는 가볍다'고 역설한 맹자의 귀민경군貴民輕君과 맥을 같이하고 있다. 안영이 늘 백성의 고통과 이익을 염두에 두고 정사를 편 사실이 이를 뒷받침한다.

『춘추좌전』에 이를 뒷받침하는 일화가 나온다. 안영이 진나라에 사자로 간 기원전 539년 당시 제경공이 안영을 위해 새집을 지어주었다. 안영이 귀국했을 때 집이 이미 완성돼 있었다. 제경공이 안영에게 권했다.

"그대의 집은 시장에서 가깝고, 저습하고 협소하며 시끄럽고 먼지가 많으니 살기에 좋지 않소. 통풍이 잘 돼 쾌적하고 높은 지대에 지은 집으로 바꿔 살도록 하시오."

"그곳은 저의 선조가 살던 곳으로 신에게는 이미 사치스러운 곳입니다. 신이 선조의 사업을 계승하기에 부족하기 때문입니다. 신은 시장에 가까이 살면서 조석으로 필요한 것을 쉽게 구할 수 있으니 이는 신에게 크게 이롭습니다. 그런데 어찌 감히 마을 사람들을 번거롭게 하겠습니까?"

제경공이 웃으면서 물었다.

"그대가 시장 가까이 사는 것이 편하다고 하니 그렇다면 과연 물건들 값이 얼마나 나가는지나 알고 있소?"

"이미 그로 인해 이로움이 있는데 어찌 모를 리 있겠습니까?"

"그렇다면 무엇이 비싸고 무엇이 싼 것이오?"

"의족은 비싸고 일반 신발은 쌉니다."

당시 제경공은 월형刖刑을 남용했다. 월형은 왼쪽 발뒤꿈치를 끊는 형벌이다. 의족을 파는 사람이 매우 많았던 이유다. 제경공은 안영의 말을 듣고 크게 놀라 곧 형벌을 줄였다. 이때 안영은 곧 원래 자신의 이웃에 살던 주민들을 모두 불러 모은 뒤 이같이 말했다.

"속담에 이르기를, '집이 좋고 나쁜지를 점치는 것이 아니라 오직 이웃이 좋고 나쁜지를 점친다'고 했소. 여기 몇 분은 이미 이웃의 호오를 점친 뒤 내 이웃으로 살아왔소. 그런데 내가 새로 집을 지어 여러분의 점복을 어긋나게 하는 것은 매우 상서롭지 못한 일이오. 군자는 예에 맞지 않는 짓을 하지 않고, 소인은 상서롭지 못한 짓을 범하지 않는 게 고래의 법도요. 그러니 내가 어찌 감히 이를 어길 수 있겠소?"

그리고는 곧 새집을 헐어 모든 것을 이전과 똑같이 복구해 놓은 뒤 이웃 사람들로 하여금 원래 살던 곳으로 들어가 살게 했다. 당초 제경공은 이를 허락하지 않았으나 안영이 거듭 청하자 이내 허락했다. 이를 두고 『춘추좌전』은 이같이 평해놓았다.

"어진 사람의 말은 그 이로움이 얼마나 광대한가. 안자의 한마디 말에 제경공이 형벌을 줄였다."

퇴임 후 큰 집을 짓고 사는 사람들과 대비되는 대목이다. 만일 큰 집을 원한다면 다른 곳에 있는 큰 집을 장만해 옮기면 된다. 굳이 이웃집을 헐어 큰 집을 지은 뒤 여생을 보낼 이유가 없다. 자신을 이웃으로 삼고 있는 것을 자랑스럽게 생각하는 이웃 사람들의 기대를 저버릴 수 없어 새집을 헌 안영의 고사와 대비된다.

안영의 죽음은 제경공보다 10년 앞섰다. 주목할 것은 안영 사후 제나라가 쇠락의 길을 걷기 시작한 점이다. 제나라가 중원의 패자인 진晉나라와 어깨를 나란히 할 정도의 위세를 떨치다가 안영 사후 이내 쇠락케 된 것은 말할 것도 없이 안영과 같은 뛰어난 인물이 없었기 때문이다. 제경공과 안영의 관계는 춘추시대 중기 제환공이 관중을 발탁해 재상으로 삼은 후 정무 일체를 맡겨 첫 패업을 이룬 것에 견줄 만하다.

책사와 신뢰

많은 사람이 난세의 인재를 발탁하는 기준으로 소위 경륜經綸을 든다. '경륜'은 커다란 포부를 지닌 채 일을 조직적으로 실행해 나가는 것을 말한다. 곧 '경영천하'를 달리 표현한 것이다. 그러나 이런 수준의 경륜은 결코 하루아침에 쌓아질 수 있는 게 아니다. 반드시 부단한 노력과 시행착오가 있은 뒤에나 가능하다. 잡초처럼 세월에 부대끼며 몸소 깨닫는 실전경험이 풍부해야만 한다.

그런 면에서 보면 예컨대 부모를 일찍 여의는 등의 어려움을 겪은 사람이 유리할 수 있다. 대표적인 인물이 바로 공자이다. 그는 어릴 때 조실부모한 까닭에 소년 가장이 되어 온갖 일을 해야만 했다. 그런 점에서 공자는 조숙할 수밖에 없었다. 세파와 부딪치며 스스로 삶을 개척해 나가지 않으면 안 되었기 때문이다. 인간을 안다는 것은 그만큼 거친 세파를 헤쳐나왔음을 의미한다.

서구에도 유사한 인물이 있었다. 『우신예찬』의 저자 에라스무스가 그 주인공이다. 그는 『우신예찬』에서 군주와 고황, 추기경 등 그 시대의 지식인과 지도층을 모두 풍자의 대상으로 삼았다. 그는 서구의 지성사에서 한 획을 그은 인물로 평가받고 있다.

당초 그는 네덜란드 로테르담에서 성직자의 사생아로 태어났다. 14세 무렵 부모가 세상을 떠나자 후견인은 그를 수도원에 맡겼다. 그는 자신의 출생배경 등을 평생 민감하게 생각했으나 파리 대학 신학부에 들어가 열심히 공부했다. 이후 각지를 여행한 후 『우신예찬』을 써 후대인들로부터 최초의 의식 있는 세계주의자이자 유럽인, 비할 데 없는 인간이자 불멸의 박사 등의 칭호를 받았다. 그는 「기독교도 병사의 휴대서」에서 이같이 말한 바 있다.

“여러분은 모든 죄악과 범죄가 여러분이 갖다 바치는 몇 푼의 헌금이나 얼마간의 순례 여행으로 단번에 씻을 수 있다고 믿을 것입니다. 그렇다면 여러분은 완전히 사기를 당한 것입니다.”

그는 부패한 가톨릭에 가차 없이 통렬한 비판을 가했다. 성직자의 사생아로 태어나 조실부모한 까닭에 이런 일이 가능했다. 조선조에서 세조 때부터 성종 때까지 3대에 걸쳐 위세를 떨쳤던 한명회도 조실부모한 뒤 세파를 헤쳐나가면서 민심을 읽고 세상을 내다볼 줄 아는 남다른 안목을 키웠다. 그가 세조의 지은知恩을 입고 이후 세조의 집권을 가능케 한 계유정난을 주도한 배경이다.

난세에는 모든 사람들이 인간의 모든 것을 한꺼번에 알게 된다. 난세를 살아온 사람들이 세상을 보는 안목이 넓어지는 이유다. 인간의 모든 것을 적나라하게 보았기 때문에 세상을 이해하는 폭이 그만큼 넓어진 것이다. 난세에 수많은 인재가 쏟아져 나오는 이유가 바로 여기에 있다.

난세의 영웅은 단순히 인간의 심성을 꿰뚫어보는 데 뛰어났을 뿐만 아니라, 인재를 알아보고 과감히 발탁해 사용할 줄 아는 안목과 그릇을 갖춘 사람들이다. 이는 그들이 세상을 볼 줄 아는 뛰어난 참모들을 많이 거느렸기 때문에 가능한 것이기도 하다. 영웅은 대의를 내세운 가운데 인재들을 자신의 참모로 삼아 이들 참모들에게 각자의 능력을 최대한 발휘토록 해 대업을 이룬 사람들이다.

조조는 부친이 오랫동안 생존하기는 했으나 어려서 모친을 잃었다. 부친은 거만의 돈을 주고 태위의 벼슬을 얻은 데서 알 수 있듯이 탁류의 전형이었다. 조조는 비록 겉으로 내놓고 말하지는 않았으나 부친의 이런 행태를 크게 못마땅해했다.

그는 교현과 하옹 등으로부터 난세의 영웅이라는 칭송을 들은 후 스스로 부단히 연마했다. 그가 반동탁을 기치로 내걸고 거병한 이래 원소 등과는 차원이 다른 행보를 보인 이유다. 그는 결코 단순한 군웅이 아니었다.

명나라 말기의 풍몽룡은 중국 춘추전국시대 5백여 년간을 배경으로 『동주열국지』를 썼다. 역사적 사실에 가깝게 기술한 까닭에 21세기 현재까지 널리 읽히고 있다. 『동주열국지』에 등장하는 군웅들의 면모는 『삼국연의』를 방불한다. 관중과 제환공, 포숙아, 공자, 맹자, 한비자, 여불위와 진시황 등이 그들이다. 이들 중 가장 돋보이는 인물은 제환공을 도와 첫 패업을 이룬 제나라의 재상 관중이다. 그는 여러 모로 삼국시대의 조조를 닮았다. 하루는 제환공이 관중에게 물었다.

"패업을 이루는 데 방해가 되는 것이 무엇이오?"

관중이 대답했다.

"패업을 달성하는 데 우선 현자를 모르는 게 문제입니다. 다음으로 알면서도 쓰지 않는 게 문제입니다. 그 다음으로 쓰면서도 중임을 맡기지 않는 게 문제입니다. 나아가 중임을 맡기면서 믿지 않는 게 문제입니다. 마지막으로 믿으면서도 소인배가 끼어들도록 허용하는 게 문제입니다. 이리 하면 끝내 패업을 이룰 수 없게 됩니다."

21세기 현재에 이르기까지 그대로 통용될 수 있는 인간경영의 요체를 요약한 셈이다. 조조는 이 이치를 통찰하고 있었다. 그는 기본적으로 다른 사람들의 평가에 따라 사람의 능력을 평가하려 하지 않았다. 공자도 『논어』「위령공」에서 이같이 말한 바 있다.

"내가 다른 사람을 대하면서 누구를 헐뜯고 누구를 높이겠는가? 만일 내가 높인 적이 있다면 이는 시험해 본 바가 있기 때문일 것이다. 백성을 부릴 때는 사사로움이 없어야 한다."

조조가 사람을 평가할 때 공정을 기한 취지와 같다. 당시 조조는 서로 다른 능력을 가진 사람들이 서로 다른 영역에서 발휘하는 능력을 적극적으로 인정해 주었다. 인재들이 자신의 능력을 최대한 발휘하도록 배려한 것이다.

주목할 것은 조조가 눈부신 전공을 세운 장군들에게 큰 상을 내린 것 못지않게 전략을 짠 사람을 높이 평가한 점이다. 건안 8년(203)에 순욱에게 3공三公의 직책을 내릴 것을 청하는 표문을 올리면서 기이한 계책과 은밀한 계모를 뜻하는 기책밀모奇策密謀의 효용을 이같이 강조했다.

"전략을 짜는 것이 전공의 으뜸이고, 계책을 내는 것이 포상의 기본입니다. 야전에서의 공적은 군막 안의 계책을 넘을 수 없고, 전공이 아무리 많을지라도 나라를 구한 공로보다 더할 수는 없는 것입니다."

조조 휘하에 수많은 문인이 구름처럼 몰려든 이유다. 이들 가운데 유명한 문인들의 동아리를 건안칠자建安七子라고 한다. 건안칠자의 한 사람인 왕찬王粲은 원래 유표 밑에 있었다. 그는 15년 동안 헌신적으로 일했지만 눈에 띄지도 않았고 중용되지도 않았다. 유표가 사람을 보지 못한 것이다. 유표 사후 왕찬은 유표의 아들 유종을 부추겨 조조에게 투항하게 만들었다. 조조가 피 한 방울 흘리지 않고 형주를 차지한 배경이다.

疏通經營

모택동은 조조가 중차대한 시기에 크게 두 가지 실수를 범했다고 지적했다. 하나는 한중대전 때 우유부단한 행보를 보인 것이고, 다른 하나는 적벽대전 당시 자신에게 엄격하지 않은 점이다. 모택동은 『삼국지』「무제기」를 읽던 중 조조가 장수들이 출정한 때 패전한 자는 죄를 묻고 실리한 자는 관작을 박탈했다는 대목을 접하고는 이런 주석을 달았다.

"그렇다면 적벽의 패배는 누구의 죄인가?"

9/ 소통경영

귀를 크게 열어라

曹公曰: 左氏言一鼓作氣, 再而衰, 三而竭.

조조가 말했다.

『춘추좌전』에 따르면 노나라의 조귀曹劌가 말하기를, '한 번 북을 쳤을 때 아군이 움직이지 않으면 적군은 사기가 왕성한데도 불구하고 어찌할 도리가 없다. 두 번 북을 쳤을 때도 움직이지 않으면 적군의 투지가 크게 떨어진다. 세 번 북을 쳤을 때도 움직이지 않으면 적군의 투지가 완전히 고갈된다'고 했다. 『손자약해』「군쟁」

득롱망촉과 평롱망촉

조조는 역사에 해박했다. 『손자약해』에 『춘추좌전』을 언급한 게 그 증거다. 조귀에 관한 얘기는 『춘추좌전』 「노장공 10년」 조에 나온다. 노나라 출신인 그는 춘추시대 중엽 제나라의 대군을 격파한 바 있다. 당대의 병법가였다. 그러나 사마천은 『사기』 「자객열전」에서 그를 오월시대의 전제專諸, 춘추시대 말기의 예양豫讓, 전국시대 초기의 섭정聶政, 전국시대 말기의 형가荊軻와 더불어 자객의 전형으로 기술해 놓았다. 분류가 잘못된 것이다.

실제로 『법언法言』을 쓴 전한 말기의 양웅揚雄과 『자치통감』을 쓴 북송의 사마광司馬光 모두 조귀를 자객의 명단에서 빼야 한다고 주장했다. 『춘추좌전』의 기록에 따르면 기원전 684년 제환공齊桓公의 명을 받은 포숙아鮑叔牙가 제나라 군사를 이끌고 노나라로 쳐들어갔다. 조귀가 노장공魯莊公을 만나려고 하자 고향 사람이 핀잔을 주었다.

"전쟁은 고위관원들이 하는 일인데 그대가 왜 끼어들려 하는 것인가!"

"그들은 안목이 짧아 멀리 내다볼 수 없소."

이내 노장공을 배알하는 자리에서 이같이 물었다.

"장차 무엇에 기대어 제나라와 싸우려 하는 것입니까?"

노장공이 대답했다.

"입고 먹는 것과 같이 편안한 것을 감히 내가 홀로 차지하지 않고 반드시 백성에게 나누어 주었소."

"그것은 작은 은혜에 불과합니다. 은혜가 백성에게 두루 미칠 수 없으니 백성들이 군주를 좇아 죽기로 싸우려 하지는 않을 것입니다."

"조상에게 제사드릴 때 희생이나 옥백을 바치면서 감히 거짓으로 고하지 않고 반드시 성심을 다해 진실을 고했소."

"그것은 작은 믿음에 불과합니다. 큰 믿음이 아니니 사직의 귀신이 그로 인해 승리를 도와주지는 않을 것입니다."

"모든 크고 작은 옥사를 비록 다 밝게 살피지는 못했으나 반드시 정리情理에 맞게 처리했소."

그러자 조귀가 비로소 이같이 청했다.

"그것은 백성들을 위해 헌신하는 일입니다. 그렇다면 한번 제나라 군사와 싸울 만합니다. 청컨대 출병할 때 제가 군주와 함께 종군할 수 있도록 허락해 주시기 바랍니다."

이에 노장공이 출병하면서 조귀와 더불어 같은 전차를 타고 나가 제나라와 접경한 장작長勺 땅에서 제나라 군사와 맞붙어 싸웠다. 노장공이 진격의 북을 울리려고 하자 조귀가 만류했다.

"아직 불가합니다."

이때 제나라 측이 세 번이나 북을 울렸다. 조귀가 건의했다.

"이제 북을 쳐도 좋을 것입니다."

과연 노나라 군사가 이때 북소리에 맞춰 진군하자 제나라 군사가 패하게 되었다. 노장공이 승세를 몰아 제나라 군사를 추격하려고 하자 조귀가 또 만류했다.

"아직 불가합니다."

그러고는 전차에서 내려 제나라 군사의 전차 바퀴자국을 살펴보고 다시 전차에 올라 가로대나무를 잡고 멀리 제나라 군사들이 움직이는 모습을 바라본 뒤 이같이 말했다.

"이제 추격해도 좋습니다."

노장공이 전군에 명해 제나라 군사를 급히 추격케 했다. 노장공이 싸움에서 대승을 거둔 뒤 조귀에게 노나라가 승리한 이유를 묻자 조귀가 이같이 대답했다.

"무릇 용병이란 한마디로 병사들의 전의戰意에 달려 있는 것입니다. 한 번 북을 치면 병사들이 투지가 치솟습니다. 그러나 교전이 이뤄지지 않아 두 번째 북을 치게 되면 투지가 떨어지게 됩니다. 그래도 교전이 이뤄지지 않아 세 번째 북을 치게 되면 투지가 완전히 소진되고 맙니다. 적병의 전의가 바닥에 떨어졌을 때 우리가 북을 한 번 쳐서 병사들의 투지를 드높였기 때문에 적들을 이긴 것입니다. 추격을 만류한 것은 제나라와 같은 대국의 전력과 용병술은 쉽게 헤아리기 어려운 데다가 복병에게 기습을 당할 우려가 있기 때문입니다. 그러나 저는 적들의 전차바퀴 자국이 어지러운 데다가 그들의 깃발이 어지럽게 흔들리는 것을 보고 군주에게 추격명령을 내리도록 요청한 것입니다."

이를 통해 조귀가 당대의 병법가임을 쉽게 알 수 있다. 그렇다면 사마천은 왜 조귀를 병법가가 아닌 자객으로 간주한 것일까? 나름 이유가 있다. 장작 땅의 싸움이 벌어진 지 3년 뒤인 기원전 681년 여름, 제환공이 대군을 보내 수隨나라를 병탄한 뒤 제수濟水를 지키게 했다. 노장공이 크게 두려워하며 제환공에게 화친을 청했다. 제환공이 군사를 지금의 산동성 양곡현인 가柯 땅까지 물렸다. 이해 겨울 제환공과 노장공이 가 땅에서 결맹했다. 『사기』 「자객열전」은 당시 상황을 이같이 묘사해 놓았다.

"제환공이 노장공과 맹서를 할 때 조귀가 비수를 손에 들고 제환공을 협박했다. 제환공의 좌우가 감히 움직이지 못했다. 제환공이 '원하는 게 무엇인가?'라고 묻자 조귀가 '비록 제나라가 강하고 노나라가 약하기는 하나 대국이 노나라를 침공하는 게 지나칩니다. 빼앗은 땅을 돌려주십시오'라고 했다. 제환공이 이를 허락했다. 얼마 후 제환공이 노한 나머지 약속을 저버리려고 하자 관중管仲이 만류했다. 이로써 조귀는 노나라가 제나라와 3번 싸워 잃은 땅을 모두 되찾게 되었다."

사마천이 조귀를 자객으로 분류한 이유가 바로 여기에 있다. 비수를 들고 춘추시대 첫 패업을 이룬 제환공을 협박해 잃었던 땅을 되찾은 조귀의 행보는 취지 면에서 전국시대 말기 진시황을 협박해 연나라를 위기에서 구하고자 한 형가와 닮았다. 그러나 종합적으로 볼 때 조귀는 형가와 달리 자객이라기보다는 유협儒俠에 가깝다. 유협은 대의大義를 명분으로 내세운다는 점에서 사적인 의리인 소의小義에 얽매인 자객과는 차원이 다르다.

당시 조귀가 없었다면 노나라는 장작의 싸움에서 패했을 공산이 크다. 조귀의 충언을 받아들인 결과 싸움에서 이긴 것은 물론 잃었던 땅까지 되찾을 수 있었다. 인재에 대한 욕심이 누구보다 강했던 조조는 『춘추좌전』을 읽으면서 이 대목에 무릎을 쳤을 공산이 크다. 조조가 『손자약해』를 편제하면서 유일무이하게 인용한 『춘추좌전』에서 유독 조귀를 언급한 사실이 이를 뒷받침한다. 뛰어난 참모를 두어야만 위기를 오히려 전화위복의 계기로 삼을 수 있다는 취지에서 조귀의 전법戰法을 특서한 것으로 짐작된다.

그러나 정작 본인은 득인과 용인에서 뛰어난 면모를 보여주었음에도 불구하고 결정적인 순간에 커다란 실수를 범했다. 대표적인 예로 한중대전漢中大戰의 패전을 들 수 있다. 삼국시대 당시 모두 1백여 차례의 크고 작은 전쟁이 있었다. 그 중 가장 규모가 크고 영향력이 깊은 4대 전쟁으로 조조와 원소가 맞붙은 관도대전官渡大戰, 조조가 손권 및 유비의 연합세력과 자웅을 겨룬 적벽대전赤辟大戰, 조조가 유비와 다툰 한중대전, 유비와 손권이 대결한 이릉대전夷陵大戰을 꼽을 수 있다. 유비가 한중을 놓고 조조와 맞붙어 촉한 건국의 기틀을 닦은 한중대전은 전쟁의 규모나 역사적 의미로 볼 때 나머지 3대 전쟁 못지않았다.

한중대전은 건안 22년(217) 10월부터 건안 24년(219) 5월까지 1년 반에 걸쳐 전개되었다. 이는 유비의 선제공격에 의해 이뤄졌다. 한중이 조조의 수중에 있는 한 익주의 안정은 절대 있을 수 없다는 현실적인 판단에 따른 것이었다. 유비는 익주를 탈취한 지 3년 만에 드디어 조조와의 일전을 꾀하게 된 것이다. 당시 조조는 유비가 동오의 손권과 다투고 있는 틈을 노려 단숨에 한중을 점령하고 농서隴西를 손에 넣었다. 사마의가 조조에게 농서를 얻은 김에 촉 땅까지 쳐들어갈 것을 적극 권했다. 유비가 기만적인 수법으로 촉 땅을 얻은 지 얼마 안 된 시점이기에 쉽게 평정할 수 있다는 게 논거였다. 그러나 조조는 이른바 득롱망촉得隴望蜀을 들먹이며 이를 거부했다.

"사람이란 만족을 모른다고 하더니 이미 농을 얻었으니 다시 촉까지 바라는 것인가!"

여기서 인구에 회자하는 '득롱망촉' 성어가 나왔다. 만일 당시 조조가 사마의처럼 평시에도 기만술을 아무 거리낌 없이 구사하는 행보를 보였다면 촉 땅을 평정하고 이내 동오까지 제압해 천하통일의 위업을 이룰 공산이 컸다. 그러나 그는 그리하지 못했다. 이는 조조는 흔히 알려진 것과 달리 전장에서조차 궤도를 제대로 행하지 못했음을 뒷받침한다.

원래 득롱망촉 고사는 후한제국 초기의 소위 평롱망촉平隴望蜀 고사에서 나온 것이다. 『후한서』「잠팽전岑彭傳」에 따르면 왕망의 신나라가 패망할 당시 군웅들이 각지에 난립한 바 있다. 장안을 점거한 적미군赤眉軍의 유분자를 비롯해 농서隴西 감숙의 외효, 촉 땅의 공손술 등이 그들이다. 낙양을 도읍으로 정한 광무제 유수는 황제를 칭하며 이들을 차례로 토벌해 나갔다. 외효와 공손술만이 남았을 때 세력이 약한 외효는 양다리 외교로 명맥을 유지하려 했으나 실패했다. 외효가 죽자 그 아들이 광무제에게 항복함으로써 마침내 농서도 후한의 손에 들어왔다.

이에 앞서 건무 8년(32) 대장군 잠팽이 군사를 이끌고 유수의 뒤를 좇아 천수군을 격파하면서 오한吳漢과 함께 서성西城에서 외효를 포위한 바 있다. 이때 공손술은 휘하 장수 이육李育을 시켜 군사를 이끌고 가 외효를 구하게 했다. 이육이 상규上邽 땅을 지키자 광무제 유수는 개연과 경엄 등에게 이들을 저지하게 했다. 이어 동쪽 낙양으로 돌아가면서 잠팽에게 칙서를 내려 이같이 명했다.

"두 성이 함락되거든 곧 군사를 거느리고 남쪽으로 내려가 촉 땅의 공손술을 쳐라. 사람은 실로 만족할 줄 모른가 보다. 이미 농서를 평정했는데 다시 촉을 바라게 되는구나. 매양 군사를 출동시킬 때마다 그로 인해 머리가 희어진다."

「잠팽전」은 이를 평롱망촉으로 표현했다. 대략 득롱망촉과 같은 뜻이다. 그러나 본래 취지는 천양지차가 있다. 평롱망촉은 유수가 잠팽에게 농 땅의 외효를 격파한 뒤 촉 땅의 공손술을 치라고 격려한 것이다. 사람의 욕심은 끝이 없으니 하나를 얻은 김에 또 하나를 얻자는 의미를 지니고 있다. 인간의 자연스런 욕심을 적극 수용하는 일종의 현실론인 셈이다.

이는 사람의 욕심은 끝이 없으니 하나를 얻었으면 만족할 줄 알아야 한다는 조조의 당위론과 정반대되는 뜻을 지니고 있다. 인간의 욕망을 억제하고 줄이는 소위 제욕制欲과 과욕寡欲을 강조한 당위론의 입장에서 볼 때는 조조의 득롱망촉이 옳다. 그러나 천하통일을 이루기 위한 현실론적인 시각에서 볼 때는 유수의 평롱망촉이 정답이다. 유수가 천하통일을 이뤄 후한제국을 세운 데 반해 조조는 끝내 천하통일을 이루지 못한 채 숨을 거둔 것도 이와 무관하지 않을 것이다.

실제로 잠팽은 유수의 뜻에 따라 군사를 이끌고 촉 땅으로 들어가 공손술을 격파하는 공을 세웠다. 물론 잠팽 자신은 조명에 의해 익주목이 되었다가 얼마 안 돼 척살당하는 비운의 주인공이 되었으나 뒤이어 장군 오한 등이 이듬해에 공손술을 격멸함으로써 평롱망촉의 기대를 실현시켰다. 이에 반해 조조는 유수의 뜻을 정반대로 해석한 득롱망촉을 언급함으로써 끝내 천하통일의 꿈을 실현시키지 못한 셈이다.

자만심과 삼국 정립

모택동은 조조가 중차대한 시기에 크게 두 가지 실수를 범했다고 지적했다. 하나는 한중대전 때 우유부단한 행보를 보인 것이고, 다른 하나는 적벽대전 당시 자신에게 엄격하지 않은 점이다. 모택동은 『삼국지』「무제기」를 읽던 중 조조가 장수들이 출정한 때 패전한 자는 죄를 묻고 실리한 자는 관작을 박탈했다는 대목을 접하고는 이런 주석을 달았다.

"그렇다면 적벽의 패배는 누구의 죄인가?"

조조가 자신에 대해서는 너무 관대했다고 비판한 것이다. 통렬한 지적이다. 조조는 왜 이런 실수를 범해 모택동과 같은 후대인의 지적을 받은 것일까? 당시 조조가 군사를 한중에 주둔시킨 뒤 움직이지 않자 이로부터 7일 후 촉 땅에서 투항한 자가 조조에게 이같이 보고했다.

"촉 땅 사람들이 하루에도 수십 번씩 놀라자 장수들이 놀라서 날뛰는 자를 참수하는 등 강력히 대처하고 있으나 능히 안정시키지 못하고 있습니다."

이에 다시 마음이 움직인 조조가 곧 유엽에게 물었다.

"지금이라도 진격할 수 있겠소?"

「위서 · 유엽전」의 배송지주에 인용된 『부자』는 당시 유엽이 단호히 부인하게 된 이유를 다음과 같이 기록해 놓았다.

"안 됩니다. 지금은 이미 조금씩 안정되어 가고 있어 진격할 수 없습니다."

조조가 마땅히 촉 땅으로 들어가야만 했는지에 대해 예로부터 많은 논란이 있었다. 『삼국지』의 각주에서 남조 송나라의 배송지는 조조가 절호의 기회를 놓쳤다는 관점에 입각해 이같이 평해놓았다.

"조조가 한중의 장로를 평정하자 촉 땅의 사람들이 하루에도 수십 번씩 놀라게 되었다. 유비가 비록 경동하는 자를 참수하는 등 강력히 대처했으나 이를 막을 길이 없었다. 조조는 유엽의 계책을 채택하지 않음으로써 촉 땅을 석권할 수 있는 기회를 놓치고 말았다."

이에 대해 원대의 호삼성은 『자치통감』을 주석하면서 정반대의 해석을 내렸다. 그는 진격불가를 주장한 유엽의 발언을 지목해 이같이 평해놓았다.

"불과 7일 사이에 어떻게 갑자기 조금씩 안정되어 가고 있다고 말할 수 있는가? 유엽은 대략 유비의 방어태세를 엿보고 범할 수 없다고 판단한 듯하다. 그래서 조조에게 그같이 말한 것일 뿐이다."

유엽이 조금씩 안정되어 가고 있다고 말한 것은 구실에 불과할 뿐이고, 실제로는 유엽 역시 촉 땅으로 쳐들어갈 수 없다는 사실을 잘 알았기 때문에 그같이 대답했다는 것이다. 조조의 판단이 정확했다고 주장한 셈이다. 후대의 모든 논의는 대략 배송지와 호삼성의 대립된 평가에서 크게 벗어나지 않고 있다.

최근에는 많은 사람들이 호삼성의 견해에 동조하는 모습을 보이고 있다. 이들이 내세우는 논거는 크게 세 가지다. 첫째, 조조는 촉 땅으로 진격하는 것이 매우 어렵다는 사실을 익히 알고 있었다. 촉도蜀道는 예로부터 통과하기가 어려운 곳인데, 이를 통과하려다가 병사들만 지치게 만들 뿐이고, 설령 이를 통과할지라도 어떻게 지친 병사들을 이끌고 촉 땅을 평정할 수 있겠는가라고 반문하고 있다. 둘째, 후방을 걱정하는 소위 후고지우後顧之憂가 만만치 않았다. 강동의 손권과 형주의 관우가 조조의 배후를 엿보고 있는 상황에서 만일 촉 땅으로 진격하게 되면 틀림없이 이들의 협공을 받을 수밖에 없었다. 셋째, 농우가 평정된 지 얼마 안 돼 강족이 아직 귀복하지 않았고, 이제 막 한중을 점거하여 근거가 불안한 상황에서 갑자기 서진할 경우 뒷감당을 하기 어려웠다는 것이 이들의 지적이다.

그러나 설령 이런 이유들을 모두 감안할지라도 과연 촉 땅으로 진격하는 것이 불가능했던 것인가 하는 점은 여전히 의문으로 남는다. 오히려 정반대로 촉 땅으로의 진격이 훨씬 타당했다고 평가할 만한 근거가 많이 있다.

『자치통감』「건안 23년」조의 기록에 따르면 조조와 유비의 군사가 맞붙은 218년 당시 유비 쪽이 이내 궁지에 몰리자 급히 익주 군사의 징발을 명하는 서신을 제갈량에게 보냈다. 제갈량이 종사 양홍을 불러 이를 문의하자 양홍이 이같이 건의했다.

"한중은 익주의 인후咽喉이니 존망의 관건입니다. 한중이 없으면 촉 땅은 없는 것이나 마찬가지입니다. 이는 대문 앞에 있는 화근인데 징병을 머뭇거릴 이유가 어디 있겠습니까?"

이보다 3년 앞선 건안 20년 7월에도 조조가 남정에 입성하자 유비는 손권과 형주를 반으로 나누기로 합의하고 급히 군사를 이끌고 지금의 사천 중경시인 강주江州로 돌아간 바 있다. 익주가 위기에 처했다고 판단한 결과였다. 객관적으로 볼 때 조조군이 여세를 몰아 계속 진격했다면 촉 땅은 결코 7일 만에 서서히 안정을 찾아가는 일이 불가능했다. 유엽이 불과 7일 만에 다른 견해를 피력한 것을 두고 이상하게 생각할 이유가 없다.

촉도가 험고하다고 하나 험로를 피해 얼마든지 가릉 강 계곡을 따라 남하하여 촉 땅으로 진격할 수 있었다. 후고지우도 그리 두려워할 만한 것은 아니었다. 당시 손권은 합비성을 공격하다가 오히려 대패한 까닭에 곧바로 중원으로 진군할 입장이 아니었다. 나아가 당시 유비와 손권 사이의 갈등이 컸기 때문에 손권이 관우 등과 손을 잡고 조조의 배후를 치는 최악의 상황이 빚어질 가능성은 거의 없었다. 조조 역시 이를 크게 염려하지도 않았다.

조조가 촉 땅으로 진격하지 않은 것은 식자우환 격의 자만으로 인해 적벽대전에서의 패배에 준하는 커다란 실착이었다는 평가를 받을 만하다. 실제 조조를 높이 평가한 모택동조차도 『삼국지』의 이 대목에 주석을 달면서 조조가 사마의의 건의를 좇지 않아 천하통일에 실패했다고 지적했다. 1966년 3월 그는 항주에서 담화를 하던 중 이같이 말했다.

"당시 조조는 장로를 친 후 촉 땅의 유비도 쳤어야 했다. 그는 유엽과 사마의의 건의에도 불구하고 이를 받아들이지 않았다. 그러고 몇 주일 후 후회했다. 그러나 이미 때가 늦었다."

조조의 우유부단한 행보를 비판한 것이다. 모택동은 국공내전 당시 스탈린의 만류에도 불구하고 회하 일대를 석권한 여세를 몰아 장강의 도강작전을 과감히 전개함으로써 장개석을 대만으로 몰아내는 데 성공했다. 그는 조조와 정반대되는 평롱망촉 행보로 천하통일의 대업을 이룬 셈이다.

실제로 당시 유비는 조조를 매우 두려워했으나 조조의 제장들에 대해서는 오히려 얕보는 모습마저 보여주었다. 유비는 조조가 환군했다는 소식을 듣자마자 익주의 인후에 해당하는 한중을 탈취하기 위해 부심했다. 결국 유비는 한중을 손에 넣어 독자적인 힘을 키움으로써 조조 및 손권과 함께 천하를 다투는 정족지세鼎足之勢를 형성하게 되었다. 이는 유비가 한중을 장악하지 못했다면 결코 이룰 수 없는 것이기도 했다. 조조가 유비를 키워준 셈이다.

조조의 이런 실패는 모택동이 지적한 것처럼 적벽대전의 패배를 제대로 반성치 못한 후과로 해석할 수 있다. 조조는 건안 13년(208)에 적벽대전에서 패한 뒤 "만일 곽가가 내 곁에 있었다면 나를 이 지경에 이르게 하지는 않았을 것이다!"라고 탄식한 바 있다. 이는 당시 그에게 적절한 충간을 해주는 사람이 없었다는 것을 반증하는 것이다.

조조는 적벽대전 당시 오환족을 정벌하고 형주를 손쉽게 손에 넣은 데 고무된 나머지 자만심에 가득 차 있었다. 이것이 적벽대전에서 패배하게 된 가장 큰 요인이었다. 그럼에도 그의 모신과 장수들 중 조조의 이런 헛된 자만심을 깨우쳐 줄 사람이 하나도 없었다. 그들 역시 잇단 승리에 도취된 나머지 손쉽게 강동의 손권을 제압할 것으로 생각했던 것이다. 조조가 자신의 장단점은 물론 그 속마음까지 속속들이 알고 있던 곽가의 요절을 애통하게 여긴 이유가 여기에 있다.

그렇다면 당시 조조는 응당 자신이 범한 잘못을 뼈저리게 반성했어야 했다. 곽가와 같은 참모가 곁에 없어 대패하게 됐다면 주변의 무수한 인재들을 격려해 수시로 충간을 하도록 부추겨야 했다. 그러나 그는 그리하지 않았다. 그 역시 자신도 모르는 사이에 자만심에 함몰돼 갔던 것이다.

원래 적벽의 패배는 사실 『삼국연의』의 묘사와는 달리 그리 큰 게 아니었다. 오히려 한중대전 때의 우유부단이 더 치명적이다. 모택동이 지적한 것처럼 적벽대전의 패배에서 교훈을 얻고 한중대전 때 유엽 및 사마의의 건의를 받아들여 촉 땅을 쳤다면 능히 천하통일의 위업을 이뤘을 공산이 컸다. 국가든 기업이든 최종 결정권자의 우유부단과 자만은 대사를 그르치는 최고의 위험요소다. 아무리 득인과 용인에 성공해 천하를 호령하는 상황에 이르렀을지라도 늘 스스로 겸허하며 참모들의 건의를 귀담아들어야 하는 이유가 여기에 있다.

협량과 패망

사서를 보면 참모의 간언을 듣지 않다가 패망한 사례를 무수히 접할 수 있다. 대표적인 사례가 초한전 당시 항우가 최측근인 범증의 말을 듣지 않았다가 패망한 경우다. 진시황이 급서할 당시 반란군의 총수는 진승이었다. 얼마 후 진승이 패주하던 중 자신의 마부에 의해 비명횡사한 사실이 확인되자 휘하 장수로 있던 항량項梁이 장수들을 설薛 땅으로 불러 모아 대책을 논의했다. 유방도 이 자리에 참석했다. 참석자 중 나이가 가장 많은 사람은 범증范增이었다. 당시 그의 나이는 이미 70세에 달해 있었다. 범증이 항량에게 건의했다.

"전국시대 말기에 초회왕楚懷王이 진나라로 들어갔다가 이내 돌아오지 못하고 그곳에서 죽자 초나라 사람들이 이를 가엾게 여겼습니다. 이런 추모 열기는 지금까지 그대로 이어지고 있습니다. 진승은 기병을 했음에도 초나라 후예를 세우지 않고 자립한 까닭에 그 세력이 오래 가지 못했습니다. 지금 초나라의 장병들이 벌떼처럼 일어나 모두 그대에게 다투어 귀부하고 있는 것은 그대가 초왕의 후예를 찾아내 다시 옹립할 것으로 생각하기 때문입니다."

항량이 곧 백성들 틈에 끼어 양치기 머슴노릇을 하고 있는 초회왕의 손자인 미심芈心을 찾아내 옹립했다. 당시 항량이 전국시대 말기 진나라에서 횡사한 '초회왕'의 시호를 그대로 사용한 것은 초나라 백성들을 격동시키기 위한 것이었다. 사실 당시 초나라 유민들만큼 진제국에 이를 간 사람들도 없었다. 진승과 항우, 유방 모두 초나라 출신인 것도 결코 우연으로 볼 수 없다.

항량이 정도定陶에서 장함章邯이 이끄는 진나라 대군과 대치할 당시 항우와 유방이 이끄는 별동대가 옹구雍丘에서 대승을 거뒀다. 항량이 더욱 교만해져 진나라 군사를 가벼이 여기자 이를 우려한 휘하장수 송의宋義가 간했다.

"승리한 후 장수가 교만해지고 병졸이 게을러지면 반드시 패하게 됩니다. 지금 병졸들이 점차 나태해지고 진나라 군사는 날로 많아지니 자칫 그런 일이 빚어질까 두렵습니다."

항량은 이를 귓등으로 흘려들었다. 얼마 후 2세 황제가 대대적으로 군사를 일으켜 지원군을 보내자 항량은 정도의 결전에서 패사하고 말았다. 항우와 유방이 급히 장군 여신呂臣과 함께 초회왕을 지금의 강소성 서주시인 팽성彭城으로 옮긴 뒤 이곳을 새 도읍으로 정했다. 여신은 팽성의 동쪽, 항우는 팽성의 서쪽, 유방은 팽성의 외곽인 탕산碭山을 수비하게 되었다.

당시 범증의 건의로 인해 양치기 머슴으로 있다가 문득 보위에 오른 초회왕 '미심'은 항량이 전사하자마자 곧 여신과 항우의 군사를 통합한 뒤 자신이 직접 거느렸다. 유방은 그의 포섭대상이었다. 유방을 탕군碭郡의 군장郡長으로 삼고 무안후武安侯에 봉하면서 탕군의 군사 지휘권을 부여한 사실이 이를 뒷받침한다. 당시 항우는 장안후長安侯에 봉해져 '노공魯公'으로 불렸으나 신분만 높을 뿐 아무런 실권이 없었다.

얼마 후 초회왕이 송의를 상장군上將軍으로 삼은 뒤 모든 장수들을 그 휘하에 배속시켰다. 이에 항우는 차장次將, 범증은 말장末將이 되었다. 초회왕이 제장들을 불러놓고 이같이 약속했다.

"먼저 함양이 있는 관중으로 진공한 자를 관중왕으로 삼을 것이다."

이는 항우를 따돌리기 위한 술책이었다. 『사기』「고조본기」에 나오는 장수들의 발언이 그 증거이다.

"항우는 위인이 성급하고 포학합니다. 진승과 항량 등이 패한 데서 알 수 있듯이 모두 여의치 않은 상황이니 덕이 있는 자를 보내 진나라 부형들을 설득하느니만 못합니다. 항우는 안 되지만 유방은 후덕한 사람이니 가히 보낼 만합니다."

기원전 207년 겨울 10월 송의가 지금의 산동성 조현인 안양安陽에 이른 뒤 46일 동안 머물며 전혀 앞으로 나아갈 생각을 하지 않았다. 항우가 이내 송의의 목을 벤 뒤 병사 2만 명을 이끌고 황하를 건넜다. 그는 황하를 건넌 뒤 곧바로 배를 침몰시키고 솥과 시루 등을 모두 깨뜨렸다. 여기서 '침주파부沈舟破釜' 성어가 나왔다. 결연히 싸우며 뒤로 물러서지 않겠다는 불퇴전不退轉을 의미한다. 항우의 결단이 돋보이는 대목이다.

그러나 이후가 문제였다. 그가 제후들의 군사를 이끌고 함곡관에 이르렀을 때는 이미 유방이 함양을 점령한 뒤였다. 관문이 굳게 잠긴 것을 보고 범증이 간했다.

"유방은 입관 이후 재물도 취하지 않고 부녀도 총애하지 않고 있습니다. 이는 그의 뜻이 결코 작은 데 있는 게 아님을 뜻합니다. 급히 쳐야만 합니다."

당시 항우의 군사는 40만 명이었다. 항우는 곧 함양에서 가까운 지금의 섬서성 임동현 동북쪽의 홍문鴻門에 영채를 차렸다. 유방이 다급해졌다. 곧 사람을 보내 사과할 뜻을 전했다. 범증이 항우에게 유방 제거의 계책을 제시했다. 반원형 옥팔찌인 옥결玉玦을 들어 세 번 보여주면 즉시 행동에 옮기기로 약속했다. 다음날 아침 일찍 유방이 100여 기騎를 이끌고 홍문으로 와 사죄했다.

"본의 아니게 제가 먼저 입관해 여기서 장군을 알현하게 되었습니다. 지금 소인들이 쓸데없는 말로 장군과 저 사이를 벌려놓고 있습니다."

항우가 곧 주연을 베풀었다. 범증이 수차례 항우에게 눈짓을 보내며 옥결을 보여주었으나 항우는 모른 척했다. 결국 유방은 측간을 간다는 핑계로 밖으로 나간 뒤 황급히 달아났다. 얼마간 시간이 지난 뒤 유방의 책사 장량張良이 항우에게 사과했다.

"패공이 술을 이기지 못해 직접 인사를 올리지 못하고 저에게 명해 백옥구슬 한 쌍은 장군에게 바치고 국자 모양의 옥으로 된 옥두玉斗 한 쌍은 아부亞父에게 바치게 했습니다."

'아부'는 항우가 범증을 '부친에 버금하는 인물'로 높여 부른 호칭이다. 화가 머리끝까지 오른 범증이 옥두를 땅에 내던진 뒤 칼을 뽑아 내리쳤다.

"아, 어린아이와는 더불어 앞날을 꾀할 수가 없구나. 항우의 천하를 빼앗는 자는 반드시 유방일 것이다. 우리는 이후 그의 포로가 되고 말 것이다!"

이후 항우는 유방을 관중왕이 아닌 한중왕에 임명한 뒤 밖으로 나오는 것을 견제하기 위해 관중을 세 지역으로 나눠 장함 등 투항한 진나라의 장수를 왕에 봉했다. 항우가 가장 득의했을 때였다. 그러나 대결이 2년째로 접어들면서 형세가 바뀌기 시작했다. 여기에는 유방의 책사인 진평의 반간계反間計에 걸려 핵심 참모인 범증을 내친 게 결정적인 요인으로 작용했다.

기원전 204년 겨울, 진평이 건의했다.

"대왕은 수만 근의 황금을 내어 적의 분열을 노리는 이간책인 반간계를 구사하십시오. 항우는 시기가 많고 참소하는 말을 잘 믿으니 반드시 내부에서 서로 죽이는 일이 빚어질 것입니다. 이 틈을 노려서 치면 가히 적들을 무찌를 수 있을 것입니다."

"참으로 좋은 계책이오."

곧 황금 4만 근을 내어 진평에게 준 뒤 그가 마음대로 사용케 하면서 지출내역을 묻지 않았다. 진평이 황금을 이용해 초나라 군영 내에서 반간계를 구사했다.

이듬해인 기원전 203년 여름 4월, 초나라 군사가 지금의 하남성 형양현 동북쪽인 형양滎陽에서 유방을 포위하자 상황이 급해졌다. 유방이 강화를 청하면서 형양의 서쪽 지역을 베어내 그곳만 갖겠다고 했다. 범증이 항우에게 형양을 급히 칠 것을 권하자 유방이 이를 크게 우려했다.

항우가 한나라에 사자를 보냈다. 사자가 도착할 즈음 진평이 큼지막한 음식상을 차리게 했다. 음식을 막 올리려던 차에 진평이 나타나 초나라 사자를 보고 짐짓 놀라는 체했다.

"아부의 사자인 줄 알았는데 항왕의 사자가 아닌가?"

그러고는 그 음식을 내간 뒤 조악한 음식을 올리게 했다. 초나라 사자가 귀환해 이를 상세히 보고했다. 항우가 과연 범증을 크게 의심했다. 범증은 형양성에 급공을 가해 함락시키고자 했으나 항우는 범증을 의심한 나머지 그의 말을 들으려고 하지 않았다. 범증은 항우가 자신을 의심한다는 얘기를 듣고 이내 화를 냈다.

"천하대사가 대체로 정해졌으니 이제 군왕이 스스로 처리하십시오. 저의 해골骸骨의 청을 받아주시기 바랍니다."

'해골'은 사직하여 물러난다는 뜻이다. 어리석은 항우는 이를 곧바로 수리했다. 범증은 팽성으로 돌아가던 중 그곳에 이르기도 전에 등에 악성종양이 나 이내 죽고 말았다. 화를 참지 못해 악성종양이 나 죽고 만 것이다. 결국 항우도 이듬해인 기원전 202년 12월 오강烏江에서 패사하고 말았다.

당시 항우는 자신의 신분 및 재능에 대해 지나치게 과신하고 있었다. 전쟁을 할 때마다 연전연승을 한 데다 힘과 재능, 출신가문 등 모든 면에서 유방을 압도하고 있었기 때문이다. 그러나 이것이 그에게는 독으로 작용했다. 너무 유리한 상황에 놓여 있었기 때문에 핵심 참모인 범증을 업신여기고 변화무쌍하게 변하는 민심의 향배 등을 제대로 파악하지 못하는 우를 범한 것이다. 난세에는 가진 것이 너무 많은 사람이 오히려 불리할 수 있다는 역설이 가능하다. 원소가 핵심 참모인 전풍과 저수의 말을 듣지 않고 관도대전에 임했다가 조조에게 대패한 것에 비유할 만하다. 그 역시 항우처럼 피를 토하고 죽었다.

體系經營

동아3국 가운데 중국이 『오자병법』을 멀리하며 『손자병법』을 높이 평가한 데 반해, 일본의 사무라이들은 『손자병법』을 추종하면서도 생사에 관해서는 『오자병법』의 '필사즉생, 행생즉사'의 가르침을 좇은 점이다. 중국은 기질적으로 '필사가살, 필생가로'를 역설한 『손자병법』의 가르침이 취향에 맞는다. 땅이 넓어 싸움에 패할지라도 산속으로 도주하거나 철저히 위장해 항복한 뒤 칼을 갈며 재기하는 역사문화 전통이 나온 이유다. 월왕 구천이 행한 도광양회韜光養晦가 그 증거다.

10/ 체계경영

한몸처럼 만들라

孫子曰, '凡治衆如治寡, 分數是也. 鬪衆如鬪寡, 形名是也.' 曹公曰: 部曲爲分, 什伍爲數.

손자가 말하기를,

'무릇 수많은 병사를 다루면서도 마치 약간의 병사를 다루듯 하는 비결은 분수分數에 있다'고 했다. 조조가 말했다. 효율적인 군사편제인 '분수'는 서로 긴밀한 관계를 맺고 있는 지역민을 기준으로 대대와 중대를 구성하고, 다시 이를 10명과 5명 단위의 소대와 분대로 세분해 편성하는 게 요체이다. 『손자약해』「병세」

순욱과 위왕

조조는 뛰어난 군사전략가인 동시에 걸출한 정치가이기도 했다. 그는 아무리 난세일지라도 시종 무력에만 의지해서는 천하통일을 이룰 수 없다는 사실을 통찰하고 있었다. 이는 원소를 격파한 이후의 상황을 기록한 『위무고사魏武故事』의 「술지령述志令」에 나오는 다음 구절이 뒷받침한다.

"혹여 내가 지금 거느리고 있는 부하들을 해산시키고 정사를 봉환하고 내 영지인 무평후국武平侯國으로 돌아가면 만사가 잘 될 것이 아니냐고 말하는 사람이 있을지 모르겠다. 그러나 실로 그렇게 할 수는 없다. 내가 군사를 해산시키고 물러날 경우 천하의 백성들에게 화가 닥칠까 두렵기 때문이다. 자손을 위한 계책으로 보더라도 이는 스스로 망하는 것일 뿐만 아니라 국가를 위기에 처하게 만드는 것이다. 이 때문에 헛된 명성을 사모하여 화를 초래할 수는 없는 것이다. 이것이 내가 물러날 수 없는 이유이다."

조조는 원소를 격파한 이래 줄곧 기주목이 되어 업성鄴城을 거점으로 천하사를 다뤘다. 업성이 사실상 천하의 중심지가 된 이유다. 당연한 결과로 조조를 전면에 내세워 장차 새로운 제국의 기틀을 만들고자 하는 움직임이 그의 막료들 사이에서 끊임없이 제기되었다. 건안 17년(212) 10월 그를 왕으로 옹립하려는 움직임이 가시화되었다. 간의대부 동소董昭가 이같이 상주했다.

"자고로 신하의 몸으로 세상을 구하면서 오늘과 같은 대공을 세운 적은 없었습니다. 또한 오늘과 같은 대공을 세우고도 낮은 자리에 이토록 오래 머문 적도 없었습니다."

새로운 나라를 건국하라는 주문이나 다름없었다. 순욱이 반대하고 나섰다.

"조공이 본래 의병을 일으킨 것은 조정을 구하고 나라를 평안케 만들고자 한 것이오. 가슴에 충정의 성심을 담고 있고, 실제로 뒤로 물러나려는 뜻을 지니고 있소."

당시 조조는 막료들의 논쟁에 전혀 개입하지 않았다. 그러나 순욱의 얘기를 전해 듣고 적잖이 당혹해했을 공산이 크다. 조조는 손권 토벌을 위한 2차 남정에 나서면서 표문을 올려 순욱으로 하여금 초현으로 가 군사들을 다독이게 했다. 순욱을 재상인 상서령尙書令의 자리에서 밀어내는 조치였다. 조조의 군사가 남쪽으로 진군할 때 순욱은 병이 나 수춘에 머물게 되었다. 얼마 후 이내 병사하고 말았다.

조조는 2차 남정에서 귀환하기 전후로 전국의 14개 주가 9개 주로 통합되면서 방대한 규모로 확대된 기주를 차지하면서 위공魏公의 책명冊命을 받게 됐다. 이는 순욱의 뒤를 이어 상서령이 된 화흠華歆이 조조를 장차 위왕으로 옹립하기 위한 사전 조치의 성격을 띠고 있었다. 책명은 조조가 그간 세운 공을 모두 10개 조로 나눠 일일이 열거한 뒤 주나라의 이윤과 주공이 세운 공에 비유하는 내용으로 이뤄져 있다. 책명의 주요 내용은 크게 다음과 같은 세 가지 사항으로 요약할 수 있다.

첫째, 위국공이 된 조조의 봉지를 확대하는 내용이다. 기주의 10개 군이 모두 위국공 조조의 봉지가 되었다. 둘째, 조조에게 구석九錫을 내린 점이다. 구석을 받는 신하는 여타 신하들과 구별되어 사직지신社稷之臣이라는 칭송을 받는다. 왕조 창업의 예비작업에 해당한다. 셋째,

위나라에 승상을 두고 그 밑에 백관을 설치해 한나라 초기의 제도를 본받은 점이다. 이것이 책명의 가장 핵심적이 내용이다. 이로써 위나라 도읍 업성은 천자가 머무는 도성과 동일한 체제를 갖출 수 있게 되었다.

당시 조조는 책명을 사양하는 '사구석령辭九錫令'과 '양구석표讓九錫表'를 올렸다. 자신의 공로는 옛날의 주공 등에 미칠 수 없어 이를 받아들일 수 없다는 내용이었다. 순유와 종용, 모개, 하후돈, 정욱, 가후, 동소, 조홍, 조인, 왕찬, 두습 등 모두 30여 명이 연명하여 구석의 하사와 위공의 봉작을 받아들여야 한다고 극간하고 나섰다. 이를 계기로 위나라 건국 행보가 빨라졌다.

조조는 업성에 위나라의 사직과 종묘를 세우면서 이부吏部와 형부刑部 등의 조정 관서를 비롯해 상서와 시중 등의 관직을 두었다. 한나라의 모든 관직에 대해서도 대대적인 개편작업을 진행시켰다. 승상부의 많은 관원과 여타 조정 관원 및 열후들이 한조의 관원에서 위나라 관원으로 그 신분이 바뀌었다. 전에는 한나라 승상부의 관원으로 일했으나 이제는 위나라 관원으로 일하게 된 것이다. 일부는 한나라와 위나라의 관원을 겸직했다. 이로써 헌제는 더욱 더 허수아비 황제로 전락하고 말았다.

위나라가 건국된 지 두 달 만인 건안 19년(214) 정월 조조를 모든 제후왕의 위에 두도록 하는 조서가 내려졌다. 이듬해에는 조조의 차녀 조절曹節이 헌제의 황후가 되었다. 조조의 참모들이 조조를 위공에서 위왕으로 올리기 위한 사전 조치였다. 건안 21년(216) 5월 조조가 드디어 위왕이 되었다. 위공에서 위왕이 되기까지 2년 반이 걸렸다. 사람들은 이제 위나라가 한나라를 대신해 들어설 것임을 의심치 않았다. 건안 22년(217) 10월 조조에게 면류관 사용을 윤허하는 조서가 내려졌다. 6필의 말이 이끄는 금으로 장식한 천자용 수레 금근거金根車를 타고, 5대의 호위 수레가 앞뒤에서 이를 호위했다.

이는 결코 한나라를 빼앗을 마음이 없다고 강조한 평소 언행과 동떨어진 것이다. 그렇다면 그는 왜 사실상의 황제 행세를 하면서도 한실을 찬탈하지 않은 것일까? 시기가 무르익지 않았다고 판단한 결과로 보인다. 스스로 보위에 오른 유비 등과 같은 인물로 취급되는 것을 꺼린 점도 크게 작용했을 것이다. 실제로 한실을 뒤엎을 경우 유비와 손권이 이를 구실로 자신들의 즉위를 정당화하고 나설 공산이 컸다. 이는 유비와 손권의 할거정권을 합법화하고 자신의 위치를 이들과 동열에 놓는 것이나 다름없다. 사마광은 『자치통감』「건안 24년」조에서 이같이 평해놓았다.

"조조는 대공을 세우면서 한나라 황제를 폐하려는 마음을 먹은 지 이미 오래되었다. 죽을 때까지 감히 자립하려 하지 않은 것을 두고 어찌 그의 마음조차 황제가 되려는 생각이 없었다고 말할 수 있겠는가? 단지 명분이 없음을 두려워하여 자제했을 뿐이다."

사마광은 조조의 속셈을 정확히 파악한 셈이다. 하후돈의 건의가 이를 뒷받침한다.

"천하인은 모두 한나라의 천명이 이미 다하여 바야흐로 새로운 나라가 일어나고 있다는 것을 알고 있습니다. 예로부터 능히 해악을 제거하여 백성들이 귀부하는 자가 바로 민주民主가 되는 것입니다. 지금 전하는 전장에서만 30여 년을 누비며 적들을 쳐부수고 그 공덕이 현저하여 천하가 귀의하게 되었습니다. 이로써 하늘의 뜻에 응하고 백성들이 순복하게 됐으니 더 이상 무엇을 의심하겠습니까?"

'민주'는 백성들의 주인이란 뜻으로 제왕을 지칭한다. 그러자 조조는 이같이 말했다.

"만일 천명이 나에게 있다면 나는 주문왕이 될 것이다."

조조는 설령 하늘이 자신에게 천명을 내렸다 할지라도 자신이 아닌 자식 대에 천명이 완성될 것이라는 것을 밝힌 셈이다. 실제로 아들 조비는 그가 죽은 지 몇 달 만에 아무런 반대도 없이 제위에 올랐다. 조비는 조조의 뜻을 정확히 해석했다고 보아야 한다. 주목할 것은 당시 조조가 사안을 매우 체계적이면서도 단계적으로 처리한 점이다. 황급히 천자의 흉내를 낸 동탁과 다른 점이다. 천자를 자처한 원술과는 하늘과 땅만큼의 차이가 있다. 체계경영에 성공한 셈이다. 조조의 위나라가 사실상 한나라를 대신한 새 왕조의 모습을 완연히 갖췄음에도 때가 올 때까지 한나라를 존속시킨 이유가 여기에 있다.

제왕과 재상

체계경영의 효시로 춘추시대 중기에 활약한 관중을 들 수 있다. 제환공이 사상 첫 패업을 이룬 배경이다. 이는 기본적으로 관중이 제나라의 통치체계를 확고히 정립하고자 한 데서 비롯됐다. 『관자』「목민」에서 역설한 예의염치禮義廉恥의 확립이 그 결과이다.

당시 제나라는 정사가 체계적으로 이뤄지자 향리의 백성들이 노인을 존중하고, 어린 사람은 윗사람을 존경하고, 백성들은 간사한 짓으로 작란作亂하는 일이 없게 되었다. 모든 백성들이 서로 격려하며 열심히 배우고자 했다. 선비는 모두 1년 앞을 내다보고, 감히 1년의 계획을 세우기보다는 큰 뜻을 세워 함께 대업을 이루고자 했다. 하루는 제환공이 관중에게 물었다.

"백성들을 어떻게 편제하는 것이 좋겠소?"

관중이 대답했다.

"토지가 비옥한지 여부를 따져 부세의 경중을 구별해 징수토록 하십시오. 그러면 백성들이 임의로 옮길 생각을 하지 않을 것입니다. 천택川澤을 관할하는 관원은 삼림과 하천 등에서 채포採捕하는 시기를 엄령으로 준수케 하십시오. 그러면 백성들이 요행히 이득을 얻으려 하지 않을 것입니다. 비옥한 토지와 산림, 우물 물길 사이의 도로, 우물, 곡식을 심는 밭, 뽕과 마를 심는 땅 등은 모두 고르게 분배하십시오. 그러면 백성들은 원한을 품지 않을 것입니다. 농민이 씨 뿌리고 거둬들이는 시절을 빼앗지 않도록 하십시오. 그러면 백성들이 부유하게 될 것입니다. 또한 임의로 희생을 사용치 마십시오. 그러면 소왕양 등이 매우 빨리 번식할 것입니다."

제환공이 물었다.

"백성의 거처를 정하는 것은 어찌하는 것이 좋겠소?"

관중이 대답했다.

"먼저 30가家를 1읍邑으로 하고, 매 읍에 유사有司를 세우고, 10읍을 1졸卒로 하여 1졸 가운데 졸수卒帥를 세우고, 10졸을 1향鄕으로 하여 향 가운데 향수鄕帥를 세우십시오. 3향이 1현縣이 되니 현 중에 현수縣帥를 두고, 10현이 1속屬이 되니, 속 가운데 대부大夫를 두십시오. 전국에 5속을 두고, 이에 5명의 대부를 두고, 그들로 하여금 1속을 나누어 다스리게 하십시오. 5명의 장長을 두어 그들로 하여금 각 속의 정무를 나누어 감찰케 하십시오."

국가의 통치체계를 피라미드식으로 정립한 것이다. 현재 학계에서는 춘추시대 중기를 분수령으로 종래의 종법宗法질서가 붕괴된 것으로 보는 견해가 거의 정설로 굳어져 있다. 그러나 그 배경과 관련해서는 열국 간의 다툼 과정에서 새롭게 등장한 현縣체제의 성립에 둘 것인지 아니면 생산력의 발전에 둘 것인가를 놓고 이견이 대립하고 있다.

원래 춘추시대부터 지방 행정단위는 읍과 현이었다. 읍과 현의 우두머리를 노나라와 위衛나라는 재宰, 진晉나라는 대부, 초나라는 영윤令尹이라고 했다. 전국시대 때에는 읍과 현이 군현郡縣으로 바뀌었다. 군에는 군수郡守를 두어 주로 군사를 관장케 했고, 현에는 현령縣令을 두어 민정을 주로 관장케 했다. 후에는 군 밑에 현을 두어 지방행정단위를 2등급으로 체계화했다.

진한秦漢 때에는 1만 호 이상의 현의 우두머리는 현령, 그 미만은 현장縣長이라고 했다. 현승縣丞은 현령과 현장을 도와 일을 했고, 현위縣尉는 치안을 관장했다. 수당 때는 현의 우두머리를 통틀어 현령이라고 했다. 송대에는 중앙의 관원을 파견해 현을 다스리게 했다. 이들을 지현知縣이라고 했다. 명청 때는 지현의 칭호를 그대로 썼으나 원대에는 현윤縣尹이라고 했다. 역대로 현에는 여러 조의 연사掾史가 있어 각기 다른 직무가 있었다. 이들 연사가 바로 후대에 나타나는 서리胥吏, 즉 아전衙前의 원형이었다. 이를 통해 후대 행정체계의 원형이 춘추시대 중기 관중에 의해 정립된 것을 알 수 있다. 관중이 제환공을 도와 사상 첫 패업을 이룬 배경이 여기에 있다.

소하와 제갈량

초한전 당시 진시황에 이어 사상 두 번째로 천하를 통일한 유방은 논공행상을 하는 자리에서 소하蕭何의 공을 가장 높이 평가한 바 있다. 내실을 다져 막강한 무력을 자랑하는 항우를 깨뜨리는 데 결정적인 공헌을 했다는 게 그 이유였다.

실제로 소하는 유방이 함양으로 진공할 당시 홀로 진제국의 승상부로 들어가 도적圖籍을 모두 수습해 보관했다. 도적은 지도와 호적을 뜻한다. 일종의 국가기밀에 해당한다. 유방이 항우와 싸우면서 천하의 요새가 어디 있고 호구의 다소多少와 병력의 강약强弱이 어떠한지를 알게 된 배경이 여기에 있다. 뛰어난 전략가인 한신을 소개한 사람도 그였고, 식량의 육상 및 해상운송과 병력 조달을 적절히 하여 모자라거나 끊어진 적이 없도록 만든 것도 그의 공이다. 『자치통감』에 나오는 당시의 상황을 간략히 살펴보자.

기원전 200년 한고조 유방은 공신들에게 논공행상을 한 뒤 조령으로 원훈공신 18명의 순위를 정하고자 했다. 모든 사람이 이구동성으로 말했다.

"평양후 조참曹參은 몸에 70군데에 걸쳐 부상을 입었고, 성을 공격하고 땅을 경략하는 일에서 공이 가장 많습니다. 의당 그를 제1위로 삼아야 합니다."

이때 관내후 악천추鄂千秋가 이같이 진언했다.

"군신들의 의논이 모두 잘못되었습니다. 조참은 비록 들판에서 싸우고 땅을 경략한 공이 있기는 하나 이는 다만 한때의 일일뿐입니다.

폐하가 항우와 5년 동안 대치할 때 군사를 크게 잃어 폐하조차 도망하여 몸을 숨긴 적이 여러 번 있었습니다. 그때마다 소하는 항상 장안이 있는 관중關中에서 병사를 보내 충원해 주었습니다. 폐하의 군량이 수차례 부족하거나 끊기고, 군사 또한 남은 양식이 모두 떨어졌을 때 소하는 관중에서 육로와 해로로 군량을 운송하여 급식이 끊이지 않게 했습니다. 폐하가 비록 수차례 산동山東 땅을 잃었으나 소하는 늘 관중을 보전하며 폐하를 기다렸습니다. 이는 만세의 공입니다. 지금 설령 조참 같은 장령 100명이 없다 한들 한나라에 무슨 손실이 있겠습니까. 또한 한나라가 그들을 얻은들 반드시 한나라의 보존을 기대할 수도 없는 일입니다. 어찌 하루아침의 공을 세운 사람을 만세의 공을 세운 사람 위에 두려는 것입니까. 소하가 제1이고 조참이 그 다음입니다."

유방이 탄복하며 이내 소하에게 칼을 차고 신을 신은 채 대전大殿에 오르고 궐내에서 종종걸음으로 걷지 않아도 되는 특권을 내렸다. 당시 신하가 대전에 오를 때에는 어떤 무기도 몸에 지닐 수 없었다. 가죽신발 역시 군용이므로 전에 오를 때에는 신을 수가 없었다. 군왕 앞에서는 빠른 걸음으로 존경을 표시해야 했다. 유방이 소하에게 이를 면제해 준 것은 그의 공을 가장 높이 평가한 결과였다.

삼국시대의 제갈량이 세운 공 역시 소하와 같다. 그는 촉한의 건국에 최고의 공을 세웠다고 평가할 만하다. 이는 그가 젊었을 때 학문을 닦는 데 남다른 노력을 기울이며 내실경영의 중요성을 통찰한 사실과 무관하지 않다. 그가 유비와의 첫 대면에서 우선 정족지세를 이룬 후 때를 기다려 중원을 도모하라고 권한 게 그 증거다. 당시 그가 내세운 논리는 내실경영의 진수를 보여주고 있다.

"북방은 조조에게 양보하여 천시天時를 취하게 하고, 남방은 손권에게 양보하여 지리地利를 취하게 하고, 주군은 형주와 익주를 차지해 인화人和를 취하도록 하십시오."

이것이 그 유명한 천하삼분지계다. 『삼국지』와 『자치통감』에 나타나는 제갈량은 매사에 신중을 기하며 소리 나지 않게 주군을 보좌하는 인물로 나오고 있다. 대표적인 예로 천하삼분지계를 들 수 있다. 원래 역사상 가장 먼저 천하삼분지계를 언급한 사람은 초한전 당시 한신의 모사로 활약했던 괴철蒯徹이다. 훗날 한신은 그의 계책을 물리쳤다가 이내 유방의 부인인 여후의 손에 비참한 최후를 맞이하고 말았다. 『사기』에 따르면 당시 괴철은 한신에게 이같이 설득한 바 있다.

"현재의 형세상 그대가 한나라를 위하면 한나라가 승리하고 초나라를 위하면 초나라가 승리할 것입니다. 지금으로서는 천하를 3분하여 정족지세를 이루는 방안보다 나은 것은 없습니다."

제갈량의 천하삼분지계는 이를 흉내 낸 것으로 볼 수 있다. 사실 삼국시대 당시 천하삼분지계의 계책은 오직 제갈량 한 사람에 의해서만 제시된 것도 아니었다. 노숙과 방통 모두 유사한 논리를 제시한 바 있다. 그러나 천하삼분지계를 건의해 이를 관철시킨 사람은 제갈량밖에 없었다. 그를 삼국시대 당시 최고 수준의 체계경영을 실천한 인물로 꼽는 이유이다.

연저지인과 부자지병

아무리 상하의 위계질서가 잘 잡혀 있을지라도 막상 전쟁이 터졌을 때 승패를 좌우하는 것은 장수이다. 21세기 경제전쟁도 마찬가지이다. 기업 CEO의 리더십이 그만큼 중요하다는 얘기다. 역사상 병사와 한 몸이 돼 천하무적의 무력을 구사한 대표적인 인물로 『오자병법』의 저자 오기吳起를 들 수 있다.

오랫동안 사람들은 그를 손무와 더불어 병가의 시조로 칭송했다. 원래 오기는 위衛나라 출신으로 젊었을 때부터 용병을 좋아했다. 『사기』는 그가 중도에 공자의 제자인 증삼을 스승으로 모시고 학문을 배웠다고 기록해 놓았으나 증삼의 아들인 증신曾申 밑에서 학문을 닦았다는 이설도 있다. 이때 제나라 대부의 딸을 부인으로 맞이하게 되었다. 하루는 증삼이 오기에게 이같이 물었다.

"그대가 학문을 배운 지도 이미 6년이 지났다. 그런데 한 번도 어머니를 만나러 고국에 가지 않으니 자식 된 도리로 마음이 편안한가?"

"저는 어머니 슬하를 떠날 때 일국의 정승이 되지 않으면 돌아가지 않겠다고 맹세했습니다."

증삼이 정색했다.

"다른 사람과는 맹세할 수 있으나 어찌 어머니 앞에서 맹세할 수 있단 말인가?"

몇 달 후 위나라에서 오기의 어머니가 죽었다는 소식이 왔다. 오기는 하늘을 우러러 한 번 통곡하고는 다시 책을 읽기 시작했다. 증삼은 화를 냈다.

"무릇 물도 근원이 없으면 마르고, 나무도 근본이 없으면 시드는 법이다. 더구나 사람으로서 근본이 없다면 어찌 그 일생을 무사히 마칠 수 있겠는가?"

그러고는 곧 오기를 불렀다.

"나는 너 같은 사람을 제자로 둔 적이 없다. 다시는 나를 볼 생각을 하지 마라."

이상이 『사기』「손자오기열전」 내용이다. 이는 액면 그대로 믿기 어렵다. 병가를 혐오하는 후세인이 만들어낸 얘기가 수록됐을 공산이 크다. 『사기』는 당시 오기가 증삼의 문하를 떠나 다른 곳으로 가 병법을 익혀 마침내 3년 만에 일가를 이뤘다고 기록해 놓았다. 이는 오기가 증자 이외에도 여러 사람 밑에 두루 공부했음을 시사한다.

당시 오기는 자신의 기량을 펼치기 위해 노나라로 갔다. 그는 마침내 제나라가 노나라를 침공한 것을 계기로 그간 갈고 닦아온 능력을 유감없이 발휘하기 시작했다. 당시 부친 전백의 뒤를 이어 제나라의 정승이 된 전화田和는 장차 군주를 죽이고 제나라를 송두리째 차지할 생각을 품고 있었다. 그러나 제나라 공실과 누대에 걸쳐 혼인해 온 노나라가 마음에 걸린 나머지 먼저 노나라를 제압할 심산으로 군사를 일으켜 쳐들어갔다. 이때 대부들이 노목공에게 오기를 천거했다.

"지금 제나라 군사를 물리치려면 반드시 오기를 대장으로 삼아야 합니다."

노목공이 대답했다.

"오기의 아내는 제나라 출신이오. 무릇 사람이란 부부간의 애정이 으뜸인데 오기가 과연 아내의 친정 나라를 맞이해 힘껏 싸워줄지 모르겠소."

이 얘기를 전해들은 오기가 곧 집으로 와 아내에게 물었다.

"이 세상에서 아내가 소중하다는 이유를 아오."

아내가 대답했다.

"남편과 아내가 있어야 비로소 집안이 이뤄집니다. 아내가 소중한 것은 가정을 이뤄주기 때문입니다."

오기가 다시 물었다.

"남편이 높은 지위에 올라 1만 석의 국록을 받고, 적군과 싸워 대공을 세우고, 이름을 천추만세에 남긴다면 이 또한 집안을 크게 일으키게 되는 것이오. 부인은 내가 그리되기를 바라지 않소."

아내가 웃으며 말했다.

"남편이 그리되기를 원치 않는 사람이 있겠습니까?"

그러자 오기가 서슴지 않고 부탁했다.

"지금 제나라 군사가 이곳 노나라를 치고 있소. 군주는 나에게 대장을 시킬 생각이지만 내가 제나라 전씨 집안에 장가를 들었다는 이유로 머뭇거리고 있소."

그리고는 이내 칼을 뽑아 아내의 목을 쳤다. 오기가 즉시 비단으로 아내의 머리를 싼 뒤 노목공을 찾아갔다.

"신은 나라를 위해 싸우려는 일념뿐입니다. 이제 아내의 목을 끊어 왔습니다."

노목공이 이맛살을 찌푸리며 대답했다.

"그대는 서둘지 말고 돌아가 기다리시오."

잠시 후 대부들이 들어오자 노목공이 말했다.

"오기는 제 아내를 죽이고 와 대장을 시켜달라고 했소. 그렇듯 잔인한 사람을 어찌 믿을 수 있겠소."

대부들이 입을 모아 대답했다.

"오기는 자기 아내보다 공명을 더 사랑하는 사람입니다. 그를 장수로 삼지 않으면 그는 반드시 다른 나라로 가버릴 것입니다."

노목공은 마침내 오기를 대장으로 삼았다. 오기는 노나라의 대장이 되자마자 사졸과 똑같이 먹고 자며 행군할 때에도 말을 타지 않고, 사졸이 무거운 무기나 군량을 지고 가는 것을 보면 친히 이를 분담했다. 사서에 나오는 그의 당시 행보 중 특이한 점은 병사의 악성 종기를 친히 입으로 빨아 치유한 점이다. 사졸과 함께 먹고 잔 장수는 제법 많았으나 병사의 독창을 입으로 빤 사람은 오기가 유일했다. 병사들이 오기의 명령이라면 물불을 가리지 않고 싸우게 된 것은 당연지사였다.

그러나 적들이 많았다. 오기가 화가 미칠까 우려한 나머지 위문후가 현명하다는 말을 듣고 이내 위나라로 도주했다. 위문후가 그를 서하 땅의 태수로 임명하자 그는 곧바로 성루를 높이 수축하고, 성지城池를 깊이 파고, 군사를 조련하며 사졸과 함께 숙식을 같이했다. 잠을 잘 때도 잠자리를 펴지 않고, 나다닐 때도 말을 타지 않은 채 자신이 먹을 양식도 직접 짊어지고 다니며 병사들과 고락을 같이했다. 모든 것이 노나라에 있을 때와 같았다.

한 번은 한 병사가 종기로 고생을 하자 오기가 직접 입으로 그 종기를 빨아 치료했다. 그 병사의 모친이 이 얘기를 듣고 통곡했다. 어떤 사람이 의아해하며 물었다.

"그대의 아들은 병사에 불과한데도 장군이 직접 그대 아들의 종기를 입으로 빨아 치료해 주었는데 어찌하여 운단 말이오."

그러자 병사의 모친이 울면서 이같이 대답했다.

"그렇지 않소. 옛날 오공이 내 남편의 종기를 빨아준 적이 있었소. 이에 내 남편은 오공에게 감복한 나머지 후퇴할 줄도 모르고 분전하다가 마침내 적에게 죽고 말았소. 그런데 오공이 이제 또 다시 내 아들의 종기를 빨아주었으니 나는 내 아들이 어느 곳에서 죽을지 모르게 되었소. 그래서 통곡하는 것이오."

마침내 오기가 군사를 이끌고 가 진나라의 5개 성읍을 취했다. 이에 한나라와 조나라가 각기 사자를 위나라로 보내 위문후를 축하했다. 이웃한 진秦나라는 오기가 서하 땅을 지키고 있다는 소문을 듣고는 감히 침범할 엄두를 내지 못했다. 여기서 장수가 자기 부하의 종기를 입으로 빨아서 낫게 했다는 뜻의 연저지인吮疽之仁, 오기연저吳起吮疽, 연저吮疽 등의 성어가 나왔다. 장수가 병사들을 잘 보살피는 것을 의미하는 말로 전용되어 사용되고 있다. 오기연저 고사는 후대에 많은 영향을 미쳤다. 삼국시대의 조조는 원술이 웅거하고 있는 수춘성壽春城을 칠 때 말에서 내려 병사들과 함께 직접 흙을 날라다 참호를 메웠다. 이를 본 장병들이 너 나 할 것 없이 모두 앞장서 흙을 날라다 참호를 메웠다. 마침내 조조의 군사들이 앞다투어 성을 넘어가 수춘성을 함락시켰다. 『정관정요』에도 유사한 기록이 나온다. 당태종도 고구려 원정 당시 병사들과 함께 손수 흙을 날라다 참호를 메우고 아픈 병사들에게 직접 침을 시술했다. 조조와 당태종 모두 '연저지인'의 의미를 익히 통찰하고 있었던 것이다. 서양에도 나폴레옹이 병사들과 함께 숙식을 같이하며 군사를 지휘한 사례가 있다. 『오자병법』「치병治兵」은 '연저지인'의 전술을 부자지병父子之兵으로 표현했다. 장수가 병사를 자식처럼 아끼는 군대라는 뜻이다. 오기는 승패의 관건을 병력에서 찾아야 하는 게 아니냐는 위무후의 질문에 이같이 대답했다.

"법령이 명확하지 않고 상벌이 불공정하면 병사들은 징을 쳐도 멈추지 않고 북을 울려도 나아가지 않습니다. 그러니 백만 대군이 있다 한들 무슨 소용이 있겠습니까? 이른바 '잘 육성된 군대'는 가만히 있을 때는 예가 바르고, 일단 움직이면 위풍이 당당합니다. 진격하면 막을 자가 없고, 후퇴하면 쫓아올 자가 없고, 진퇴에 절도가 있고, 좌우 이동이 명에 따라 일사분란하게 이뤄집니다. 설령 도중에 부대가 단절될지라도 군진을 유지하고, 분산될지라도 대오를 갖춥니다. 이는 상하가 고락과 생사를 함께한 덕분입니다. 이런 군대는 한 덩어리가 되어 움직이는 까닭에 흩어지는 일이 없고, 합세해 적과 싸우는 까닭에 지치는 일이 없습니다. 어느 곳에 투입할지라도 천하에 당할 자가 없는 이유입니다. 이를 일컬어 '부자지병'이라고 합니다."

그는 장수와 사병이 인화人和를 이뤘을 때 최고의 전투력을 발휘한다는 취지를 '부자지병'의 비유에서 찾은 것이다. 『손자병법』의 백미가 '지피지기'와 '부전승'에 있다면 『오자병법』은 '부자지병'과 '인화'에 있다고 해도 과언이 아니다. 이는 그가 공명功名을 추구하는 인간의 호명지심好名之心을 통찰한 결과로 볼 수 있다. 『손자병법』이 이익을 향해 무한 질주하는 인간의 호리지성好利之性에 대한 통찰 위에 서 있는 것과 대비된다. 제자백가 가운데 인간의 '호명지심'이 '호리지성' 못지않게 강렬하다는 사실을 통찰한 대표적인 인물로 한비자를 들 수 있다. 『한비자』「궤사詭使」의 다음 대목이 그 증거다.

"지금 세인들은 군주의 자리를 업신여기며 권력을 우습게 여기는 자를 두고 고상하다고 말하고, 군주를 낮춰보며 벼슬을 마다하는 자를 현명하다고 말하고, 이익을 무시하며 위세를 가벼이 여기는 자를 진중하다고 말하고, 법령을 따르지 않고 하고 싶은 바대로 행하는 자를 충실하다고 말하고, 명예를 숭상하며 관직에 나가지 않는 자를 정절이 뛰어난 열사라고 말하고, 법을 가벼이 여기고 형벌이나 사형의 중벌도 피하지 않는 자를 용사라고 말한다. 지금 백성들이 명성을 추구하는 것이 이익을 추구하는 것보다 그 정도가 훨씬 심하다. 상황이 이럴진대 선비 가운데 먹을 것이 없어 극도의 빈궁에 빠진 자가 어찌 도인을 흉내 내 깊은 산속으로 들어가 수행하는 방식으로 명성을 다투려 들지 않겠는가? 세상이 제대로 다스려지지 않는 것은 신하들로 인한 게 아니라 군주가 다스리는 도를 잃었기 때문이다."

인간의 '호명지심'이 얼마나 강한지를 날카롭게 지적하고 있다. 『오자병법』의 논리 역시 '호명지심' 위에 서 있다. 『손자병법』이 '호리지성' 위에 서 있는 것과 대비되는 대목이다. 이를 뒷받침하는 대목이 「도국圖國」에 나온다.

"무릇 전쟁이 일어나는 원인은 크게 5가지가 있다. 첫째 공명을 다투는 쟁명爭名, 둘째 이익을 다투는 쟁리爭利, 셋째 증오심이 누적된 적오積惡, 넷째 나라 안이 어지러운 내란內亂, 다섯째 나라에 기근이 드는 인기因饑가 그것이다. 전쟁에 임하는 군대도 크게 5가지가 있다. 첫째 대의명분을 갖춘 의병義兵, 둘째 힘만 믿는 강병强兵, 셋째 분기 충천한 강병剛兵, 넷째 이익만 좇는 폭병暴兵, 다섯째 민심을 거역한 역병逆兵이 그것이다. 폭정을 물리치고 혼란을 다스리고자 하는 군대를 의병, 무력만 믿고 정벌에 나선 군대를 강병, 분노를 참지 못해 일어난 군대를 강병, 예의를 저버리고 이익을 탐해 일어선 군대를 폭병, 나라가 어지럽고 백성이 신음하고 있는데도 동원한 군대를 역병이라고 한다. 이들 5가지 유형의 군대는 각기 대처하는 방법이 있다. 반드시 의병은 예, 강병은 겸양, 강병은 설득, 폭병은 속임수, 역병은 권모술수로 대적해야 한다."

『오자병법』이 '호명지심'을 먼저 거론한 것은 그것이 공명을 추구하는 인간의 심성이 이익을 향해 내달리는 '호리지성'보다 더 강하다고 판단한 결과다. 실제로 오기는 「도국」에서 군대를 육성하고 인재를 등용해 나라의 기반을 튼튼히 하는 도리를 묻는 위무후의 질문에 이같이 대답한 바 있다.

"옛날의 명군은 반드시 군신간의 예의와 상하 간의 법도를 세우고, 관원과 백성들이 저마다 자기 직분에 충실하도록 하고, 풍습을 순하게 하여 백성을 가르치고, 훌륭한 인재를 가려 뽑아 불측의 사태에 대비했습니다. 옛날 제환공은 5만 명의 군사로 패자가 되었고, 진문공은 4만 명의 선봉대로 그 뜻을 이뤘고, 진목공은 3만 명의 특공대로 인접한 적국을 굴복시켰습니다. 강대국의 군주들이 나라를 다스릴 때 반드시 백성들의 특성부터 잘 살핀 이유입니다. 군주는 5종류의 부대를 편성하십시오. 첫째 백성들 가운데 담력과 기백이 있는 자들로 한 부대를 편성하고, 둘째 기꺼이 전쟁터로 달려가 자신의 용맹과 충성을 보이려고 하는 자들로 또 한 부대를 편성하고, 셋째 높은 담을 잘 뛰어넘고 발이 빨라 잘 달릴 수 있는 자들로 다시 한 부대를 편성하고, 넷째 관직에 있다가 과실로 쫓겨나 다시 공명을 얻고자 하는 자들로 한 부대를 편성하고, 다섯째 지키던 성을 버리고 달아난 불명예를 씻고자 하는 자들로 한 부대를 편성하십시오. 이같이 편성한 5종류의 부대야말로 군의 정예부대에 해당합니다. 이런 정예부대 3천 명만 있으면 어떠한 포위망도 뚫을 수 있고, 아무리 견고한 성이라도 능히 함몰시킬 수 있습니다."

『오자병법』이 인간의 '호명지심'에 얼마나 깊은 주의를 기울이고 있는지 쉽게 알 수 있다. 「도국」에서 언급한 5종류의 부대 가운데 자신의 용맹과 충성을 보이려는 자를 포함해 불명예를 씻기 위해 절치부심하는 자들을 포함해 공명을 추구하는 부대가 전체의 8할에 달한다. 「도국」은 인간의 공명심을 자극하면 능히 천하무적의 최정예 부대로 만들 수 있다고 역설했다. 호명지심이 호리지성보다 더 강하다고 주장한 것이나 다름없다. 호리지성에 대한 통찰 위에서 병법이론을 전개하고 있는 『손자병법』과 대비되는 대목이다.

오기가 호명지심을 호리지성보다 앞세운 것은 집을 나설 때 어머니에게 재상이 되어 금의환향하겠다고 다짐한 것과 무관치 않을 것이다. 본인 스스로 자신의 다짐을 실현키 위해 평생 부단히 노력한 만큼 호명지심이 얼마나 강한지를 스스로 통절히 깨달았을 것이다. 「치병」에서 소위 '필사즉생必死則生, 행생즉사幸生則死'를 역설하고 있는 것도 이런 맥락에서 이해할 수 있다. 이는 필사의 각오로 싸우면 살아남고, 요행히 살아남기를 바라면 죽게 된다는 취지에서 나온 것이다. 이순신 장군이 남긴 '필사즉생必死則生, 필생즉사必生則死'의 명언을 연상시킨다. 실제로 이는 「치병」에서 따온 것이다.

이에 대해 『손자병법』 「구변」은 소위 '필사가살必死可殺, 필생가로必生可虜'를 언급하고 있다. 죽기로 싸울 것을 고집하는 자는 적의 유인전술에 빠져 살해되기 십상이고, 기어코 살겠다는 자는 적에게 사로잡히기 십상이라는 취지이다. 「치병」의 내용과 정반대된다. 이는 호리지성을 중시한 『손자병법』과 호명지심에 방점을 찍은 『오자병법』의 차이에서 비롯된 것으로 볼 수 있다.

주목할 것은 동아3국 가운데 중국이 『오자병법』을 멀리하며 『손자병법』을 높이 평가한 데 반해, 일본의 사무라이들은 『손자병법』을 추종하면서도 생사에 관해서는 『오자병법』의 '필사즉생, 행생즉사'의 가르침을 좇은 점이다. 중국은 기질적으로 '필사가살, 필생가로'를 역설한 『손자병법』의 가르침이 취향에 맞는다. 땅이 넓어 싸움에 패할지라도 산속으로 도주하거나 철저히 위장해 항복한 뒤 칼을 갈며 재기하는 역사문화 전통이 나온 이유다. 월왕 구천이 행한 도광양회韜光養晦가 그 증거다. 여러 번에 걸쳐 계속 패할지라도 크게 괘념할 필요가 없다. 최후의 결전에서 승리하면 된다. 유방과 항우의 싸움이 대표적인 실례이다.

名分經營

조선조가 충군 및 충국보다 일족과 조상에 대한 효를 병적으로 강조하게 된 것은 조선 성리학이 극단적인 명분론에 함몰된 후과였다. 성리학은 효도를 실천하는 방안으로 가례家禮를 극히 중시했다. 송나라의 성리학보다도 더욱 극단적인 명분론에 빠진 조선 성리학이 효를 충보다 앞세운 결과 누란의 위기에서 이같이 괴이한 장면이 연출됐다고 해석할 수밖에 없다.

11/ 명분경영
진퇴를 분명히 하라

孫子曰, '鬪衆如鬪寡, 形名是也.' 曹公曰: 旌旗曰形, 金鼓曰名.

손자가 말하기를,

'수많은 병사를 전투에 참가시키면서도 약간의 병사를 전투에 참가시키듯 하는 비결은 형명形名에 있다'고 했다. 조조가 말했다. 형명의 형形은 아군의 진형을 재빨리 바꾸면서 전술을 변화시킬 때 사용하는 깃발을 뜻하고, 명名은 전 군사가 한 치의 흐트러짐이 없이 전진과 후퇴를 행할 때 사용하는 징과 북을 뜻한다. 『손자약해』「병세」

적미적과 황건적

중국 최초의 농민반란은 진시황이 급서한 이듬해인 기원전 209년 7월에 터져나온 진승陳勝·오광吳廣의 난이다. 두 번째 일어난 농민반란은 전한제국 말기에 일어난 적미적赤眉賊의 난이다. 이는 반란군이 눈썹을 붉게 물들인 데 따른 것이었다. 당시 왕망의 신나라는 급진적인 개혁을 시도했다가 오히려 혼란만 더욱 가중시켰다.

기원후 17년 산동 일대에서 소위 '여모呂母의 난'이 일어났다. 이는 중국의 전 역사를 통틀어 여인이 반란의 주인공이 된 유일무이한 사례이다. 당초 여모의 아들은 현의 관리를 지냈다. 무슨 잘못으로 현령이 그를 죽였다. 양조장을 운영하던 여모는 젊은이가 술을 사러 와도 대금을 받지 않는 식으로 전 재산을 털어 아들의 보복에 나섰다. 이듬해에 결국 그녀는 현령의 목을 아들의 묘 앞에 바치는 데 성공했다.

그러나 이들 무리는 해산하지 않았다. 적미군의 탄생배경이다. 이 집단은 우두머리조차도 글을 몰랐으나 백성들의 절대적인 지지를 얻어 그 세력이 100만 명에 이르렀다. 이들은 이후 유씨 일족 중 나이 어린 유분자를 추대해 황제로 삼아 장안에 입성했으나 장안 부근의 호족들이 장안을 포위하고 그 보급로를 끊어버리자 이내 고향으로 철수했다. 많은 수가 철수 도중 동사凍死했으나 상당수는 낙양에서 광무제 유수劉秀의 군대에 편입되었다. 세력을 급속히 확장한 유수가 이후 각지에 할거한 군웅을 차례로 제압하고 후한을 세우게 되었다.

2백 년 뒤인 후한제국 말기에 이와 유사한 일이 재연되었다. 사상 3번째 농민반란 당사자인 황건적은 여러 모로 적미적과 닮았다. 도참

설圖讖說을 믿은 이들은 한제국 다음에 토덕土德의 새 왕조가 들어설 것이라며 토덕을 상징하는 붉은 띠를 머리에 둘렀다. 조조와 유비를 비롯한 삼국시대의 군웅은 바로 이들 황건적을 토벌하는 과정에서 각지에 우후죽순처럼 할거하게 되었다. 이들 황건적을 흡수해 급속히 군세를 확장한 인물이 바로 조조였다. 당시 조조는 사서를 통해 광무제 유수의 천하통일 행보를 익히 알고 있었음에 틀림없다. 황건적을 흡수해 군세를 늘리고, 원소를 토벌한 후 원소와 교신한 사람들의 서신을 거들떠보지도 않은 채 불태운 행보 등이 너무나 닮아 있기 때문이다.

당초 조조는 거병할 당시 병사가 얼마 되지 않았다. 스스로 많은 병력을 원치도 않았다. 그러나 왕조교체기의 혼란한 시기에 병력이 약하면 아무리 높은 뜻을 세웠다 하더라도 이내 패퇴할 수밖에 없다. 조조가 이를 모를 리 없었다. 조조가 반동탁을 기치로 내건 연합군의 동탁 토벌전이 사실상 실패로 돌아간 뒤 병력을 급속히 늘리는 쪽으로 방향을 선회한 이유다.

당시 전국 각지에는 황건적 이외에도 무수한 유적단이 존재했다. 『통감기사본말』의 「황건지란」은 당시의 상황을 이같이 기록해 놓았다.

"장각의 난이 일어난 이래 도적들이 여러 곳에서 동시에 일어났다. 박릉의 장우각張牛角과 상산의 저비연褚飛燕을 비롯해 황룡黃龍, 좌교左校, 우저근于氐根, 장백기張白騎, 유석劉石, 백작白雀, 양봉楊鳳, 우독于毒, 오록五鹿, 백요白繞 등 수많은 무리가 잇달아 일어나 그 수를 셀 수조차 없었다. 이들 무리는 많게는 2-3만 명, 작게는 6-7천 명에 달했다."

이들 중 장우각과 저비연의 세력이 가장 컸다. 두 세력이 합세하여 영도 땅을 치던 중 장우각이 난전에 맞아 죽게 되었다. 그는 죽기 전에 자신의 무리에게 저비연을 따르도록 명하면서 저비연이 성을 장씨로 바꾸게 했다. 저비연의 본명은 연燕이었으나 워낙 용맹하고 민첩해 비연飛燕이라는 칭호를 얻게 되었다. 장우각의 죽음으로 인해 대다수 무리들이 장연張燕의 휘하로 모여들었다. 이에 장연의 무리는 거의 1백만 명에 육박하게 되었다. 장연의 무리는 스스로 흑산黑山을 칭했다. 『삼국지』「위서 · 장연전」은 당시의 상황을 이같이 기록해 놓았다.

"하북의 모든 군현이 이들의 침해를 받았다. 이에 조정에서는 당할 길이 없자 이내 장연을 불러 항복을 조건으로 평난중랑장平難中郎將 겸 하북제산곡사河北諸山谷事로 삼았다."

초평 2년(191) 청주의 황건적 30만 명이 태산군을 공격하자 태산태수 응소가 반격에 나서 이들을 대파했다. 황건적이 북쪽으로 황하를 건너 발해군으로 들어 장차 흑산적과 합세코자 했으나 공손찬에게 패해 수만 명이 살해되었다. 얼마 후 휴식기간을 갖게 된 이들 황건적 잔당은 다시 병력을 규합하기 시작했다. 각지의 황건적 잔당이 재차 발호한 배경이다.

이해 가을, 흑산적의 우독과 백요, 휴고 등이 10여만 명의 무리를 이끌고 위군魏郡과 동군東郡을 습격했다. 동군태수 왕굉이 영격에 나섰으나 크게 패했다. 기주의 일각이 무너질 위기에 처하게 되자 원소가 급히 조조를 시켜 이들을 치게 했다. 황하 이남에서 시변을 주시하며 때를 기다리고 있던 조조는 원소의 요청을 받자 곧바로 군사를 이끌고 동군으로 들어가 백요를 복양에서 격파했다. 당시 조조는 병사의 숫자는 비록 많지 않았으나 뛰어난 계책을 써 승리를 얻어냈다. 조조가 백요를 격파하자 원소는 곧 조조를 동군태수에 천거했다. 이에 조조는 동군의 치소인 동무양東武陽을 기반으로 명실상부한 독자세력을 확보하게 되었다.

초평 3년(192) 봄 조조가 군사를 돈구頓丘에 주둔시키고 있을 때 우독 등이 동무양을 공격했다. 이에 조조가 군사를 이끌고 서쪽 산속으로 들어가 우독 등의 본진을 공격했다. 당시 제장들은 모두 우선 동무양을 구해야 한다고 주장했다. 그러나 조조의 생각은 달랐다. 「무제기」의 배송지주에 인용된 『위서』는 당시 조조가 구사한 계책을 이같이 실어놓았다.

"전국시대 당시 손빈이 조나라를 구하기 위해 위나라를 공격했던 고사가 있소. 또 광무제가 나라를 다시 세울 때 경엄耿弇이 서쪽 장안으로 진격하기 위해 오히려 동쪽으로 제나라 수도 임치를 공격했소. 흑산적이 내가 서쪽으로 그들의 소굴을 치러갔다는 소식을 들으면 바로 군대를 돌릴 것이고, 그러면 동무양은 저절로 포위가 풀릴 것이오. 설령 적들이 군대를 돌리지 않는다 해도 나는 능히 적들의 본영을 뿌리 뽑을 수 있지만 적들은 동무양을 함락시키지 못할 것이오."

과연 조조가 서쪽으로 진병하자 우독은 이 얘기를 전해듣고 급히 동무양의 포위를 푼 뒤 서쪽으로 돌아갔다. 당시 조조는 비록 우독과 백요, 휴고 등을 격파하기는 했으나 흑산적의 본진과는 대립하지 않았다. 훗날 이들을 흡수하려는 속셈이었다.

초평 3년(192) 4월 1백만 명에 달하는 황건적 잔당이 연주로 쳐들어왔다. 연주목 유대는 제북상 포신의 만류에도 불구하고 황건적을 치러 나갔다가 패사하고 말았다. 유대가 죽게 되자 연주는 무주공산이 되었다. 이는 황건적이 조조에게 비약할 수 있는 계기를 마련해 주었다. 이때 조조는 병마를 조련하며 새로 진출할 곳을 탐색하고 있던 중이었다.

조조를 지지한 제북상 포신은 조조 휘하의 진궁과 함께 연주의 관원들을 설득하는 작업에 나섰다. 이들의 노력으로 조조는 마침내 전국 13개 주 가운데 하나인 연주를 손에 넣게 되었다. 조조는 연주목이 된 이후 즉각 군사들을 이끌고 나가 황건적과 맞닥뜨렸다. 「무제기」의 배송지주에 인용된 『위서』는 당시 황건적이 조조에게 보낸 서신의 내용을 이같이 기록해 놓았다.

"그대는 옛날 제남상으로 있을 때 미신적인 신단을 허물어 마치 도를 아는 듯했다. 그러나 지금 그대는 다시 미혹된 모습을 보이고 있다. 한나라의 운은 이미 다하여 황가黃家가 들어서야만 한다. 하늘의 대운은 결코 그대의 재주와 능력으로 지속시킬 수 있는 것이 아니다."

조조는 기습전과 복병전을 섞어가며 적들과 밤낮으로 싸웠다. 마침내 황건적 잔당이 퇴각하게 되었으나 이 와중에 포신이 전사했다. 포신은 조조의 가장 가까운 친구이자 열렬한 지지자였다. 조조는 포신의 시신을 찾을 길이 없자 이내 나무를 깎아 그의 형상을 만들게 한 뒤 제사를 올리며 통곡했다.

이해 겨울 12월 조조가 황건적을 좇아 제북에 이르렀다. 황건적이 궁지에 몰려 투항하자 조조는 항졸 30여만 명과 남녀 1백여만 명을 거둔 뒤 이들 중 정예군을 골라 자신의 주력부대로 삼았다. 이들 황건적 출신 정예병이 바로 역사상 유명한 청주병靑州兵이다. 이들은 조조군의 최정예 부대로 전투가 벌어질 때마다 선봉에 나서 수훈을 세웠다. 조조의 세력이 욱일승천의 기세로 확산된 계기는 바로 청주병의 편제에 있었다.

청주병의 편제

조조의 청주병 편제는 원소 및 공손찬과 확연히 다른 바가 있었다. 그는 황건적의 침공에 대해 단호히 대처했으나 원소 및 공손찬 등과 같이 잔혹하게 살해한 적이 없다. 이에 반해 원소는 흑산적 우독을 토벌하면서 5일 동안 포위공격을 가해 우독을 비롯해 무리 1만여 명의 목을 베었다. 유석과 청우각 등을 격파할 때는 수만 명의 목을 베었다. 공손찬 역시 청주와 서주의 황건적을 격파한 뒤 3만여 명의 수급을 얻었다. 황건적이 황하를 넘어 도주하자 공손찬은 반쯤 넘어왔을 때 공격을 가해 다시 수만 명을 죽였다.

그러나 조조는 결코 이런 짓을 하지 않았다. 많은 사람들이 이런 대목을 소홀히 하고 있다. 조조가 이런 행보를 보인 것은 천하대세의 흐름에 대해 나름 명확한 통찰을 하고 있었기 때문이다. 그는 천하대란으로 인해 군벌의 난립이 불가피하다는 사실을 숙지하고 있었다. 이런 상황에서는 기반을 확고히 하여 세력을 확대하기 위해서는 대규모 병력이 반드시 필요하다. 조조는 황건적과 흑산적 등의 농민봉기군에서 이를 충원할 생각을 품고 있었던 것이다. 조조가 이들 농민봉기군을 진압하는 와중에 이들의 투항을 적극 유인한 이유가 바로 여기에 있다. 이를 두고 곽말약은 『조조론집』에서 이같이 평했다.

"조조는 비록 황건군을 공격해 기업의 기초로 삼았으나 가히 황건군의 운동을 이어받아 이를 운동조직으로 만들었다고 할 수 있다. 황건농민이 청주군을 구성한 것이 그의 무력적 기반이 되었다. 따라서 그가 비록 황건군을 격파하기는 했으나 황건군이 기의한 목적을 위배

한 것은 아니다."

곽말약의 평은 마르크스의 유물사관에 입각해 있어 논지의 객관성 확보에 약간의 의문이 있다. 그러나 조조가 농민봉기군을 적극 활용해 천하통일의 추동력으로 삼은 점만큼은 적확히 지적해냈다고 평할 수 있다.

당시 농민봉기군을 세력 확대의 기반으로 삼은 것 자체가 가히 혁명적인 발상에 의한 것이다. 역사를 거시적으로 읽는 조조의 안목이 돋보이는 대목이다. 훗날 모택동이 국공내전을 전개하는 과정에서 직업군인을 중심으로 한 장개석에 맞서 농민들이 주축이 된 홍군을 건설해 마침내 승리를 이끌어낸 것과 같다. 그는 조조의 성공 사례를 참조했을 공산이 크다.

실제로 국공내전 당시 장개석은 모택동이 이끄는 홍군을 공비共匪로 비하했다. 비匪는 도적을 뜻한다. 황건적의 적賊과 같은 뜻이다. 홍군이 승리하지 못했을 경우 모택동은 황건적의 두목처럼 비적匪賊의 두목으로 사서에 그 이름을 올랐을 것이다. 역사는 승리자의 편이다. 난세에 왕후장상과 도적의 갈림길은 바로 무력을 동원한 싸움에서 누가 이기는가 하는 데 달려 있다.

당태종과 대의명분

당태종 이세민은 강희제가 중국의 역대 황제 중 최고의 성군으로 숭앙되기 이전까지만 해도 최고의 성군 자리에 있던 인물이다. 여기에는 많은 사가들이 그의 치세를 정관지치貞觀之治로 칭송한 게 크게 작용했다. 그러나 그를 비판적으로 보는 사람도 적지 않다. 재위 후기에 들어와 사치와 방종에 빠져들고, 마침내 태자를 교체하는 등의 불상사를 빚었다는 게 논거다.

그러나 가장 큰 실패는 역시 신하들의 반대를 무릅쓰고 고구려 원정에 나선 점을 들 수 있다. 그 후유증은 매우 컸다. 그의 사후 당제국이 크게 동요한 것도 이와 무관하지 않다. 측천무후가 비록 일시적이기는 했지만 공식적으로 당제국을 무너뜨리고 여제의 자리에 올라 새로이 주周나라를 세운 것도 이런 맥락에서 이해할 수 있다.

당초 수나라의 뒤를 이어 들어선 당제국은 여러 여건을 감안해 고구려와 화친할 수밖에 없었다. 무덕 5년(622) 당고조 이연이 고구려에 사자를 보내 수나라 포로의 송환을 요청했다. 고구려 영양왕의 뒤를 이어 보위에 오른 영류왕榮留王 고건무高建武가 곧 전국을 수배하여 1만 명의 생존자를 찾아내 송환했다. 고건무는 주전파인 실권자 연개소문淵蓋蘇文과 달리 주화파에 속했다. 그가 이연의 요청에 즉각 응한 것은 평화정책을 유지하는 한 적어도 당제국이 고구려를 침공하지 않으리라는 판단이 섰기 때문이다. 이세민이 즉위한 이후인 정관 2년(628) 고구려의 일급비밀에 해당하는 고구려 영토의 지도를 당제국에 보낸 사실이 이를 뒷받침한다.

정관 5년(631) 당제국의 사신인 장손사長孫師가 와서 수나라 전사자들의 유골을 수습해 위령제를 지낸 뒤 전쟁에서 승리한 것을 기념해 세운 경관京觀을 당장 허물어 줄 것을 요청했다. 경관은 고구려인들의 자부심이 담긴 성역이었으나 영류왕은 요청을 받아들여 경관을 헐어 버렸다. 정관 14년(640) 영류왕이 세자 고환권高桓權을 장안으로 보내 이세민을 조현케 했다. 이는 고구려 역사에 처음 있는 일이었다. 중원은 늘 새 왕조가 들어설 때마다 고구려에 대해 왕이나 세자 혹은 왕자의 입조할 것을 요구했으나 고구려는 매번 이를 거절했다. 그러던 것이 이때에 이르러 처음으로 성사된 것이다.

여기에는 실권자인 연개소문의 동조가 결정적인 배경으로 작용했다. 연개소문이 영류왕에게 당제국의 국교에 해당하는 도교의 수입을 건의하자 영류왕이 곧 도사의 파견을 당제국에 청한 사실이 이를 뒷받침한다. 이는 도교를 도입해 당제국과 공연히 마찰을 일으킬 생각이 없음을 보여주려는 취지에서 나온 것이다. 당시 도교는 노자가 당제국 황실의 조상이라는 이유로 황실로부터 적극적인 지원을 받고 있었다.

이세민도 곧바로 이에 응해 도사를 고구려에 파견했다. 『도덕경』 강론이 매일 고구려 궁전에서 이뤄졌다. 많은 사찰이 도사들이 머무는 도관道館으로 바뀌었다. 이 점에서 연개소문과 이세민은 서로 이해관계가 맞아떨어지고 있었다. 그러나 이세민은 고구려 원정을 기필코 성사시키려는 속셈을 버리지 않고 있었다. 단지 고구려와 평화협상을 통해 시간을 벌고자 했을 뿐이다.

정관 12년(638)부터 토번과 돌궐, 고창국 등을 복속시킨 게 그 증거다. 이는 모든 국력을 쏟아부어 고구려를 일거에 정벌하기 위한 사전 정지 작업이었다. 그는 결코 서두르지 않았다. 수나라 1백만 대군을 물리친 고구려를 사전에 치밀한 준비도 없이 쳤다가는 수양제의 전철을 밟을 소지가 컸다. 정관 15년(641) 이세민이 직방낭중 진대덕陳大德을 고구려에 사신으로 보냈다. 병부兵部에 속한 직방낭중은 지도를 관리하는 자리다. 고구려의 내정을 시찰하게 한 것이다.

그는 고구려 땅에 이르러 이르는 성읍마다 관수官守들에게 비단을 후하게 주면서 산천 유람을 부탁했다. 관수들이 기뻐하며 그를 인도했다. 그는 사자로 온 것을 인연으로 고구려의 허실을 엿보았으나 고구려 사람들은 이를 전혀 눈치채지 못했다. 이듬해인 정관 16년(642) 고구려의 실권자인 연개소문이 문득 주화파인 대신들과 영류왕을 살해하는 일이 빚어졌다. 이 소식을 들은 이세민이 쾌재를 불렀다. 고구려를 칠 명분을 찾았기 때문이다. 그는 고구려 원정을 결심한 후 원정을 반대하는 신하들에게 이렇게 말했다.

"근본을 버린 채 곁가지를 취하고, 높은 데를 버린 채 낮은 데를 취하고, 가까운 것을 버린 채 먼 것을 취하는 것은 모두 좋지 않은 일이다. 고구려를 치는 것이 이와 같다는 것을 짐 또한 알고 있다. 그러나 연개소문은 군주를 시해하고 대신들을 도륙했다. 고구려 백성들이 모두 목을 늘이고 짐이 구원해 줄 것을 기다리고 있다."

『자치통감』과 『북사』, 『수서』, 『구당서』, 『신당서』 등 모든 사서는 하나같이 연개소문을 천하의 악당으로 묘사해 놓았다. 훗날 당나라에 투항한 그의 장남 남생의 묘지명에는 연개소문의 조부는 자유子遊, 부친은 대조大祚이고, 모두 군사권을 장악한 최고 관직인 막리지莫離支를 지냈다고 기록돼 있다. 사서의 기록에 따르면 연개소문의 세력이 강해지자 여러 귀족들이 영류왕과 상의해 그를 제거하려고 했다. 이를 미리 알아챈 그는 군사를 모아 열병을 한다는 구실로 잔치를 베풀어 대신들을 초대한 뒤 모두 죽여버렸다. 이어 궁궐로 달려가 영류왕을 시해한 뒤 영류왕의 조카인 고장高藏을 새 왕으로 세웠다. 그가 고구려의 마지막 왕인 보장왕寶藏王이다.

막강한 권력을 손에 쥔 연개소문은 이후 대대로大對盧에 취임했다. 이는 왕이 임명하는 것이 아니라 귀족회의에서 합의로 선출하는 직책이다. 귀족 간 합의가 이루어지지 않으면 무력이 동원되기도 했다. 연개소문은 당제국에 강경책을 구사했다. 백제와 연합해 신라를 공격하자 신라가 당나라로 사자를 보내 고구려를 견제해 줄 것을 청했다.

이세민이 즉각 사자를 고구려로 보내 신라에 대한 압박을 중지할 것을 주문하자 연개소문은 오히려 당나라의 사신을 가둬버렸다. 이세민이 볼 때 중화질서의 확립이라는 명분과 제국의 잠재적 위협을 제거해야 하는 실리를 모두 챙기기 위해서는 어떤 식으로든 고구려를 복속시킬 필요가 있었다. 그의 치세 때 3차에 걸친 고구려 원정이 단행된 배경이 여기에 있다.

당시 신라의 김춘추는 연개소문에 의해 감금당했다가 이내 도망치다시피 귀국해야만 했다. 연개소문이 신라보다 백제와 손잡는 것이 더 유리하다고 판단한 결과였다. 사실 백제를 적으로 삼을 경우 백제와 당나라 수군이 연합함대를 형성해 대동강을 거슬러올라와 평양성에 맹공을 퍼부을 공산이 컸다. 그가 신라를 치지 말라는 당나라 사자의 협박에 강경한 입장을 피력한 것도 이런 맥락에서 이해할 수 있다.

"우리가 신라와 간극이 벌어진 지 이미 오래됐다. 지난번 수나라가 쳐들어왔을 때 신라가 그 틈을 노려 우리 땅 5백 리를 빼앗아 갔다. 그 땅을 돌려주지 않으면 싸움은 그칠 수 없다."

당제국과의 전면전을 예언한 것이나 다름없다. 이로부터 2년 뒤인 정관 18년(644) 이세민이 다시 사자를 보내 협박하고 나서자 연개소문은 당제국의 사자를 곧바로 토굴에 가둬버렸다. 이세민과 연개소문 모두 극단으로 치닫고 있었다. 침공의 구실을 찾은 이세민이 마침내 고구려 원정의 조서를 내렸다.

"요동은 원래 중국 땅인데 수나라가 4번이나 군사를 일으켰으나 취하지 못했다. 내가 지금 동정東征에 나서려는 것은 중국을 위해 자제들의 원수를 갚고, 고구려를 위해 멋대로 군왕이 폐립된 치욕을 씻으려 하는 것일 뿐이다. 사방이 크게 평정됐는데 오직 고구려만 평정되지 않았으니 내가 더 늙기 전에 이를 취하려 한다."

당시 이세민이 내세운 명분은 크게 3가지이다. 첫째 영류왕을 시해한 연개소문을 응징해 고구려 백성을 구하고, 둘째 수나라 때 죽은 백성의 원수를 갚고, 셋째 유일하게 복속을 거부하는 고구려를 응징하는 게 그것이다. 명분상 나름 일리가 있었다.

그럼에도 그는 왜 세 차례에 걸친 원정에서 모두 패한 것일까? 여러 이유가 있지만 북방원정의 어려움을 제대로 감안하지 못한 점을 들 수 있다. 당시 고구려와 경계를 이루고 있는 요하 일대는 늪지대였다. 조조도 오환족을 칠 때 크게 애를 먹은 바 있다. 이세민은 병참 등에만 신경을 쓰는 바람에 이를 제대로 감안하지 못한 것이다. 당태종은 죽기 전에 위징魏徵의 간언을 듣지 않고 원정에 나선 것을 크게 후회했으나 이미 끝난 일이었다.

수나라에 이어 당나라의 잇단 원정 실패는 후대의 중국인들에게 커다란 공포를 안겨주었다. 21세기 현재까지 이는 경극에 그대로 남아 있다. 연개소문이 등장하는 「독목관獨木關」, 「분하만汾河灣」, 「살사문殺四門」, 「어니하淤泥河」 등이 그것이다. 대개 이세민이 연개소문에게 쫓겨 위기에 처하자 설인귀가 구해준다는 이야기로 꾸며져 있다. 경극에는 설인귀가 연개소문을 죽인 것으로 되어 있으나 연개소문은 이세민이 죽은 지 6년 뒤에 병사했다. 이는 연개소문에 대한 공포를 반영한 결과로 해석할 수 있다. 당태종의 고구려 정벌 실패는 아무리 명분이 좋을지라도 싸움에서 패하면 그 의미가 반감될 수밖에 없다는 대표적인 사례에 해당한다.

대의와 멸친

『맹자』는 춘추시대 열국이 각각 사관을 두어 사적을 정리했다고 했다. 진晉나라에는 승乘, 초나라에는 도올檮杌, 노나라에는 춘추春秋가 있었다는 것이다. 『사기』「공자세가」에는 이런 기록이 나온다.

"군자는 죽은 후에 이름이 알려지지 않을 것을 걱정한다. 나의 도가 행해지지 않았으니 그럼 나는 무엇으로 후세에 이름을 남기겠는가. 이에 공자는 역사의 기록에 근거해서 『춘추』를 지었다. 이때 결단코 기록할 것은 기록하고 삭제할 것은 삭제하였기에 자하와 같은 제자들도 한마디 거들 수가 없었다. 공자가 제자들에게 말하기를, 후세에 나를 알아주는 사람이 있다면 『춘추』 때문일 것이고, 나를 비난하는 사람이 있다면 그 역시 『춘추』 때문일 것이라고 했다."

『춘추』는 1,800여 조의 내용이 1만 6,500여 자로 이루어져 있다. 간결한 서술이 특징이다. 공자는 사실을 간략히 기록했을 뿐 비평이나 설명은 철저히 삼갔다. 직분을 바로잡는 정명正名과 시비를 판별하는 포폄의 원칙에 따라 용어를 철저히 구별하여 서술한 이유다.

예를 들어 사람이 죽었을 때도 대상이나 명분에 따라 시弑와 살殺을 구분했다. 다른 나라를 쳐들어갔을 때도 침侵, 벌伐, 입入, 취取 등의 표현을 구분해 사용했다. 이는 대의명분을 밝혀 그것으로써 천하의 질서를 바로 세우고자 했기 때문이다. 대의명분을 좇아 준엄하게 기록하는 것을 소위 춘추필법으로 부르게 된 역사적 배경이 여기에 있다. 사마천은 춘추필법을 이같이 풀이했다.

"『춘추』의 내용은 간략하지만 제시하고자 하는 뜻은 넓다. 그래서 오나라와 초나라 군주가 왕을 자칭하였지만 『춘추』에서는 그것을 낮추어 본래의 작위인 자작으로 칭했다. 『춘추』의 대의가 행해지게 되면 곧 천하의 난신적자亂臣賊子들이 두려워하게 될 것이다."

그러나 『춘추』의 내용이 너무 소략해 그 의미를 파악하기가 쉽지 않았다. 이로 인해 수많은 학자들이 이해를 돕고자 많은 주석서를 펴냈다. 이를 전傳이라고 한다. 『한서』「예문지」에 따르면 전은 모두 23가家나 되었다고 한다. 이 중 전국시대에 공양고가 지은 『공양전』, 곡량적이 지은 『곡량전』, 좌구명이 지은 『좌씨전』이 가장 유명하다. 이를 '춘추삼전'이라고 한다. 『곡량전』은 왕도, 『공양전』은 패도의 입장에서 기술한 게 특징이다. 『좌씨전』은 역사적 사실을 중시한 까닭에 경전보다 역사서에 가깝다.

『춘추』가 위정자의 치국평천하 과정에서 가장 중시한 덕목 중 하나가 대의명분이다. 대의명분이 약할 경우 민심을 얻을 수 없고, 끝내 나라를 바로 세울 수 없다고 보았기 때문이다. 여기서 나온 성어가 바로 대의멸친大義滅親이다. 『춘추좌전』「노은공 4년」조에 이에 관한 유명한 일화가 실려 있다.

"기원전 719년 봄 위衛나라 공자 주우가 형인 위환공을 시해하고 보위에 올랐다. 주우가 백성들과 화합을 이루지 못하자 주우와 가까운 석후가 부친 석작에게 보위를 인정시키는 방법을 물었다. 이에 석작이 말하기를, '천자를 알현할 수 있다면 가히 안정시킬 수 있을 것이다. 진환공이 지금 천자의 총애를 받고 있으니 찾아가 주선을 청하면 될 것이다'라고 했다. 주우와 석후가 진나라로 갔다. 석작은 은밀히 사자를 진나라로 보내 고하기를, '두 사람은 군주를 시해한 자들이니 청컨대 바로 그들을 죽여주시기 바랍니다'라고 했다. 진나라가 이들을 잡아 가두고는 참수하는 일에 입회해 달라고 요청해 왔다. 9월 석작이 가신을 보내 입회하게 했다. 이를 두고 군자가 평하기를, '석작은 진실한 신하이다. 주우를 미워해 자신의 아들 석후도 함께 죽게 했기 때문이다. 대의멸친이 이를 두고 이르는 말인가?'라고 했다."

대의멸친 이념을 가장 잘 활용한 나라가 일본이다. 주군을 위해서라면 목숨을 초개처럼 버릴 것을 강요받은 일본의 사무라이들은 충忠을 군주와 나라에 충성하는 충군忠君 내지 충국忠國의 뜻으로 새겼다. 효는 충의 하위개념에 불과했다. 일본에서만 특이하게도 소위 멸사봉공滅私奉公 이념이 등장한 이유가 여기에 있다.

이는 효를 충의 대전제로 간주한 중국 및 조선조와 극명하게 대비됐다. 중국과 조선에는 선공후사先公後私 개념은 존재했어도 멸사봉공 개념은 존재하지 않았다. 충에 앞서 효가 중시된 까닭에 효를 말살시킬 수도 있는 멸사滅私에 거부감을 드러낸 결과다. 일본의 저명한 동양사학자 미야자키 이치사다宮崎市定는 자신의 저서 『논어』에서 선공후사와 멸사봉공의 차이를 이같이 설명해 놓았다.

"유학이 오로지 충효의 봉건도덕을 가르쳤다고 이해한다면 이는 잘못이다. 공자가 『논어』에서 말하는 충은 반드시 그 대상을 군주로 한정하지 않는다. 효를 중요한 도덕으로 가르친 것은 사실이지만 그것은 상식적인 효행일 뿐 몸과 생명을 희생하라고까지는 말하지 않았다. 『논어』를 멸사봉공이라는 뜻의 충효를 가르친 책으로 간주하는 것은 봉건제인 에도시대에 살았던 일본 사람들의 생각과 같은 것이다."

이는 충효가 일본에 들어가 멸사봉공의 사무라이 전통으로 전환된 배경을 언급한 것이다. 동양고전에는 멸사봉공과 같은 용어가 나오지 않는다. 대의멸친은 과연 대의가 무엇인지에 대한 판단이 전제되어야 한다. 『춘추좌전』은 군주를 시해한 자를 처단하는 것을 대의의 예로 들었다. 멸친은 불의에 가담한 자식을 가차 없이 처단한 것을 뜻한다. 나름 논리적 타당성을 지니고 있다.

그러나 멸사봉공에는 이런 논리가 배제돼 있다. 대의에 관한 얘기가 전혀 없이 무턱대고 '멸사'만 강조돼 있는 것이다. 멸사는 봉공과 같은 뜻이므로 멸사봉공은 동어반복에 지나지 않는다. 봉공의 이유를 배제한 채 무조건적으로 멸사를 요구한 탓이다. 훗날 일본이 군군주의로 치달은 배경이 여기에 있다.

일본에서는 에도 막부 시절 대의와 소의를 묻는 등의 행위는 불경스러운 것으로 간주되었다. 실제로 서민들은 사무라이의 눈을 제대로 쳐다보지 못했다. 공연히 불경스럽다는 혐의를 받았다가는 그 자리에서 목이 달아날 수 있었다. 사무라이들은 불경스런 모습을 보인 서민의 목을 쳐도 죄가 되지 않는 소위 '기리스테고멘切り棄て御免'의 특권이 있었다. 대의멸친이 극단화한 게 바로 멸사봉공이었다.

문제는 조선이었다. 조선에서는 정반대로 효가 극도로 강조된 까닭에 충이 들어설 여지가 없었다. 가문의 이익과 배치될 경우 군주에 대한 충군과 나라에 대한 충국조차 효의 하위개념으로 치부됐다. 구한말 우국지사 황현黃玹이 쓴 『매천야록』에 따르면 당시 고종이 대신들과 국사를 논의하는 자리에서 일부 신하가 자신의 조상이 폄하되었다는 이유로 고종에게 강력히 항의하는 대목을 확인할 수 있다. 감히 임금 앞에서 조상을 두둔하면서 대드는 것은 보통 심각한 것이 아니다.

을사늑약이 체결된 후 전국 13도의 의병장들이 만든 창의군 대장이었던 이인영李麟榮은 1908년 음력 정월 통감부를 공격하기로 의병장들과 굳게 약속했다. 마침내 거사일이 임박해 전국의 의병들이 집결지인 경기도 양주로 속속 몰려들고 있는 상황에서 부친상을 이유로 고향으로 돌아가 버리고 말았다. 그는 노모와 두 아들을 데리고 충북의 산간지역에 숨어살다가 1909년 6월 일본 헌병에게 체포돼 그해 9월 경성감옥에서 순국했다. 대개의 기록에는 이인영이 무기를 버리고 귀향한 사실을 누락하고 있으나 그의 귀향으로 서울 진공작전이 실패로 돌아간 것은 말할 것도 없다. 비록 그의 효심은 지극한 것이기는 하나 의병총대장의 신분으로 부친상을 이유로 총을 놓은 것은 있을 수 없는 일이었다.

조선조가 충군 및 충국보다 일족과 조상에 대한 효를 병적으로 강조하게 된 것은 조선 성리학이 극단적인 명분론에 함몰된 후과였다. 성리학은 효도를 실천하는 방안으로 가례家禮를 극히 중시했다. 송나라의 성리학보다도 더욱 극단적인 명분론에 빠진 조선 성리학이 효를 충보다 앞세운 결과 누란의 위기에서 이같이 괴이한 장면이 연출됐다고 해석할 수밖에 없다.

조선조의 사대부들은 말로만 대의멸친을 높이 외치면서 실은 자신의 일족과 파당의 이익을 대의로 포장했다. 정적의 모든 행보를 가차없이 소의로 몰아 탄압한 게 그 증거다. 당쟁이 시간이 갈수록 격렬한 유혈투쟁으로 비화된 배경이 여기에 있다. 이는 정치보복의 악순환을 초래했다. 이런 행태는 21세기에 들어와서도 전혀 고쳐지지 않고 있다. 여야가 정권이 바뀔 때마다 예외 없이 정치보복 운운하며 이전투구를 일삼고 있는 현실이 그 증거다.

戰略經營

관도대전 당시 조조가 사용한 것은 허허실실虛虛實實이다. 있는 듯 없고 없는 듯 있다는 뜻이다. 이는 『손자병법』을 관통하고 있는 전략의 요체이기도 하다. 조조가 원소군의 군량고를 점하면서도 빈 본진의 양쪽에 복병을 숨겨둔 게 그 증거다. 이는 참모들의 의견을 좇은 결과이기도 하다.

12/ 전략경영

밑그림부터 그려라

孫子曰, '百戰百勝, 非善之善者也. 不戰而屈人之兵, 善之善者也.' 曹公曰: 欲攻敵, 必先謀. 敵擧國來服, 爲上. 以兵擊破得之, 爲次也. 未戰而敵自屈服. 敵始有謀, 伐之易也.

손자가 말하기를,

'백전백승百戰百勝은 결코 최상의 계책이 될 수 없다. 싸우지 않고도 굴복시키는 부전굴인不戰屈人이야말로 최상의 계책이다'라고 했다. 조조가 말했다. 적을 공격코자 할 때는 반드시 먼저 계책을 써 적을 제압하는 방안부터 검토해야 한다. 적을 온전히 굴복시키는 것이 최상이고, 무찌르는 것은 차선이다. '부전굴인'은 싸우기도 전에 적이 스스로 무릎을 꿇게 만드는 것을 말한다. 처음부터 계책을 잘 짜서 싸우면 적을 제압하는 게 용이하다. 『손자약해』「모공」

관도대전과 전략

조조는 여러 모로 불리한 상황에서 매번 뛰어난 전략을 토대로 승리를 낚았다. 모든 사람이 원소의 승리를 점친 관도대전에서 승리를 거둔 게 대표적인 실례다. 당시 조조는 헌제 옹립을 계기로 원소와 갈등이 깊어졌다. 공손찬을 격파한 뒤 의기양양해진 원소는 마침내 정병 10만 명을 선발해 심복의 질환으로 부상한 조조를 미연에 제거코자 했다.

당시 책사 전풍과 저수는 병사들이 지쳐 있고, 천자를 끼고 있는 조조의 군사를 치는 것은 여러 모로 불리하다며 이를 만류했으나 원소의 총애를 받고 있던 곽도郭圖 등은 원소를 지지하고 나섰다. 건안 4년(199) 유비가 서주에서 조조에게 반기를 들어 원소와 손을 잡았다. 조조는 졸지에 협공을 당하는 위급한 상황에 처하게 됐다.

조조는 속공으로 유비를 치고자 했으나 참모들은 원소가 배후를 칠까 우려했다. 조조도 망설여질 수밖에 없었다. 곽가에게 대책을 묻자 곽가는 속이 유비부터 칠 것을 주장했다. 원소는 머뭇거리는 성격으로 인해 빠르게 움직이지 않을 것이고, 유비는 아직 사람들의 마음을 얻지 못했다는 게 논거였다. 조조가 이를 받아들였다.

곽가가 예언한 바대로 원소는 유비가 패해 원소에게 달아날 때까지 군사를 내지 않았다. 당시 전풍은 조조의 배후를 칠 것을 건의했으나 원소는 아들의 병을 이유로 이를 거절했다. 협공을 통해 조조 집단을 일거에 궤멸시킬 수 있는 절호의 기회를 놓친 셈이다. 조조의 포로가 된 관우가 조조의 객장客將으로 지내게 된 것도 바로 이 때문이었다.

물론 원소가 손을 놓고 있었던 것은 아니다. 『삼국지』「우금전」에 따르면 당시 원소는 조조가 유비를 공격하는 틈을 타 우금이 지키고 있는 지금의 하남성 연진延津을 공격했다. 우금은 악진 등과 함께 황하에서 서쪽으로 이동하며 오히려 반격을 가해 원소군의 수비초소 30여 개를 불태웠다.

마침내 원소는 전면전을 선언했다. 격문을 돌려 조조를 성토하며 10만 대군을 편성했다. 전풍은 물량 면에서 우위에 있는 원소군이 지구전으로 나아가 조조의 후방을 교란하면 3년 안에 승리할 수 있다고 주장했으나 원소는 이를 받아들이지 않았다.

이듬해인 건안 5년(200) 2월 원소는 곽도와 순우경淳于瓊, 안량顔良을 파견해 지금의 하남성 활현 황하 남쪽 강변인 백마白馬에 포진한 조조군의 동군 태수 유연을 공격하게 했다. 조조는 순유의 진언에 따라 연진에 주둔하며 원소군을 분리시킨 후 장료와 관우를 선봉으로 삼아 안량을 공격해 격파했다. 곽도와 순우경 등이 백마의 포위를 풀자 조조는 백마의 군대와 백성들을 모아 철수했다.

이 싸움에서 원소는 백마와 연진에 이르는 주요 도하 거점을 확보했고, 조조는 더욱 남쪽으로 철수하게 됐다. 원소는 문추를 보내 이를 추격하게 했으나 조조군의 반격으로 패퇴했다. 이게 소위 백마전투다. 관도대전은 백마전투와 이후에 벌어진 전투를 총칭하는 말이다.

당시 양군은 일시적으로 소강상태를 유지했다. 조조군이 관도로 물러나자 저수가 지구전을 건의했다. 그러나 원소는 이번에도 이를 듣지 않았다. 얼마 후 저수가 다시 연진에 본영을 두고 별군을 보내 관도를 칠 것을 진언했으나 원소는 이를 따르지 않았다. 원수는 물량공세를 통해 일시에 승부를 볼 생각이었다. 조조군을 너무 얕잡아 본 것이다.

원소는 동서로 수십 리에 걸쳐 진을 구축하고 서서히 전진하는 전술로 조조군을 압박했다. 조조도 똑같이 수십 리에 걸쳐 진영을 구축한 뒤 이에 대비했다. 접전에서 패한 조조군이 급히 요새로 후퇴한 뒤 굳게 지켰다. 의기양양해진 원소군은 관도까지 조조군을 몰아붙였다. 토산을 쌓고 지하도를 파 침투코자 했으나 조조도 내부에 똑같은 것을 만들어 대응했다. 전황이 지구전 양상을 띠게 되자 조조군이 크게 불리했다. 가장 큰 문제는 군량이었다.

걱정이 된 조조는 본거지를 지키던 순욱에게 편지를 보내 철군방안을 상의했다. 순욱은 기회를 노리면 기필코 승리할 수 있다며 조조를 격려했다. 당시 남쪽 여남에서 사태를 관망하던 유벽은 조조의 형세가 불리해지자 원소에 호응해 반란을 일으켰다. 원소가 이를 지원하기 위해 유비를 파견하자 조조는 급히 조인을 보내 이들을 격파했다. 조인에게 패한 유비는 형주의 유표 곁으로 도주했다.

원소는 관도에 조조를 묶어둔 채 계속 자신에게 호응하는 반란을 유도했다. 전황이 조조군에게 더욱 절망적으로 변해갔다. 이 무렵 원소 진영의 허유許攸가 원소에게 군사를 나눠 허도를 습격하는 방안을 제시했다. 원소는 관도에 고립돼 있는 조조를 생포할 생각으로 이를 거절했다. 이날 저녁 허유는 야음을 틈타 몰래 영채를 빠져나갔다. 허유가 조조의 영채로 가던 도중 길에 매복해 있던 조조의 군사에게 붙잡혔다.

"나는 조공의 옛 친구요. 빨리 가서 남양의 허유가 왔다고 전해주오."

막 잠을 자려던 조조는 허유가 자신의 영채로 왔다는 보고를 받자마자 맨발 차림으로 그를 맞으러 뛰어나갔다. 허유를 보자 멀리서부터 손뼉을 치고 웃으면서 달려온 조조가 허유의 손을 잡고 말했다.

"자경子卿이 멀리서 왔으니 나의 사업이 완성되었네 그려."

원래 허유의 자字는 자원子遠이다. 자경은 허유의 자인 자원을 높여 표현한 것이다. 원래 두 글자로 이뤄진 자에서 앞에 나온 한 글자에 경卿이라는 존칭을 붙여 표현하는 경우는 거의 없다. 원문에 나오는 자경원래子卿遠來는 조조가 허유의 자를 가지고 일종의 시를 지어 표현한 것으로 『논어』에 나오는 '유붕자원방래有朋自遠方來' 구절에서 따온 것이다. 당시 조조가 허유의 귀순에 얼마나 기뻐했는지를 잘 보여준다.

조조가 이내 허유와 함께 자신의 장중帳中으로 들어가 함께 차를 마시고 담소하며 그간의 회포를 풀던 중 허유가 문득 조조에게 물었다.

"원소의 군사가 강성한데 무엇으로 대적하려는 것이오. 지금 식량은 얼마나 남았소?"

"아직 1년은 버틸 수 있소."

"그렇게 많을 리가 없을 터이니 다시 말해주시오."

"가히 반년은 버틸 만하오."

허유가 소매를 떨치고 일어나더니 밖으로 나가려고 하자 조조가 황급히 소매를 잡았다.

"내가 사실대로 말할 터이니 흥분하지 말고 앉도록 하시오."

"족하足下는 원소를 격파할 생각이 없소. 왜 진실을 얘기하지 않는 것이오?"

족하는 상대방의 높임말이다. 조조가 웃으며 말했다.

"방금한 애기는 농담으로 한 애기였소. 사실 1달치밖에 없소. 자원이 옛 우정을 생각해 나한테 온 바에야 좋은 방도를 일러주시오."

허유가 대답했다.

"공이 고군孤軍으로 큰 적과 맞서면서 외원도 없고 더구나 양식마저 이미 바닥나 있으니 매우 위급한 상황이오. 원소의 치중은 지금 1만여 대가 오소烏巢에 있으나 방비가 매우 허술하기 그지없소. 만일 경병을 보내 출기불의로 그들의 양초를 태우면 사흘이 못 되어 원소군은 싸우지도 못한 채 스스로 무너지고 말 것이오."

조조가 이 말을 듣고 뛸 듯이 기뻐했다. 곧 조홍과 순유에게 명하여 군영을 지키도록 한 뒤 직접 보기 5천 명을 이끌고 출격했다. 조조의 군사가 드디어 오소에 도착했을 때는 이미 4경이 지난 때였다. 조조가 군사들이 가져간 풀단을 양초 주변에 쌓고 일시에 불을 지르게 했다. 불길이 길길이 하늘로 치솟자 영내의 군사들이 모두 놀라 큰 소란에 빠지게 되었다.

이윽고 날이 밝자 순우경은 조조의 군사가 적은 것을 알고 영문을 열고 출격했다가 조조의 역공을 받고 대패했다. 곧 영채 안으로 들어가 굳게 지켰다. 당시 원소는 조조가 순우경을 공격했다는 애기를 듣고도 별로 놀라는 기색이 없었다. 그는 오히려 아들 원담에게 이같이 호언했다.

"나는 조조가 순우경을 깨뜨리는 것과 상관없이 그가 돌아갈 곳이 없도록 기필코 그의 군영을 공략하고 말 것이다."

당시 원소는 오소가 쉽게 함락당할 리 없다고 판단했다. 그는 조조의 주력이 빠져나가 수비가 약해진 본진을 더욱 급하게 몰아붙일 생각이었다. 이에 순우경에게 경기병 수천 명만 보내고 오소를 철저히 방비할 것을 주장한 장합 등에게 오히려 주력군을 이끌고 가 조조의 본진을 치게 했다.

원소의 지시에 따라 장합 등은 대군을 이끌고 조조의 영채로 쳐들어갔으나 좌우에서 하후돈과 조인 등이 일제히 달려나와 삼면으로 공격하는 바람에 영채 근처에 접근할 수조차 없었다. 이때 조조는 원소의 기병들이 점차 오소로 밀려오자 좌우에 명하여 함부로 움직이지 못하게 했다. 한 사람이 나서 말했다.

"적기敵騎가 점점 가까이 오니 군사를 나누어 막아야 할 듯합니다."

조조가 큰소리로 말했다.

"적이 등 뒤로 다가왔을 때 다시 보고하라!"

원소의 기병들이 코앞까지 다가오자 비로소 조조가 출전명령을 내렸다. 조조의 병사들은 급한 나머지 모두 뛰쳐나가 죽기 살기로 싸웠다. 원소군은 사생결단식으로 덤벼드는 조조군의 서슬을 감당하지 못해 이내 후퇴했다. 조조가 군사들에게 명하여 급히 원소군의 뒤를 쫓게 했다. 한 번 뒤로 밀리기 시작한 원소군은 앞다퉈 후퇴하다가 대패하고 말았다. 조조군은 이내 순우경 등의 목을 벤 후 오소에 있던 양초를 모두 불태워 버렸다.

오소의 소식이 전해지자 원소 진영 내에서 책임 소재를 두고 내분이 벌어졌다. 이 와중에 장합이 원소 진영을 불태우고 조조에게 투항했다. 장합의 공격을 받은 원소는 단지 800명의 기병만을 이끌고 갑옷도 입지 못한 채 황급히 도망쳤다. 갑작스런 습격에다 원소의 행방마저 묘연해지자 나머지 군사들은 대혼란에 빠져 이내 무너지고 말았다. 이를 관도대전이라고 한다.

원소의 패배를 본 기주 각지에서 반란이 일어나자 원소는 건안 6년(201) 4월 자신이 살아있음을 알리면서 반란을 일으킨 군현을 공격해 모두 평정했다. 이때 원소는 옥중에 있던 전풍을 처형했다. 승리의 계책을 낸 참모가 무참히 죽임을 당한 꼴이다.

당시 원소와 합류하지 못한 군사들은 조조의 공격을 받아 죽거나 사로잡혔다. 조조는 이들이 반란의 조짐을 보이자 모두 생매장해 버렸다고 한다. 이때 죽은 원소의 군사들은 7, 8만이라고도 하는데, 조조군의 병력이 1만이었다고 기록된 것과 더불어 조조의 승리를 미화하기 위해 과장된 것이라는 견해가 일반적이다.

조조 역시 원소의 침입으로 영내에 큰 피해를 입어 내부 정리로 시간을 써야 했다. 이로 인해 관도대전 이후 원소와 조조는 황하를 사이에 두고 약 1년간 대치했다. 건안 7년(202) 5월 관도대전 패배의 울분을 참지 못한 원소는 이내 피를 토하며 죽었다. 이후 원소의 아들 사이에서 내분이 일어나자 건안 10년(205) 1월 조조는 원담을 패사시키고 기주를 평정했다. 조조가 당대 최고의 세력으로 우뚝 서게 된 배경이다.

관도대전 당시 조조가 사용한 것은 허허실실虛虛實實이다. 있는 듯 없고 없는 듯 있다는 뜻이다. 이는 『손자병법』을 관통하고 있는 전략의 요체이기도 하다. 조조가 원소군의 군량고를 점하면서도 빈 본진의 양쪽에 복병을 숨겨둔 게 그 증거다. 이는 참모들의 의견을 좇은 결과이기도 하다.

조조는 어떤 전략에 관련된 안을 내놓았을 때, 아래의 지략가들이 의견에 대해 반대한다든지 보탠다든지 하면 그 의견에 귀를 기울이고 자신의 의견을 조율해 나갔다. 허허실실의 핵심은 상대방이 전혀 생각지 못하거나 상상하기 힘든 전법을 구사해 불시에 적의 허를 찌르는 데 있다. 이는 은밀한 정보수집, 적군과 아군의 무력에 대한 객관적인 비교평가, 때를 놓치지 않는 과감한 결단 등을 전제로 한 것이기도 하다. 그런 점에서 조조는 당대 최고의 병법가라고 할 만하다.

조괄과 지상담병

『손자약해』 13편은 시계始計, 작전作戰, 모공謀攻, 화공火攻, 용간用間 등으로 꾸며져 있다. 전쟁의 모든 상황을 간명한 문체로 체계화한 게 특징이다. 21세기 현재까지 『손자약해』, 즉 현존 『손자병법』이 인간경영의 보고로 간주되는 것은 인사의 성패 등 국가경영뿐만 아니라 사적인 차원의 인간관계 전반에 걸쳐 적용될 수 있는 지혜를 담고 있기 때문이다. 국가 간의 총력전 양상으로 전개되고 있는 21세기 글로벌 비즈니스 환경에서 『손자약해』의 지혜가 더욱 절실히 요구되는 것은 말할 것도 없다.

그러나 『손자약해』의 내용을 아무리 꿸지라도 이를 실전에 제대로 응용하지 못하면 아무 소용이 없다. 자칫 역효과가 날 수 있다. 삼국시대 당시 제갈량의 총애를 받은 마속의 경우가 대표적인 실례에 해당한다. 이를 일컬어 지상담병紙上談兵이라고 한다. 탁상 위에서 병법을 논하는 것을 말한다.

이는 전국시대 말기의 장평대전에서 나온 것이다. 기원전 260년 진나라 장수 왕흘王齕과 조나라 장수 염파廉頗가 오랫동안 장평長平에서 대치했다. 이때 조효성왕은 염파가 겁을 집어먹은 것으로 오해했다.

사자를 여러 차례 보내 염파를 나무랐다. 진나라가 곧 반간계를 구사했다. 첩자들이 1천금을 가지고 조나라로 들어가 다음과 같은 얘기를 퍼뜨렸다.

"우리 조나라에는 조괄趙括만한 장수는 없다. 그는 죽은 조사보다 몇 배나 뛰어난 장수이다. 염파는 이미 너무 늙어 겁이 많다. 그는 진나라 공격을 견디지 못하고 이내 항복할 것이라고 한다. 진나라 군사가 두려워하는 것은 오직 조괄뿐이다. 속히 조괄을 내보내 진나라 군사를 물리쳐야 한다."

이 소문이 삽시간에 널리 퍼졌다. 조효성왕은 가뜩이나 의심을 품고 있던 중에 이런 말을 듣자 마침내 조괄을 불렀다.

"경이 국가를 위해 능히 진나라 군사를 격파할 수 있겠소?"

"진나라의 무안군 백기白起는 명장입니다. 신이 백기와 싸우면 상당한 시일이 걸릴 것입니다. 그러나 왕흘은 처음으로 대장이 된 자입니다. 염파 장군이 겁을 먹은 까닭에 왕흘이 깊이 들어왔으나 이제 신이 가면 적들을 일거에 물리칠 수 있습니다."

조효성왕이 곧 조괄을 상장군으로 삼으면서 이같이 분부했다.

"경에게 부절과 군사 20만 명을 줄 터이니 즉시 출정을 서두르도록 하시오."

정계일선에서 은퇴한 인상여藺相如가 이 소식을 듣고 황급히 조효성왕을 찾아왔다.

"조괄의 명성이 높다는 이유로 그를 장수로 삼으면 이는 마치 거문고 줄을 고정시켜 탄주하는 것과 같습니다. 조괄은 그 아비의 병서를 읽고 얘기하는 것에 불과합니다. 그는 임기응변의 용병 이치를 모릅니다."

여기서 식견이 짧아 융통성이 없는 사람을 비난할 때 사용되는 '교주고슬膠柱鼓瑟' 성어가 나왔다. 그러나 조효성왕은 이를 무시했다. 당초 조괄은 어려서부터 병법을 배운 까닭에 병법 이론에 관한 한 천하에 그를 당할 자가 없었다. 그 또한 병법의 대가임을 자처했다. 일찍이 그는 부친 조사趙奢와 더불어 병법을 논한 적이 있었다. 조사는 명장이었다. 그러나 병서를 섭렵한 아들 조괄을 이론적으로 당할 길이 없었다. 부인이 크게 기뻐했다.

"우리에게 이런 영특한 아들이 있으니 얼마나 기쁜 일입니까?"

그러나 조사는 아무 말도 하지 않았다.

"장군은 어찌해 아무 말도 하지 않는 것입니까?"

조사가 말했다.

"용병은 본래 사지死地로 들어가는 것이오. 그런데 이 아이는 이를 너무 쉽게 말하고 있소. 이것 하나만 보아도 그는 장수가 될 자격이 없소. 무릇 장수는 항상 긴장을 풀지 않고, 제장들에게 널리 묻고, 혹여 실수라도 있을까 염려되어 밤잠을 못 이루는 것이오. 이 아이처럼 너무 쉽게 말하는 자가 병권을 잡게 되면 남의 말을 듣지 않고 독단적으로 일을 처리하게 되오. 만일 그를 장수로 삼게 되면 조나라 군사는 반드시 패하고 말 것이오."

조사가 죽기 직전 아들에게 유언했다.

"병사兵事는 흉한 것이고 싸움은 위험한 것이다. 이에 옛사람들은 함부로 싸우지 말라고 경고한 것이다. 내가 죽기 전에 너에게 한 가지 일러줄 말이 있다. 너는 결코 장수가 될 인물이 못 된다. 무슨 일이 있어도 장수의 자리에 앉아서는 안 된다. 한 번 잘못하면 몸을 망칠 뿐만 아니라 나라까지 망치게 된다."

이어 부인에게 당부했다.

"훗날 조왕이 이 아이를 불러다가 장수를 시키려 하거든 당신은 조왕에게 내가 한 말을 전하고 철회를 청하도록 하시오. 많은 군사를 죽게 만들고 나라를 욕되게 하는 것이 어찌 신하된 자의 도리겠소?"

조괄이 장수가 되어 출병하려고 하자 그의 모친이 급히 상서해 조괄을 장수로 삼지 말 것을 청했다. 조효성왕이 그 연고를 물었다.

"어찌해서 장수로 삼지 말라고 하는 것이오?"

"제가 당초 그의 부친 조사를 모실 때 조사는 장령將領이었습니다. 당시 그는 상을 받으면 모두 부하들에게 나눠주었습니다. 또 명을 받게 되면 집안일을 일절 묻지 않았습니다. 지금 조괄은 하루 만에 장군이 되자 동쪽을 향하며 제장들의 조회를 받고, 부하들 중 감히 그를 올려다보는 사람이 없습니다. 또 군왕이 하사한 금백金帛을 모두 집으로 가져와 쌓아 두었습니다. 또 늘 좋은 전택田宅이 어디에 있는지를 눈여겨보았다가 살 수 있는 것은 모두 사들이고 있습니다. 군왕은 그를 그 아비와 같다고 생각하나 이들 부자는 심사가 완전히 다릅니다. 그를 장수로 내보내서는 안 됩니다."

"나는 이미 결정했으니 이를 다시는 거론치 마시오."

"만일 그가 직책을 다하지 못할 경우 청컨대 저를 연루시키지 말아주십시오."

"그리하겠소."

당시 진소양왕은 조괄이 장수가 되었다는 얘기를 듣고 승상 범수范雎를 불러 상의했다. 범수가 말했다.

"무안군 백기가 아니면 이 일을 성취시킬 수 없습니다."

곧 은밀히 무안군을 상장군으로 삼으면서 왕흘을 부장군으로 돌린 뒤 이같이 하령했다.

"무안군이 장수가 되었다는 사실을 감히 누설하는 자는 참형에 처할 것이다."

조괄이 20만 대군을 이끌고 장평에 당도하자 염파는 할 수 없이 군사를 인계한 뒤 도성인 한단으로 돌아갔다. 조괄은 염파가 여러 곳으로 흩어놓은 영채를 한곳으로 모은 뒤 전군에 이같이 하령했다.

"앞으로 진나라 군사가 오거든 즉시 나가 싸우도록 하라. 진나라 군사가 달아나면 끝까지 추격해 무찌르도록 하라."

이때 무안군 백기도 진나라 군영에 당도했다. 그는 우선 군사 3천 명을 조나라 군영 앞으로 보내 싸움을 걸게 했다. 조괄이 즉시 군사 1만 명을 내보내 영격했다. 진나라 군사가 크게 패했다. 백기가 높은 곳에서 이를 바라보다가 부장군 왕흘에게 말했다.

"내가 이제 적을 이길 방도를 알아냈소."

의기양양해진 조괄이 즉시 사자를 시켜 진나라 군영에 전서戰書를 보냈다. 백기가 부장군 왕흘을 내세워 이같이 회답했다.

"내일 승부를 결정짓도록 하겠소."

그러고는 곧 10리 밖으로 물러나 영채를 세웠다. 조괄이 환호작약했다.

"진나라 군사가 나를 무서워한 나머지 10리 밖으로 물러갔다. 내일 크게 싸워 반드시 진나라 장수 왕흘을 사로잡고야 말 것이다."

이튿날 먼동이 트자 조나라 군사가 정연한 모습으로 전진했다. 5리쯤 갔을 때 전방에서 진나라 군사가 진을 치고 있는 모습이 눈에 들어왔다. 조괄이 선봉대를 내보내 이들을 치게 했다. 진나라 군사가 짐짓 도주하자 의기양양해진 조괄이 환호하며 친히 대군을 휘몰아 달아나는 진나라 군사를 급히 추격했다. 조괄이 진나라 군영 앞까지 추격하자 진나라 군사는 영루를 굳게 지키며 싸움에 응하지 않았다. 조나라 군사가 3일 동안 계속 강공을 퍼부었으나 진나라 영채는 끄덕도 하지 않았다. 조괄이 좌우에 하령했다.

"속히 후군後軍까지 이리로 오도록 하라. 우리도 이곳에 영채를 세우고 총공격을 해야 하겠다."

이 사이 진나라 기병 2,5000명이 몰래 조나라 군사의 퇴로를 끊었다. 또 기병 5,000명이 조나라 군사와 조나라 대영 사이의 통로를 끊자 조나라 후군이 전진할 수 없게 되었다. 이에 조나라 군사는 완전히 둘로 나뉜 데다 양도마저 끊어졌다. 조괄이 군사를 거두어 수초가 무성한 곳에 영채를 세웠다. 날마다 진나라 군사들이 조나라 영채 앞에 와 큰소리로 말했다.

"백기 장군의 명이다. 속히 항복하면 목숨만은 살려줄 것이다."

조괄은 이때야 비로소 백기가 진나라 군사 속에 있다는 것을 알게 되었다. 크게 놀란 조괄은 어찌할 바를 몰랐다. 고립된 조괄의 군사는 포위된 지 1달이 넘자 이내 군량이 바닥나게 되었다. 이해 9월 양식이 떨어진 지 46일째가 되자 조나라 군사가 모두 몰래 서로 잡아먹었다. 궁지에 몰린 조나라 군사가 진나라의 영루로 진공했으나 진나라 군사는 전혀 반응하지 않았다. 조괄이 마지막 수단으로 직접 정예군을 이끌고 가 육박전을 폈다. 진나라 군사가 간단히 활을 쏘아 죽여버렸다. 결국 조나라 군사가 대패해 병사 40만 명이 모두 항복하게 됐다. 백기가 말했다.

"진나라가 이미 상당을 취했는데 상당 사람들은 진나라 백성이 되기를 꺼려했다. 이에 조나라로 귀부했다. 조나라 군사는 반복무상하니 그들을 모두 죽이지 않으면 장차 난을 일으킬까 두렵다."

그리고는 마침내 조나라 군사를 거짓말로 속인 뒤 모두 산 채로 파묻어 버렸다. 사서는 참살된 자가 모두 45만 명에 달한다고 기록해 놓았다. 이 소문이 퍼지자 조나라는 온통 울음바다가 되었다. 그러나 조괄의 모친만은 울지 않았다.

"나는 조괄이 이 나라 장수가 되었을 때부터 그를 산 사람으로 여기지 않았다."

조효성왕은 조괄의 모친에게 많은 비단과 곡식을 보내 위로하고 염파에게도 사람을 보내 사죄했다. 조효성왕은 원래 총명한 군주였다. 그러나 그는 결정적인 순간에 자신감이 지나쳤다. 도중에 장수를 바꾼 게 그렇다. 이는 병법에서 가장 꺼리는 것 중 하나다.

장평대전은 진·조 두 나라의 앞날뿐만 아니라 천하의 판세를 결정짓는 매우 중요한 결전이었다. 조효성왕은 이처럼 중차대한 싸움에서 진나라에 승리를 상납하고 만 것이다. 이후 조나라가 피폐를 면치 못하다가 진나라에게 병탄당하고 말았다. 자신의 판단에 대한 과신이 불러온 재난이다. 최고 통치권자가 한 번 잘못된 판단을 내리면 나라의 존망이 엇갈릴 수밖에 없다는 사실을 몸소 보여준 셈이다.

삼국시대 당시 제갈량의 휘하 장수 마속은 '지상담병'의 주인공인 조괄의 전철을 밟은 것이나 다름없다. 두 사람이 '지상담병'의 웃음거리가 된 것은 병서에 나오는 전략을 제대로 이해하지 못한 결과다. 이들과는 정반대로 초한전 당시 한신은 병서에 나오는 배수진을 역이용해 대승을 거뒀다. 병서에서 말하는 이치를 실제 상황에 대입해 가장 적합한 해답을 찾은 결과다. 『손자병법』「모공」은 그 이유를 이같이 설명해 놓았다.

"적을 알고 나를 알면 백 번 싸울지라도 위태롭지 않다. 적을 알지 못하고 나만 알면 반은 이기고 반은 진다. 적도 알지 못하고 나도 알지 못하면 싸울 때마다 반드시 패한다."

전략에 관한 한 이보다 더한 금언은 존재할 수 없다. 이는 적을 알고 나를 아는 소위 지피지기知彼知己 전략의 중요성을 역설한 것이다.

나폴레옹은 『손자병법』을 실전에 이용한 대표적인 인물에 해당한다. 그는 로마시대 당시 지중해 일대를 로마의 휘하에 편제하고자 했던 카이사르에 뒤이어 전 유럽을 하나로 통합하고자 했다. 그가 일으킨 전쟁은 기본적으로 대유럽을 겨냥한 통일전쟁의 성격을 띠고 있었다.

나폴레옹이 『손자병법』을 읽으면서 조조의 주석까지 읽었는지는 정확히 알 길이 없다. 그러나 나폴레옹 전쟁의 성격에 비춰 그 가능성은 매우 높다. 당시 나폴레옹 전쟁을 목도한 서양의 군사학자 클라우제비츠의 언명이 이를 뒷받침한다. 그는 자신의 경험을 바탕으로 저술한 『전쟁론』에서 전쟁을 이같이 정의한 바 있다.

"전쟁이란 기본적으로 정치적 행위이며 정책을 수행하기 위한 수단이다."

이는 유럽통합을 겨냥한 나폴레옹 전쟁의 특성을 간명하면서도 적확히 지적한 것으로 사실은 전쟁을 국가대사로 정의한 손자의 언급을 재해석한 것에 지나지 않는다.

조조와 나폴레옹은 비록 시공을 격하여 통일전쟁을 전개했지만 모두 『손자병법』의 추종자였다는 점에서 공통점을 지니고 있다. 두 사람이 공히 중원천하의 통일과 대유럽의 통일을 위해 매진한 것도 이와 무관하지 않을 듯싶다.

腹案經營

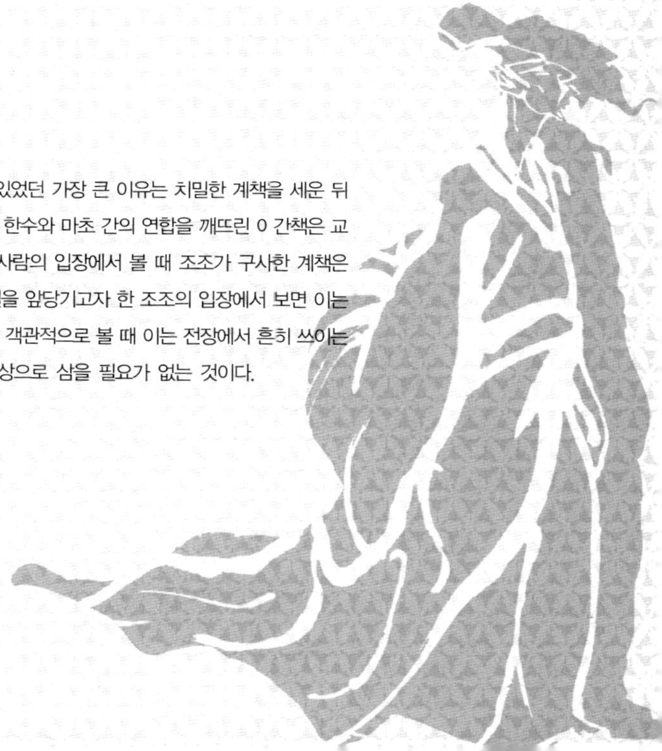

조조가 관중을 신속히 평정할 수 있었던 가장 큰 이유는 치밀한 계책을 세운 뒤 이를 은밀히 실행에 옮긴 데 있다. 한수와 마초 간의 연합을 깨뜨린 0 간책은 교묘하기 그지없다. 계책에 넘어간 사람의 입장에서 볼 때 조조가 구사한 계책은 흉계의 전형에 해당한다. 천하통일을 앞당기고자 한 조조의 입장에서 보면 이는 필승지계의 일환으로 나온 것이다. 객관적으로 볼 때 이는 전장에서 흔히 쓰이는 계책의 하나일 뿐이다. 선악의 대상으로 삼을 필요가 없는 것이다.

13/ 복안경영

속셈을 깊이 숨겨라

孫子曰, '犯之以事, 勿告以言.' 曹公曰: 勿使知害. 必殊死戰, 在亡地無敗者. 『孫臏』曰, '兵恐不投之死地也.'

손자가 말하기를,

'장수는 부하에게 임무를 맡길 때 작전의도를 알려줘서는 안 된다'고 했다. 조조가 말했다. 작전의도를 병사들에게 미리 알려줄 경우 위험한 결과에 대해 병사들이 회의를 품을 수도 있고, 정보가 적진으로 새어나갈 수도 있다. 병사들은 필사의 각오로 싸울 때 비로소 극히 위험한 망지亡地와 통상 살아나오기 힘든 사지死地에서도 패하지 않고 살아남는다. 『손빈병법』에 이르기를, '병사는 사지에 내던져지지 않으면 공포에 떨게 된다'고 했다.

중과부적과 필승지계

관도대전 당시 객관적으로 볼 때 조조의 군사는 어느 모로 보나 원소의 군사와 비교가 되지 않았다. 대다수 사람들이 원소의 승리를 점친 이유다. 그러나 조조의 책사 순욱과 곽가의 평가는 달랐다. 양적인 면에서 보면 분명 열세이나 질적인 면에서 보면 조조가 원소보다 훨씬 낫다는 게 이유였다. 먼저 순욱은 이같이 말했다.

"비록 병사들이 약할지라도 반드시 강할 수 있습니다. 실로 장수가 제대로 되지 않으면 비록 강병이라 할지라도 곧 약해지기 마련입니다. 유방과 항우의 성패를 통해 이를 족히 알 수 있습니다. 지금 공과 더불어 천하를 다투는 자는 오직 원소뿐입니다.

첫째, 원소는 비록 외관상 관용하는 모습을 보이고 있으나 내심 사람을 시기하고, 사람을 임용하면서 그 마음을 의심하고 있습니다. 그러나 공은 지극히 총명하여 규율에 기속되지 않고 재능 또한 적의하니 이는 그릇에서 이긴 것입니다.

둘째, 원소는 중대사를 유예하며 결단하는 것이 적어 기회를 놓치나 공은 능히 대사에 단안을 내려 시변을 좇아 대처하니 이는 모책에서 이긴 것입니다.

셋째, 원소는 군을 통제하면서 너그럽기만 하여 법령이 서지 않아 병사가 비록 많으나 실제 사용하기 어려우나 공은 법령을 밝게 하고 상벌을 엄히 하여 병사들이 비록 적으나 모두 목숨을 내놓고 싸우려 하니 이는 무력에서 이긴 것입니다.

넷째, 원소는 가문을 배경으로 지혜로운 자를 가장하며 명예를 낚아 능력도 없으면서 떠벌이는 자들이 많이 귀의하고 있으나 공은 지극한 어짊으로 사람을 대하면서 성심을 다해 허식을 취하지 않은 채 스스로 근검하고, 공을 세운 자에게 포상하는 데 인색하지 않으니 천하의 충정하며 실질적인 능력을 갖춘 선비들이 모두 발탁되기를 원하고 있습니다. 이는 덕성에서 이긴 것입니다.

무릇 이 4가지 측면에서 우월성을 지니고 있는 데다 천자를 보필하며 정의를 기치로 내걸고 정벌에 나서니 누가 감치 좇지 않을 수 있겠습니까? 원소가 아무리 강하다 한들 어찌 공을 대적할 수 있겠습니까?"

순욱이 말한 4가지를 요약하면 다음과 같다. 사람을 임용하는 임인任人, 계책에 대한 결단을 뜻하는 결모決謀, 법을 확실히 밝히는 명법明法, 사람을 온화하게 대하는 대인待人이 그것이다. 순욱은 이들 4가지 측면에서 조조가 원소보다 우월한 까닭에 능히 승리할 수 있다고 예견한 것이다. 사실 이 4가지 요소는 어떤 집단이든 체계와 기강을 잡는 데 없어서는 안 될 기본 덕목에 해당한다. 결국 원소는 내실경영에서 조조에게 뒤처지고 있는 까닭에 이미 패배를 내장하고 있다는 것이나 다름없다.

당시 곽가는 순욱에 비해 조조와 원소에 대한 보다 상세한 비교를 시도했다. 그가 비교의 항목으로 든 것은 모두 10가지였다. 그는 조조 앞에서 이를 일일이 설명하며 조조의 필승에 대한 신념을 부추겼다.

"예전에 유방이 항우의 적수가 아니었던 사실을 공도 알고 있을 것입니다. 한고조는 오직 지혜로써 항우를 이겼으니 항우가 비록 강대했다고는 하나 결국 유방에게 잡히고 말았습니다. 지금 원소에게는 10가지 패배할 요인이 있고 공에게는 10가지 승리할 요인이 있습니다.

첫째, 원소는 비록 강대하기는 하나 힘을 쓸 수가 없습니다. 원소는 예의가 번다하기 그지없으나 공은 이를 자연에 맡깁니다. 이는 다스림의 이치에서 그를 이긴 것입니다.

둘째, 원소는 천자에 대항하여 순리를 거스르고 있으나 공은 천자를 모셔 순리를 받들어 천하를 이끕니다. 이는 다스림의 명분에서 이긴 것입니다.

셋째, 환제와 영제 이래 정치가 관유寬柔함을 잃었는데 원소는 관유로써 관유를 구하려고 하여 어지러운 국면을 정돈할 수가 없습니다. 그러나 공은 엄맹嚴猛으로써 국면을 바르게 정비하니 상하에 절제가 있습니다. 이는 다스림의 법제에서 그를 이긴 것입니다.

넷째, 원소는 겉으로는 관유를 내세우면서도 내심 시기하고 사람을 쓰면서도 의심을 잘 하니 그가 임용한 자들은 오직 친척과 그의 자제들일 뿐입니다. 공은 밖으로는 간략하면서도 편하게 사람을 대하나 심중에는 요체를 꿰고 있어 사람을 쓰되 의심치 않습니다. 오직 그 재능에 근거해 적합한지 여부를 따지며 친소원근을 가리지 않습니다. 이는 다스림의 그릇에서 그를 이긴 것입니다.

다섯째, 원소는 계획하는 것은 많으나 결단을 내리는 것이 적어 좋은 기회를 놓치고 있으나 공은 계책이 서면 곧바로 행동에 옮기고 시의에 좇은 임기응변에 능합니다. 이는 다스림의 계책에서 그를 이긴 것입니다.

여섯째, 원소는 고상한 얘기를 즐기면서 사람을 대할 때 겸양하는 자세로 명예를 낚으려고 하니 선비들 중 말과 외양을 잘 꾸미는 헛된 자들이 그에게 의탁합니다. 공은 성심으로 사람을 대하고 헛된 명성을 좇지 않으니 선비들 중 충직하며 실력이 있는 자들이 멀리서도 발탁되길 바라고 있습니다. 이는 다스림의 덕성에서 그를 이긴 것입니다.

일곱째, 원소는 사람이 춥고 배고픈 것을 보면 이를 구제하면서 가슴에 담으니 연민의 정이 얼굴에 나타납니다. 그러나 그는 자신이 보지 못하는 일에는 충분히 고려하지 못하고 있습니다. 공은 눈앞의 작은 일에는 때로 소홀함이 있습니다. 그러나 대사에는 해내의 각지와 연결하여 은혜를 베푸니 그 은혜가 모두 기대를 넘고 눈에 보이지 않는 일조차 소홀함이 없게 됩니다. 이는 다스림의 인자함에서 그를 이긴 것입니다.

여덟째, 원소의 대신들은 권력을 쥐려고 서로 무함하여 시비혼란이 일어나나 공은 치도로써 부하를 다스리니 참언과 무함이 통하지 않습니다. 이는 다스림의 지혜에서 그를 이긴 것입니다.

아홉째, 원소는 시비가 불명하나 공은 옳은 것은 예로 대하여 승진시키고 옳지 않은 것은 법으로써 징치합니다. 이는 다스림의 문화에서 그를 이기는 것입니다.

열째, 원소는 허장성세만을 구사할 줄 알아 용병의 요체를 모릅니다. 그러나 공은 적은 군사로써 대군을 이겨 용병이 신과 같고 공의 군사가 모두 공을 믿고 적들은 공을 두려워합니다. 이는 다스림의 무력에서 그를 이긴 것입니다."

이를 소위 십승십패지의十勝十敗之議라고 한다. 순욱이 언급한 4가지 항목 위에 다시 6가지 항목을 덧붙여 조조의 필승을 예견한 것이다. 당시 조조는 순욱과 곽가의 얘기를 듣고 크게 기뻐한 나머지 호탕하게 웃으며 이같이 말했다.

"경이 말한 것을 내가 무슨 덕이 있다고 감히 감당할 수 있겠소?"

당시 순욱과 곽가가 분석의 초점을 맞춘 것은 조조와 원소 집단이 보여주고 있는 조직체계 및 기강의 차이였다. 이들의 비교는 조조를 높이고 원소를 깎아내리고자 한 의도가 크게 작용한 게 사실이나 기본 내용만큼은 사실과 부합하는 것이었다. 두 사람 모두 전에 원소를 좇은 적이 있기에 비교분석의 내용에 나름 무게가 실린다. 실제로 이는 사서의 기록과 일치한다. 나름 정밀한 분석에 토대한 이들의 격려가 조조로 하여금 자신의 장점을 최대한 발휘토록 부추기는 동인으로 작용한 것은 말할 것도 없다.

조조의 반간계

삼국시대 당시 조조가 적진을 이간한 대표적인 사례로는 한수와 마초를 이간한 사건을 들 수 있다. 건안 16년(211) 조조는 마초의 공격으로 위기에 처하자 이내 거짓으로 화친을 성사시킨 뒤 곧바로 마초와 한수를 이간하기 위한 계책을 실행에 옮겼다. 우선 그는 한수와의 구교를 구실로 한수와 회동했다. 조조는 한수와 만날 때 몸에 갑옷도 걸치지 않고 평상복 차림으로 나왔다. 이에 한수도 갑옷을 벗고 홀가분한 몸차림으로 혼자 말을 타고 나왔다. 두 사람은 말머리를 같이한 채 옛이야기를 화제로 담소를 나눴다. 두 사람이 한참이 지나서야 작별하고 말머리를 돌려 각기 영채로 돌아가자 마초가 황급히 한수에게 달려와 무슨 얘기를 나눴는지를 물었다. 한수가 대답했다.

"조조가 아무 말도 안 해 나도 별 말을 하지 않았소. 특별히 전할 말이 없소."

실제로 한수는 조조와 특별한 얘기를 나눈 것이 없었다. 그러나 마초는 한수에 대해 의심을 품게 되었다. 이로부터 사흘째 되는 날 조조가 다시 한수 및 마초와 만나게 되었다. 이는 마초의 의심을 더욱 부채질하기 위한 술책이었다. 「무제기」의 배송지주에 인용된 『위서』는 당시의 상황을 이같이 기록해 놓았다.

"공이 다시 한수 등과 회합케 되자 제장들이 말하기를, '공은 적과 얘기를 나누면 가벼이 빠져나올 수 없으니 목행마木行馬를 만들어 방어하는 것이 가할 것입니다'라고 했다. 공이 이를 그럴듯하게 여겼다."

목행마는 나무를 철책 형식으로 만든 것을 말한다. 목행마를 중간에 두게 되면 양 진영의 말 사이에 장벽을 설치한 것과 같은 효과가 있다. 이는 당시 조조의 제장들이 마초에 대한 커다란 경계심을 갖고 있었다는 것을 의미한다. 「촉서 · 마초전」과 「위서 · 허저전」의 기록을 보면 당시 마초는 기회를 엿보아 조조를 척살할 생각을 품고 있었음에 틀림없다. 「위서 · 허저전」은 당시의 상황을 이같이 생생히 묘사해 놓고 있다.

"태조가 한수 및 마초와 단기로 회합할 때 양측 모두 많은 사람들을 데려오지 않기로 했다. 이에 조조는 오직 허저만 데리고 갔다. 마초는 자신의 힘을 믿고 은밀히 태조를 기습코자 했다. 그러나 평소 허저의 용맹을 들은 바가 있어 뒤따르는 기마가 허저인지 의심이 들어 태조에게 묻기를, '공에게 호후虎侯가 있다고 하는데 지금 어디에 있습니까?'라고 했다. '호후'는 허저의 별명이다. 태조가 고개를 돌려 허저를 가리키자 허저가 눈을 부릅뜨며 마초를 노려보았다. 마초가 감히 움직이지 못하고 이내 기습할 생각을 버리게 되었다."

이 기록을 통해 조조는 마초의 속셈을 미리 읽고 허저를 대동했음을 확인할 수 있다. 당수 조조는 한수와 만나면서 완전히 색다른 분위기를 연출했다. 당시 한수의 부장 염행이 한수 뒤에 서 있었다. 조조가 염행에게 이같이 말했다.

"부디 부모에게 효자가 되는 것을 잊지 말기 바라오."

이는 사실 마초가 듣도록 하기 위해 던진 말이다. 당시 염행의 부친과 마초의 부친은 모두 업성에서 머물고 있었다. 이들은 인질이나 다름없었다. 조조는 마초에게 넌지시 면리장침綿裡藏針의 의도를 암시했던 것이다. '면리장침'은 솜 속에 침을 숨겨놓았다는 뜻이다.

얼마 안 돼 조조는 요긴한 대목마다 모두 먹으로 뭉갠 후 고쳐 쓴 흔적이 역력한 서신을 한수에게 보냈다. 얼핏 보면 모두 한수가 고친 것으로 착각할 수밖에 없었다. 조조가 일부러 종자들을 많이 딸려 한수의 영채에 이를 전하게 하자 마초가 이내 달려와 조조의 서신을 보자고 했다. 한수가 무심히 이를 내보이자 마초는 글 가운데 더러는 지우고 고쳐 쓴 글자들이 있는 것을 보고 한수를 더욱 의심하게 되었다.

사실 조조가 한수에게 보낸 서신의 내용이 어떤 것인지는 알 길이 없으나 그다지 중요한 내용이 없었음에 틀림없다. 조조는 오직 두 사람을 이간시키기 위해 서신을 이용한 것이기 때문이다. 이에 마초와 한수의 연합군 내에 균열의 조짐이 나타나기 시작했다. 조조는 이 틈을 이용해 곧바로 싸울 날짜를 약정해 통보했다. 한수와 마초를 비롯한 관서의 제장들은 비록 숫자는 많았으나 서로 갈등을 빚고 있는 데다가 전군을 통솔할 사람이 없어 사실상 오합지졸에 불과했다.

조조는 교전이 시작되자 우선 경기병을 보내 도전하게 했다. 당시 한수와 마초의 관서연합군은 자중지란이 일어났음에도 불구하고 양측의 교전은 제법 오래 갔다. 그러나 얼마 안 돼 드디어 관서연합군 내에서 서로 치고받은 상황이 나타나자 조조는 곧바로 하후연 등에게 명해 날랜 기병들을 이끌고 가 치게 했다. 이에 관서연합군은 완전히 궤멸되고 말았다.

조조가 관중을 신속히 평정할 수 있었던 가장 큰 이유는 치밀한 계책을 세운 뒤 이를 은밀히 실행에 옮긴 데 있다. 한수와 마초 간의 연합을 깨뜨린 이간책은 교묘하기 그지없다. 계책에 넘어간 사람의 입장에서 볼 때 조조가 구사한 계책은 흉계의 전형에 해당한다. 천하통일을 앞당기고자 한 조조의 입장에서 보면 이는 필승지계의 일환으로 나온 것이다. 객관적으로 볼 때 이는 전장에서 흔히 쓰이는 계책의 하나일 뿐이다. 선악의 대상으로 삼을 필요가 없는 것이다.

흉계와 필승지계

유비가 한중왕에 오를 당시 조조는 손권과 손을 잡고 형주를 치려고 했다. 유비는 관우를 보내 형주를 지키게 하면서 위나라의 번성을 치도록 하였다. 오나라의 여몽은 관우가 마음을 놓도록 하기 위하여 짐짓 병이 든 것처럼 속여 물러났고, 무명의 육손이 그를 대신했다. 육손은 여몽을 대신해 육구에 부임하자마자 관우의 무용을 칭송하는 겸손한 내용의 편지를 보냈다. 관우는 노련한 여몽은 경계했지만 이름도 없는 육손을 얕잡아 본 나머지 형주 병력의 태반을 거두어 번성을 공격하는 데 투입했다. 여몽은 이 틈을 타서 형주를 함락시켰다.

촉한의 입장에서 보면 불행하게도 관우는 여몽과 육손의 흉측한 면리장침 계책에 넘어간 셈이 된다. 이는 솜에 바늘을 숨겨놓는 흉계를 말한다. 그러나 동오의 입장에서 보면 형주를 불법 장악하고 있던 관우를 뛰어난 면리장침 계책을 동원해 멋지게 해치운 셈이 된다. 보는 시각에 따라 면리장침이 웃음 속에 칼을 숨겨놓는 소리장도笑裏藏刀의 흉계처럼 보이기도 하고, 정반대로 내유외강의 필승지계로 보이는 것이다. 조조가 전장에서 구사한 면리장침의 계책도 같은 맥락에서 이해할 필요가 있다.

일찍이 이종오는 『후흑학』에서 항우가 유방에게 패한 것은 면후와 심흑에서 밝지 못했기 때문이라고 분석했다. 홍문지연鴻門之宴 당시 책사 범증의 계책에 동의해 놓고 유방의 목을 베지 않은 것은 천려일실에 해당한다며 이를 혹독하게 비판했다. 역발산기개세力拔山氣蓋世의 영웅인 항우가 천하의 웃음거리가 된 것은 한신이 비웃은 것처럼 부인지인婦人之仁과 필부지용匹夫之勇을 보였기 때문이라는 게 그의 주장이다.

부인지인은 곧 자존심이 지나치게 가해 적의 암계에 쉽게 걸려드는 좁은 식견을 말하고, 필부지용은 자부심이 너무 강해 작은 수모조차 참지 못하고 발끈하는 단기短氣를 말한다. 이종오의 주장이다.

"항우가 홍문지연에서 같은 좌석에 앉아 있던 유방의 목을 과감히 검을 빼 쳤으면 지존의 황제 자리를 차지할 수 있었을 것이다. 그러나 그는 후세에 욕을 먹을까 두려워 망설이다가 결국 유방이 도주하도록 방치했다."

삼국시대에도 홍문지연과 유사한 사태가 빚어진 적이 있다. 유비가 여포에게 쫓겨 조조에게 몸을 의탁했을 때의 일이다. 당시 조조의 주변에서 미리 유비를 없애버릴 것을 강력 건의했다. 조조도 적잖이 망설인 게 확실하다. 이를 반대하고 나선 곽가의 반박 강도가 의외로 높았던 사실이 이를 반증한다.

"주공이 정의로운 군대를 일으킨 것은 백성을 위해 난리를 없애버리기 위해서였습니다. 가장 중요한 것은 천하의 호걸들을 모으는 것입니다. 지금 유비는 영웅이라는 칭송을 받고 있습니다. 그가 궁지에 빠져 몸을 의탁했는데 그를 해치게 되면 현자를 해쳤다는 오명을 듣게 될 것입니다. 그리되면 인재들이 장차 이를 의심하여 마음을 돌려 다른 주인을 찾고자 할 터이니 공은 장차 누구와 더불어 천하를 평정할 것입니까? 무릇 한 사람의 우환을 제거하여 사해의 바람을 저버리게 되니 안위의 기회에 대해 세심히 살피지 않을 수 없습니다."

조조가 곽가의 견해를 좇아 낯빛을 바로 하며 좌우에 말했다.

"지금 천하가 크게 어지러워 유비와 같은 영웅이 필요한 때이다. 한 사람 때문에 천하 사람의 마음을 잃을 수는 없다. 내 생각도 곽가와 같다. 설령 나중에 유비가 배신할지라도 나는 후회하지 않을 것이다."

조조가 유비를 후대한 이유다. 이후 조조는 유비가 소패를 빼앗아 오는 것을 도와주기 위해 유비에게 병사 3천 명과 말을 기꺼이 내주었다. 이는 난세를 평정코자 하는 원대한 계획이 있었기에 가능했다.

겉으로 볼 때 항우가 유방을 살려 보내고 조조가 유비를 후대한 모습은 서로 닮은 점이 있다. 그러나 그 내막을 보면 큰 차이가 있다. 홍문지연 당시 유방은 마지못해 연회에 참석했으나 유비는 자발적으로 조조를 찾아갔다. 홍문지연에서는 유방이 얌체 같은 수법으로 함양에 먼저 입성한 까닭에 여러 제후국의 군사를 이끌고 있는 항우가 마음을 먹기만 하면 유방의 목을 벨 수 있었다. 그러나 유비는 유방과 달리 의지할 곳이 없어 제 발로 찾아온 까닭에 목을 벨 명분이 없었다. 곽가의 반론이 정황상 사리에 부합한다.

『세설신어』와 소리장도

역사상 제국을 일으킨 인물 중에는 어렸을 때 세인들의 눈에 띄지 않는 경우가 많다. 한고조 유방의 어린 시절도 그러했다. 유방의 부친조차 그를 알아보지 못했다. 유방이 천하를 통일한 뒤 낙양의 남궁南宮에서 주연을 베풀며 물었다.

“제후들과 제장들은 짐에게 감히 숨기는 일 없이 모든 것을 말하도록 하시오. 내가 천하를 차지하게 된 연유는 무엇이오? 또 항우가 천하를 잃게 된 연유는 무엇이오?”

고기高起와 왕릉王陵이 대답했다.

“폐하는 사람을 시켜 성을 공격하고 땅을 경략한 후 그것을 그들에게 주었습니다. 이로써 천하와 더불어 그 이로움을 함께했습니다. 항우는 그리하지 않았습니다. 공로를 세운 자가 있으면 해치고, 현명한 자가 있으면 의심했습니다. 이것이 그가 천하를 잃은 이유입니다.”

그러자 유방이 웃으며 말했다.

“공은 하나만 알고 둘은 모르오. 무릇 군막 안에서 계책을 세우 1천리 밖에서 승리를 결정짓는 일은 내가 장량張良만 못하오. 나라를 안정시키고, 백성을 위무하고, 군량을 공급하면서 양도를 끊이지 않게 하는 일은 내가 소하蕭何만 못하오. 1백만의 군사를 연합해 싸우면 반드시 이기고 공격하면 반드시 빼앗는 일은 내가 한신韓信만 못하오. 이들 3인은 모두 천하의 인걸이오. 그러나 나는 이들을 능히 임용할 수 있었소. 이것이 내가 천하를 취한 까닭이오. 항우에게는 오직 단 한 명의 범증밖에 없었으나 그는 그조차 쓰지 못했소. 이것이 그가 나에게 패한 까닭이오."

조조 역시 우방의 어린 시절과 유사한 점이 있다. 이는 『무제기』의 배송지주에 인용된 『조만전』의 다음 기록을 보면 쉽게 짐작할 수 있다.

"조조는 어릴 적에 노래와 춤을 좋아하고 사냥을 즐겼다. 숙부가 그의 방탕한 모습을 보고 못마땅해 조숭에게 일러바쳤다. 꾸중을 들은 조조는 문득 한 가지 꾀를 생각해냈다. 어느 날 숙부가 오는 것을 보고 땅바닥에 쓰러져 중풍 앓는 시늉을 했다. 숙부가 깜짝 놀라 조숭에게 알렸다. 조숭이 급히 달려와 보니 조조는 아무 탈이 없었다. 이후 조숭은 자신의 아우가 아무리 조조의 허물을 고해바쳐도 귓등으로 흘려듣게 되었다. 이에 태조는 더욱 마음대로 행할 수 있게 되었다."

이 기록은 그리 믿을 바가 못 되나 어린 시절 조조가 나름 매우 기민했음을 짐작케 해주고 있다. 남북조 때 자사와 도독을 지낸 송무제宋武帝의 조카인 유의경劉義慶의 『세설신어世說新語』 「가휼」에는 이보다 심한 일화가 실려 있다.

"조조는 어렸을 때부터 원소와 어울리면서 협기를 발휘하곤 했는데, 한번은 남의 결혼식을 보고는 주인집의 정원으로 몰래 들어가 밤에 크게 소리치기를, '도둑이야!'라고 했다. 신랑 집 문앞에 세운 천막인 청려靑廬 안에 있던 사람들이 깜짝 놀라 모두 밖으로 나와서 둘러보는 사이에 조조는 칼을 빼어들고 신부를 겁탈한 뒤 원소와 함께 빠져나왔다. 이때 급히 나오는 바람에 길을 잃고 가시나무 속으로 떨어져 원소가 꼼짝할 수가 없었다. 그러자 조조가 다시 크게 소리치기를, '도둑이 여기 있다!'라고 했다. 이에 원소가 다급한 나머지 온 힘을 다해 가시나무 속을 빠져나왔다. 이로 인해 둘 다 모두 붙잡히지 않게 되었다."

이 일화 역시 후대에 만들어진 것으로 믿을 바는 못 되나 조조가 소싯적에 원소 등과 어울려 유협遊俠을 즐긴 것만은 확실하다. 『이동잡어』에는 잔칫집이 아니라 환관 장양의 집안으로 몰래 들어간 것으로 되어 있다.

"태조는 일찍이 은밀히 중상시의 방으로 들어갔다. 장양이 이를 알아채자 조조는 뜰에서 수극手戟을 휘두르며 담을 넘어 달아났다. 재주와 무예가 뛰어나 그를 어찌할 수 없었다."

당시 장양의 권세는 하늘을 찌를 듯했다. 만일 조조가 감히 이런 행동을 했다면 반드시 체포되고 말았을 것이다. 있을 수 없는 일이다. 그럼에도 『삼국연의』는 조조를 『삼십육계』의 제10계에 나오는 소위 소리장도笑裏藏刀의 대가로 묘사해 놓았다. 겉으로는 웃는 낯으로 상냥하게 대하지만 속으로는 상대방을 제압코자 하는 계책을 말한다. 병법에서는 상대방으로 하여금 자신을 믿게 하여 안심시킨 뒤에 허를 찔러 공격하는 모든 계책을 통칭하는 말로 사용된다.

비슷한 성어로 소중유도笑中有刀가 있다. 『구당서』「이의부전」에 따르면 당고종 때 중서시랑을 지낸 이의부李義府는 겉으로는 온화하고 공손한 태도를 보이며 다른 사람과 이야기할 때는 반드시 미소를 지으며 선량한 표정을 지었다. 그러나 속은 각박하고 간사하여 음험해 많은 사람이 그에 의해 큰 해를 입었다. 이에 사람들은 이의부의 웃음 속에는 칼이 숨겨져 있다고 표현했다.

중국에서는 이보다는 '면리장침'이 널리 사용되고 있다. 소리장도와 뜻은 같다. 솜 안에 바늘을 감췄다는 뜻의 이 성어는 원제국 때의 화가이며 서예가인 조맹부가 쓴 『발동파서跋東坡書』에서 나온 말이다. 북송 때의 문장가 소동파는 자신의 글에서 솜 안에 숨겨져 있는 쇠와 같다는 뜻으로 면리철綿裏鐵이라는 표현을 사용한 바 있다. 겉으로 보기에는 부드러우나 마음속은 꿋꿋하고 굳세다는 뜻이다. 외유내강外柔內剛과 같은 뜻이다.

그러나 '면리철'이 솜 안의 바늘이라는 뜻의 면리침綿裏針으로 바뀌어 사용되면서 그 의미가 완전히 달라져 버렸다. 겉보기에는 미소를 띠고 부드러운 척하지만 속으로는 몰래 칼을 갈듯 사람을 칠 준비를 하고 있다는 뜻이 된 것이다. 소리장도와 하등 다를 바가 없게 된 셈이다. 중국에서 면리장침이 널리 회자된 것은 등소평이 복권될 때의 일화와 밀접한 관련이 있다.

1973년 겨울 문화대혁명의 열기가 초기에 비해 크게 가라앉았으나 사인방의 기세는 여전히 하늘을 찔렀다. 일이 어떻게 전개될지 아무도 예측할 스 없었다. 이해 12월 21일 문화대혁명 기간 중 소원했던 주덕과 모택동이 만나게 됐다. 이를 계기로 얼마 후 모택동은 8대 군구사령관들의 인사를 단행했다. 등소평을 다시 기용해 군사위원회의 실질적 리더로 부각시킨 게 가장 주목할 만했다. 당시 모택동은 군구사령관과 군의 원로들 앞에서 등소평에게 이같이 말했다.

"나는 오늘 군사위원회에 지도자 한 분을 모셔왔습니다. 이름은 등소평이라고 합니다. 바로 이분입니다. 어떤 사람들은 그를 조금 어려워합니다. 그러나 그는 일을 과단성 있게 처리합니다. 그도 나와 마찬가지 로 70%는 유용한 일을 해왔으며 30%는 잘못되었습니다. 그는 내가 청해왔습니다."

이어 자신 못지않게 반항적인 기질의 등소평에게 일침을 놓았다.

"등소평 동지, 남들이 동지를 좀 무서워하고 있는데 내가 동지에게 두어 마디만 하겠소. 외유내강과 면리장침이 바로 그것이오. 겉으로는 상냥스럽되 속은 강철바늘이 되라는 뜻이오. 지난날의 결점은 점차 고쳐나가도록 하시오."

당시 모택동으로서는 임표가 지배했던 군을 재정비해야만 했다. 임표의 횡사에도 불구하고 군구사령관의 영향력은 날로 커가고 있었기 때문이다. 이들을 교체할 필요가 있었다. 이를 떠맡을 유일한 적임자는 등소평밖에 없었다. 그러나 그에게 한 마디 충고하지 않을 수 없었다. 모택동이 볼 때 등소평은 너무 심지가 굳었다. 천하를 통치하는 황제의 자리에 오르려면 보다 유연한 모습을 보일 필요가 있었다.

모택동은 등소평에게 막강한 무력을 지닌 군구사령관들에게 섣불리 속셈을 드러내서는 안 된다는 취지로 면리장침을 언급한 것이다. 이는 모택동이 자신의 유일한 후계자감인 등소평에게 베푼 섬세한 배려에 해당한다. 당시 모택동이 언급한 면리장침은 소리장도의 뜻보다는 외유내강의 취지에 가깝다. 그가 외유내강과 면리장침을 동시에 언급한 게 그 증거다.

당시 모택동은 면리장침을 외유내강의 뜻으로 사용한 게 확실하나 현실적으로 볼 때 소리장도와 면리장침의 뜻을 명확히 구별하기가 쉽지 않다. 실제로 대다수 중국인들은 같은 뜻으로 사용한다.

速度經營

역사상 전격전을 가장 잘 구사한 대표적인 사례로 징기스칸이 이끈 몽골 기마군단을 들 수 있다. 당시 몽골군은 100퍼센트 기병으로 구성된 막강한 무력을 보유했다. 최고의 속도를 자랑하는 정예병이었다. 몽골이 인류 역사상 가장 방대한 영역의 제국을 건설한 배경이다.

14/ 속도경영

번개처럼 움직여라

孫子曰, '未睹巧之久也.' 曹公曰: 雖拙有以速勝.

손자가 말하기를,

'나는 교묘한 계책을 구사하기 위해 전쟁을 오래 끈 경우를 본 적이 없다'고 했다. 조조가 말했다. 이는 비록 준비가 덜 돼 있을지라도 유리한 기회가 오면 속전속결로 승리를 거두는 게 낫다는 취지로 말한 것이다. 『손자약해』「작전」

병귀신속과 속전속결

동양 전래의 병법서가 하나같이 역설하는 전법 가운데 하나가 병귀신속兵貴神速이다. 군사운용은 신속을 귀하게 여긴다는 뜻이다. 『삼국지』「곽가전」에 이에 관한 일화가 나온다. 원소가 하북 일대를 호령할 당시 북쪽에 오환烏丸이 있었다. 전한 초기 흉노의 모돈선우冒頓單于가 이들을 치자 흉노의 공격을 피해 요서의 오환산으로 들어가면서 이런 명칭을 얻게 되었다. 이들은 원래 동호족의 일부이다. 이웃한 요동의 고구려가 다섯 부족의 장長을 높여 부른 것처럼 이른바 대인大人이 각 부족을 다스렸다. 기사騎射에 능했던 이들은 북방의 원소와 가까이 지내며 중원의 향배에 깊은 관심을 기울였다.

원소 사후 원소가 총애하던 막내인 원상이 부친의 뒤를 잇자 장남 원담이 승복치 않았다. 조조가 이를 틈타 공격을 가하자 두 형제는 화해했지만 오래 가지 못했다. 원담이 원상을 공격하여 영토를 차지하자 원상은 둘째 형 원희에게 피신했다. 조조는 형제로부터 고립된 원담을 멸망시켰다. 얼마 후 원희의 세력 내에서 반란이 일어나자 원희와 원상이 요서로 도주했다. 조조는 차제에 북쪽의 우환을 제거하고자 했으나 장거리 원정과 양초糧草의 확보 등이 문제였다. 조조가 곽가에게 방책을 묻자 곽가가 이같이 대답했다.

"공은 비록 위엄이 천하를 진동시키고 있으나 호인들은 그들이 멀리 떨어져 있는 것만을 믿고 반드시 대비를 소홀히 하고 있을 것입니다. 그들이 대비치 못한 틈을 타 급습하면 그들을 파멸시킬 수 있습니다. 게다가 원소는 백성들과 이적에게 모두 은혜를 베풀어 원상형제가 아직도 살아 있습니다. 지금 4개 주의 백성들이 단지 무력이 두려워 귀부하고 있으나 우리의 은덕이 아직 그들에게 못 미치고 있습니다. 만일 우리가 그들을 그대로 둔 채 이곳을 떠나 남정을 하게 되면 원상이 틀림없이 오환족의 세력을 이용하여 주군을 위해 목숨을 바치는 신하들을 모아들일 것입니다. 유표는 단지 좌담을 좋아하는 일개 청객淸客에 불과할 뿐입니다. 그는 스스로 자신의 재능으로 유비를 제어할 수 없음을 잘 알고 있어 유비에게 중한 소임을 맡기면 그를 통제하지 못할까 걱정할 것입니다. 또한 유비에게 경한 일을 맡기면 유비가 쉽게 이용당하지 않을 것입니다. 우리가 온 힘을 기울여 나라를 비운 채 원정을 갈지라도 공은 결코 걱정할 일이 없습니다."

건안 12년(207) 5월 오환족 토벌 원정에 나선 조조군이 한때 공손찬의 근거지였던 역현易縣 북쪽에 이르렀다. 행군 속도가 매우 느렸다. 막막한 사막에 광풍이 사방에서 일어나고 길까지 험악한 탓이다. 곽가가 재촉했다.

"무릇 병귀신속이라고 했습니다. 우리는 천리를 달려와 기습하기에는 치중輜重이 많고 유리한 전기戰機를 잡기도 쉽지 않습니다. 게다가 적들은 이미 소식을 듣고 엄히 방비하고 있을 것입니다. 그러니 치중을 남겨두고 경기병으로 하루에 이틀 길을 달려 적이 생각지 못할 때 나서는 소위 출기불의出其不意로 습격하느니만 못합니다."

이에 조조가 경기병을 이끌고 속히 전진해 지금의 천진시 부근인 무종無終에 이르렀다. 이해 7월 큰 홍수로 해안가의 길이 온통 수렁으로 변했다. 이때는 마침 여름으로 비가 그치지 않고 내렸다. 바다에 연해 있는 도로는 지세가 낮은 데다 숱한 웅덩이에 진흙과 물이 가득 차 있어 통과할 수가 없었다. 더구나 그나마 통행할 수 있는 소로는 이미 적들이 차지하여 지키고 있었다. 이때 지금의 하북성 경현 남쪽에 있는 수현蓨縣 현령 전주田疇가 계책을 내 이 난관을 극복케 되었다.

오환족은 조조군이 2백여 리 앞으로 박두했을 때 비로소 이를 알아챘다. 오환족의 대인들이 원상과 원희 형제와 함께 수만 명의 기병을 이끌고 나와 조조군과 대치했다. 이해 8월 조조군이 지금의 요녕성 능원현 일대인 백랑산白狼山 동남쪽에 올랐을 때 돌연 적군과 조우하게 되었다. 조조가 높은 곳에 올라 바라보니 적진이 대오를 이루지 못한 채 매우 어지러운 모습을 보였다. 조조가 곧 제장에게 명하여 이들을 치게 하자 제장들이 급히 산 아래로 쳐내려가 적들을 격멸했다. 투항한 적병의 수가 무려 20여만 명에 달했다.

이 와중에 요동선우 속복환速僕丸과 요서의 대인 등이 원상 및 원희와 함께 요동태수 공손강公孫康에게 도망갔다. 그들에게는 아직도 수천 명의 기병이 남아 있었다. 당시 공손강은 요동이 허도와 멀리 떨어져 있는 것만 믿고 조조에게 복종하지 않았다. 제장들이 조조에게 건의했다.

"요동태수 공손강이 오래 조정에 불복하고 있는 데다가 이제 원희와 원상이 가서 몸을 의탁했으니 필시 후환이 될 것입니다. 그러니 그가 움직이기 전에 속히 치는 것이 좋을 듯합니다."

조조가 호언했다.

"나는 바야흐로 공손강이 원상과 원희를 잡아 그 수급을 바치도록 할 것이오. 굳이 출병할 이유가 없소."

이해 9월 조조가 유성에서 철군하자 얼마 안 돼 과연 공손강이 원상과 원희의 수급을 나무 상자에 넣어 조조에게 보냈다. 장령들이 모두 깜짝 놀라 물었다.

"공손강이 과연 원상과 원희 등을 죽였으니 어찌된 일입니까?"

조조가 대답했다.

"공손강은 평소 원상과 원희를 두려워했다. 내가 급히 몰아세우면 그들은 연합할 것이나 느슨하게 놓아두면 그들은 서로 해치게 되어 있었다. 형세가 그러했다."

조조의 뛰어난 병략이 약여하게 드러난 대목이다. 제장들이 조조에게 감복한 것은 말할 것도 없다. 이듬해인 건안 13년(208) 5월 조조가 업성으로 환군했다. 당시 조조는 오환족 정벌에 크게 만족해했다. 북방을 안정시키고 원씨 세력을 완전히 제거하여 심복지환을 제거했기 때문이다. 공손강이 복속함으로써 유주와 기주의 위협이 사라지게 되었다. 이로써 조조는 북방 영토를 둘러싼 원소와의 각축전에서 최후의 승리를 거두고 모든 역량을 남정南征에 기울일 수 있게 되었다. 병귀신속의 속도전이 거둔 개가다. 조조는 「작전」에 주석을 달면서 '병귀신속'을 다음과 같이 풀이했다.

"『손자병법』에는 전쟁에서 이긴 뒤에 공을 세운 사람에게 나눠주는 포상금 등은 전비에 포함되어 있지 않다. 이를 합치면 전비는 더욱 늘어날 수밖에 없다. 지구전이 되면 병사들의 사기가 꺾이고 활과 화살이 무뎌져 피폐해진다. 보급이 어려워진다는 것은 민력이 다했다는 것을 의미한다. 전쟁이 오래가면 불리하다. 전쟁은 마치 불과 같아 만일 신속히 끝내지 않으면 장차 자신을 태우고야 말 것이다."

삼국시대에는 모두 1백여 차례의 크고 작은 전쟁이 잇따랐다. 조조는 거의 모든 삶을 전장에서 보냈다. 그는 이겼을 때나 졌을 때나 병귀신속의 원칙을 엄수했다. 특히 패했을 때 신속히 결단해 철군하는 모습을 보였다. 한중을 포기할 때 계륵의 미련을 버리고 신속히 퇴각한 것이 그 좋은 실례다. 관동의 호걸들이 동탁 토벌의 연합군을 결성했을 때 조조가 제시한 계책이 바로 병귀신속에 입각한 속전속결이었다.

조조는 관중의 장수가 형주의 유표와 손을 잡고 완성으로 진출해 허도를 기습하려고 하자 곧바로 여포에 대한 공격을 멈추고 군사를 돌렸다. 원소와 건곤일척의 관도대전을 벌일 때에도 병귀신속의 원칙에 입각해 대승을 거두었지만 곧바로 허도로 돌아왔다. 삼국시대 당시 조조만큼 병귀신속의 원칙을 철저히 지킨 사람도 없다.

화용도의 퇴각

원래 속전속결의 속도전은 신중을 기할 필요가 있다. 이를 전장이 아닌 사회현실에 그대로 적용할 경우 거의 예외 없이 슬로건으로 전락해 커다란 부작용을 초래할 우려가 크기 때문이다. 대표적인 예가 북한이다. 북한에서는 속도전이 일상용어로 정착돼 있다. 북한 측의 설명이다.

"속도전의 전戰은 전쟁의 뜻이 아니라 인민들의 사상관점과 사고방식, 사업태도와 활동방식에서 근본적인 전환을 일으키기 위한 투쟁의 뜻이다."

이는 인민들의 노동력 착취를 호도한 것에 지나지 않는다. 『삼국연의』는 조조가 적벽대전 패배 후 화용도華容道를 빠져나갈 당시 북한의 속도전을 방불하는 모습으로 퇴각을 서두르다가 낭패를 보는 것으로 그려놓았다. 제갈량의 명을 받은 관우에게 가로막힌 조조가 눈물을 글썽이며 애걸복걸하여 간신히 위기를 빠져나오는 모습이 그것이다.

과연 그랬을까? 이는 「무제기」의 배송지주에 인용된 『산양공재기山陽公載記』의 다음 기록을 윤색한 것이다.

"조조는 장강의 수채에 있던 배들이 불타게 되자 군사들을 이끌고 화용도를 통해 돌아오게 되었다. 이때 진흙 수렁을 만난 데다 하늘에서는 거세게 바람까지 불었다. 이에 군사들에게 풀을 베어 지고 와 진창을 메우도록 해 간신히 기병들을 통과시켰다. 그러나 피로하고 지친 군사들 중에는 사람이나 말에 밟혀 진창 속에 빠져 죽는 자가 속출했다. 군사들이 화용도를 빠져나오자 조조가 크게 웃으며 기뻐했다. 여러 장수들이 그 까닭을 묻자 조조가 말하기를, '유비는 나와 수준이 같은 자이지만 계책을 세우는 것은 나보다 한 수 아래다. 그가 만일 일찍이 불을 놓았다면 우리는 필시 전멸했을 것이다'라고 했다. 유비가 뒤늦게 불을 놓았으나 이에 미치지 못했다."

산양공은 조비가 황제로 즉위한 뒤 황제에서 공으로 강등된 헌제를 말한다. 『산양공재기』 역시 조조를 왜곡해 놓은 대표적인 기록에 속한다. 조조를 심흑과 경박輕薄의 상징으로 그려놓은 내용이 이를 뒷받침한다.

당시 조조군이 화용도를 어렵게 빠져나온 것은 사실이나 관우 등의 복병을 만난 적은 없다. 다만 경황없이 퇴각하는 와중에 큰 바람까지 부는 바람에 적잖은 수의 병사가 진창에 빠져 죽었다. 나폴레옹군이 러시아에서 퇴각할 때 동장군冬將軍에 의해 타격을 입은 것과 닮아 있다. 이런 상황에서 조조가 화용도를 빠져나오자마자 경망스럽게 낄낄대며 유비를 비웃을 리 없다. 이 대목은 조조를 어릿광대로 왜곡해 놓은 대표적인 사례에 해당한다.

전격전과 몽골군

현대전에서 적의 저항을 급속히 분쇄함으로써 전쟁을 빨리 끝내기 위하여 기동과 기습을 최대한 활용하는 싸움을 '전격전'이라고 한다. 제2차 세계대전 개전 당시 독일이 구사한 전술이 번개와 같이 빠른 진격이라는 뜻의 독일어 블리츠크리그Blitzkrieg로 되어 있는 점에 주목한 일본이 이를 '전격전'으로 번역한 게 계기로 작용했다. 이 전술은 제2차 세계대전 당시 독일의 전차부대가 공군의 지원에 힘입어 적의 방어선을 돌파하면 후속부대가 이를 확장해 적의 방어선을 절단하고, 뒤따르는 보병부대가 고립된 적의 부대를 차례로 섬멸한 데서 나왔다. 제1차 세계대전 말기인 1918년 독일군이 춘계대공세에서 사용한 전술과 크게 다르지 않다. 단지 방어선을 돌파할 때 포병 대신 공군을 동원하고 돌격부대로 보병 대신 전차부대를 투입한 것만이 다를 뿐이다. 제1차 세계대전 이후 30년 사이 속도전이 일상화한 덕분이었다.

그러나 전격전에도 단점은 있었다. 공군의 지원이 없으면 선두부대의 돌격전이 어렵고, 반격을 당할 경우 오히려 적진 내에서 고립될 위험이 컸다. 독일군은 제2차 세계대전은 물론 제1차 세계대전 때 역시 클라우제비츠의 『전쟁론』에 충실했다. 적의 주력군 섬멸殲滅을 목표로 삼은 게 그렇다. 독일군의 기본 교범이었던 1933년판 『부대지휘론』이 그 증거다. 그 내용을 보면 적진 돌파의 선봉에 서는 기갑부대가 적 주력군과의 교전을 회피하는 현재의 교범과 정반대이다. 제1차 세계대전 때처럼 진지전의 지구전으로 변질되는 것을 막기 위한 것이었다. 실제로 돌파에 투입된 독일의 기계화 부대는 섬멸전에 깊이 참여했다. 현대전에서 '전격전'의 원조는 독일인 셈이다.

그러나 영어권 군사학계는 이를 부인하고 있다. 영국의 군사학자인 존 퓰러와 전쟁사학자 리델 하트의 영향을 받아 『부대지휘론』이 나오게 됐다는 것이다. 퓰러의 기갑전機甲戰과 심리타격전心理打擊戰 사상을 포함해 리델 하트의 간접접근間接接近 전략이 독일의 '전격전' 창안에 지대한 공헌을 했고, 소련도 이를 흉내 내 종심작전縱深作戰 이론을 만들어냈다는 게 골자다. 이런 주장은 리델 하트의 『전략론』이나 퓰러의 『기계화전』을 포함해 미국의 군사외교 칼럼니스트인 맥스 부트가 지난 2006년에 펴낸 『전쟁이 만든 신세계』 등에 거듭 나오고 있다. 독일 연방군 육군대령인 프리저의 『전격전의 전설』에 따르면, 퓰러의 『기계화전』과 리델 하트의 『전략론』이 『부대지휘론』의 배경이 됐다는 사료적 근거는 없다. 나아가 소련의 종심작전 이론은 러시아 혁명 이후 내전을 겪으면서 러시아 군사전문가인 투하체프스키가 주도적으로 만들어냈다는 게 통설이다. 일각에서 종심작전 이론을 '소련식 전격전 이론'이라며 소련이 독일을 모방한 증거로 제시하고 있으나 이는 원래 독일에서 이미 오래전에 확립된 이론이다. 그 연원은 프로이센 시절까지 거슬러 올라간다.

사방으로 적에 둘러싸인 프로이센은 지정학적으로 늘 양면전쟁 내지 다면전쟁을 염두에 두지 않을 수 없었다. 프로이센은 이런 불리한 상황을 타개하기 위해 3가지 원칙을 견지했다. 첫째 기동전, 둘째 포위전, 셋째 섬멸전이 그것이다. 신속히 움직여 하나의 적을 포위해 섬멸한 뒤 다시 신속히 이동해 또 하나의 적을 포위해 섬멸하는 식이다. 이 전술은 제1차 세계대전 당시 화력이 기동보다 중시되면서 일시 수면 아래로 가라앉았으나 과학기술의 발전으로 다시 기동이 중시되자

제2차 세계대전 때 화려하게 부활했다. 전격전의 원류가 영국식 기동전이라는 주장은 영어권 군사학계의 일방적인 주장에 불과하다. 프리저의 『전격전의 전설』에 나오는 히틀러 치하의 독일군 참모총장 출신 프란츠 할더의 다음 언급이 그 증거다.

"전 세계 국가들이 독일군의 새로운 전쟁수행 방법 전격전을 연구하고 있으나 그런 것은 존재하지도 않았다. 왜냐하면 전쟁이란 항상 임기응변으로 수행해야 하는 것이기 때문이다."

서방 학계는 투하체프스키가 퓰러의 『기계화전』 러시아어판에 추천사를 쓴 점에 주목해 왔지만 그 이상의 관계를 입증할 자료는 없다. 투하체프스키가 퓰러에 관심을 보인 것은 추천사를 써준 게 전부이다. 오히려 그는 나중에 소수 정예병이 다수의 징집병을 압도한다는 퓰러의 주장을 이같이 비웃었다.

"미국과 영국이 전쟁을 벌인다고 가정해 보자. 전장은 미국과 캐나다 국경이다. 양군은 모두 완전히 기계화되어 있다. 그런데 영국군은 퓰러가 좋아하는 18개 사단을 가지고 있고 미국은 180개 사단을 가지고 있다. 영국은 전차 5천 대와 항공기 3천 대, 미국은 전차 5만 대와 항공기 3만 대를 가지고 있다. 규모가 작은 영국군은 손쉽게 무너질 수밖에 없다. 기계화 혹은 기동화되었지만 규모가 현저히 작은 부대가 미래 전쟁을 주도한다는 것이 망상이라는 게 확실하지 않은가? 오직 멍청한 자들만이 퓰러를 진지하게 받아들인다."

소련의 긴 국경을 감안할 때 아무리 최정예군일지도 18개 사단으로 나라를 지킨다는 것은 있을 수 없는 일이다. 소련 역시 독일과 마찬가지로 기동전을 선호했다. 투하체프스키의 종심작전 이론은 그 연장선 위에 있다. 적진의 한가운데를 돌파한 후 교전을 피하고 후방 사령부나 보급기지로 급속히 이동해 심리적 타격을 안겨주는 이른바 충격군衝擊軍이 요체이다. 실제로 충격군은 소련군 기갑부대에 편제됐다. 심리타격전은 오히려 소련이 먼저 창안한 셈이다.

풀러와 리델 하트가 전차부대의 기동타격 가능성에 주목한 것은 평가할 만하다. 그러나 이들이 전격전의 선구였다는 주장은 허구에 지나지 않는다. 주목할 것은 동양에서는 이미 수천 년 전에 전차부대의 기동타격 가능성과 전격전 전술을 제시했다는 점이다. 『육도』「호도편 군용」에 다양한 종류의 기동타격 전차가 등장하고 있는 게 그 증거다. 5백 년에 걸친 춘추전국시대의 난세상황이 만들어낸 산물로 볼 수 있다.

역사상 전격전을 가장 잘 구사한 대표적인 사례로 징기스칸이 이끈 몽골 기마군단을 들 수 있다. 당시 몽골군은 100퍼센트 기병으로 구성된 막강한 무력을 보유했다. 최고의 속도를 자랑하는 정예병이었다. 몽골이 인류 역사상 가장 방대한 영역의 제국을 건설한 배경이다. 몽골군은 전체 군사의 40퍼센트를 중기병, 나머지 60퍼센트를 경기병으로 구성했다.

주목할 것은 바로 주력군이 뛰어난 기동력을 보유한 경기병으로 구성된 점이다. 이는 몽골군이 병법에서 말하는 속도전을 중시한 결과로 볼 수 있다. 실제로 몽골군은 소위 '스웜Swarm 전술'의 대가였다. 적을 포위한 뒤 집중포화를 퍼부어 적을 섬멸하는 전술을 말한다. 벌떼처럼 한 방향으로 몰려간다는 뜻에서 나온 말이다. 이 전술은 중앙아시아 유목민들이 통상 사용한 전술이기도 하다.

지구상에 출현한 유목민족 중 몽골군은 스웜 전술을 가장 잘 구사한 경우에 속한다. 전문가들은 몇 가지 특징을 들고 있다. 전술뿐만 아니라 전략 차원에서도 이를 구사했고, 하급 지휘관들에게 상당한 결정권을 허락해 변화무쌍한 전장상황에 잘 적응케 했고, 적진에 대한 정확한 분석을 토대로 한 정보전에서 앞섰고, 기동력을 바탕으로 한 속도전에서 압도적으로 유리했고, 파괴력이 뛰어난 장거리 화력을 보유한 점 등이 거론된다.

당시 몽골 활은 유럽의 롱보우와 비교해 무게는 가벼우면서도 화력은 훨씬 뛰어났다. 롱보우는 큰 덩치에도 불구하고 75파운드의 힘과 250야드의 사거리밖에 안 된다. 그 반면에 훨씬 작은 몽골 활은 100-160파운드의 힘과 350야드의 사거리를 지니고 있었다. 몽골군은 장단거리 활을 이용한 경기병 공격이 끝나면 중기병을 내보냈다. 적의 방어벽이 무너지고 틈이 보이기 시작할 즈음 12피트 길이의 창으로 무장한 중기병이 돌격전을 펼쳐 결정타를 날리는 수법을 구사한 것이다. 적을 포위하지 못하는 상황이 발생하면 이들은 소위 '망구다이Mangudai 전술'을 썼다. 이는 후퇴하는 척하며 적의 일부를 유인해 본대로부터 멀리 떨어뜨린 후 집중포화를 퍼부어 섬멸하는 전술을 말한다.

몽골군은 적의 배후를 공격해 그 힘을 분산시키고, 적들이 힘을 결집할 틈을 주지 않기 위해 연속적인 타격을 가하는 수법을 구사했다. 이를 제도적으로 뒷받침하기 위해 30킬로미터마다 역참驛站을 설치했다. 30킬로디터는 말이 탈진하지 않고 최고의 속도를 낼 수 있는 거리다. 수천 개에 달하는 역참은 점점이 흩어져 네트워크형 전달방식으로 짜여졌다.

몽골군의 진군 속도는 시속 70킬로미터에 달했다. 병사 한 사람이 말 5마리를 끌고 가면서 타고 가던 말이 지치면 곧바로 갈아타는 수법을 구사한 덕분이었다. 이들은 쾌속을 유지하기 위해 모든 수단을 동원했다. 경무장한 갑옷은 가죽 갑옷 안에 넣은 철편의 무게를 감안할지라도 7킬로그램을 넘지 않았고, 휴대식량은 말린 고깃가루와 이를 개어먹기 위한 물밖에 없었다. 당시 유럽 기사단은 70킬로그램이 넘는 중무장을 하고 있었다. 게다가 말까지 갑주를 씌운 까닭에 기동성에서 몽골 기마군의 상대가 되지 않았다.

몽골군의 속도전을 흉내 낸 사람이 나폴레옹이었다. 당시 프랑스군의 진군 속도는 1분에 120보로 적군보다 거의 2배나 빨랐다. 프랑스군이 한곳에 화력을 집중시킨 비결이 여기에 있다. 당시 막대한 병력을 보유한 오스트리아군은 숫자만 믿고 섣부른 공격을 가하다가 이내 순식간에 불어난 프랑스군에 포위돼 궤멸을 당하곤 했다. 이 또한 일종의 스웜 전술에 해당한다.

1798년 5월 나폴레옹은 6만 대군을 이끌고 눈 덮인 알프스 산맥을 넘어갔다. 이탈리아 주둔군을 포위 공격하던 오스트리아군을 역으로 포위해 궤멸시킨 비결이다. 이때 내 사전에 불가능은 없다는 말이 나왔다. 그는 부하들이 소수의 병력으로 승리를 거둔 것을 칭송하자 이같이 반박했다.

"맞는 말이다. 우리는 전체 병력에서 늘 소수였다. 그러나 적과 만나는 접점에서만큼은 빠른 진군 속도로 늘 적보다 많은 병력을 투입할 수 있었다. 나는 언제나 다수를 가지고 소수를 이겼다."

삼국시대 당시 이와 유사한 전술로 매번 승리를 낚은 사람이 바로 조조였다. 이는 그가 『손자병법』을 새롭게 편제하면서 속도전을 강조하는 병법의 이치를 터득한 결과로 해석할 수 있다.

自强經營

조조는 당대 최고의 정치가이자 전략가였지만 그 역시 반성할 점이 있다. 『삼국연의』가 비록 제갈량을 미화하기 위해 조조군의 적벽대전 패배 사실을 과장되게 표현해 놓기는 했으나 그 스스로가 화를 초래한 측면이 있는 것만은 부인할 수 없다. 이는 기본적으로 조조의 자고자대에서 비롯됐다.

15/ 자강경영

과거 영광을 잊어라

孫子曰, '見勝不過衆人之所知, 非善之善者也.' 曹公曰: 當見未萌. 易見聞也. 敵兵形未成, 勝之無赫赫之功也.

손자가 말하기를,

'승리를 예측하는 것이 일반인 수준을 넘지 못하면 빼어나게 고명하다고 말할 수 없다'고 했다. 조조가 말했다. 이는 승패가 너무 빤한 까닭에 일반인은 물론 적군조차 그 속내를 알아챈다는 뜻이다. 세인의 눈에 띄기 위해 애쓰는 자는 흔해빠진 자에 불과하다. 뛰어난 장수는 적군이 출동하기 이전에 이미 외교술 등의 계책을 동원해 적을 무릎 꿇게 만드는 까닭에 세인의 입에 오르내릴 만한 혁혁한 전공이 없다. 『손자약해』「군형」

민란과 기의

원래 농민봉기는 새로운 왕조가 출현하는 전주곡의 성격을 띠고 있다. 기존의 왕조가 부패해 더 이상 기대할 게 없는 상황에서 일어나는 현상이 이를 뒷받침한다. 봉기의 일차 원인은 굶주림이다. 농민들은 자연재해와 탐관오리의 수탈로 먹을 게 없어지면 일단 초근목피로 연명하다가 다음해를 기다릴 수도 없는 절박한 처지에 빠지게 되면 최후의 수단으로 봉기를 택하는 것이다.

이들이 표출하는 분노는 오랫동안 누적되었던 울분이 일시에 터지는 까닭에 엄청난 파괴와 약탈을 초래할 수밖에 없다. 농민봉기군의 파괴성은 우두머리의 지휘를 받는 반군세력보다 훨씬 심각하다. 조조는 물론이고 원소와 유비, 손견 등을 비롯해 심지어 동탁에 이르기까지 대부분의 군웅들이 황건적에 대한 토벌을 계기로 몸을 세운 것도 이와 무관하지 않다.

현재 중국에서는 황건적의 난을 기의起義로 평가하여 이들을 황건군으로 통칭하고 있다. 이로 인해 이들이 빚어낸 파괴적인 양상이 상당부분 호도되고 있다. 황건적의 난을 기의로 평가한 나머지 토벌전에 나선 조조의 행보를 부정적으로 평가하는 것은 본말이 전도된 것이다.

농민봉기군은 처음부터 지도자를 갖춘 반군叛軍과 달리 단순히 탐오貪汚한 관원을 몰아내기 위해 두서없이 일어서는 까닭에 무법천지를 연출하게 된다. 이는 왕조의 지방조직을 와해시켜 군벌등장의 배경으로 작용한다. 토벌에 나선 관원 내지 토호들이 딴마음을 품고 귀순하는 자들을 속속 사병私兵으로 거둬들이면 순식간에 군벌로 성장할 수 있다.

삼국시대는 말할 것도 없고 역대 왕조의 교체 역사 모두 예외 없이 이런 과정을 거쳤다. 삼국시대 당시 가장 먼저 반란토벌 명목으로 세력을 키워 후한제국의 실권을 장악한 인물이 바로 동탁이었다. 조조와 유비, 손견 등도 정도의 차이만 있을 뿐 유사한 과정을 통해 군벌로 성장했다.

사실 황건적의 난은 이미 오래전에 예견된 것이었다. 『후한서』에 따르면 황건적의 난이 일어나기 전에도 이미 수십 년간에 걸쳐 거의 1년 반에 1번꼴로 농민봉기가 일어났다. 당시 봉기에 참여한 농민들의 수는 적게는 몇천 명에서 많게는 수십만 명에 이르렀다. 그 중에는 1백만 명이 넘는 것도 있었다. 황건적의 난은 간신히 잔명을 이어가던 후한제국의 운명이 사실상 끝났음을 알리는 일종의 조종弔鐘에 해당했다.

황건적의 토벌과정에서 자연스럽게 등장한 군벌들의 할거는 크고 작은 황제가 난립한 것이나 다름없었다. 이는 백성들의 입장에서 볼 때 관원들의 부패보다 훨씬 나쁜 것이었다. 도탄에 빠진 백성들이 속히 힘 있는 자가 나와 도처에 난립한 군벌을 차례로 타도하고 새로운 질서를 구축해 안정된 삶을 마련해 주길 고대한 것은 당연한 일이다. 백성들의 이런 여망에 가장 적절하게 부응한 인물이 바로 조조였다.

객관적으로 볼 때 후한제국 말기의 어지러운 상황에서 난세평정의 큰 뜻을 세우고 부단히 노력한 사람은 조조밖에 없었다. 원소와 유비, 손권 등에게서는 이런 모습을 보기가 어렵다. 원소는 사세오공四世五

公의 집안배경을 토대로 황제의 자리에 오르고자 한 야심가에 지나지 않았다. 유비 역시 난세의 시기에 적극 편승해 인생역전을 꾀한 인물에 불과하다. 그가 입만 열면 구두선처럼 되뇐 한실은 새로운 왕조의 출현을 갈망하는 민심과 배치되는 것이었다. 황건적이 새 왕조가 들어설 것이라고 선전하며 1백만 명에 달하는 농민군을 결성한 게 그 증거다. 손권 역시 부형이 이뤄놓은 기왕의 업적을 잃지 않기 위해 노력한 인물에 불과하다.

그런 점에서 조조는 비록 천하통일의 대업을 이루지는 못했으나 군벌과 호강한 자들의 폭압으로부터 백성들을 구제하고자 하는 제폭구민을 실현시키기 위해 노력한 인물로 평할 수 있다. 실제로 그의 삶은 백성들을 폭압하는 군벌들을 차례로 토벌하는 것으로 점철됐다. 그가 수복한 지역 모두 그가 내놓은 각종 민생정책 덕분에 이내 안정을 되찾은 사실이 이를 뒷받침한다. 그는 삼국시대 군웅 중 『주역』이 역설하는 자강불식의 의미를 가장 정확히 통찰한 인물이었다.

자고자대와 역사의 거울

국가든 기업이든 공동체를 이끌어가는 지도자는 반드시 겸손해야 한다. 자만은 공동체의 쇠망을 자초하는 최악의 병이다. 당태종이 말했듯이 지도자들은 늘 동감銅鑑과 사감史鑑, 인감人鑑 등 3가지 거울을 통해 늘 자신을 되돌아보며 허물을 범하지 않도록 해야 한다. 자고자대自高自大를 경계하기 위해서다. 조조도 자고자대로 인해 참패를 당한 적이 있다. 적벽대전이 바로 그것이다.

흔히 자신이 최고인 줄 알고 떠벌이는 자고자대의 인물을 두고 야랑자대夜郎自大로 비유한다. 우리말의 '하룻강아지 범 무서운 줄 모른다'는 속담과 같은 취지이다. 『사기』「서남이열전」에 이에 관한 고사가 나온다.

전국시대 중엽 중국 서남부의 소수민족 중에 야랑이라는 비교적 큰 부족이 있었다. 전국시대 후기 초나라가 진나라를 공략하여 영지 탈환에 성공하자 야랑 등의 부족연맹이 항복했다. 진시황이 천하를 통일하자 야랑국도 제국의 판도 안에 들어갔다. 진제국이 패망한 후 한제국이 흉노 대책에 쫓겨 서남지방을 돌볼 틈이 없자 이 틈을 타 야랑 등 소수민족은 각각 왕후王侯를 칭하며 자립했다. 당시 야랑후夜郎侯는 야랑이 천하의 대국이라고 생각했다. 하루는 영내를 순시하다가 좌우에게 물었다.

"이 세상에서 어느 나라가 제일 큰가?"

"야랑이 제일 큽니다."

앞에 있는 높은 산을 가리키며 물었다.

"천하에 이보다 더 높은 산이 있느냐?"

"이보다 더 높은 산은 없습니다."

강가에 이른 후 다시 물었다.

"이 강이 세상에서 가장 긴 강이겠지?"

"물론입니다."

야랑후는 이내 자신이 세상에서 가장 위대하다고 생각했다. 이때 한무제의 사자가 인도로 가는 길을 찾던 중 야랑국을 통과하게 되었다. 야랑후가 한나라 사자에게 물었다.

"한나라와 야랑 중 어느 나라가 큰가?"

"한나라는 수십 개의 군을 가지고 있고, 야랑은 그 한 군만도 못합니다!"

여기서 자기 분수를 모르고 위세부리는 것을 뜻하는 '야랑자대' 성어가 나왔다. 야랑자대의 가장 큰 문제점은 반성을 통한 발전 가능성을 스스로 차단하는 데 있다. 이는 자칫 나라의 존망을 좌우하는 중차대한 결과를 가져올 수 있다.

조선조는 명나라 패망 후 소중화小中華를 자처하며 일본을 도이島夷로 얕보다가 3백 년 뒤 패망하고 말았다. 왜란이 발발하기 2년 전인 선조 23년(1590) 3월 서인의 황윤길과 동인의 김성일 등이 일본을 시찰하기 위해 통신사 명목으로 일본을 방문해 도요토미 히데요시까지 만나보았다. 이듬해 3월에 귀경한 이들은 서로 상반된 보고를 했다. 조선의 조정은 갑론을박 끝에 왜군이 침공할 가능성이 없다는 쪽으로 결론을 내렸다.

이로 인해 그간 성을 수축하는 등 전쟁에 대비한 방비작업이 일시에 중단됐다. 적국에 이상한 낌새가 조금이라도 있으면 유비무환의 차원에서 방비를 더 굳건히 해야 하는데도 오히려 방비작업에서 손을 떼는 황당한 결론을 내린 것이다. 얼마 뒤 선위사로 일본을 다녀온 오억령은 일본이 주장하는 이른바 가도입명假道入明이 사실이라고 보고했다. 조선의 길을 빌려 명나라를 친다는 뜻이다. 사실이 이런데도 조선의 조정은 오히려 이를 묵살하고 그를 파직했다.

결국 히데요시의 급작스런 죽음으로 왜군이 물러남으로써 7년간의 전쟁이 끝나 가까스로 위기를 면하기는 했으나 더 큰 문제는 그 다음에 있었다. 나라를 패망 일보 직전까지 끌고 갔던 조선조의 사대부들은 언제 그랬냐는 듯 다시 권력다툼을 일삼다가 이내 두 차례에 걸친

호란을 맞이했다. 그러나 이후에도 전혀 반성할 줄 몰랐다. 그 사이 일본의 사무라이들은 두 번 다시 실수하지 않기 위해 유성룡의 『징비록』을 손에 넣고 다음을 대비했다. 메이지유신 성사 직후 사이고 다카모리를 중심으로 소위 정한론征韓論이 비등한 배경이 여기에 있다.

조선은 참패를 면치 못한 왜란을 승리로 미화한 후 무대책으로 일관하다 3백 년 뒤 나라를 잃고 말았다. 정반대로 일본은 조선을 정벌하기 위해 3백 년 동안 절치부심한 끝에 히데오시의 유업을 성사시킨 셈이다. 일본의 침략야욕을 탓하기 전에 우물 안의 개구리식으로 안주하다 끝내 패망을 맞이한 잘못부터 반성할 일이다.

조조는 당대 최고의 정치가이자 전략가였지만 그 역시 반성할 점이 있다. 『삼국연의』가 비록 제갈량을 미화하기 위해 조조군의 적벽대전 패배 사실을 과장되게 표현해 놓기는 했으나 그 스스로가 화를 초래한 측면이 있는 것만은 부인할 수 없다. 이는 기본적으로 조조의 자고자대에서 비롯됐다.

개인이든 국가든 잘나갈 때가 위험하다. 조조는 형주를 아무 힘도 들이지 않고 접수한 사실에 도취한 나머지 손권을 너무 얕잡아보는 실수를 범했다. 이런 조짐은 익주의 유장이 브낸 장송張松을 홀대할 때부터 선명히 드러나기 시작했다. 적벽대전이 일어나기 직전 익주목 유장은 조조가 형주를 점령했다는 소식을 접하고는 크게 놀라 별가 장송을 조조에게 보내 경하하는 뜻을 전했다. 익주가 형주 다음 차례가 될까 두려워했던 것이다. 장송은 몸이 왜소하고 행동이 제멋대로였으나 식견이 매우 높은 데다 과단성도 갖추고 있었다.

『삼국연의』는 장송이 허도로 간 것으로 되어 있으나 당시 조조가 형주를 평정한 직후인 까닭에 형주로 간 게 맞다. 형주에 이른 장송은 곧 관역館驛에 들어가 여장을 푼 뒤 매일 조조를 찾아갔으나 만나기가 쉽지 않았다. 당시 조조는 유비를 깨뜨린 후 잔무를 처리하느라 매우 바빴다. 장송은 사흘을 기다린 후 비로소 조조를 만날 수 있었다. 조조가 장송에게 물었다.

"유장이 여러 해를 두고 공물을 바치지 않으니 어쩐 일이오?"

"길이 멀고 험한 데다가 또 도적이 자주 출몰하므로 공물을 바치러 오지 못했습니다."

장송의 대답에 조조가 발끈 화를 냈다.

"내가 중원을 평정했는데 무슨 도적이 있단 말이오?"

"남쪽에는 손권이 있고, 북쪽에는 장로가 있으며, 동쪽에는 유비가 있습니다. 그들 중 군사가 적은 자도 10여만 명이나 되니 어찌 태평하다고 하겠습니까?"

조조는 처음부터 장송의 인물이 추한 것을 보고 별로 탐탁하게 여기지 않았는데 말도 함부로 하는 것을 보고는 아예 소매를 떨치고 일어나 안으로 들어가 버렸다. 『삼국연의』는 이 대목에서 장송이 조조의 푸대접을 받고 앙앙불락하던 중 양수와 논쟁을 벌이는 것으로 되어 있다. 이는 물론 허구이나 조조가 장송을 푸대접한 것을 묘사한 점에서는 전혀 터무니없는 것도 아니다.

당시 장송이 익주의 지도를 바치려 했다는 것 역시 『삼국지』「촉서 · 선주전」의 배송지주에 인용된 위요의 『오서』에 등장하고 있는 점 등에 비춰 역사적 사실로 보는 게 옳다. 조조가 장송을 제대로 대접하지 않아 형주에 이어 익주를 취할 수 있는 절호의 기회를 잃은 것만은 분명하다. 이는 장송이 익주로 돌아간 뒤의 행동을 보면 쉽게 알 수 있다.

당시 장송이 조조의 홀대에 원한을 품고 익주로 돌아가자 유장이 궁금해하며 대뜸 물었다.

"갔던 일은 어찌되었소?"

장송이 조조를 크게 비난했다.

"조조가 워낙 역적이라 천하를 독차지하려 하니 어찌 믿을 수 있겠습니까. 또한 그자가 진작부터 우리 익주를 빼앗으려고 벼르는 모양입니다."

"그럼 이 일을 장차 어찌하면 좋겠소?"

"저에게 계책이 하나 있습니다. 유비는 주공과 마찬가지로 한실의 종친입니다. 그는 천성이 인자하고 관후하며 장자의 풍도가 있습니다. 주공은 부디 그에게 사자를 보내 화친을 맺으십시오. 그가 밖에서 도와주면 가히 조조나 장로를 막을 수 있을 것입니다."

장송이 조조와의 관계를 단절하고 유비와 동맹을 맺을 것을 권하자 유장이 이를 따랐다. 이를 두고 습착치는 『한진춘추』에서 이같이 평해놓았다.

"예전에 제환공이 일단 공을 세우고 자만하자 아홉 나라가 이반했다. 조조도 잠시 득의하여 자만한 나머지 천하가 셋으로 나뉘게 되었다. 수십 년 동안 어렵게 근면히 쌓아온 대업이 일순간에 훼손되니 어찌 가석한 일이 아니겠는가."

당시 조조는 이미 형주를 평정하고 유비를 뒤쫓고 있던 중이라 장송을 불러 기용할 생각을 하지 못했다. 만일 이때 조조가 조금만 주의를 기울여 장송을 제대로 대접하기만 했다면 익주는 유비의 손에 들어가기 전에 조조에게 넘어왔을 공산이 컸다. 그리됐으면 동오도 쉽게 도모해 당대에 천하를 통일할 수도 있었다. 조조로서는 천재일우의 기회를 놓친 셈이다. 자고자대가 불러온 뼈아픈 실책이 아닐 수 없다.

더 큰 문제는 적벽대전 패배 이후 본인의 자고자대에 따른 실수를 전혀 반성하지 않은 데 있다. 이는 이후 한중대전에서 득롱망촉의 실수로 이어졌다. 천하통일을 이룰 수 있는 절호의 기회는 결국 이렇게 해서 무산되고 말았다. 자신의 주제도 모르고 터무니없는 자만심에 빠지는 야랑자대도 문제지만 너무 일이 순탄하게 풀린다고 해서 자고자대에 빠지는 것 또한 야랑자대만큼이나 위험하다.

『주역』과 자강불식

고금동서를 막론하고 인간경영에 성공하려면 늘 스스로를 낮추면서 끊임없이 연마해야 한다. 현실에 안주하는 순간 이내 뒤처지기 때문이다. 그러나 이게 쉽지 않다. 개인이든 국가든 어느 수준에 올라가면 이내 자만에 빠지기 십상이기 때문이다. 『주역』이 쉬지 않고 스스로를 채찍질하는 소위 자강불식自强不息을 역설한 이유가 여기에 있다. 『주역』「건괘」의 상전象傳에 다음과 같은 구절이 나온다.

"천체의 운행은 건실하다. 군자는 이로써 스스로 힘쓰며 쉬지 않는다."

천지만물의 변화는 어긋남이 없다. 군자는 이를 본받아 늘 심신을 단련해 부지런히 학식과 덕행을 연마해야만 한다. 이는 남에게는 너그러우면서 자신에게는 엄격하라고 주문한 것이나 다름없다. '호랑이 부친에게 개자식이 없다'는 중국 속담도 이런 맥락에서 나온 것이다.

그러나 사서를 보면 이와 전혀 다른 현상을 볼 수 있다. 소위 호부견자虎父犬子가 그것이다. 훌륭한 부친 밑에 못난 자식이 나온 경우를 말한다. 오히려 이런 경우가 더 많았다. 부친은 일세를 호령한 천하의 영웅인데 자식은 천하의 망나니인 경우가 그렇다.

전한제국을 세운 한고조 유방과 여후呂后 소생의 태자 유영劉盈이 바로 이 경우에 속한다. 부친의 뒤를 이어 즉위한 혜제惠帝 유영은 보위에 오른 후 시종 정무를 거들떠보지도 않은 채 황음한 모습만 보이다 요절하고 말았다. 일각에서는 모후인 여후가 유방 사후 유방의 총애를 입었던 척부인戚夫人의 사지를 끊어내고 눈을 멀게 해 인간 돼지인 소위 인체人彘를 만든 것에 충격을 받은 탓으로 본다. 이유야 여하튼 그가 황제로서 방탕한 모습만 보이다 요절한 것만은 부인할 수 없다.

삼국시대 당시 촉나라 유비의 뒤를 이어 유선도 크게 다르지 않다. 그는 42년 동안 재위했다. 비록 제갈량과 같은 현신이 보좌하기는 했으나 결국 패망을 면치 못했다. 그는 포로가 된 후 오히려 즐거워하며 촉 땅을 그리워하지도 않았다. 살아남기 위한 고육책이었다는 해석이 있으나 옹졸하기는 마찬가지다.

서진의 무제 사마염의 아들 진혜제 사마충도 '호부견자'의 사례로 거론된다. 그는 중국의 역대 황제 중 유일한 '백치황제'이기도 했다. 많은 백성들이 먹을 양식이 없어 굶어죽었다는 보고를 받은 그는 커다란 눈알을 굴리며 생각하는 모습을 보이더니 이같이 물었다.

"백성들은 먹을 양식이 없으면 왜 고기로 죽을 쑤어먹지 않는 것인가?"

수문제 양견에게는 황음무도한 아들 수양제 양견이 있었다. 당태종 이세민에게도 나약한 고종 이치가 있었다. 결국 측천무후가 당나라를 빼앗아 주나라를 세웠다. 명태조 주원장의 경우도 어질기만 한 태자가 일찍 죽는 바람에 황태손인 건문제 주윤문에게 보위를 넘겼다가 결국 내란을 자초했다. 보위는 이내 연왕 주체에게 넘어가고 당시 주윤문은 남경의 궁궐이 불타는 와중에 죽었는지 살았는지 지금까지 논란이 그치지 않고 있다.

남북조 때 북주의 명군 무제 우문옹字文邕과 그의 아들인 선제 우문빈字文贇의 관계도 이에 해당한다. 북조는 우문옹의 치세 때 하나로 통일됐다. 그의 신무神武는 뛰어난 바가 있었다. 그는 절검을 숭상해 평소 베로 만든 옷과 이불을 사용했다. 금은보옥 장식을 몸에 지닌 적이 없다. 궁궐과 의복 역시 사치를 일절 금했다. 이전의 왕조가 축조한 화려한 궁궐 장식을 모두 떼어내게 했다. 19년의 재위기간 동안 만기를 친재親裁하면서 고씨의 북제를 멸해 북중국을 통일했다.

『주서』를 비롯한 여러 사서는 우문옹이 늘 아랫사람에게 겸허한 모습을 보이며 '자강불식'했다고 기록해 놓았다. 친정에 나설 때면 걸어서 산곡과 위험한 계곡을 지나는 수고를 아끼지 않았다. 이는 일반인조차 견디기 어려운 일이다. 그러나 우문옹은 이를 달게 여겼다. 그는 행군 때 병사가 맨발로 걷는 모습을 보고는 친히 자신의 신발을 벗어 신겨주기도 했다. 적과 대치했을 때는 친히 시석矢石을 무릅쓰고 선봉에 섰다. 여러 번 제왕의 몸으로 적진으로 돌진하기도 했다. 제나라를 멸한 후 북쪽으로 돌궐의 항복을 받고 남쪽으로 진나라를 깨뜨렸다.

당시 북주의 기세에 비춰 1, 2년 내에 천하를 통일할 듯이 보였다. 그러나 그는 북벌 도중 문득 폭질暴疾에 걸려 진중에서 숨을 거뒀다. 당시 그의 나이 36세였다. 그의 유조에 의해 태자인 우문빈이 즉위했다. 그가 바로 북주의 선제이다. 그는 아직 20세가 되지 못했다.

무제 우문옹은 살아있을 때 아들 우문빈에게 매우 엄하게 대했다.

조그마한 잘못이라도 저지르면 큰 몽둥이로 사정없이 후려치며 이같이 경고했다.

"예로부터 지금까지 폐위된 태자가 적지 않다. 어찌 다른 자식이 대통을 잇지 못할 리 있겠는가?"

그는 동궁의 관속에게 매달 태자의 동정을 상세히 보고토록 했다. 주색을 좋아하는 태자는 온 힘을 다해 자제하는 모습을 보였다. 중신들과 함께 겨울날 새벽에 추위를 무릅쓰고 대전 문밖에서 조회가 열리기를 기다렸다. 부황의 노여움을 사 자칫 태자의 자리를 다른 동생에게 빼앗길까 노심초사했기 때문이다. 그런 그가 마침내 보위에 오르게 된 것이다. 사서의 기록이다.

"선제는 즉위하자마자 그간 억눌러 왔던 욕망을 마구 발산하고자 했다."

무제 우문옹의 영구가 도착해 아직 염이 끝나지도 않았지만 우문빈의 얼굴에는 조금도 애도하는 기색이 없었다. 오히려 부황의 매로 인해 자신의 종아리에 난 상처를 어루만지며 큰소리로 욕설을 퍼부었다.

"참으로 죽는 게 너무 늦었다!"

그는 곧바로 무제 우문옹의 비빈과 궁녀들을 불러 차례로 살펴본 뒤 미색이 뛰어난 자들은 모두 자신의 후궁으로 삼았다. 우문옹의 비빈 중에는 우문빈보다 나이가 어린 사람도 있었지만 엄연히 어머니뻘이었다. 그러나 그는 이를 전혀 아랑곳하지 않았다. 아무리 부친이 '자강불식'을 행하며 뛰어난 모습을 보일지라도 자식이 부친을 좇아 뛰어난 인물이 된다는 법이 없는 것이다.

경세제민과 주마가편

동서고금을 막론하고 경제는 정치와 구분된 적이 없고 또 구분되어서도 안 된다. 나라의 근간이 흔들리기 때문이다. 동양에서 경제를 '세상을 다스리고 백성을 구제한다' 뜻의 경세제민經世濟民으로 풀이한 사실이 뒷받침한다. 『논어』에서 말하는 '위정爲政'이 위국위민爲國爲民'으로 해석되는 것과 같은 취지다.

'위국위민'의 관건은 '부국부민'에 있다. 21세기 글로벌 비즈니스 환경에서 볼 때 '위국위민'의 선봉 역할을 수행하는 집단은 삼성과 현대기아차, LG 등의 글로벌 기업이라고 할 수 있다. 실제로 이들이 세금을 가장 많이 낸다. 이를 가능케 하는 것은 말할 것도 없이 이들 회사에 봉직하고 있는 '비즈니스맨'들이다. 최근 삼성은 기왕의 성과에 안주하지 말고 쉼없이 전진하자는 취지로 소위 마부정제馬不停蹄를 사시처럼 내세운 바 있다. 우리나라에서 통상 달리는 말에 채찍질을 한다는 뜻으로 사용하는 주마가편走馬加鞭과 같은 뜻이다. 중국에서는 '주마가편'보다 '마부정제'를 주로 사용한다. 양자 모두 자강불식과 취지를 같이하는 것은 물론이다.

지난 2010년 6월 재차 삼성제국의 지휘봉을 잡은 이건희는 '신경영선언' 17주년을 맞아 문득 사내 인트라넷을 통해 '마부정제' 정신을 역설하고 나서 많은 사람들의 관심을 모은 바 있다.

"지금 초일류 기업만이 살아남는다는 평범한 논리가 세계를 뒤흔들고 있다. 변해야 산다. 어느 기업이든 한순간에 흔들릴 수 있다. 앞으로 10년 안에 삼성을 대표하는 사업과 제품은 대부분 사라질 것이다.

세계 1위가 되기 위해 달려온 신경영 17년, 다시 시작해야 한다. 지금은 안주할 때가 아니고 '마부정제'할 때이다."

과거 독일 프랑크푸르트에서 계열사 임원들을 모아놓고 '마누라와 자식만 빼곤 다 바꿔라'라며 혁명적인 변혁을 촉구했던 '신경영 선언' 당시를 연상시키는 대목이다. '마부정제' 발언은 삼성이 소니와 도시바 등 일본의 경쟁업체를 제치고 TV와 LCD, D램 반도체 등 11개 품목에서 세계1위를 달리고 있는 와중에 나온 것이어서 그 의미는 더욱 각별할 수밖에 없었다. 당시 그가 느끼고 있는 위기의식이 간단치 않았음을 알 수 있다.

조선조 후기의 대표적 실학파인 북학파北學派는 사대부들에게 상업에 종사해 국부 증진에 일조할 것을 촉구한 바 있다. 대표주자인 박지원은 '치국평천하'에 하등 도움이 안 되는 사변논쟁이나 일삼으며 상업을 천시함으로써 나라를 좀먹고 있다고 질타했다. 이들 모두 공자의 제자인 자공의 후예에 해당한다. 통상 이들을 '유상儒商'이라고 부른다. 제갈량과 같은 학자 출신 장수들을 유장儒將이라고 부르는 것과 같은 맥락이다.

현재 세계 최고의 초일류 글로벌 기업으로 우뚝 선 애플 제국의 창업주 스티브 잡스도 일종의 '유상'이라고 할 수 있다. 아이폰과 갤럭시의 대결은 미국의 유상과 한국의 유상이 정면으로 맞붙은 것에 해당한다. 많은 국민들이 전 세계를 무대로 불철주야 열심히 뛰고 있는 한국의 유상들에게 힘찬 격려의 박수를 보내는 이유다.

賞罰經營

법가사상을 집대성한 한비자가 자신의 역저인 『한비자』에서 가장 힘주어 역설한 대목을 하나 고르라면 단연 신상필벌信賞必罰을 들 수 있다. 이는 공을 세운 자에게는 반드시 상을 주고, 그렇지 못한 자에게는 반드시 벌을 내리는 리더십의 대원칙을 언급한 것이다. 난세의 시기에 가장 빛을 발하는 덕목이기도 하다.

16/ 상벌경영

크게 상을 내려라

曹公曰: 軍法令不應預施懸也. 『司馬法』曰, '見敵作誓, 瞻功作賞.' 此之謂也.

조조가 말했다.

적을 굴복시키기도 전에 군대 법령에 따른 포상을 미리 시행할 수는 없으나 그렇다고 포상을 내걸지 않을 수도 없는 일이다. 『사마법』에 이르기를, '적과 대적할 때는 파격적인 포상을 내걸어 병사들의 사기를 높이고, 승리 후에는 그 공에 따라 대대적인 포상을 해야 한다'고 했다. 장수가 현장에서 파격적인 포상과 상규를 뛰어넘는 법령을 반포하는 이유가 여기에 있다. 『손자약해』「구지」

엄법과 상벌

조조는 평생 신상필벌의 원칙을 철저히 지켰다. 전투상황은 물론 백성들을 다스리는 경우에도 예외 없이 이를 관철시켰다. 통치상황이 각박할 수밖에 없었다. 그러나 이는 난세상황을 감안한 불가피한 조치이기도 했다. 이와 관련해 사마광은 『자치통감』에서 조조가 행한 법치를 이같이 평한 바 있다.

"조조는 공이 있는 자에게는 반드시 상을 주었고 천금을 아끼지 않았다. 그러나 공도 없이 상을 받으려는 자에게는 단 한 오라기의 털조차 나눠주지 않았다. 법을 집행하는 것이 엄려하고 긴박해 범법자는 반드시 주살되었으니 비록 범법자를 보고 눈물을 흘리며 애석해할지라도 종내 사면치 않았다."

삼국시대에 조조만큼 상과 벌을 엄정히 집행한 인물을 찾기 힘들다. 이로 인해 당시에도 조조는 많은 비난을 받았다. 그러나 난세에 천하통일의 대업을 이루기 위해서는 철저한 포상과 엄혹한 징벌이 불가피했다는 점을 감안하지 않으면 안 된다.

조조가 엄법을 구사하게 된 데에는 당시의 전쟁상황과 불가분의 관계를 맺고 있다. 조조도 장수들의 잦은 퇴각과 병사들의 도주로 고심한 적이 있었다. 건안 8년(203) 조조가 법령을 포고하면서 엄정한 군법시행을 역설하고 있는 『사마법』에 따라 퇴각한 장군을 사형에 처하고 도주한 병사의 가족에 대해 연좌제를 시행할 뜻을 밝혔다. 이는 한제국 때의 군법보다 훨씬 엄한 것이었다. 우금이 관우에게 투항한 뒤에는 다음과 같은 엄명을 내리기도 했다.

"포위된 뒤에 항복한 자는 용서치 않는다."

조조가 서주의 도겸을 토벌할 때 수만 명을 도륙하고 관도대전 때 거짓 투항한 원소군을 몰살한 것도 이런 맥락에서 이해할 필요가 있다. 조조군의 준엄한 군율은 건안 16년(211)에 이르러 천하가 평정되었다는 이유로 폐지될 때까지 무려 19년간에 걸쳐 예외 없이 집행되었다. 조조의 휘하에 가장 많은 지장과 용장들이 모여들었던 것도 조조가 신상필벌의 원칙을 철저히 구사한 사실과 무관하지 않았다.

여기에는 조조가 필벌 못지않게 신상의 원칙을 철저히 행한 것이 크게 작용했다. 관도대전 당시 원소의 책사 곽도는 오소의 군량운송부대가 궤멸하자 자신의 계책이 실패한 사실에 크게 부끄러운 나머지 원소의 면전에서 자신의 계책을 반대했던 장합을 헐뜯었다.

"장합은 우리 군사가 패한 것을 통쾌하게 여기고 있습니다."

이에 장합이 내심 분하고 두려운 마음에 이내 공격장비를 불태운 후 조조의 군영으로 가 투항했다. 그러나 조홍은 이를 거짓으로 투항하는 사항계詐降計가 아닐까 크게 의심해 쉽게 받아들이려고 하지 않았다. 순유가 조홍을 크게 질책했다.

"장합은 자신의 계책이 채택되지 않아 화가 나 투항하는 것인데 그대는 무엇을 의심하는 것이오?"

원소군은 허유가 투항한 데 이어 장합까지 가버리고 오소의 군량마저 잃게 되자 사기가 크게 떨어졌다. 그런데도 원소는 특단의 대책을 강구하지 않고 이를 만연히 대처했다. 조조가 이 틈을 놓치지 않고 곧바로 전군에 명해 일제히 진격케 했다. 원소의 병사들이 싸울 마음이 없는 데다 조조군이 사면팔방에서 노도와 같이 밀려들자 갑옷과 무기를 버리고 사방으로 도주했다.

투항과 갱살

오소 전투는 관도대전의 절정에 해당한다. 조조군의 승리는 오소에 대한 기습공격을 권한 허유와 장합의 투항이 결정적인 배경으로 작용했다. 당시 조조는 원소군으로부터 노획한 금은보화와 주단 등을 전 장병들에게 차등을 두어 골고루 나눠주었다. 이는 중원의 패권을 놓고 벌인 건곤일척의 싸움에서 승리를 거둔 장병들에게 신상 차원에서 당연히 베풀어야만 하는 조치이기도 했다. 당시 상황에 대한 기록은 사서마다 크게 엇갈리고 있다. 『삼국연의』는 이같이 묘사해 놓았다.

"이 싸움에서 원소의 군사는 8만여 명이나 전사하여 흐르는 피가 도랑을 채우고 물에 빠져 죽은 자가 부지기수였다."

이는 『자치통감』 기록과 약간 차이가 있다. 당시의 상황을 기술한 『자치통감』의 건안 5년(200) 10월의 기록에는 다음과 같은 내용이 나온다.

"원소의 군사가 크게 두려워한 나머지 돌연 혼란 속에 빠져들어 스스로 붕괴하고 말았다. 원소와 원담 등은 복건幅巾을 쓴 채 말에 올라 기병 8백 명을 이끌고 황하를 건너 도주했다. 조조의 군사가 이를 추격했으나 잡지 못하자 곧바로 돌아와 원소군의 치중과 도서, 보옥 등을 전부 거둔 뒤 투항한 원소군을 모두 산 채로 묻었다. 이때 앞뒤로 죽은 자가 모두 7만여 명에 달했다."

여기서 주목되는 것은 투항한 원소군을 모두 산 채로 묻었다는 구절이다. 『자치통감』은 이를 '진갱지盡坑之'로 표현해 놓았다. 투항한 자들을 모두 산 채로 묻었다는 뜻이다. 이는 『삼국지』 「위서 · 무제기」

에 나오는 다음과 같은 기록과 큰 차이가 있다.

"조조의 군사가 원소를 추격했으나 그를 잡지 못했다. 조조군이 원소군의 치중과 도서, 진귀한 보물 등을 전부 거두고 남아 있던 원소군을 모두 포로로 잡았다."

무리를 모두 포로로 잡았다는 뜻으로 사용된 「무제기」의 '노기중虜其衆' 표현은 '진갱지'와 비교할 때 하늘과 땅만큼의 차이가 있다. 『자치통감』은 무엇을 근거로 '노기중'을 따르지 않고 '진갱지'를 택한 것일까? 배송지주에 인용된 『헌제기거주獻帝起居注』의 기록을 보면 이와 유사한 내용이 나온다. 『헌제기거주』의 해당 내용이다.

"원소의 대장 순우경 등 8명의 목을 벤 뒤 드디어 원소군을 대파하게 되자 원소가 그의 아들 원담과 함께 급히 도주했다. 이에 모두 7만여 급을 참수하고 수억 전에 달하는 치중의 재물을 노획하게 되었다."

여기서는 '대개 목을 베었다'는 뜻의 범참수凡斬首로 기록해 놓았다. '진갱지' 구절과 비교할 때 대량학살이라는 점에서는 동일하나 그 잔인성에서 현격한 차이가 난다. 삼국시대 당시 끝까지 저항하는 적은 대개 참수형을 당했으나 투항을 할 경우는 대략 목숨을 구할 수 있었다. 『헌제기거주』에 따르면 원소군은 갱살坑殺이 아니라 참수斬首를 당한 셈이다.

당시 조조가 『자치통감』의 기록과 같이 투항한 적군을 모두 산 채로 묻었다면 이는 보통 잔인한 모습이 아닐 수 없다. 사마광은 「무제기」의 기록을 무시하고 당시의 상황을 진갱지로 바꿔놓을 만한 어떤 사료를 본 것일까? 근거로 삼은 사료가 있다. 『후한서』 「원소열전」이 그것이다. 해당 대목이다.

"원소의 병사들 중 일부는 원소가 장의거의 군중에 있다는 소식을 듣고 점차 그쪽으로 모여들었다. 그러나 원소의 나머지 병사들은 모두 조조군에 거짓 항복을 했다. 이에 조조가 이들을 모두 파묻었다. 전후에 죽은 자가 모두 8만 명이었다."

이를 통해 『자치통감』의 기록은 『후한서』의 기록을 거의 그대로 옮겨놓은 것임을 알 수 있다. 주목할 점은 『자치통감』이 『후한서』에 나오는 '거짓항복한 자'의 뜻인 위항僞降을 '단순히 항복한 자'의 뜻인 항자降者로 바꿔놓은 점이다.

사마광은 조조를 높이 평가한 인물이다. 이는 사마광에서 비롯된 것이 아닐 공산이 크다. 그렇다면 누가 이같이 기록해 놓은 것일까? 사마광과 함께 『자치통감』을 찬수했던 중서사인 유반劉攽에게 혐의를 두지 않을 수 없다. 유반은 원래 친형 유창과 더불어 나란히 진사에 급제해 화제가 된 인물로 역사에 정통했다. 일찍이 신법新法의 불편함을 논하다가 왕안석의 노여움을 사 지방으로 방출되었다가 다시 도성으로 올라와 사마광과 함께 『자치통감』을 찬수하면서 한나라 역사 부분을 전담했다. 사마광의 조조에 대한 호평에 비춰볼 때 갱살에 대한 『자치통감』의 기록은 유반의 소행일 공산이 크다.

실제로 모종강이 크게 손질한 『삼국연의』와 달리 원본에 해당하는 나관중의 『삼국지통속연의』는 『후한서』 「원소열전」의 기록을 그대로 옮겨놓았다. 『삼국지통속연의』의 해당 대목이다.

"거짓 항복한 자들이 모두 참수를 당했다. 죽은 자의 수가 8만여 명에 달했다. 유혈이 도랑을 메웠고, 익사한 자들의 모습은 마치 갈대가 꽂혀 있는 듯했다."

나관중은 참사가 일어난 배경에 대해서는 『후한서』의 기록을 좇아 위항자僞降者, 참사의 내용에 대해서는 『헌제기거주』의 기록을 좇아 개참지皆斬之라는 표현을 사용했다. 그는 여러 기록을 모두 참조해 거짓 항복한 자들이 모두 참수를 당했다고 표현해 놓은 것이다. 나관중이 경우에 따라서는 미세한 구절 하나를 놓고도 관련 사료의 취사선택에 얼마나 세심한 주의를 기울였는지를 분명히 확인할 수 있다.

조앙과 가후

조조가 필벌 못지않게 신상의 원칙을 중시했음을 방증하는 일화가 있다. 관도대전 직전 원소는 조조를 남쪽에서 위협하는 남양의 장수張繡를 자기편으로 끌어들여 협공을 가할 생각이었다. 이에 사자를 장수에게 보내 상호 연락망을 구축하는 한편 가후에게도 서신을 보내 상호 원조의 약조를 맺고자 했다. 장수가 이에 응하려고 하자 가후가 장수의 면전에서 원소의 사자에게 이같이 말했다.

"돌아가거든 원소에게 고맙다는 말과 함께 형제가 서로 용납하지도 못하는 처지에 어찌 천하의 호걸들을 용납하겠다는 것인지 묻더라고 전해주시오."

이는 원소와 원술이 서로 대립하고 있는 것을 꼬집은 것이다. 사자가 물러나가자 장수가 기겁을 하며 말했다.

"어찌 그렇게까지 말할 수 있소? 원소가 쳐들어오기라도 하면 어찌하려고 그런 것이오?"

"원소는 이곳에 오기도 전에 조조에게 제압될 것입니다."

장수가 난감해하며 물었다.

"상황이 이리되었으니 우리는 장차 누구에게 의탁해야만 하오?"

"조조를 따르는 것만 못합니다."

장수가 의아해하며 반문했다.

"원소는 강하고 조조는 약하오. 더구나 우리는 또 전에 조조와 원수진 일까지 있소. 어찌 그에게 투항할 수 있겠소?"

가후가 크게 웃으며 이같이 말했다.

"그것이 바로 우리가 응당 그를 따라야 할 이유입니다. 조조는 천자를 모시고 천하를 호령하니 이것이 그를 따라야 할 첫째 이유입니다. 원소는 강성한데 우리가 많지도 않은 무리를 이끌고 그에게 가면 그는 필연 우리를 중시하지 않을 것입니다. 그러나 조공의 병력은 약하니 그가 우리를 얻게 되면 반드시 기뻐할 것입니다. 이것이 두 번째 이유입니다. 패왕이 되려는 사람은 반드시 사적인 원한을 버리고 천하를 향해 은덕을 펼쳐야 합니다. 그러니 조조가 우리를 후대하지 않을 리 없습니다. 이것이 세 번째 이유입니다."

건안 4년(199) 11월 장수가 휘하 장병들을 이끌고 허도로 갔다. 조조가 크게 기뻐하며 제장들을 불러모아 큰 연석을 베풀었다. 곧바로 상표하여 장수를 양무장군揚武將軍으로 임명했다. 얼마 후에는 자신의 아들 조균을 위해 장수의 딸을 며느리로 맞아들였다.

이때 조조는 표문을 올려 가후를 집금오에 제수하면서 기주목에 임명했다. 원소 평정을 염두에 둔 조치였다. 다만 기주가 아직 평정되지 않은 까닭에 참사공군사參司空軍事에 머물러 있게 했다. 「위서 · 가후전」은 당시 조조가 가후를 칭송하며 언급한 말을 이같이 기록해 놓았다.

"나로 하여금 천하사를 신중히 처리토록 만든 사람은 바로 그대요!"

장수의 투항은 조조와 원소 간의 쟁패에 큰 의미를 지니고 있었다. 장수는 관도대전에서 역전力戰을 거듭해 대공을 세웠고 가후는 뛰어난 계책으로 원소군을 격파하는 데 결정적인 도움을 주었기 때문이다. 장수는 이로 인해 파강장군破羌將軍으로 승진했다. 원담을 깨뜨린 뒤에는 식읍이 2천 호나 더해졌다.

당시 가후는 여러 차례에 걸쳐 뛰어난 계책을 제시함으로써 조조가 원소와 한수, 마초 등을 깨뜨리는 데 결정적인 도움을 주었다. 이후에도 계속 공을 세워 위문제 조비의 치세 때는 태위의 자리까지 올랐다. 그는 원래 장수에게 조조를 사지로 몰아넣을 수 있는 계책을 제시한 장본인이다. 당시 조조는 가까스로 사지를 빠져나온 것은 물론 혼전의 와중에 장자 조앙을 비롯해 조카 조안민을 잃었다. 그럼에도 조조는 이를 전혀 괘념치 않고 그를 흔쾌히 발탁한 것이다.

원래 조조는 정실부인 정부인丁夫人으로부터 자식을 얻지 못했다. 이로 인해 생모의 명의로 조앙을 키우도록 했다 정부인은 자신이 낳은 자식 이상으로 조앙을 총애했다. 그러나 불행하게도 조앙은 가후의 계책을 좇은 장수의 군사에게 죽임을 당하고 말았다. 당시 정부인이 크게 슬퍼하며 절제를 잃자 조조가 대로한 나머지 곧 그녀를 내친 뒤 조비의 생모인 변씨를 왕비로 삼았다.

조조가 원수에 해당하는 가후를 너그럽게 받아들인 것은 그가 필벌 못지않게 신상의 원칙에 철저했음을 방증한다. 난세일수록 신상필벌의 원칙이 준수되어야 하는 것은 말할 것도 없다. 삼국시대 당시 군웅들 중 신상필벌을 이처럼 철저히 시행한 사람을 찾기가 어렵다. 조조가 천하를 호령한 것도 이와 무관하지 않다고 보아야 한다.

신상과 필벌

법가사상을 집대성한 한비자가 자신의 역저인 『한비자』에서 가장 힘주어 역설한 대목을 하나 고르라면 단연 신상필벌信賞必罰을 들 수 있다. 이는 공을 세운 자에게는 반드시 상을 주고, 그렇지 못한 자에게는 반드시 벌을 내리는 리더십의 대원칙을 언급한 것이다. 난세의 시기에 가장 빛을 발하는 덕목이기도 하다. 부국강병을 역설하는 법가사상과 병가사상이 바로 이 지점에서 만난다. 여기의 신信은 필必과 마찬가지로 반드시의 뜻을 지닌 부사어로 사용된 것이다.

신상필벌의 대원칙은 나라의 존망이 오가는 전쟁터에서 엄수하지 않을 경우 이내 정권의 몰락과 국가의 패망을 불러올 수밖에 없다. 대표적인 예로 명나라 초기 홍무제 주원장 사후 숙부인 연왕 주체朱棣와 조카인 건문제 주윤문朱允炆 사이에서 4년간에 걸쳐 전개된 정난지역靖難之役 혈전을 들 수 있다.

홍무 32년(1399) 건문제가 태묘太廟로 나아가 제사를 올리고 연왕 주체를 서인으로 폐하는 영을 포고했다. 주체가 반기를 들었을 당시 소위 정난군은 겨우 2만 명밖에 안 되었다. 건문제는 정난군을 얕잡아 보았다. 주체가 사방에 격분을 보내고 있을 때 그는 한가하게 방효유와 함께 고대 성왕의 치세를 논한 경전 등을 놓고 열띤 토론을 벌였다. 그는 숙부인 주체가 반기를 든 지 1달이 지나서야 비로소 매부인 장흥후 경병문耿炳文을 정연대장군征燕大將軍으로 삼은 뒤 30만 대군을 이끌고 가 연왕을 토벌하게 했다. 당시 경병문은 65세였다. 사태를 너무 안이하게 생각했다는 지적을 면하기 어렵다.

경병문이 이끄는 토벌군은 도중에 기습공격을 받고 대패했다. 소식을 접한 건문제가 대로한 나머지 주변의 반대에도 불구하고 경병문을 파직한 뒤 조국공曹國公 이경륭李景隆을 대장군에 임명해 경병문을 대신케 했다. 이경륭은 무능한 인물이었다. 이경륭의 부친 이문충李文忠은 주원장의 생질로 건문제 주윤문과 이경륭은 재종형제지간이었다.

당시 이경륭은 시종 하간河間에 머문 채 오직 성을 굳게 지키는 전략을 펼치며 연왕 주체의 항복만을 요구했다. 주체는 남경 조정에 계속 상서를 올려 간신인 제태와 황자징 등을 응징하면 곧바로 철군하겠다고 가장했다. 연왕의 속셈을 눈치 챈 건문제도 짐짓 포고를 내려 제태와 황자징을 파직하고는 은밀히 두 사람으로 하여금 황궁에 머물며 자신을 돕도록 했다. 연왕이 거병한 지 10달이 지난 건문 2년(1400) 4월 이경륭이 60만 대군을 이끌고 백구하白溝河에 진을 치고 일전을 준비했다가 정난군의 기습공격을 받고 대패했다. 소식을 접한 황자징 등이 이경륭을 주살에 처해야 한다고 강력 주장했으나 건문제는 이를 허락지 않았다.

당시 건문제는 이경륭의 패전 책임을 엄중히 물었어야만 했다. 그러나 그는 사적인 정리에 얽매여 군령을 무너뜨리는 우를 범한 것이다. 이경륭이 사면을 받았다는 소식을 듣고 황자징이 가슴을 치며 통탄했다.

"이로써 대사는 끝나고 말았다!"

실제로 이를 계기로 모든 면에서 유리했던 건문제는 이내 패색이 짙어지게 됐다. 난세의 상황에서는 설령 전장이 아닐지라도 이 원칙을 엄수하지 않을 수 없다. 싸움이 총력전의 양상을 띠고 있기에 후방이라고 다를 리가 없기 때문이다. 전시에 계엄령이 자주 발동하는 것도 바로 이 때문이다.

원래 전쟁상황에서는 신상보다 필벌이 훨씬 중요할 수 있다. 제갈량이 패전의 책임을 물어 자신이 총애하는 마속의 목을 베는 소위 읍참마속泣斬馬謖을 단행한 것이 그 실례다. 그러나 야전의 상황이 아니라면 굳이 필벌보다는 신상에 무게를 둘 필요가 있다. 창조적인 사고가 절실히 요구되는 21세기 글로벌 기업의 경영전략에는 이것이 더욱 필요하다.

남문사목과 모택동

사서에는 신상필상의 사례가 무수히 실려 있다. 가장 대표적인 사례로 상앙商鞅이 행한 소위 남문사목南門徙木 일화를 들 수 있다. 모택동은 제자백가 중 법가를 가장 숭상했다. 그의 글 가운데 최초의 것으로 통상 1917년 『신청년』에 발표한 「체육지연구體育之硏究」로 알려져 왔다. 그러나 최근 중국공산당 문헌연구실에 따르면 호남성의 고등중학 재학 시절인 1912년에 쓴 「상앙사목입신론商鞅徙木立信論」으로 밝혀졌다. 이는 '남문사목'의 일화를 토대로 법가사상의 특징을 논한 작품이다. 수천 년에 걸쳐 상앙의 '남문사목' 일화가 얼마나 널리 유포됐는지를 반증한다.

상앙의 원래 이름은 위앙衛鞅이다. 전국시대 중엽인 기원전 4세기 무렵 위나라 공자 출신 위앙은 진효공을 찾아와 천하를 호령하는 방략을 유세한 덕분에 곧바로 좌서장左庶長에 임명됐다. 이는 상경上卿에 해당하는 진나라의 고관직이었다. 위앙은 이후 상 땅을 봉지로 받은 뒤 상앙으로 불리게 됐다.

당시 진효공은 상앙을 과감히 발탁하면서 그에게 힘을 실어줄 생각으로 군신들에게 이같이 분부했다.

"앞으로 나라의 모든 정사는 좌서장의 명대로 시행할 것이다. 만약 명을 어기는 자가 있으면 추호도 용서치 않을 것이다."

상앙이 볼 때 진나라는 신권臣權세력의 힘이 막강해 군권君權을 위협하는 등 여러 모로 문제가 많았다. 모든 법령을 근원적으로 뜯어고치지 않고는 부국강병을 이룰 수 없다는 확신을 갖게 된 배경이다. 그러나 그는 곧바로 자신의 복안을 구체화하지 않았다. 이는 백성들이 조정의 정령을 믿지 않으면 아무 소용이 없다고 판단한 데 따른 것이었다. 결국 상앙은 도성의 남문에 3장丈 길이의 나무를 세운 뒤 이런 포고문을 붙여놓았다.

"누구든지 이 나무를 북문으로 옮겨세우는 자가 있으면 10금金의 상을 내릴 것이다."

이 포고문을 본 많은 백성들은 모두 고개를 갸웃거리며 의심했다.

"무슨 속뜻이 있는지 도무지 알 길이 없네. 아무튼 속지 않는 게 좋을 것일세."

이에 아무도 그 나무를 북문으로 옮기는 자가 없었다. 며칠 후 상앙이 다시 분부했다.

"50금의 상을 주겠다고 다시 써서 내다 붙여라."

그러자 백성들은 더욱 의심했다. 이때 한 사람이 나서 말했다.

"우리 진나라는 자고로 많은 상을 주는 법이 없었다. 그런데 이런 포고문이 나붙었으니 필시 무슨 뜻이 있을 것이다. 비록 50금을 안 줄지라도 전혀 아무 상도 내리지 않을 리 없다. 설령 상을 안 줄지라도 포고문대로 일을 한 사람에게 형벌을 내릴 리야 있겠는가?"

그리고는 나무를 뽑아 어깨에 메고 가 북문에 세웠다. 이를 구경하는 백성들이 가득 모여들었다. 관원이 곧 그 백성을 데리고 가 상앙에게 이 사실을 보고했다. 상앙이 그 백성을 칭송했다.

"참으로 훌륭한 백성이다. 나는 앞으로도 백성들에게 신용을 지킬 것이다."

그리고는 곧바로 50금을 상으로 주었다. 이 소문은 그날로 성 안에 퍼졌다. 백성들이 서로 말했다.

"좌서장은 명령만 내리면 꼭 실행하는 사람이다."

당시 상앙은 백성들에게 신상필벌의 원칙을 분명히 각인시킴으로써 변법變法을 효과적으로 시행할 수 있었다. 여기서 남문사목과 사목상금徙木賞金, 사목지신徙木之信 등의 성어가 나왔다. 모두 약속을 반드시 실천에 옮긴다는 뜻이다.

훗날 모택동은 자신이 쓴 최초의 논문인 「상앙의 사목입신론」에서 '남문사목' 일화를 예로 들면서 상앙을 극찬했다. 다음은 논문의 전문이다.

"나는 일찍이 사서를 읽던 중 상앙의 '남문사목' 일화를 접하게 됐다. 나는 우리 중국민이 우매한 사실에 탄식했고, 집정자들이 이를 깨우치기 위해 심혈을 기울인 사실에 탄식했다. 또한 수천 년에 걸쳐 백성들의 지혜가 제대로 열리지 못한 사이 나라가 거의 멸망으로 치닫고 있는 비참한 사실에 개탄을 금치 못했다. 내 말을 믿지 못하겠다면 내가 그 이유를 소상히 밝히겠다.

법령은 원래 백성들의 행복을 추구하기 위한 수단이다. 법령의 내용이 좋으면 백성들이 누리는 행복 또한 틀림없이 많을 것이다. 지금 대다수 사람들은 그런 법령이 과연 반포될 수 있을까 우려한다. 혹자는 설령 그런 법령이 반포될지라도 효력이 있을까 걱정한다. 전심전력을 다해 그런 법령을 만들고 잘 유지해야 한다. 그래야만 법령이 지향하는 본래의 목적을 이룰 수 있다. 그리하면 지금처럼 민국정부와 국민 사이에 어찌 정부가 반포하는 법령을 불신하는 일이 빚어질 리 있겠는가? 그러나 법령의 내용이 좋지 못하면 백성들이 행복을 누리기는커녕 오히려 위해를 끼치는 두려움의 대상이 될 뿐이다. 국민들이 이런 법령이 반포되지 못하도록 전력을 다해 막아야 하는 이유다. 아무리 법령을 좇고자 해도 어찌 그 안에 담긴 내용까지 그대로 좇을 수 있겠는가? 과거 상앙이 진나라 백성들을 대상으로 '남문사목'을 행한 것처럼 법령을 반포하는 게 정답이다. 그러나 지금 민국정부와 국민들은 '남문사목'과는 정반대로 서로를 불신하는 모습을 보이고 있다. 그 이유는 무엇인가?

바로 상앙이 시행한 법령이 양법良法이었기 때문이다. 4천 년에 달하는 중국의 역사를 개관하면 알 수 있듯이 백성들의 복리를 위해 헌신한 정치가를 꼽을 경우 상앙이 의당 첫 번째 자리를 차지해야 하는 게 아닐까? 상앙이 진효공을 섬길 당시 천하는 난세의 절정으로 치달아 전쟁이 그치지 않고 있었다. 열국의 모든 백성들이 크게 피폐해 그 참상을 이루 말할 수 없었다. 이런 상황에서 아무리 열국을 제압하고 중원을 통일하고자 해도 그것이 어렵지 않았겠는가?

상앙은 바로 이런 시기에 대대적인 변법을 시행한 것이다. 간사한 자들을 응징해 백성의 권리를 보호하고, 열심히 경작하고 길쌈하도록 장려해 백성들을 부유하게 만들고, 군공을 세우도록 독려해 국위를 떨치고, 빈곤하고 나태한 자를 노비로 만들어 인적 물적 자원의 낭비를 극도로 억제했다. 이는 우리 중국사에서 전례 없는 일대 개혁이었다. 백성들이 무엇을 두려워하며 불신할 일이 있겠는가? 반드시 '남문사목'과 같은 모습으로 백성들의 신뢰를 얻어야만 한다. 나는 이를 통해 집정자들이 백성들을 깨우치기 위해 혼신의 노력을 기울였음에도 백성들이 우매함에서 벗어나지 못한 탓에 수천 년 동안 인민의 무지와 어둠 속에 갇힌 나머지 마침내 나라가 패망하는 지경에 이르게 된 배경을 알게 됐다.

비록 그렇기는 하나 당시의 '남문사목'처럼 특이한 일을 시행할 경우 사람들 모두 경악할 것이다. 백성들 역시 당시의 백성과 별반 다를 게 없고 법령 또한 당시의 법령과 별반 다를 게 없는데도 나는 왜 이를 기괴하게 생각하는 것일까? 여러 문명국 국민들이 '남문사목'의 일화를 들으면 틀림없이 포복절도하며 웃을 것이다. 혹자는 큰소리로 이를 비웃으며 나무랄 것이다. 아, 할 말은 많지만 더 이상 언급치 않고자 한다."

모택동이 최초로 쓴 논문인 「상앙의 사목입신론」에는 일제를 비롯한 서구 열강의 먹이로 전락한 중국의 암담한 현실 속에서 비분강해하는 젊은 지식인의 고뇌가 절절히 배여 있다. 이 논문은 총 5백 자 정도의 짧은 논문으로 '남문사목'의 일화를 토대로 법가사상의 특징을 논한 게 특징이다. 상앙의 '사목입신' 일화를 좇아 백성들을 위한 변법을 대대적으로 시행해야 한다는 게 요지이다. 모택동이 이 논문을 쓴 것은 말할 것도 없이 신상필벌에 입각한 상앙의 법가사상을 극도로 높이 평가한 결과다. '백성들의 복리를 위해 헌신한 정치가를 꼽을 경우 상앙이 의당 첫 번째 자리를 차지해야 하는 게 아닐까?'라고 자문한 사실이 이를 뒷받침한다.

진나라가 진효공 때 천하제일의 강국이 된 것은 바로 상앙이 '남문사목'을 시행해 백성들의 믿음을 산 덕분이라고 해도 과언이 아니다. 당시 진나라 사람들은 길거리에 물건이 떨어져 있을지라도 줍지 않았다. 이를 흔히 도불습유道不拾遺라고 한다.

유가는 요순의 태평시대에나 '도불습유'가 가능한 것으로 생각했다. 『예기』「예운」에 나오는 대동大同이 바로 그것이다. 그러나 울타리도 없이 대문을 활짝 열어놓고도 마음 편히 다닐 수 있는 '대동'은 꿈속에서나 그릴 수 있는 이상국에 지나지 않는다. 현실적으로 이와 비슷한 모습을 구현하는 길은 상앙이 구사한 신상필벌밖에 없다. 한비자가 치국평천하가 이뤄지면 개인 차원의 수신제가도 이뤄질 수 있다고 역설한 이유다. 한비자의 이런 주장은 수신제가를 이뤄야 치국평천하도 이룰 수 있다고 주장한 맹자의 입장과 정반대되는 것이다. 상앙은 치국평천하를 통해 수신제가도 이룰 수 있다는 『한비자』의 주장을 강력한 법치를 통한 진나라의 도불습유 풍조로 증명한 것이나 다름없다.

그러나 상앙의 신상필벌은 신상보다 필벌을 강조함으로써 도불습유와 같은 깨끗한 풍조를 만들어내기는 했으나 그에 따른 후유증 또한 만만치 않았다. 이는 예외 없이 적용한 각박한 법적용으로 인한 것이다. 『사기』「상군열전」에 따르면 당시 진효공의 태자가 법을 범하자 태자의 보육관인 공자 건虔을 처형하고, 사부인 공손가를 묵형墨刑에 처했다. 묵형은 이마에 글자를 새겨넣는 형벌이다.

덕분에 길에 떨어진 것을 줍는 자가 없는 도불습유의 풍조를 만들어내고, 백성들의 생활 또한 넉넉해지고, 전쟁에 나가 연전연승할 만큼 군사들 용감해졌다. 문제는 그 다음이었다. 진효공이 죽고 태자가 진혜문왕으로 즉위하자 상황이 일변했다. 진혜문왕은 태자 시절의 모욕을 잊지 않았다. 상앙은 스스로 죽을 것을 알고 도망쳤으나 함곡관에서 여행권 없는 자의 유숙을 금한 자신의 법에 걸려 국경을 넘지 못했다. 진혜문왕은 상군을 잡아다가 거열형車裂刑에 처했다. 사지를 수레에 묶어 찢어 죽이는 잔혹한 형벌을 당한 것이다.

조조가 행한 신상필벌도 상앙과 사뭇 닮았다. 이로 인해 조조는 비록 부국강병에 성공하기는 했으나 잔혹한 인물로 비쳐졌다. 21세기 현재까지 조조를 비판하는 사람들이 예외 없이 논거로 들고 있는 게 바로 이것이다. 그러나 여기에는 과장된 점이 많다. 조조가 엄법을 적용할 수밖에 없었던 전후 사정을 감안해 종합적인 평가를 내릴 필요가 있다.

決斷經營

“조조는 적과 대진하여 싸울 때 태연자약하여 마치 싸우지 않는 듯했다. 그러나 결정적인 기회에 결단하여 승세에 올라타는 결기승승決機乘勝의 시기에는 마치 기세가 용솟음쳐 마치 돌을 뚫는 듯했다.”

‘결기승승’은 조조가 구사한 임기응변의 핵심을 한마디로 표현한 것이다. 조조가 초기에 적은 병력으로 우세한 병력을 지닌 군웅들을 차례로 격파할 수 있었던 것은 바로 그가 임기응변에 능했기 때문이다.

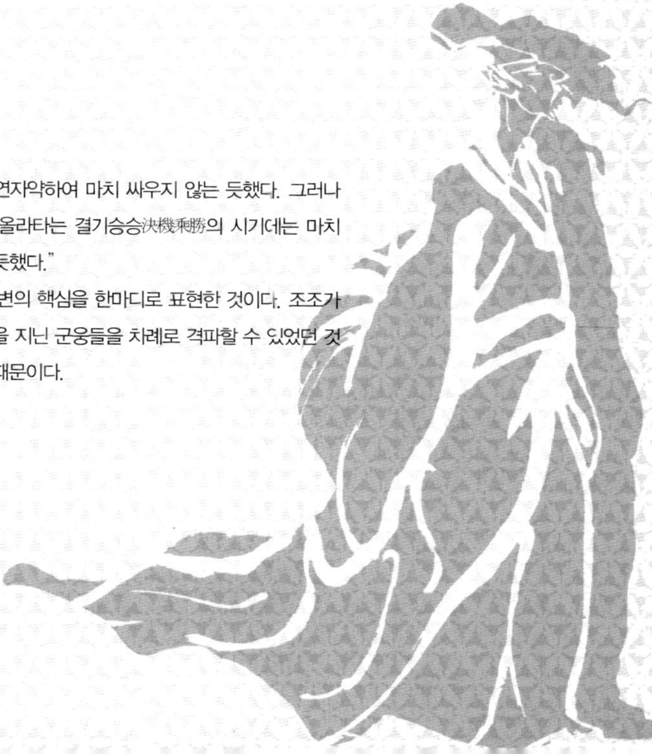

17/ 결단경영
과감히 결단하라

孫子曰, '始如處女, 敵人開戶. 後如脫兎, 敵不及拒.' 曹公曰: 處女示弱, 脫兎往疾也.

손자가 말하기를,

'전투 개시 전에는 처녀처럼 얌전해 적의 경계심을 누그러뜨리고, 전투 개시 후에는 덫에서 빠져나온 토기처럼 재빨리 움직여 적이 미처 대비치 못하게 한다'고 했다. 조조가 말했다. 전투가 시작되기 전에 짐짓 처녀처럼 연약한 척하면 싸움이 시작된 후 적을 당황하게 만드는 효과가 있다. 전투가 시작된 후 과감히 결단해 덫에서 풀려난 토끼처럼 순식간에 이동해 적의 빈틈을 치면 적을 효과적으로 공략할 수 있다. 『손자약해』 「구지」

반란과 토벌

걸출한 인물들의 공통점은 파도처럼 사납게 밀려오는 현실을 두려워하지 않고 과감하게 덤벼든다는 점이다. 이는 달걀로 바위를 치는 것과 다르다. 그들은 조용히 힘을 기르고 있다가 기회를 잡아 뛰어들기 때문이다. 물론 이들이 모두 성공하는 것은 아니다. 그러나 힘을 충실히 기르고 타이밍을 제대로 잡을 경우 성공할 확률이 매우 높다. 조조가 반동탁의 기치를 내건 시점은 타이밍을 잘 맞춘 것에 해당한다.

당초 조조는 내실을 기할 여유가 없었다. 그가 다른 군웅들과 마찬가지로 원소의 휘하로 들어가 원소의 명을 받은 이유다. 조조의 거병은 아직 힘을 제대로 기르지 못했다고 머뭇거릴 여유가 없었던 데 따른 고육책의 성격을 띠고 있었다.

중평 6년(189) 12월 조조는 진류에서 정식으로 군대를 일으켰다. 당시 주목州牧과 군수郡守 중 일부는 적극적으로 그를 도와 많은 준비를 해주었고, 어떤 이는 망설이며 시기를 엿보았다. 진류태수 장막은 처음부터 조조와 의기가 투합해 함께 준비하고 계획을 짰다.

당시 객관적으로 볼 때 조조는 병사의 수도 적었고, 또 병사를 끌어들일 여유도 없었다. 그러나 그는 적당한 기회가 오기를 무작정 기다리지 않았다. 그는 부족한 상황임에도 나름 결단한 것이다. 시기時機를 놓칠 수 없다고 판단한 결과다. 그의 이런 과감한 결단은 반동탁의 흐름을 조성하는 데 결정적인 역할을 했다.

이듬해인 초평 원년(190) 2월 조조와 장막의 뒤를 이어 함곡관 동쪽의 각 주와 군에서 반동탁에 동조하는 거병 움직임이 활발히 전개

됐다. 주요 세력으로 후장군 원술, 기주목 한복, 연주자사 유대, 발해태수 원소, 동군태수 교모 등이 있었다. 결과적으로 조조가 앞장서면서 전국 규모의 반동탁 전선이 형성된 셈이다.

이들 관동 제후들의 군사는 각 지역에 나뉘어 주둔했다. 제후들은 표면상 반동탁의 깃발을 내걸었지만 속으로는 난세의 어지러운 틈을 타 이익을 취하고자 하는 흑심을 품고 있었다. 조조가 겨우 포신 형제와 함께 부족한 병력을 이끌고 동탁군을 추격했다가 형양의 변수 가에서 동탁군의 대장 서영에게 참패를 당한 이유다. 당시 조조의 군사는 모두 신병이어서 훈련이 부족했다. 동탁의 군대는 실제 전투경험이 풍부한 양주涼州의 기병이었다.

변수 전투는 조조가 거병한 후 처음으로 겪은 뼈아픈 패배였다. 그러나 나름 소득도 있었다. 그는 이를 계기로 원소를 포함한 제후들 모두 천하를 구할 만한 인재가 되지 못하고, 큰일을 이룰 수 있는 자는 바로 자신뿐이라는 사실을 분명히 깨달았다. 그는 처음부터 다시 시작해야만 했다. 차분히 힘을 기른 뒤 주변의 군벌부터 제압할 필요가 있었다. 이 사이 원소가 기주를 차지하고 여포가 동탁을 척살하는 등 상황이 숨 가쁘게 돌아가고 있었다.

초평 4년(193) 가을 조조가 군사를 이끌고 가 서주의 도겸陶謙을 쳤다. 도겸은 효렴에 천거되어 상서랑과 현령을 거쳐 유주자사와 의랑을 지내다가 황건적이 일어났을 때 서주자사에 임명된 인물이다. 그는 동탁의 난으로 헌제가 장안으로 거소를 옮겼는데도 평상시와 같이 공물을 보냈다. 이에 장안의 조정이 그의 관직을 높여 안동장군에 임명했다. 나름 조야의 신망을 받고 있었던 셈이다.

그런데도 조조는 왜 하필이면 도겸을 친 것일까? 게다가 조조는 도겸을 치는 과정에서 그의 군사와 백성을 몰살하는 일을 벌였다. 난세를 평정하겠다는 대의를 명분으로 거병한 조조는 왜 이런 일을 벌인 것일까? 이는 훗날 원소의 군사를 몰살한 것과 더불어 조조의 잔혹함을 비난하는 결정적인 배경이 되었다. 과연 그 이유는 무엇일까? 결론부터 말하면 쾌도난마의 결단 때문이었다.

원래 도겸은 『삼국연의』에 나오는 것과 같이 관인한 인물은 아니었다. 『삼국지』 「위서 · 도겸전」에 따르면 그는 사적인 온정에 이끌려 충직한 인물을 멀리하고 소인배를 가까이함으로써 선량한 선비들을 대거 해친 인물이었다. 이는 조조가 도겸을 치는 중요한 배경이 됐다.

그렇다면 조조가 도겸을 친 가장 큰 이유는 무엇일까? 대개 조조가 부친 조숭의 원수를 갚기 위한 것으로 해석하고 있다. 물론 이 또한 무시할 수 없는 요인 중 하나다. 조숭의 죽음과 관련해 사서의 기록은 일치하지 않고 있다. 「무제기」는 조숭이 동탁의 난을 피해 낭야로 달아나던 중 도겸의 부하에 의해 살해된 까닭에 조조가 도겸을 친 것으로 기록해 놓았다. 그러나 「무제기」의 배송지주에 인용된 『위진세어』의 기록은 이와 약간 다르다. 『위진세어』는 이같이 기록해 놓았다.

"조조가 태산태수 응소에게 명하여 자신의 가족을 연주로 보내도록 했다. 응소의 군사가 이르기 전에 도겸이 은밀히 수천 명의 기병을 보내 조숭 일행을 체포하게 했다. 조숭은 응소가 마중 나온 것으로 생각해 아무런 대비도 하지 않았다. 도겸의 병사가 이르러 조조의 동생인 조덕을 문 안에서 살해했다. 조숭이 두려워하여 후원의 담장을 뚫고 먼저 그 첩을 내보내려 하자 첩의 몸이 비대하여 나가지 못했다. 조숭이 측간으로 도주하다가 첩과 함께 상처를 입고 죽었다. 응소가 두려워한 나머지 관직을 내던지고 원소에게 도주했다."

「무제기」와 『위진세어』의 기록은 세부적인 면에서 차이가 있기는 하나 대략 도겸이 의도적으로 조숭 일행을 살해한 점에서는 일치한다. 그러나 완전히 다른 해석도 있다. 「무제기」 배송지주에 인용된 『오서吳書』는 이같이 기록해 놓았다.

"조조가 부친 조숭을 맞이하기 위해 치중 1백여 량을 보냈다. 도겸이 도위 장개에게 명해 기병 2백여 명을 이끌고 가 이를 호송하게 했다. 장개가 태산의 화현과 비현 사이에서 조숭을 살해하고 재물을 취한 뒤 회남으로 도주했다. 조조가 그 책임을 도겸에게 물어 마침내 토벌하게 된 것이다."

『오서』는 그 책임을 재물에 눈이 먼 장개에게 물은 셈이다. 그렇다면 과연 어느 기록이 맞는 것일까? 당시 조조의 세력이 바야흐로 강성해지기 시작한 점을 감안할 때 도겸이 조숭 일행을 죽이는 하책을 취할 가능성은 매우 낮다. 만일 이런 계책을 택했다면 반드시 조조와 싸울 각오와 준비를 했어야만 했다. 그러나 도겸은 조조의 공격에 아무 대책도 없이 시종 허둥댔다. 이는 『후한서』 「도겸전」의 다음 기록이 뒷받침한다.

"도겸의 병사들이 조숭의 재물이 탐이 나 마침내 일행을 습격해 살해하고 재물을 탈취했다."

이 기록이 당시의 여러 정황에 비추어 가장 사실에 가까운 것으로 짐작된다. 그러나 어느 경우든 당시 도겸은 조숭의 죽음에 대해 변명하기 어려운 상황에 처해 있었던 것이 사실이다. 따라서 조조가 도겸을 친 것은 부친 조숭의 죽음과 불가분의 관계가 있다고 보아야 한다.

그러나 과연 조조가 도겸 토벌에 나선 가장 큰 이유가 부친의 죽음 때문이었을까? 당시 조조에게는 그보다 더 중요한 원인이 있었다. 그

것은 바로 하비 출신 궐선闕宣이 무리 수천 명을 모아놓고 천자를 자칭하고 나설 때 도겸이 연루된 점이다. 『후한서』「도겸전」은 도겸이 궐선과 함께 처음에 합종했다가 후에 그를 죽이고 그 무리를 병합했다고 기록해 놓았다. 도겸은 일종의 모반을 꾀한 것이나 다름없다. 실제로 도겸은 궐선과 함께 거병하여 태산의 화현과 비현 등을 공략했다. 이는 조조의 연주에 커다란 위협이 아닐 수 없었다. 도겸 토벌의 가장 큰 이유가 바로 여기에 있다. 조조가 동탁을 치기 위해 거병할 때부터 공의公義를 내세워 천하의 인재를 그러모으는 행보를 보인 점에서 볼 때 이는 당연한 것이기도 했다.

물론 여기에는 서주를 자신의 세력기반으로 삼고자 하는 속셈도 적잖이 작용했다고 보아야 한다. 당시 연주는 기주와 예주, 청주, 서주 등 4개 주의 중간에 위치해 있었다. 기주와 청주는 이미 원소의 세력범위에 들어갔고, 조조는 당시 그와 겨룰 힘이 없었다. 예주는 일찍이 원술의 세력범위였으나 원술이 조조에게 패해 본영을 양주 쪽으로 옮김에 따라 군벌들의 각축장이 되어 있었다. 서주는 도겸의 세력범위였다. 이들 4개 주 가운데 상대적으로 무력이 가장 약하고 연주와 가장 관계가 깊은 지역이 바로 서주였다. 연주에 근거를 둔 조조가 세력을 확장하기 위해서는 반드시 청주와 서주를 자신의 통제 하에 두어야만 했다. 조조가 도겸을 친 것을 놓고 단순히 부친의 원수를 갚기 위한 것으로 풀이해서는 안 되는 이유다.

그럼에도 조조가 도겸을 치면서 잔혹한 살육전을 펼친 것은 어떻게 해석해야 할까? 『후한서』「도겸전」에 따르면 당시 조조는 현재의 강소성과 안휘성 일대의 여현과 수릉 등을 공략할 때 백성들에 대한 도륙을 감행했다. 당시 살해당한 남녀의 수가 무려 수십만 명에 달한 것으로 기록돼 있다. 과연 이게 사실일까?

『삼국지』「도겸전」은 이와 달리 당시 살해당한 사람의 숫자를 1만 여 명으로 기록해 놓아 숫자상으로 커다란 차이를 보이고 있다. 수십 만 명과 1만 명은 의미하는 바가 확연히 다르다. 물론 아무리 1만 명이라고 할지라도 『삼국지』 역시 『후한서』와 마찬가지로 도륙 당시 개와 닭마저 사라지고 사수泗水가 시체들로 인해 흐르지 못할 정도가 되었다고 기록해 놓았다. 참혹한 도륙이 아닐 수 없다.

주의할 점은 조조가 도겸을 토벌할 때 궐선과 합종한 그의 전죄를 이유로 토역討逆의 기치를 내세웠을 가능성이다. 사서에 이에 관한 기록은 나오지 않고 있으나 여러 정황에 비춰 토역의 기치를 내세웠을 공산이 매우 크다. 사서의 기록을 요약한 다음 대목을 보면 이를 대략 짐작할 수 있다.

배신과 아량

흥평 원년(194) 봄 2월 도겸이 청주자사 전해에게 위급함을 알리고 도움을 청하자 전해와 평원상 유비가 구원에 나섰다. 당시 유비의 병사는 수천 명에 불과했다. 도겸이 유비에게 군사 4천 명을 빌려주면서 표문을 올려 유비를 예주자사로 천거했다. 이때 조조는 군량이 떨어져 곧바로 군사들을 이끌고 견성으로 퇴각했다.

이해 여름 조조가 순욱과 정욱에게 견성을 지키게 한 뒤 직접 군사를 이끌고 재차 도겸 토벌전에 나섰다. 조조는 곧바로 5개 성읍을 공략했다. 조조가 회군할 때 도겸의 부장 조표와 유비가 담성의 동쪽에 주둔하고 있다가 조조의 퇴로를 끊자 조조가 곧바로 반격에 나서 이들을 격퇴했다. 「무제기」는 조조가 양분을 공략할 때 저항을 계속한 백성을 도륙한 것으로 기록해 놓았다. 조조가 잔혹한 짓을 한 것만은 부인할 수 없는 사실이다.

이때 뜻밖에도 서주를 장악하기에 앞서 본거지가 뒤집히는 상황이 빚어졌다. 조조의 책사로 있던 진궁이 진류태수 장막을 설득해 반기를 들게 한 뒤 여포를 연주로 불러들인 결과다. 조조는 가장 믿었던 친구와 참모의 배신에 몸을 떨었다.

장막은 어렸을 때부터 조조 및 원소와 친하게 지냈으나 조조와 더 가까웠다. 동탁의 난이 일어났을 때 조조와 함께 기병하면서 원소가 맹주가 되어 교만한 기색을 보이자 이를 질책하기도 했다. 조조는 제1차 도겸 토벌에 나설 때 승부를 점칠 수 없어 죽을 각오를 했다. 출병 전에 자신의 가속을 장막에게 부탁한 게 그 증거다. 장막에 대한 조조의 신임이 얼마나 깊었는지를 짐작하게 하는 대목이다.

당시 진궁도 『삼국연의』의 내용과 달리 조조가 가장 신임하는 책사로 활약하고 있었다. 그는 일찍이 조조에게 연주를 취하도록 권함으로써 조조의 일생에 중대한 전환점을 마련해 즌 장본인이기도 하다. 조조가 출병 전에 진궁에게 동군을 맡긴 것은 그를 심복으로 여겼기 때문이다.

장막과 진궁은 왜 자신을 그토록 신임한 조조를 배신한 것일까? 일찍이 조조와 장막은 결국 헤어질 수밖에 없다는 사실을 간취한 사람이 있었다. 진류 사람 고유高柔가 장본인이다. 그는 일찍이 고향 사람들에게 이같이 말한 바 있다.

"조조가 비록 연주에 웅크리고 있으나 본래 사방을 도모코자 하는 웅지가 있으니 가만히 앉아 있지는 않을 것이오. 나는 장막이 먼저 진류에서 뜻을 얻은 데 고무된 나머지 이를 믿고 장차 기회를 보아 조조에게 반기를 들까 걱정이 되오."

결국 고유의 예언이 그대로 맞아떨어진 셈이다. 장막은 원래 조조가 원소의 사주를 받고 언젠가는 자신을 죽이지나 않을까 늘 두려워했다. 이것이 바로 장막이 조조에게 반기를 든 실질적인 배경으로 해석하는 게 옳을 것이다. 물론 진궁의 사주로 인해 능력도 없이 큰 꿈을 꾸게 된 장막의 야심도 중요한 배경이 되었을 것이다.

진궁의 배신은 조조의 책임이 크다. 진궁은 나름 명분을 중시한 사람이었다. 그는 조조군이 일련의 도륙행각으로 민심을 크게 잃자 이내 조조에게 희망이 없다고 판단했을 공산이 크다. 실제로 당시 사대부들은 크게 불안해한 나머지 조조에게서 등을 돌렸다. 진궁이 조조에게 반기를 들도록 장막을 사주하고, 머리는 없지만 무용이 뛰어난 여포를 불러들인 배경을 여기서 찾는 게 옳을 듯싶다.

난세에는 사람의 마음을 헤아리기가 쉽지 않다. 여러 요인이 복합적으로 작용하기 때문이다. 도겸 토벌과정에서 빚어진 참사와 진궁의 배신 역시 이런 여러 원인이 복합적으로 작용한 결과로 해석하는 게 옳다.

원래 쾌도난마는 문제를 명쾌히 해결하는 장점이 있는 반면 일정한 부작용이 뒤따를 수밖에 없다. 무고한 사람이 소용돌이에 휩쓸려 들어가 희생되는 일이 빚어지기 때문이다. 불가피하게 소위 옥석구분玉石俱焚의 참화가 빚어지는 것이다. 이는 전쟁의 기본 속성이기도 하다. 노자가 『도덕경』에서 장수노릇을 잘하는 사람은 무력을 쓰지 않는다고 설파한 것도 바로 전쟁의 이런 무자비와 무차별의 속성을 통찰한 결과로 볼 수 있다.

우유부단의 참화

결정적인 순간에 결단하지 못할 경우 이는 참사를 부를 수밖에 없다. 삼국시대를 마무리지은 진무제 사마염이 죽었을 때 시중侍中 양준楊駿의 일족이 도륙을 당한 게 대표적인 사례에 속한다. 사마염이 병이 깊어 누워 있을 당시 황후의 부친 양준은 옥쇄를 갖고 있는 것을 빌미로 사마염을 대신해 권력을 휘둘렀다. 내궁의 시위侍衛를 모두 자신이 신임하는 사람들로 채웠다. 친왕과 대신은 입궁해 문병하는 일이 불가능했다. 사람은 죽기 직전 잠시 온전한 정신이 돌아오기 마련이다. 이를 회광반조回光反照라고 한다. 사마염이 '회광반조'한 뒤 주변의 시위들이 모두 바뀐 것을 보고는 크게 놀라 곧 양준을 불러 화를 냈다.

"어떻게 이리할 수 있는가?"

급히 궁정 문서와 조칙 담당관인 중서中書를 불러 조서를 작성하게 했다. 진남대장군鎭南大將軍으로 임명된 후 아직 임지로 떠나지 않은 숙부인 여남왕 사마량司馬亮을 불러들여 양준과 함께 정사를 돌보라는 내용이었다. 양준은 이 얘기를 듣고 크게 놀라 조서내용에 빠진 것이 있는지 살펴본다는 구실로 사람을 중서성中書省으로 보내 조서를 가져오게 한 뒤 곧바로 없애버렸다. 얼마 후 사마염은 병이 더욱 깊어지자 양황후가 조령을 발포한다는 구실로 자신의 부친 양준을 최고의 명예직인 태부太傅, 군사대권을 장악한 도독중외제군사都督中外諸軍事, 행정대권을 쥔 녹상서錄尙書事를 겸하게 했다. 동시에 여남왕 사마량을 급히 봉지인 허창으로 떠나게 했다.

진무제가 죽기 직전 다시 약간의 정신이 들어 여남왕이 왔는지 물었다. 좌우의 시종이 안 왔다고 하자 진무제는 크게 놀라 서둘렀으나 곧바로 혼수상태에 들어가 다시는 깨어나지 못했다. 이에 태자 사마충司馬衷이 보위에 올라 영희永熙로 개원한 뒤 양황후를 태후로 높이고 가남풍賈南風을 황후로 삼았다. 사마충은 '백치황제'로 유명한 인물이다.

양준은 계책은 많았으나 결단력이 없었다. 겉으로는 강한 척했으나 속으로는 겁이 많았다. 그는 궁내의 태극전에 머물며 일을 처리했다. 주변에는 백여 명의 무장한 위사衛士를 배치했다. 양준은 관작과 상을 멋대로 내린 데다 관중으로 이주한 흉노 등에게도 관작을 내렸다. 훗날 서진을 멸망시키고 회제懷帝와 민제愍帝를 포로로 데려간 유연劉淵도 이때 건위장군建威將軍, 흉노 5부의 대도독에 임명됐다.

가장 큰 문제는 황후 가남풍이었다. 그녀는 음험한 데다 시기가 많았다. 양준도 이 사실을 알고 있었다. 곧 자신의 생질 단광段廣을 산기상시로 삼아 군국기밀을 주관하게 했다. 또 심복을 중호군中護軍에 임명해 황제 및 황실 호위군인 금군禁軍을 지휘하게 했다. 중대한 명령은 양태후와 양준의 심의를 거쳐 발포했다. 물론 겉으로는 사마충의 재가를 거쳤다. 가남풍은 이를 크게 못마땅하게 생각했다.

공교롭게도 당시 중랑中郎으로 있던 맹관孟觀과 이조李肇는 양준에게 무시를 당한 일로 인해 커다란 불만을 품고 있었다. 이 사실을 안 가남풍이 가까운 환관을 보내 두 사람과 은밀히 연락하며 양준의 제거 방안을 모의했다. 이조와 맹관은 은밀히 여남왕 사마량을 비롯해 형주에 머물고 있는 초왕 사마위司馬瑋와 연락했다. 사마량은 거절했으나 20대의 혈기왕성한 사마위는 단번에 승낙했다. 사마위는 곧바로 상서해 황제 알현을 청하자 평소 그를 꺼려하던 양준은 그가 스스로 그물 속으로 뛰어들었다고 판단해 이를 승낙했다.

진혜제 원강 원년(291) 4월 사마충이 곤히 잠을 자다가 갑자기 중랑 이조와 맹관이 깨우는 소리에 벌떡 일어나 이들이 내미는 조서에 서명했다. 양준이 모반했으니 체포하라는 내용이었다. 양준은 공교롭게도 삼국시대 당시 사마의에게 패퇴한 조상曹爽의 옛집에 살고 있었다. 불길한 징조였다. 궁중에 변고가 일어났다는 소식을 듣고 그는 급히 대신들을 자신의 집에 불러 대책을 논의했다. 태부주부太傅主簿 주진朱振이 말했다.

"이는 틀림없이 가황후가 획책했을 것입니다. 속히 사람을 보내 운룡문雲龍門에 불을 지르고 크게 성세를 떨친 연후에 입궁하여 모반자를 체포하고, 다시 군사를 보내 만춘문滿春門을 열고 동궁의 병사와 외부 병사를 동원해 황태자와 함께 입궁토록 하십시오. 이같이 하면 궁내 사람들이 크게 두려워해 곧바로 모반자의 목을 베어 보내며 항복할 것입니다. 그리하지 않으면 공은 난을 면하기 어려울 것입니다."

그러나 모든 문무 대권을 장악하고 있던 양준은 반나절이나 생각한 뒤 겨우 이같이 말했을 뿐이다.

"운룡문은 위나라 명제 때 건조한 것으로 공사비가 엄청났다. 그것을 어찌 불태울 수 있단 말인가?"

크게 실망한 대신들 모두 황제의 안위를 살펴본다는 핑계로 일시에 흩어졌다. 이로 인해 가황후가 오히려 금군을 장악하게 됐다. 금군들이 양준의 집으로 밀려들어 마구간에 숨어 있던 양준을 찾아내 단칼에 목을 베었다. 일족이 모조리 도륙을 당한 것은 말할 것도 없다. 그 수가 수천 명에 달했다. 노소를 가리지 않았다.

양태후 역시 사직을 위태롭게 했다는 이유로 서인이 되었다. 그의 어미 배씨는 참수됐다. 당시 양씨는 머리를 자르고 고개를 숙이면서 며느리 가남풍에게 '신첩臣妾'을 칭하며 생명을 구해달라고 애걸했으나 가남풍은 이를 허락지 않았다. 곧 양태후를 유폐한 뒤 음식공급을 단절해 결국 아사케 만들었다. 가남풍은 역대 황후 중 최고의 독부毒婦로 유명하다. 가남풍은 결단한 데 반해 양준은 그리하지 못했다. 이게 두 사람의 생사를 갈랐다.

결기승승

쾌도난마快刀亂麻는 단칼에 복잡하게 헝클어진 삼을 잘라내 문제를 해결하는 것을 말한다. 조조는 쾌도난마의 전형에 해당한다. 『자치통감』「황초 원년」조에 나오는 사마광의 다음 평이 뒷받침한다.

"조조는 적과 대진하여 싸울 때 태연자약하여 마치 싸우지 않는 듯했다. 그러나 결정적인 기회에 결단하여 승세에 올라타는 결기승승決機乘勝의 시기에는 마치 기세가 용솟음쳐 마치 돌을 뚫는 듯했다."

'결기승승'은 조조가 구사한 임기응변의 핵심을 한마디로 표현한 것이다. 조조가 초기에 적은 병력으로 우세한 병력을 지닌 군웅들을 차례로 격파할 수 있었던 것은 바로 그가 임기응변에 능했기 때문이다. 임기응변에 능하기 위해서는 우선 적과 아군의 전력은 물론 그 장단점을 소상히 파악해야만 한다. 그래야만 구체적인 전술을 창조적으로 만들어낼 수 있다.

원래 쾌도난마 고사는 『북제서』「문선제기」 일화에서 나온 것이다. 남북조시대 동위 효정제孝靜帝 때의 일이다. 당시 승상 고환高歡에게 여러 명의 아들이 있었다. 하루는 고환이 아들들의 능력을 시험하기 위해 어지럽게 뒤엉킨 실타래를 하나씩 나누어 주고는 실마리를 잘 풀어보라고 했다. 다른 형제들은 뒤엉킨 실을 풀어내 한 가닥으로 추리느라 분주했다. 그러나 둘째 아들 고양高洋은 칼을 뽑아 단번에 실타래를 잘라버리면서 이같이 말했다.

"어지러운 것은 반드시 베어버려야 한다."

이를 보고 고환은 둘째 아들이 장차 큰 인물이 될 것이라고 생각했다. 고양은 나중에 효정제를 몰아내고 북제를 세워 즉위했다. 그가 문선제文宣帝다. 그는 즉위 초기에는 자못 국정을 잘 돌보았으나 만년에는 백성들을 학살하는 등 비할 데 없는 폭정을 일삼았다. 이 때문에 쾌도난마는 당초 권력의 힘으로 백성들을 억눌러 문제를 해결한다는 의미로 사용되었다. 후대로 오면서 복잡하게 얽힌 사안을 과단성을 가지고 명쾌하게 처리하는 뜻으로 전용되었다.

삼국시대 당시의 어지러운 상황은 실이 마구 뒤엉킨 실타래와 닮아 있었다. 이를 해결하는 방법은 오직 쾌도난마밖에 없었다. 실마리를 찾아내 차분히 푸는 것은 치세에나 가능한 일이다. 전국시대 말기에 맹자가 왕도로 천하를 통일할 수 있다고 유세하고 다녔음에도 열국의 군주들이 냉소를 보내며 부국강병에 더욱 열을 올린 이유가 여기에 있다. 난세에는 붓이 아닌 칼이 필요하다는 사실을 피부로 느끼고 있었던 것이다. 조조가 비록 가혹하다는 비난을 받기는 했으나 엄법과 막강한 무력을 배경으로 군웅들을 차례로 제압해 나간 이유가 여기에 있다.

서양에도 조조처럼 쾌도난마의 결단으로 천하를 평정한 인물이 있다. 바로 알렉산더 대왕이다. 그가 생존했을 때 '고르디오스의 매듭'이라는 신화가 전해지고 있었다. 이에 따르면 기원전 8세기 무렵 고르디오스는 소아시아 프리기아 지역의 왕으로 미다스의 손으로 유명한 미다스 왕의 아버지다. 그가 농민으로 있을 때 하루는 밭을 갈고 있는데 독수리 한 마리가 하루 종일 그의 쟁기 자루에 앉아 있었다. 전에 고르디오스가 티르메소스라는 마을에 간 적이 있었는데 이 마을 사람들은 모두 예언력을 지니고 있었다. 고르디오스가 그 독수리 이야기를 하자 우물에서 물을 긷고 있던 처녀가 제우스에게 제물을 바치는 것이 좋겠다고 가르쳐 주었다. 그는 이 처녀와 결혼하여 미다스를 낳았다.

미다스가 어른이 되었을 때 프리기아에서는 왕의 선출 문제를 둘러싸고 내란이 일어났다. 신탁에 의하면 마차를 타고 나라에 들어오는 사람이 왕이 될 수 있었다. 당시 프리기아에는 마차가 드물었다. 마침 고르디오스가 가족들과 같이 마차를 타고 고향인 프리기아로 왔다가 왕이 되었다. 고르디오스는 제우스에게 마차를 제물로 바치고 왕이 되었다.

당시 고르디오스가 탔던 마차는 아크로폴리스의 기둥에 매여졌는데 여기에는 복잡한 매듭에 묶여 있었다. 이 매듭을 푸는 자가 아시아 전체의 지배자가 될 것이라는 신탁이 내려지자 여러 사람이 이를 풀려고 했으나 모두 실패했다. 이후 아시아 원정 도중에 들렀던 알렉산더 대왕은 마침 그 지역을 지나가던 중 그 얘기를 듣고 칼로 매듭을 끊어버렸다. 그가 동방의 패자로 우뚝 서게 된 배경이다. 조조의 쾌도난마 결단과 사뭇 닮았다.

군단과 가단

많은 사람들이 전제專制와 독재獨裁를 구분하지 못하고 있다. 나아가 전제와 독재 모두 최고통치권자인 군주나 대통령에 의해 자행되는 퇴행적인 통치로 간주하고 있어 상황이 심각하다. 모두 군주정을 민주정과 대립되는 것으로 파악한 서양의 역사문화 영향 때문이다. 『상군서』와 『한비자』를 비롯한 법가 사상서와 『손빈병법』 등의 병서는 군주의 독재와 장수의 전제를 역설하고 있다. 난세이기 때문이다. 서양과 정반대이다.

전시상황에서 군주와 장수가 독재와 전제를 하지 못하면 이는 패망의 길이다. 21세기 경제전쟁 상황 또한 다를 게 없다. 이미 아이작슨의 『스티브 잡스』에 적나라하게 나와 있듯이 오늘의 애플이 있게 된 것은 잡스의 독재와 전제가 있었기 때문에 가능했다. 동양 전래의 병서에서 역설하는 군주의 독재와 장수의 전제 논리를 충실히 좇은 결과로 볼 수 있다.

지난 2010년 아이폰의 무차별 공습이 이뤄질 때 삼성은 '독재경영'으로 비난을 받았던 이건희 회장이 복귀하면서 나름 전열을 가다듬고 영격迎擊에 나설 수 있었다. 2012년 상반기에 이르러 판매대수에서 애플을 제압할 수 있었던 이유가 여기에 있다. 이와 정반대로 LG는 '민주경영'에 얽매인 바람에 중차대한 시기를 흘려버리고 말았다. LG가 한동안 스마트폰 시장에서 대만의 하청기업에 불과했던 HTC에게도 밀리는 수모를 당한 이유다.

『한비자』는 독재와 전제를 엄격히 분리했다. 군주를 허수아비로 만든 붕당세력의 우두머리인 권신의 전횡專橫을 '전제', 군주의 고독한 결단을 '독재'로 표현한 게 그렇다. 한비자는 무엇을 근거로 권신의 전제와 군주의 독재를 구분한 것일까? 『한비자』「망징」에 설명이 나온다.

"신하들이 붕당을 결성해 군주의 눈과 귀를 가리면서 권력을 휘두르면 그 나라는 패망한다. 변경을 지키는 장수의 직위가 너무 높아 멋대로 명을 내리면 그 나라는 패망한다. 나라의 창고는 텅 비어 있는데도 대신의 창고만 가득 차 있으면 그 나라는 패망한다."

한비자가 좌우의 의견에 흔들리지 않고 독자적으로 결단하는 군주 독재를 역설한 이유가 여기에 있다. 군주의 결단이 국가존망과 직결된다고 판단한데 따른 것이다. 그는 「외저설 우상」에서 상앙과 비슷한 시기에 활약한 신불해申不害의 말을 인용해 군주의 고독한 결단을 이같이 설명해 놓았다.

"일을 처리할 때 남의 눈치를 보지 않고 홀로 진상을 파악하는 것을 명明, 어떤 일이 일어나도 남의 말에만 귀를 기울이지 않고 홀로 판단하는 것을 총聽이라고 한다. 이처럼 남의 말과 뜻에 흔들리지 않고 '총'과 '명'에 따라 홀로 결단하는 사람은 가히 천하의 제왕이 될 수 있다."

『한비자』는 군주의 고독한 결단을 독단獨斷으로 표현해 놓았다. 서구의 정치사상사에서 말하는 '딕테이터십', 즉 독재와 유사한 개념이다. '독재'는 메이지유신 당시 일본인들이 '딕테이터십'을 그같이 번역한 게 기원이다. 원래 재裁와 단斷 모두 옷감이나 재목 따위를 치수에 맞도록 재거나 자르는 마름질을 의미한다. 독재 대신 독단으로 번역했을지라도 큰 문제는 없다.

그러나 그 내막을 보면 상앙과 한비자가 말하는 독단은 서구의 '딕테이터십'과 적잖은 차이가 있다. 독단을 언급한 최초의 인물은 상앙이다. 『상군서』는 이를 군단君斷 내지 독단으로 표현해 놓았다. 난세가 극에 달했을 때 반드시 필요한 결단의 유형으로 언급한 것이다.

『상군서』「설민」의 해설에 따르면 태평성대에는 모든 문제를 백성들 스스로 판단해 처결하게 된다. 이를 가단家斷이라고 한다. 그보다 약간 못한 치세에는 분쟁을 마을 단위에서 처결한다. 곡단曲斷이다. '곡'은 향곡鄕曲을 뜻한다. 가단과 곡단을 합쳐 하단下斷이라고 한다. 하단과 대비되는 것이 상단上斷이다. 이는 크게 관단官斷과 군단君斷으로 나뉜다. 쟁송이 많아져 관아에서 처결하는 것이 관단이다. 나라가 그만큼 어지러워졌음을 뜻한다.

관아에서도 처결하지 못해 마침내 모든 사람이 최고통치권자인 군주의 결단을 요구하는 최악의 상황이 도래하면 이는 난세의 심도가 그만큼 깊어졌음을 의미한다. 그게 바로 상앙이 역설한 군단이다. 상앙은 자신이 활약하던 전국시대 중기의 상황을 난세의 절정으로 파악했다. 전국시대 말기를 최악의 난세로 파악한 한비자의 시대상황 인식과 하등 다를 바가 없다. 한비자가 상앙의 주장을 토대로 『한비자』「칙령」에서 엄정한 법치의 확립을 역설한 것도 이런 맥락에서 이해할 수 있다. 해당 대목이다.

"군주는 자신의 명령을 공정하고 불편부당하게 시행하여 법제에 부합토록 해야 한다. 법제가 공평하면 관원이 간사한 짓을 못 하게 된다. 공적에 따라 인재를 임용하면 백성들의 말이 적고, 공허한 인의도덕을 떠벌이는 자를 임용하면 백성들의 말이 많아진다. 법치는 향촌에서부터 엄히 시행될 필요가 있다. 곧바로 5리 범위 안에서 엄히 시행할 수 있으면 왕자王者, 9리 범위 내에서 엄히 시행할 수 있으면 강자强者가 된다. 지척대며 시행을 늦추는 나라는 영토가 깎이고 쇠약해진다."

「칙령」에서는 비록 왕자와 강자 사이에 위치한 패자를 구체적으로 언급하지는 않았으나 논리상 5리와 9리 중간 부근의 곡단에 패자가 존재한다고 본 것이나 다름없다. 이는 상앙의 주장을 종합한 것이다. 상앙은 사상 최초로 상황에 따른 다양한 유형의 결단을 언급한 장본인이다. 동서고금을 통틀어 결단의 유형을 시간 및 공간 단위로 분류한 뒤 치도와 연결시켜 해석한 것은 상앙이 유일하다. 「설민」에 결단의 유형을 해설한 대목이 나온다.

"치국방안은 상황에 따라 다르다. 백성들 자신의 각 가호 차원에서 시비是非 및 당부當否에 대한 판단이 내려지는 나라는 천하를 호령하는 왕국, 관원에 의해 시비가 결정되는 나라는 무력을 보유한 강국, 군주에 의해 시비가 결정되는 나라는 안위를 걱정하는 약국弱國이 된다. 법에 의거해 관원을 임용하면 나라가 잘 다스려진다. 형벌을 줄이고자 하면 백성들이 서로 감시하고 보증하도록 해야 한다. 고발한 자에 대한 포상을 속여서는 안 된다. 간사한 일이 있을 경우 반드시 이를 고발토록 한다. 간사한지 여부에 대한 시비 판단은 백성들이 마음속으로 스스로 내릴 수 있다. 이것이 심단心斷이다. 군주가 동원 등의 명을 내리면 백성은 군용 및 국정에 필요한 기물의 당부에 관한 판단을 각 가호다다 독자적으로 내릴 수 있다. 이런 기물이 관부에서 통용되는 것은 해당 기물의 당부를 각 가호마다 독자적으로 판단할 수 있기 때문이다. 이것이 가단家斷이다. 그래서 천하를 호령하는 왕국에서는 상벌의 시비에 대한 판단이 백성의 '심단'에 의해 내려지고, 기물의 당부에 대한 판단이 '가단'에 의해 내려진다. 정사가 맑고 깨끗하면 시비와 당부에 대한 백성들의 '심단' 및 '가단'이 군주의 판단과 같게 되고, 정사가 어둡고 탁하면 시비와 당부에 대한 백성들의 '심단' 및 '가단'이 군주와 달라진다. 시비와 당부에 대한 백성들의 '심단' 및 '가단'이 군주와 달라지면 정령이 제대로 집행되지 않는다. 정령이 제대로 집행되는 나라는 잘 다스려지고 그렇지 못한 나라는 어지러워진다."

「설민」은 '오리단자강五里斷者彊, 십리단자약十里斷者弱'으로 되어 있다. 『한비자』 「칙령」의 '오리단자왕五里斷者王, 십리단자강'과 커다란 차이가 있다. 그러나 같은 『상군서』의 「거강」에는 '구리단자강, 십리단자약'으로 되어 있다. 또 「근령」에서는 '오리단자왕, 십리단자강'으로 기록해 놓았다. 5리와 9리, 10리에 대한 해석이 제각각이다. 결단에 대한 『상군서』와 『한비자』의 해당 대목을 도식으로 정리하면 다음과 같다.

	「설민」	「거강」	「근령」	「칙령」
심단 또는 가단	(제자)	(제자)	(제자)	(제자)
5리 범위 곡단	강자	(왕자)	왕자	왕자
(7리 범위 곡단)		(패자)	(패자)	(패자)
9리 범위 곡단		강자		강자
10리 범위 곡단	약자	약자	강자	

「설민」을 제외하면 「거강」과 「근령」 및 「칙령」은 대략 '오리단자'와 '구리단자' 및 '십리단자'를 단계적으로 언급한 셈이다. 이는 왕자와 강자 및 약자의 순서에 해당한다. 「칙령」이 『상군서』의 헷갈리는 내용을 가장 잘 체계적으로 정리한 셈이다. 『상군서』에서는 「거강」의

기준이 가장 그럴듯하다. 이들 모두 비록 심단 내지 가단과 '칠리단자'의 곡단을 언급하지는 않았으나 논리상 심단 및 가단은 가장 높은 단계의 제자帝者, '칠리단자'는 패자에 해당한다. 왕자와 강자 사이에 존재하는 패자는 대략 '오리단자'와 '구리단자'의 중간인 '칠리단자' 정도로 간주할 수 있다. 이 경우 '십리단자'는 근근이 명맥을 유지하는 약자弱者 내지 영토가 깎이는 위자危者가 된다. 구리단자와 십리단자의 차이가 매우 큰 셈이다.

고금을 막론하고 법치가 확립돼 있지 못하면 백성들은 시비판단의 근거가 없어 사안을 속히 처리할 수 없게 된다. 쟁송이 많아지는 이유다. 이를 방치하면 나라가 이내 어지러워질 수밖에 없다. 상앙과 한비가 법치가 확립되면 향촌 단위에서 조속히 시비를 결단해 문제를 미연에 방지할 수 있다고 역설한 이유가 여기에 있다. 「설민」은 하단과 상단이 등장하는 배경을 치세와 난세의 틀 속에서 이같이 풀이해 놓았다.

"나라가 잘 다스려지면 '가단'이 행해지고, 나라가 혼란스러우면 군주가 시비를 판단하는 군단君斷이 행해진다. 나라를 다스리는 군주는 백성들이 가호 단위로 시비를 판단하는 '가단'과 마을 단위로 시비를 판단하는 곡단曲斷 등의 하단下斷을 귀하게 여긴다. 10리 범위의 '곡단'이 행해지는 나라는 약국, 5리 범위의 '곡단'이 행해지는 나라는 강국이 된다. 백성들이 '곡단'에 앞서 '가단'을 행하면 국사의 처리에 모두 여유가 있다. 그래서 말하기를, '당일 낮에 국사를 모두 처리하는 일치日治의 나라는 천하를 호령하는 왕국이 되고, 관원이 시비를 판정하는 관단官斷의 나라는 국사의 처리에 시간이 부족하다'고 하는 것이다. 또 말하기를, '당일 밤이 되어서야 국사를 처리하는 야치夜治의 나라는 강국이 되고, 군주가 시비를 판정하는 군단의 나라는 국정이 혼란스러워진다'고 한다. 또 말하기를, '다음날이 되어야 국사를 처리하는 숙치宿治의 나라는 영토가 깎이게 된다'고 한다. 법치가 제대로 행해지는 나라는 국사가 모두 '가단'에 의해 처리되는 까닭에 관원들은 '군단'을 기다릴 필요가 없고, 백성들 또한 '관단'을 기다릴 필요가 없다."

'가단'은 다스리는 데 여유가 있는 상황이다. 업무시간인 낮에 결단해 사안을 처리하는 '일치'가 이뤄지면 왕자가 된다고 말하는 이유다. '관단'은 다스리는 데 다소 부족한 상황이다. 밤늦게 결단해 사안을 처리하는 '야치'가 이뤄지면 강자가 된다고 말하는 이유다. '군단'은 다스리는 데 큰 어려움을 겪을 정도로 매우 어지러운 상황이다. 머뭇거린 탓에 하룻밤을 묵혀 다음날 결단해 사안을 처리하는 '숙치'가 이뤄지면 나라의 영토가 깎인다고 말하는 이유다.

공평무사한 법집행이 제대로 이뤄지는 순서로 말하면 가단의 수준이 가장 높다. 가장 낮은 것은 일정한 기준이 없어 멋대로 법집행이 이뤄지는 무단無斷의 단계이다. 결단의 주체가 없는 상황을 말한다. 『한비자』와 『상군서』는 이를 구체적으로 언급하지 않았으나 기본 취지에 비춰 권신이 백성들을 그물질해 사복을 채우는 최악의 단계를 상정한 것이나 다름없다. 이 단계에서는 군주가 허수아비로 전락한 까닭에 결단의 주체가 없고 오직 권신들이 자신들의 입맛에 따라 멋대로 정책을 결정하고 법령을 집행할 뿐이다. 후한 말기에 등장한 환관의 발호와 조선조의 세도정치 등이 '무단'의 대표적인 사례에 해당한다. 난세일수록 강력한 군권君權에 기초한 단호한 결단이 필요한 이유다. 상앙은 군주가 허수아비로 전락한 상황이 바로 '무단'에 해당한다고 판단했다. 그는 이를 군약신강君弱臣强으로 표현했다. '군약신강'을 언급한 최초의 사례에 해당한다. 그는 '군약신강'을 패망의 지름길로 간주했다. 『상군서』「신법」의 해당 대목이다.

"군주가 '군약신강'의 배경을 제대로 살피지 못하면 설령 열국 제후들의 침공을 받지 않을지라도 반드시 백성들의 겁박劫迫을 받게 된다. 붕당세력의 교묘한 언설이 횡행하면 현자나 불초한 자나 모두 이를 따라 배울 것이다. 선비들이 언변에 뛰어난 사람에게서 배우면 일반 백성은 실질적인 일을 팽개친 채 허황된 언설을 낭송하고 다닐 것이다. 국력이 줄어들고 서로를 비난하는 얘기가 난무하는 이유다. 군주가 이를 제대로 살피지 못하면 전쟁이 일어났을 때 반드시 장병을 모두 잃을 것이고, 성을 지키고자 할지라도 반드시 성을 팔아먹는 자가 나타날 것이다."

'군약신강'의 상황은 국가공동체 차원에서 빚어지는 '무단'에 해당한다. 최소 단위의 부부공동체의 경우에도 '무단'의 상황이 존재한다. 기업공동체도 예외가 아니다. 『한비자』가 역설했듯이 금슬 좋았던 부부 사이도 먹고사는 일이 심각한 문제로 부상하면 이내 다툼이 잦아진다. 풍요로울 때는 사소한 문제에 지나지 않았던 것이 자칫 심각한 문제로 번질 수 있다. 이때 양측이 서로 이해하고 타협하면 아무 문제가 없다. 이는 '가단'에 비유할 수 있다.

만일 갈등이 누적돼 다툼이 격화되면 중재인이 등장한다. 양측 가족과 친지가 이에 해당한다. 이는 5리 이내의 '곡단'에 비유할 수 있다. 이들의 중재가 실패하면 사회원로 등에게 중재를 부탁할 수 있다. 10리 이내의 '곡단'에 이에 해당한다. 만일 이마저 실패해 다툼이 격화되면 결국 법정으로 갈 수밖에 없다. '관단'이 개입하는 상황이다.

일단 '관단'이 개입하면 비용도 많이 들 뿐만 아니라 사안을 원만히 해결하기도 어렵게 된다. '관단'은 기본적으로 정해진 규정에 의해 획일적으로 판단하는 까닭에 위자료 등을 둘러싸고 양측 간에 첨예한 공방전이 펼쳐지게 된다. 모양이 좋을 리 없다. 비록 다툼이 격화되기는 했으나 그나마 이 단계에서라도 조정 등의 다양한 형식을 통해 사안이 해결되면 다행이다.

만일 '관단'에 의해서도 해결되지 않고 양측이 서로 삿대질을 하며 치고받는 상황으로 치닫게 되면 어찌되는 것일까? 이때는 법원의 조정 차원을 넘어 국가공권력이 발동하게 된다. 이를 방치할 경우 국가공동체에 심각한 폐해를 줄 수 있기 때문이다. 이혼과 함께 강제력에 의한 상호 접근금지 등의 명령이 내려지는 게 이에 해당한다. 그야말로 난세가 절정에 달한 셈이다. 여기서 한 발 더 나아가 법원의 결정에 불복하고 제3자가 개입해 권모술수를 동원한 난타전으로 진행되면 그야말로 최악의 단계인 '무단'에 해당한다.

기업공동체의 패망도 같은 맥락에서 풀이할 수 있다. 2세대가 등장할 경우 창업주와 고락을 같이했던 임원과의 갈등이 폭발할 경우 이와 유사한 양태를 보인다. 국가공동체 역시 말기에 들어와 군주가 암약暗弱하고 권신이 발호할 때 예외 없이 이런 양상이 나타난다. 춘추전국시대와 삼국시대 등 난세 때마다 권신이 군주를 시해하고 나라를 빼앗는 시군찬역弑君簒位이 나타난 게 그렇다. 모두 집안이나 기업의 형편이 극도로 어려워지거나 내란 및 외우 등의 환란으로 인해 나라가 휘청거리는 식의 위기상황에서 빚어진다. 조조가 전장에서 가차없이 엄법을 적용하는 '독재' 및 '전제'를 행한 이유가 여기에 있다.

創造經營

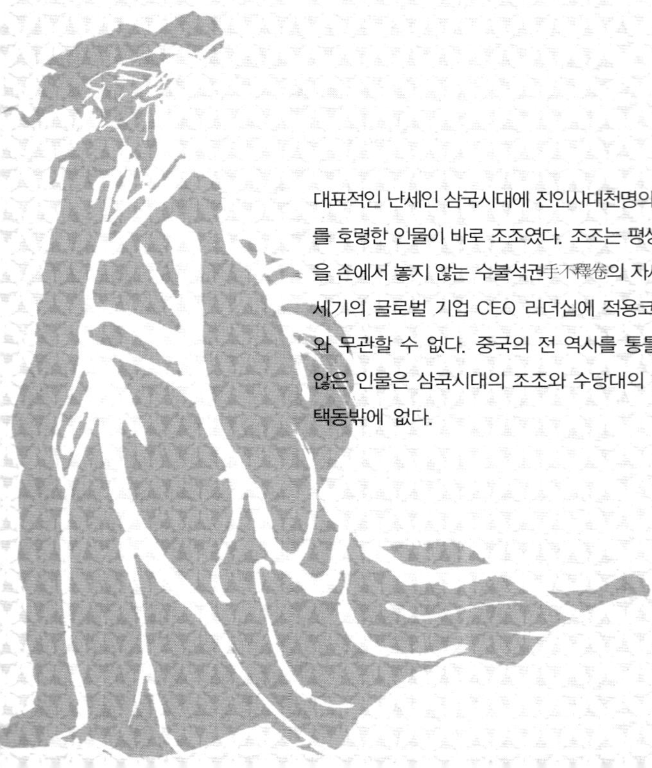

대표적인 난세인 삼국시대에 진인사대천명의 자세로 매사에 임하며 마침내 천하를 호령한 인물이 바로 조조였다. 조조는 평생 근검하게 생활하며 전장에서도 책을 손에서 놓지 않는 수불석권手不釋卷의 자세를 보였다. 최근 그의 리더십을 21세기의 글로벌 기업 CEO 리더십에 적용코자 하는 노력이 지속되는 것도 이와 무관할 수 없다. 중국의 전 역사를 통틀어 전장에서도 손에서 책을 놓지 않은 인물은 삼국시대의 조조와 수당대의 당태종, 청대의 강희제, 현대의 모택동밖에 없다.

18/ 창조경영

인문학을 익혀라

孫子曰, '善出奇者, 無窮如天地, 不竭如江河.' 曹公曰: 自無窮如天地已下, 皆以喻奇正之無窮也.

손자가 말하기를,

'뛰어난 장수의 용병술은 마치 하늘과 땅처럼 무궁하고, 강과 바다처럼 마르지 않는다'고 했다. 조조가 말했다. 이는 하늘과 땅처럼 무궁하기 짝이 없는 모든 자유자재의 경지를 정병正兵과 기병奇兵을 섞어 쓰는 무궁한 용병술에 비유한 것이다. 『손자약해』「병세」

모사와 성사

옛날 제왕들은 경서 못지않게 사서를 중시했다. 역사를 많이 알수록 흥망성쇠의 이치를 정확히 깨우칠 수 있기 때문이다. 여기서 나온 말이 감계鑑戒이다. 과거의 잘못을 거울로 삼아 다시는 잘못을 되풀이하지 않도록 경계하는 것을 뜻한다.

중국의 역대 황제 중 최고의 명군 중 한 사람으로 꼽히는 당태종이 위징魏徵 등과 치국평천하의 이치를 논한 『정관정요』에 역사를 거울로 삼는 이른바 사감史鑑과 관련한 유명한 얘기가 나온다. 정관 17년(643) 위징이 병사하자 당태종 이세민이 매우 비통해하며 이같이 말했다.

"무릇 동으로 거울을 만들면 의관을 단정하게 할 수 있고, 역사를 거울로 삼으면 천하의 흥망과 왕조교체의 원인을 알 수 있고, 사람을 거울로 삼으면 자신의 득실을 분명히 할 수 있다. 짐은 일찍이 이 3종의 거울을 구비하여 자신이 어떤 허물을 범하게 되는 것을 방지했다. 지금 위징이 질병으로 세상을 떠났으니 거울 하나를 잃은 것이다."

당태종은 감계로 삼을 수 있는 거울을 크게 동감銅鑑, 사감史鑑, 인감人鑑으로 나눠 설명한 것이다. 사람의 눈은 자신을 볼 수 없기에 거울이 필요하다. 유소의 『인물지』「팔관」에 이를 경계하는 말이 나온다.

"말로는 즐거워하지만 낯빛이 일치하지 않으면 마음속에 못마땅함이 있는 것이다. 말이 나오기도 전에 화난 낯빛이 먼저 나타나는 것은 분한 생각이 끓어오르기 때문이다."

사람과 대화할 때 늘 온화한 표정을 지어야 한다고 주문한 것이다. 자신이 보지 못하는 것을 남은 훤히 들여다보기 때문이다. 난세의 시기에 자신이 보지 못하는 자신의 속셈을 남이 훤히 들여다보는 것은 곧 자멸을 뜻한다. '동감'을 통해 의관을 바로 해야 하는 이유다.

역사를 통해 배우는 거울인 '사감'은 흥망성쇠의 이치를 담고 있다. 사서를 많이 읽은 사람이 위기상황에서 훨씬 현명한 대처를 할 수 있는 것은 말할 것도 없다. 유사한 상황에 대한 대처 사례를 익히 알고 있기 때문이다. 위정자들이 경서와 더불어 사서를 죽을 때까지 손에서 놓지 않은 이유다. 대표적인 사서가 바로 사마광의 『자치통감』이다. 『자치통감』은 객관적인 사실史實만을 수록한 것으로 유명하다. 통감通鑑이라는 명칭 자체가 역대 왕조의 역사를 거울로 삼았다는 뜻이다. '사감'을 달리 표현한 것에 해당한다.

조조는 경서와 사서를 두루 읽어 천하사에 밝았던 것은 물론 문학에도 탁월한 재능을 보였다. 요즘말로 문사철文史哲의 인문학에 조예가 깊었던 셈이다. 현존하는 조조의 시는 대략 20여 편이다. 거의 악부시樂府詩 형식으로 되어 있다. 악부는 원래 한무제에 의해 설립된 음악을 전담하는 관청의 이름이다. 악부의 주요 임무는 제례 때 연주하는 악곡의 악보를 제정하고 악공을 양성하는 것이다. 악부시는 대부분 작자불명의 민요였고, 그 주제는 백성들의 애환을 읊은 것이 많았다. 악부시를 정점까지 끌어올린 인물이 바로 조조였다. 청대의 왕부지는 『선산고시평선船山古詩評選』에서 이같이 평했다.

"조조의 악부시는 실로 탁월하여 사람을 놀라게 할 만하다. 그 뜻은 깊은 연못과 같이 영원하고 사람을 감동시키는 소리는 말로 형언할 수 없다."

조조의 시를 관통하고 있는 것은 인간을 우주만물의 중심에 놓는 인문주의 정신이다. 이를 극명하게 드러낸 작품이 바로 「도관산度關山」

이다. 그는 이 시에서 광범위한 고전을 인용하면서 천하를 평안하게 만들기 위한 백성들의 번창과 법집행의 공정성 등을 강조하고 있다. 「도관산」의 앞 대목에 이런 구절이 나온다.

하늘과 땅 사이에 사람이 가장 귀하다네　　天地間 人爲貴
군주 세우고 백성 거두며 법규를 정하네　　立君牧民 爲之軌則

입군목민立君牧民은 곧 군주를 세우고 백성을 거두는 것으로 치국평천하를 의미한다. 이를 위해서는 궤칙軌則, 즉 법규를 만들어야 한다. 입군목민과 궤칙은 천지간의 가장 귀중한 존재인 사람을 평안하게 만들기 위한 것이다. 이 시의 핵심어를 소위 인위최귀人爲最貴로 요약할 수 있는 이유다. 이는 인본을 달리 표현한 것이다. 조조의 다른 시도 마찬가지다. 그의 시문학을 하나로 꿰는 사조로 인문주의를 들 수 있는 이유다.

『삼국지』를 포함한 역대 사서를 보면 제왕 리더십의 성패가 인문주의의 발휘 여부에 달려 있음을 쉽게 알 수 있다. 21세기라고 다를 리 없다. 고금동서를 막론하고 인본 내지 인문이야말로 인간경영의 알파이자 오메가라고 할 수 있다. 이는 주변을 둘러보는 것만으로도 쉽게 확인할 수 있다. 크게는 국가존망과 관련한 최고통치권자의 결단에서 시작해 작게는 일상적인 가정사에 이르기까지 모두 인간이 일을 꾸미고 추진하는 것이다.

여기서 주의할 것은 일의 성패成敗와 일에 임하는 자세를 구분해야 하는 점이다. 아무리 성실히 일에 임할지라도 소기의 성과를 거두지 못하거나 실패할 수 있다. 재능이 사람마다 다르기 때문이다. 이게 흔히 말하는 진인사대천명盡人事待天命의 본래 취지다. 인간이 할 수 있는 데까지 최선을 다하는 모사謀事와 일이 이뤄지는 성사成事를 구분한 것이다.

최선을 다할 경우 설령 실패할지라도 좌절하지 않고 더욱 노력하면 오히려 더 큰 성과를 거둘 수 있다. 한두 번의 실패에 좌절한 나머지 이내 자포자기의 모습을 보이는 것은 최악의 길이다. 최선을 다하지 않은 상황에서 실패했을 때 실패의 원인을 자신에게서 찾지 않고 밖에서 찾는 것 역시 패망의 길이다.

경계의 거울로 삼을 만한 일화가 있다. 초한전 당시 유방에게 패한 항우는 지금의 안휘성 화현 동북쪽에 있는 오강烏江까지 도주했다. 배를 준비시켜 놓고 기다리던 오강의 정장亭長이 항우에게 이같이 권했다.

"강동은 비록 작으나 땅이 사방으로 천 리나 되고 수십만 명의 무리가 있으니 족히 후일을 도모할 만합니다. 대왕은 속히 강을 건너십시오."

항우가 처연히 대답했다.

"하늘이 나를 망하게 했는데 내가 강을 건너 무엇을 하겠는가? 나는 강동의 자제 8천 명과 함께 도강해 서쪽으로 진격했다가 지금 한 사람도 돌아오지 못하게 되었다. 설령 강동의 부형들이 나를 왕으로 맞아준들 내가 무슨 면목으로 그들을 보겠는가? 설령 그들이 말하지 않을지라도 내가 어찌 내심 부끄러운 생각이 들지 않겠는가?"

그러고는 스스로 목숨을 끊었다. 당시 그가 강을 건너 힘을 기른 뒤 다시 유방과 자웅을 겨뤘다면 장차 천하의 주인이 누가 될 것인지 예측키가 어려웠다. 천하의 향배는 아직 알 수 없었다. 사마천은 『사기』 「항우본기」에서 항우는 끝내 나라를 망치고 자신은 죽게 되었는데도 오히려 그 이유를 깨닫지 못하고 전혀 자책하지 않았다고 비판했다. 전한 말기의 양웅揚雄도 『법언法言』에서 이같이 혹평했다.

"어떤 사람이 묻기를, '초나라 항우가 오강에서 죽게 되었을 때 하늘이 자신을 망하게 했다고 하는데 이는 믿을 만한 것인가?'라고 했다. 내가 대답하기를, '한고조 유방은 군신들의 책략과 군중들의 힘을 사용했다. 그러나 항우는 이를 꺼려 스스로 자신의 역량을 다 썼다. 다른 사람의 힘을 다 쓰게 하는 사람은 승리하고 자신의 역량을 다 쓰는 사람은 패하는 법이다. 그러니 하늘이 이와 무슨 관계가 있겠는가?'라고 했다."

사마천과 양웅 모두 항우가 인간경영에 실패하고도 죽는 순간까지 이를 깨닫지 못한 것을 비난한 것이다. 모사는 사람에게 달려 있고 성사는 하늘에 달려 있다고 말하지만 이는 모사에 최선을 다했을 때나 쓰는 말이다. 스스로 최선을 다하지도 않고 성사를 바라는 것은 요행을 바라는 것이나 다름없다. 설령 운 좋게 그게 맞아떨어질지라도 이는 더 큰 불행의 단초로 작용할 수 있다. 횡재를 한 사람들 대부분이 좋지 못한 결과를 맞는 사실이 이를 뒷받침한다.

백마를 탄 왕자를 고대하는 공주처럼 천우신조天佑神助를 기대하는 것도 마찬가지다. 동양고전에서 말하는 하늘은 공평무사의 상징이다. 『도덕경』은 이를 천도무친天道無親, 『서경』은 황천무친皇天無親으로 표현했다. 하늘은 특별히 누구를 어여삐 여기지도 않고 멀리하지도 않는다는 뜻이다. 하늘은 늘 스스로 노력하는 자의 편이다.

인간경영의 요체는 상황에 따른 왕도와 패도의 적절한 혼용에 있다. 왕도를 지나치게 강조하면 공동체의 기강이 무너지고, 패도를 지나치게 강조하면 각박해질 수밖에 없다. 공자가 『예기』에서 예禮와 악

樂을 공히 강조한 이유다. 예를 통해 기강을 바로잡고 악을 통해 각박함을 완화해야 최상의 리더십을 발휘할 수 있다고 지적한 것이다. 왕도와 패도의 혼용비율은 주어진 상황에 달려 있다.

문제는 혼용비율의 묘리妙理를 찾아내는 게 쉽지 않다는 데 있다. 고금의 수많은 현인이 이 과제에 도전했으나 성공한 사람이 드물다. 동서고금의 고전을 두루 꿰는 식견과 경륜 등이 필요한데 이를 터득키가 쉽지 않았기 때문이다. 동양에서 이를 터득한 인물로 노자와 공자, 순자, 사마천, 사마광 정도를 들 수 있다. 21세기 현재에 이르기까지 『논어』, 『사기』, 『자치통감』 등이 소위 제왕학의 고전으로 꼽히는 이유다.

대표적인 난세인 삼국시대에 진인사대천명의 자세로 매사에 임하며 마침내 천하를 호령한 인물이 바로 조조였다. 조조는 평생 근검하게 생활하며 전장에서도 책을 손에서 놓지 않는 수불석권手不釋卷의 자세를 보였다. 최근 그의 리더십을 21세기의 글로벌 기업 CEO 리더십에 적용코자 하는 노력이 지속되는 것도 이와 무관할 수 없다. 중국의 전 역사를 통틀어 전장에서도 손에서 책을 놓지 않은 인물은 삼국시대의 조조와 수당대의 당태종, 청대의 강희제, 현대의 모택동밖에 없다.

난세와 독서

책은 같은 시대를 살아가는 다양한 사람들의 경험을 공유하는 공시적共時的인 경험뿐만 아니라, 앞선 시대를 살아간 선현의 경륜을 접할 수 있는 통시적通時的인 경험을 가능케 해준다. 특히 통시적 경험은 책만이 지니고 있는 독보적인 덕목이기도 하다. 그런 점에서 여러 선현들의 지혜를 참고해 난관 돌파의 해법을 찾고자 하는 난세의 시기일수록 책을 가까이하는 노력이 더욱 필요하다.

삼국시대에 이를 실천한 인물이 바로 조조다. 그가 휘하에 수많은 인재들을 거느리고 천하를 호령한 것도 바로 독서에 있다고 해도 과언이 아니다. 그는 문재가 뛰어난 당대의 시인이기도 했다. 『수서』「경적지」에 따르면 그는 생전에 많은 시를 남겼다. 그의 사후에 편찬된 『위무제집』은 원래 20권이었으나 현재는 대부분이 산일되고 20여 편의 시와 단편적인 산문을 포함해 1백여 편이 남아 있다.

지난 2005년 6월 15일 군사 리더십의 세계적 권위자인 에드가 퍼이어가 서울 용산 국방부 청사에서 현역장성 등 국방부와 합동참모본부 직원 500여 명을 대상으로 강연한 바 있다. 그는 미래지향적 군조직에 요구되는 리더의 인격과 역량이라는 주제의 리더십 강연에서 이같이 말했다

"지난 40여 년 간 150명의 미군 장성들을 직접 인터뷰한 결과 유능한 지휘관이 되는 길은 인격을 쌓는 것이라는 결론을 내렸다. 지휘관은 불확실한 상황에서 육감으로 결단해야 할 때도 있다. 육감은 지휘관의 역량에서 나오고, 그 역량은 독서량에 비례한다."

퍼이어가 말한 대로 전장의 상황은 늘 불확실하다. 예측불가능한 상황이 수시로 터져나올 수 있기 때문이다. 조조가 『손자병법』을 주석하면서 임기응변을 역설한 이유다. 대략 퍼이어가 말한 육감에 의한 결단은 이를 달리 표현한 것으로 짐작된다.

그렇다면 육감에 의한 결단이 독서에서 나온다는 주장의 근거는 무

엇일까? 퍼이어는 구체적인 언급을 하지 않았다. 전설적인 전쟁영웅 알렉산드로스는 당대의 석학 아리스토텔레스를 스승으로 두고 13세부터 3년 동안 자연학과 인문학을 배운 바 있다. 이때 읽은 『일리아드』는 그의 전 생애를 통해 그에게 커다란 영향을 끼쳤으나 그의 독서량이 그리 많지는 않았다. 대략 퍼이어는 『갈리아전기』를 쓴 로마시대의 카이사르와 『손자병법』을 열심히 탐독한 나폴레옹 등을 염두에 두고 육감에 의한 결단이 독서에서 나온다고 주장한 듯하다.

동양의 경우는 전장에서조차 손에서 책을 놓지 않은 탁월한 전략가들이 매우 많았다. 대표적인 인물이 바로 삼국시대의 조조다. 그가 가장 총애했던 하후돈 역시 전쟁 중에 군막 안으로 스승을 초청해 가르침을 받았다. 중국의 전 역사를 통틀어 가장 뛰어난 황제로 손꼽히는 청대의 강희제 역시 군막 안에서 선교사와 함께 삼각함수 문제를 푼 것으로 유명하다. 그는 청제국의 황제들이 기본 소양으로 익혀야 하는 몽골어와 만주어, 중국어 등 3개 국어는 말할 것도 없고 라틴어까지 습득한 당대 최고 수준의 인문학 소양을 자랑한 황제였다. 사서삼경 등의 경서는 물론 제자백가서에 이르기까지 동양고전의 경우는 더 말할 게 없다. 중화인민공화국의 창업주인 모택동도 조조를 흉내 냈다. 그는 2만 리에 달하는 대장정의 와중에 배낭 속에 넣은 『자치통감』과 『삼국지』 등을 틈틈이 꺼내 읽었다.

삼국시대 당시 청류 사대부는 유가의 교양을 몸에 익힌 지식인이었던 데 반해 탁류 환관은 무식한 자가 많았다. 그러나 조조는 비록 탁류 집안 출신이었지만 여느 탁류와는 분명히 달랐다. 이는 배송지주에 인용된 왕침의 『위서』에 나오는 다음 기록을 보면 쉽게 알 수 있다.

"조조는 군을 통솔한 지 30여 년이나 되는 사이에 책을 손에서 한시도 떼어놓지 않았다. 낮에는 군사전략을 생각하고 밤에는 경전이나 주석을 읽고 사색에 힘썼다. 높은 곳에 오르면 반드시 시를 읊고, 새로운 시가 만들어지면 음악에 맞춰 노래했다. 궁전을 짓거나 기계를 제작할 때에는 설계도를 그렸는데 모두 목적에 맞는 것이었다."

조조의 지식은 서예와 바둑, 음악, 건축, 기계제작에 이르기까지 다방면에 걸쳐 있었다. 사실 조조의 본거지가 된 업성도 조조의 설계에 의해 만들어진 도시였다. 『삼국지』「선주전」이 증명하듯이 노숙과 같은 스승을 두고도 공부를 하지 않았다는 지적을 받은 유비는 물론 여몽에게 독서를 권한 손권 역시 학식과 교양 면에서 도저히 조조에 미칠 수가 없었다. 이는 타고난 재질도 재질이지만 학문을 좋아한 조조가 평생 책을 가까이하며 노력한 사실과 무관하지 않았다.

조조와 수불석권

수불석권手不釋卷은 손에서 책을 놓지 않는 것을 말한다. 동양에서는 예로부터 이를 명군의 기본 요건으로 간주해 왔다. 그러나 이를 실행한 인물은 많지 않다. 중국의 역대 제왕 가운데 이를 실천한 대표적인 인물을 꼽으라면 많은 사람들이 대개 조조와 당태종, 강희제 등 3인을 들고 있다. 여기에 '신 중화제국'의 창업주인 모택동을 끼워넣을 수 있을 것이다. 평생을 전쟁터에서 보낸 조조가 가장 관심을 기울인 것은 병서였다. 생전에 현존 『손자병법』인 주석서 『손자약해』를 비롯해 『병서접요』와 『속손자병법』 등 여러 권의 저서를 펴냈다. 『손자약해』는 '수불석권' 일화와 밀접한 관련이 있다.

『삼국지』「여몽전」의 배송지주에 인용된 『강표전江表傳』에 따르면 오나라 장수 여몽呂蒙은 어려서 매우 가난했던 까닭에 제대로 먹고 입지도 못했고, 글을 읽는 것은 상상도 못했다. 가슴에 큰 뜻을 지닌 그는 이후 많은 전공을 쌓은 덕분에 장군의 자리까지 올랐으나 늘 학식이 부족한 게 흠이었다. 하루는 손권이 여몽과 장흠蔣欽을 불러 말했다.

"지금 경들은 이 나라의 대관이 되었으니 앞으로는 학문을 익혀 스스로 식견을 넓히는 게 좋겠소."

여몽이 대꾸했다.

"제가 지금 군무에 눈코 뜰 새 없이 바빠 글 읽을 겨를이 없습니다."

손권이 말했다.

"내가 어찌 경들에게 경서 등을 읽어 박사가 되라고 한 것이겠소? 그저 옛사람들이 남긴 책을 많이 읽어두라고 한 것일 뿐이오. 경들이 군무에 바쁘다고 하나 어디 나만큼이야 바쁠 리 있겠소? 나도 젊었을 때 『시경』, 『서경』, 『예기』, 『좌전』, 『국어』 등을 두루 읽었소. 단지 『역경』만 읽지 못했소. 내가 보위에 오른 후 여러 사서와 병서를 두루 읽은 게 커다란 도움이 되었소. 경들처럼 뛰어난 인물들이 글을 읽으면 당연히 도움이 되지 않겠소? 속히 『손자병법』과 『육도』 등의 병서와 『좌전』과 『국어』를 비롯해 『사기』와 『한서』 등의 사서를 읽도록 하시오. 공자가 말하기를, '종일토록 식음을 폐하며 생각해도 유익함이 없으니 배우는 것만 못하다'고 했소. 광무제도 매일 군무를 처리하느라 바빴지만 책을 손에서 놓은 적이 없었소. 맹덕孟德 역시 스스로 '늙어갈수록 더욱 학문을 좋아하게 됐다'고 했소. 경들은 어찌하여 스스로 노력할 생각을 하지 않는 것이오?"

여기서 '수불석권' 일화가 나왔다. 손권이 조조를 '맹덕'으로 높여 부른 것은 조조의 '수불석권'을 높이 평가한 결과다. 일각에서는 손권이 여몽에게 속히 사서와 병서를 두루 읽을 것을 권한 점에 주목해 손권도 조조의 『손자약해』를 읽었을 가능성이 높은 것으로 보고 있다. 여몽에게 잡다한 글이 뒤섞인 기존의 『손자병법』을 읽으라고 권했을 가능성은 그리 크지 않다는 게 논거다. 조조를 '맹덕'으로 높여 부르며 『손자병법』을 언급한 점에 비춰 전혀 터무니없는 추론은 아닌 듯싶다.

당시 여몽은 손권의 훈계를 듣고는 깨닫는 바가 있어 마음과 힘을 다해 열심을 글을 읽었다. 하루는 주유를 대신해 군사업무를 책임지게 된 노숙이 여몽을 찾아가 국사를 논의하게 됐다. 여몽의 이론이 고매하고 정연했다. 크게 놀란 노숙이 여몽의 어깨를 쓰다듬으며 찬탄했다.

"나는 대제大弟가 오직 무략武略밖에 없는 줄 알았소. 지금 보니 학문이 넓고 고매하니 이제는 과거 오군에 있을 때와는 완전 딴판이오!"

여몽이 말했다.

"선비는 사흘만 헤어져 있다 만나도 눈을 비비며 서로 대해야 하는 괄목상대刮目相待의 대상이오. 대형大兄이 지금 이같이 말하니 어떻게 하여 전국시대를 풍미한 양후穰侯 위염魏冉과 같다는 칭송을 듣는 것이오? 대형은 지금 주유의 업적을 제대로 잇지 못하고 있소. 더구나 지금 천하의 관우를 곁에 두고 있는 상황이오. 관우는 덕망이 높은 데다 학문을 좋아해 『좌전』을 입에 달고 산다고 하오. 단지 웅기雄氣와 자부심이 지나친 나머지 사람을 얕잡아 보는 게 흠이오. 지금 그와 대치하고 있는 중이니 응당 책략을 써 상대해야 할 것이오."

그러고는 곧 노숙을 위해 3가지 계책을 일러주었다. 노숙이 이를 공손한 자세로 받아들인 후 일절 발설하지 않았다. 후에 이 사실을 안 손권이 찬탄했다.

"사람은 성장하면서 날마다 진보한다고 말하나 그 누구도 여몽과 장흠에 비할 바가 아니다. 이미 부귀영달했는데도 호학하는 모습을 버리지 않고, 여러 고전을 두루 읽는 것을 좋아하고, 재물을 가벼이 여기며 의를 높이고, 행하는 일은 모두 좇을 만하니 두 사람 모두 가히 국사國士로 부를 만하다. 이 어찌 아름다운 일이 아니겠는가!"

여기서 짧은 시간에 학문이나 재주가 현저하게 진보했음을 뜻하는 '괄목상대' 성어가 나왔다. 조조의 '수불석권'에 자극을 받은 결과로 볼 수 있다. 남북조시대 당시 남조 송나라의 소상蕭常이 쓴 『속후한서』의 「심우전」에도 조조의 뛰어난 면모를 엿보게 하는 일화가 나온다. 이는 『손자약해』의 유포와 관련해 매우 주목할 만한 일화이다.

이에 따르면 심우沈友는 여몽과 같은 오군吳郡 출신으로 자는 자정子正이다. 나이 11세 때 화흠華歆이 고을을 순시하다가 보고는 기이하게 여겨 불러놓고 이같이 말했다.

"심랑沈郎, 수레에 올라 함께 이야기를 나누는 것이 어떻겠소?"

심우가 뒷걸음질로 물러나며 말했다.

"군자가 우의를 맺고 친목을 다지는 것은 예로써 하는 것입니다. 지금 인의가 쇠퇴하고 성현의 바른 도가 무너진 까닭에 선생은 군명을 받들어 장차 교화를 널리 펴고 풍속을 바로잡아야 할 터인데 지금 위의威儀를 가볍게 여기고 이에 벗어나는 모습을 보이니 이는 장작을 짊어지고 불을 끄러 가는 부신구화負薪救火나 다름없습니다. 이것이 불타는 것을 더욱 거세게 만드는 것이 아니고 무엇이겠습니까?"

화흠이 부끄러워하며 찬탄했다.

"환제桓帝와 영제靈帝 이후 빼어난 자가 많이 나왔다고는 하나 어린 시절에 이와 같은 자는 일찍이 존재한 적이 없다!"

심우는 젊을 때부터 매우 박식했고 글을 잘 지었다. 특히 군사에 밝아 『손자병법』에 주석을 가하기도 했다. 당시 사람들은 그의 뛰어난 변론에 모두 말문이 막혀 도무지 상대할 길이 없었다. 그의 글솜씨인 필筆, 말솜씨인 설舌, 병법 이론인 도刀를 합쳐 소위 삼묘三妙로 칭한 이유다. 이 소문을 들은 손권이 예를 갖춰 부른 뒤 천하대사를 논했다. 심우가 관우에 의해 불법 점거된 형주荊州의 겸병방안을 제의하자 손권이 이를 흔쾌히 받아들였다.

그러나 심우에게도 약점이 있었다. 풍채가 빼어났던 그는 용렬한 신하들을 보면 바른 말로 크게 꾸짖었다. 많은 적을 만들어낸 이유다. 마침내 그를 질시하는 자들이 그가 모반을 꾀한다는 내용의 상소를 올렸다. 당시 손권은 심우의 재주가 빼어난 것을 꺼린 나머지 그가 끝내 자신을 위해 일하지 않을까 우려했다. 화흠처럼 조조에게 갈 경우 동오에는 커다란 타격이 될 수밖에 없다. 상소문을 받은 손권이 이내 심우를 제거할 마음을 품게 된 이유다. 그는 곧 크게 연회를 열었다. 입바른 심우가 이내 옳고 그른 것을 논하자 손권이 이를 구실로 곧바로 좌우에 명해 그를 포박하게 하면서 이같이 말했다.

"경이 모반했다는 고발이 있었소."

심우가 죽음을 면하지 못할 것을 알고는 손권을 빗대어 말했다.

"천자가 허도에 있는데도 남쪽에서 무군지심無君之心을 품은 것은 모반이 아니라고 말할 수 있겠습니까?"

'무군지심'은 반역을 꾀하는 역적을 뜻한다. 대로한 손권이 곧바로 좌우에 명해 그를 주살하게 했다. 그의 나이 29세였다. 「심우전」에 나오는 이 일화를 액면 그대로 믿을 수는 없으나 그가 조조와 은밀히 접촉했을 가능성을 시사한다. 심우의 기재奇才를 처음으로 알아본 화음은 훨씬 이전에 손책 밑에 있다가 조조의 휘하로 들어갔다. 인재를 탐한 조조의 계책이 주효한 결과였다.

여러 정황을 종합해 볼 때 당시 『손자약해』를 펴낸 조조도 심우가 주석한 『손자병법』을 읽고 크게 공명했을 공산이 크다. 화흠 등을 내세워 심우와 연락했을 가능성을 배제할 수 없다는 얘기다. 당나라 때까지도 심우가 주석한 『손자병법』이 존재했다는 사실이 이를 뒷받침한다.

일각에서는 심우가 조조의 『손자약해』를 보고 이에 자극을 받아 『손자병법』에 주석을 가했을 것으로 보고 있다. 실제로 이게 역사적 사실에 가까울 듯싶다. 조조가 『손자약해』를 펴내기 전까지만 해도 모든 사람이 82편에 달하는 난잡한 『손자병법』을 읽고 있었다. 심우도 조조가 기존의 『손자병법』을 원문에 가깝게 새롭게 편제했다는 얘기를 들었을 것이다. 내심 자부심이 강한 심우가 『손자약해』를 능가하는 주석서를 펴낼 요량으로 주석작업에 뛰어들었을 가능성을 암시한다. 세인들이 그를 두고 필筆, 설舌, 도刀를 겸비한 '삼묘'로 부른 사실이 이를 뒷받침한다.

이런 일화들은 당시 조조의 『손자약해』가 커다란 반향을 일으켰음을 암시한다. 비록 전란의 와중이기는 했으나 당시 베스트셀러였을지도 모른다. 현존 『손자병법』을 제대로 읽고자 할 경우 반드시 조조의 주석을 참조해야 한다는 주장도 이런 맥락에서 이해할 수 있다.

그럼에도 현재 시중에 나와 있는 주해서는 거의 대부분 조조의 주석을 생략하고 있다. 이는 어제 오늘의 일이 아니다. 연원이 매우 깊다. 당나라 건립 이후 서서히 형성되기 시작한 소위 '촉한정통론'이 근본 배경이다. 당시 대다수 학자들은 조조를 '역적'으로 치부했다. 조조의 『손자약해』를 달갑게 여겼을 리 없다. 실제로 송대에 들어와서는 아예 조조의 주석을 무시했다.

그러나 조조가 새롭게 편제한 『손자약해』의 가르침은 21세기의 군사학은 물론 역사, 철학, 정치학, 법학 등 모든 학문에 두루 적용될 수 있을 정도로 매우 뛰어나다. 이를 다시 조명해 국가총력전 양상을 띠고 있는 21세기의 글로벌 경제경영 전략에 적극 활용할 필요가 있다.

강희제와 삼각함수

21세기에 들어와 중국인들은 중국의 전 역사를 통틀어 최고의 성군으로 청조의 강희제를 꼽고 있다. 이는 장성 밖의 '만이蠻夷'에 뿌리를 두고 있는 강희제가 강남을 중심으로 한 한족 신사紳士를 압도하는 탁월한 학식과 식견을 자랑한 사실과 무관치 않다. 그는 '만이' 출신이 중화문화의 아이콘이 될 수 있다는 것을 몸으로 보여준 셈이다. 중국의 전 역사를 통틀어 '만이' 출신으로 화이일체華夷一體를 실현한 상징적 인물을 그르라면 단연 그를 꼽을 수 있는 이유가 여기에 있다. 그의 재위기간 역시 중국 역사상 최장기에 속하는 61년에 달한다.

강희제가 청조의 기틀을 확고히 다지며 성세를 구가할 당시 조선조 역시 재위기간이 36년간에 달하는 숙종이 즉위해 '실학시대'의 단초를 여는 역할을 수행했다. 실학은 말 그대로 실질적인 학문을 뜻하는 것으로 실사구시實事求是의 정신에 입각해 실용적인 경세치용經世致用과 이용후생利用厚生을 중시하는 것이다. 이러한 학풍은 영조와 정조의 치세 때까지 그대로 이어져 학문적으로는 전례 없는 성세를 구가하게 되었다. 시기적으로 강희제와 옹정제, 건륭제로 이어지는 '강건성세'와 완전히 맞아떨어지고 있다. 중원의 성세가 이웃한 조선에 지대한 영향을 미친 결과이다.

실제로 영조와 정조 때 결실을 맺은 조선의 실학은 청조의 고증학을 수용한 결과였다. 고증학의 수용은 서양의 과학기술과 천주학의 유입을 동반했다. 당시 권력에서 패한 남인계 인사들은 '실사구시'와 '경세치용'에 깊은 관심을 표한 데 반해 집권세력인 노론계 인사는 상대적으로 '이용후생'에 주력했다. 특히 노론계의 박지원朴趾源과 박제가朴齊家 등은 청조의 발달된 문명을 목도한 뒤 조선의 문화와 산업을 일으키자는 북학운동北學運動을 전개했다. 후대의 학자들은 이들의 학풍을 두고 특별히 '북학파'로 지칭하고 있다.

원래 실학자들의 이런 자세는 인조반정 이후 시종 청조를 오랑캐로 멸시한 주류 사대부의 일반적인 태도와는 정반대되는 것이었다. 이는 강희제 이래 3대에 걸쳐 진행된 '강건성세'가 그만큼 극성極盛했음을 반증하는 것이다. '강건성세'의 충격이 이들 실학자들로 하여금 더 이상 만주족을 '오랑캐'로 얕잡아봐서는 안 된다는 각성을 촉구한 셈이다.

당시 '강건성세'가 조선에 미친 영향은 지대했다. 청조 고유의 고증학적 방법과 서양의 과학기술을 바탕으로 역사학과 지리학, 언어학, 금석학, 천문학 등 학문의 전 분야에 걸쳐 엄밀한 과학적 분석과 논증이 전개되었다. 이는 21세기의 최신 연구방법론과 별반 차이가 없는 것이다.

그러나 조선조는 순조가 즉위하는 19세기에 들어오면서 영조와 정조 때 개화된 실학정신을 더 이상 이어가지 못했다. 오직 박지원의 손자인 박규수朴珪壽에 의해 간신히 맥이 이어져 김윤식과 김옥균 등 소수의 개화사상가에게만 전수되었을 뿐이다. 조선조가 19세기에 후반에 들어와 일제를 포함한 서구 열강의 동아시아 침탈에 제대로 대응치 못해 끝내 패망케 된 것도 이와 무관치 않다. 일본이 비슷한 시기에 '강건성세'의 영향을 받아 소위 '국학國學'과 '고문사학古文辭學'을 발전시켜 메이지유신의 사상적 기반으로 삼은 것과 대조되는 대목이다.

사실 조선의 실학정신은 강희제의 치세를 관통하는 기본 이념이기도 했다. 숙종 때 '실학시대'의 단초가 열리게 된 것도 이와 무관할 수 없다. 오랑캐로 업신여겼던 청조가 강희제의 치세에 들어와 60여 년에 걸친 성세를 이루는 상황에서 숙종을 포함한 대소 신료 모두 그 영향을 크게 받지 않을 수 없었다.

강희 27년(1688) 몽골에 일대 변란이 일어났다. 지금의 외몽골인 당시 할하몽골은 투셰투칸土謝圖汗, 세첸칸車臣汗, 자삭투칸札薩克圖汗의 3부로 나뉘어져 있었다. 투셰투칸과 자삭투칸의 오랜기간에 걸친 갈등이 마침내 지금의 신강성 일대에 거주하던 오이라트 준가르부部의 개입을 불러왔다. 투셰투칸이 자삭투칸을 포로로 잡아 죽이자 수십만 명의 할하몽골인이 청나라 경내인 내몽골로 도주했다. 몽골의 최고 종교지도자인 첩둔단파哲卜尊丹巴가 청조에 보호를 요청했다. 강희 29년(1690) 청군이 내몽골까지 쳐들어온 준가르부 군사를 격파했다. 강희제는 다음해에 몽골어로 7개의 호수를 뜻하는 돌론노르多倫諾爾에서 회맹을 개최해 할하몽골의 귀순을 받아들이기로 결정했다. 청조의 공식기록인 『성조인황제실록聖祖仁皇帝實錄』과 강희제를 수행했던 프랑스 전도사 르 비용張誠 신부의 일기는 당시 상황을 소상히 기록해 놓았다.

강희 30년(1691) 5월 9일 새벽 강희제가 북경을 떠났다. 이날 밤 숙소에서 강희제는 르 비용으로부터 『실용기하학』을 배워 몇 가지 증명 문제를 풀었다. 둘째 날 밤에는 르 비용에게 별의 운행에 대해 묻고 십여 개의 삼각함수 문제도 풀었다. 나흘째인 5월 13일 고북구古北口에 도착했다. 이날 밤 강희제가 르 비용에게 북극성의 높이를 측정하는 것과 나침반 각도의 편차 문제를 물어보았다. 다음날 르 비용이 반원 측량 기구를 이용해 태양의 자오선 높이를 측량하자 강희제가 커다란 관심을 보였다.

고북구를 나서면 바로 장성 밖인 새외塞外이다. 강희제가 매일 사냥을 했다. 그는 끈으로 묶지도 않은 채 빠른 말을 타고 산간과 임야를 쉬지 않고 달리며 사냥했다. 매일 8-14마리의 말들이 힘들어 쓰러지곤 했다. 사냥기술이 탁월했다. 많은 사슴과 호랑이, 표범 등을 잡았다.

북경을 출발한 지 18일 만인 5월 27일 마침내 돌론노르 초원에 도착했다. 다음날인 28일 저녁 강희제가 군대를 사열했다. 할하몽골의 수령들과 정식으로 회맹하는 5월 29일 특별히 거대한 황색 천막을 마련했다. 강희제가 먼저 수령인 대라마 쳅준단바와 그의 동생 투세투칸을 접견했다. 그들을 친히 일으켜 세운 뒤 그들이 차삭칸을 살해한 죄행을 용서했다. 이어 다른 할하몽골의 수령들로부터 차례로 알현을 받았다. 이로써 할하몽골은 정식으로 청나라 영토가 되었다.

예가 끝난 후 곧바로 연회가 베풀어졌다. 강희제가 일일이 주요한 수령을 접견하면서 그들의 이름과 나이를 물어보았다. 잡기가 공연되자 할하 수령들은 난생 처음 보는 것인지라 먹는 것도 잊어버릴 정도였다. 다음날 강희제는 다시 모든 수령들을 초청해 연회를 베풀었다. 그들을 각기 친왕, 군왕 등의 작위에 봉했다. 이때 옆에 앉은 쳅준단

바와 유창한 몽골어로 가장 많은 얘기를 나눴다.

5월 31일 강희제가 갑옷을 입고 군대를 사열한 뒤 할하 수령들과 높은 곳에 앉아 군사연습을 구경했다. 군대는 질서정연하게 호각을 불고 조총을 함께 쏘고 고함을 치며 전쟁을 했다. 투세투칸과 귀족들이 두려워하는 표정을 짓자 강희제가 웃으며 말했다.

"무서울 것이 무엇이 있는가?"

투세투칸이 대답했다.

"황군의 위엄을 보고 무서워한 것입니다."

강희제가 강궁强弓을 하나 골라잡았다. 할하 수령들은 아무도 활시위를 당기지 못했다. 강희제가 이 활로 연속해서 화살을 쏘았다. 10-12개 중 3-4개가 과녁에 적중했다. 이후 사격, 말 경주, 씨름, 가무공연이 이어졌다. 강희제가 친히 할하 숙영지로 가서 재물과 소, 말을 하사했다.

6월 3일 강희제는 북경으로 돌아오기 위해 돌론노르를 떠났다. 내몽골 수령들은 길의 왼쪽에 무릎을 꿇고 할하 수령들은 오른쪽에 무릎을 꿇고 그를 환송했다. 『성조인황제실록』은 이날 밤 강희제가 좌우에 이같이 말했다고 기록해 놓았다.

"옛날 진제국은 흙과 돌로 장성을 축조했다. 그러나 우리 청조는 할하에게 은혜를 베풀어 그들로 하여금 북방을 방비하게 했다. 이 어찌 장성보다 훨씬 견고한 것이 아니겠는가!"

귀경길도 사냥의 연속이었다. 6월 13일 통주에 도착하고 강가에서 식사를 했다. 몇몇 아이들이 멀리서 황제 일행을 바라보았다. 강희제가 그들을 불러 함께 밥을 먹었다. 아이들이 돌아가더니 손에 바구니를 들고 다시 왔다. 강희제가 부하들에게 명해 음식을 바구니에 가득

채워 보내도록 했다. 다음날인 6월 14일 여름의 열기를 피하기 위해 새벽에 출발해 아침에 북경에 도착했다. 이로써 몽골 일대를 청조에 복속시키기 위한 긴 여정이 끝났다.

이상이 르 비용의 일기와 『성조인황제실록』에 나오는 내용이다. 문무를 겸비한 강희제의 뛰어난 리더십이 여실히 드러나 있다. 외몽골의 복속으로 수천 년간 이어져 온 북방의 우환을 완전히 제거한 게 대표적인 실례이다. 장성은 아무리 견고하게 쌓을지라도 북방 유목민족의 남하를 막을 수 없다. 그러나 강희제는 이들을 귀순시키는 방법으로 이 문제를 간단히 해결했다. 강희제가 만리장성을 수리하지 않은 이유이다.

청조는 입관入關 후 섭정왕 도르곤이 어린 조카인 순치제를 대신해 다스리던 섭정기攝政期만 하더라도 만주족의 고유성을 강조하는 민족주의 색채가 짙었다. 소수민족인 만주족이 한족의 인해人海 속에서 이내 익사할지도 모른다는 우려에서 나온 것이었다. 그러나 이와 정반대되는 흐름도 존재했다. 도르곤 사후 순치제의 친정기親政期에 들어와 이런 흐름이 전면에 부상했다. 순치제는 일련의 한화漢化정책을 통해 이런 흐름을 주도했다.

강희제가 부친 순치제의 뒤를 이어 9세의 어린 나이에 즉위할 당시 이런 두 가지 흐름이 병존했다. 만주 귀족으로 구성된 보정대신輔政大臣들이 권력을 행사한 보정기輔政期에는 민족주의 흐름이 주조를 이뤘다. 그러나 강희제가 친정에 나서면서 다시 민족통합 흐름이 전면에 부상했다. 강희제는 두 흐름을 하나로 합쳤다. 이로써 민족의 구분이 별다른 의미를 지니지 못하게 되었다. 그의 출현을 두고 명실상부한 '황제-칸'의 등장으로 해석하는 이유다.

'황제-칸'의 등장은 제국번영의 기본 전제조건이다. 실제로 그의 치세 때 만주족과 몽골족, 한족, 티베트족, 위구르족 등이 힘을 합친 오족협화五族協和의 세계국가 형태가 갖춰졌다. 현재의 중국 역시 비록 한족이 만주족을 대신해 대표가 되기는 했으나 '오족협화'의 기본 이념 만큼은 그대로 유지되고 있다. 이는 청태종이 처음으로 구체화한 만주족과 몽골족 및 한족의 '삼족협화' 이념이 '오족협화'로 확대된 결과였다. '오족협화'는 중국의 전 역사를 통틀어 처음 있는 일이었다.

한고조 유방이 세운 한제국도 한무제 때 일시 장성 밖으로 영역을 확장한 적이 있다. 그러나 북방의 이민족을 제국의 판도로 끌어들인 것은 아니었다. 화華와 이夷는 엄격히 구분되었다. 북방의 이민족을 사상 최초로 제국의 판도 안으로 끌어들인 장본인은 당태종 이세민이었다. 그가 북방 최대의 위협으로 작용했던 돌궐을 복속시킨 뒤 사상 최초로 '황제-칸'의 영예로운 칭호를 얻은 이유다. 원제국은 비록 장성을 허물기는 했으나 한족에 대한 차별을 강화해 오히려 '화'와 '이'를 더욱 분리시키는 역설을 낳았다.

명조가 일시 산해관에서 조선의 압록강에 이르는 회랑지역을 소위 '요동변장遼東邊墻'으로 부르며 만주를 명목상의 지배영역에 포함시켰으나 이는 간접 지배 형식에 불과한 것으로 청조와는 비교할 수조차 없다. 강희제는 문文과 무武 두 차원에서 사상 유례가 없는 세계 대제국의 기틀을 만든 인물이다. 이는 공자가 『논어』「안연」에서 얘기한 사해형제四海兄弟와 취지를 같이하는 것이다. 그가 중국의 전 역사를 통틀어 가장 위대한 황제로 칭송받는 것도 이와 무관치 않을 것이다.

『손자병법』과 『자치통감』

모택동이 사범학교를 졸업하기까지 5년의 기간은 제1차 세계대전이 빚어지는 등 격동의 세월이었다. 그는 평생을 두고 존경하는 선생님들을 만나는 행운을 가졌다. 역사에 관심이 컸던 그는 학교 수업 후 역사책을 찾아 읽었다. 이때 그에게 평생 지대한 영향을 미친 사서가 눈에 띄었다. 바로 사마광의 『자치통감』이었다. 사마광이 쓴 이 방대한 사서를 그는 죽기 직전까지 모두 17번이나 읽었다고 한다.

모택동은 사마광이 불우한 처지에서 저술한 『자치통감』을 높이 평가했다. 1975년에 시중을 들던 맹금운孟錦雲에게 이같이 말했다.

"중국에는 두 개의 대작이 있다. 『사기』와 『자치통감』이다. 두 작품은 모두 재간을 지닌 사람이 정치적으로 불우한 처지에서 편찬했다. 사람이 어려움에 처해졌다고 해서 반드시 나쁜 것만은 아닌 것 같다. 물론 이것은 재간과 뜻이 있는 사람을 두고 하는 말이다."

맹금운의 회고에 따르면 그는 만년에 침대 머리에 늘 『자치통감』을 놓아두었다. 너무 많이 읽어서 책이 너덜너덜해졌고, 적지 않은 페이지는 투명 반창고로 붙여놓기까지 했다. 그는 맹금운에게 『자치통감』을 해설해 놓은 『자치통감 평석』을 주면서 읽어보라고 권하기도 했다. 이는 『자치통감』에 대한 그의 깊은 관심과 해박한 지식을 세상에 알린 높은 수준의 노작으로 평가받고 있다.

신변을 돌보는 맹금운의 술회에 따르면 『자치통감』과 관련한 재미난 일화가 있다. 1975년 어느 날 그는 점심 식사를 끝내고 대청의 소파에 한가하게 기대어 앉았다. 맹금운이 보기에 오늘은 책을 읽지 않을 것 같았다. 모택동이 맹금운을 향해 빙그레 웃으며 책상 위의 『자치통감』을 가리키며 물었다.

"맹 동지, 내가 이 책을 몇 번이나 읽었는지 아시오? 모두 17번 읽었소. 읽을 때마다 새삼스레 수확을 얻곤 하오. 정말 보기 드물게 훌륭한 책이오. 아마 이번이 마지막 한 번일지 모르겠소. 읽고 싶지 않은 것이 아니라 그럴 겨를이 없단 말이오."

맹금운이 『자치통감』과 관련해 몹시 궁금했던 것을 하나 물었다.

"북송 때 왕안석王安石과 사마광은 적수이면서 친구였다고 하는데 어찌된 영문입니까?"

"두 사람은 정치 면에서 적수였소. 왕안석은 개혁을 주장했고 사마광은 이를 반대했지요. 그러나 학문에서는 좋은 친구로 서로 존중했소. 그들이 존중한 것은 상대방의 학문이었소. 우리는 이것을 배워야 한단 말이오. 정견이 다르다고 해서 학문마저 부인해서는 안 되오."

그러면서 그는 자신의 적수에 대해서도 언급했다.

"나에게도 정치 면의 적수가 있소. 난 그들의 주장에 동의하지 않소. 그러나 그들의 학문은 존중하지요. 적어도 승인은 해야 하는 거지요."

"주석 동지께도 적수가 있다니 그건 과거의 일이겠지요. 지금에 어디 적수가 있습니까?"

"적수가 없다니 어떤 때엔 당신이 바로 나의 적수요. 억지로 내게 약을 먹이니 이게 적수가 아니고 무엇이오. 정치적 적수가 아니라 생활의 적수란 말이오."

"제가 어찌 감히 주석님과 맞서겠습니까? 주석님의 고집을 누가 이기겠습니까?"

"고집을 말할라 치면 사마광을 들 수 있소. 마음먹은 일은 꼭 해내고야 말지. 고집이라고 다 좋은 것은 아니지만 학문을 하는 데에는 이런 정신이 필요하단 말이오. 오락가락하는 사람보다는 나은 법이오. 그러나 옳고 그른 것도 다 바뀔 때가 있소. 그 당시엔 옳은 것도 몇 해가 지난 후엔 꼭 옳다고 할 수 없는 것도 있소. 마찬가지로 그 당시엔 틀렸다고 했던 것이 몇 해 뒤엔 반드시 틀린 것만은 아니게 되는 경우도 있소. 무슨 일이나 급히 결론을 내려서는 안 된다는 생각이오. 역사가 공정한 평가를 내릴 것이니 말이오."

모택동이 사범학교 시절 『자치통감』을 접한 것은 행운이었다. 역대 중국의 제왕 중 그처럼 『자치통감』을 10번 이상 읽은 사람은 존재하지 않았다. 그가 훗날 청조의 뒤를 이은 '중화제국'을 건설하고 사실상의 '황제'로 존재하게 된 것도 따지고 보면 사범학교 시절 『자치통감』을 접한 사실과 무관치 않다.

모택동이 '신 중화제국'을 세우기 전까지 가장 열심히 읽은 것은 사실 『자치통감』이라기보다는 조조가 편제한 『손자병법』이었다. 정강산의 빨치산 시절부터 국공내전이 끝날 때까지 시종 전쟁터에서 산만큼 이상하게 생각할 것도 없다. 모택동이 『손자병법』의 대가임을 보여주는 일화가 있다.

1935년 1월 하순 홍군의 주력부대인 제1방면군이 장개석의 국민당 정부군의 격렬한 공격을 받아가며 우여곡절 끝에 운남성 귀주의 준의遵義에 도착했다. 1월 9일부터 중앙정치국 회의가 시작되었다. 중앙정치국 확대회의는 1월 15일부터 17일까지 열렸다. 참가한 사람은 모택동, 주덕, 주은래, 진방헌, 장문천, 유소기 등 모두 20명이었다. 여기서 귀주 북쪽에 새로운 소비에트를 건설하게로 한 당초의 방침을 바꿔 사천 성도의 서남쪽 혹은 서북쪽에 소비에트를 세운다는 결정이 내려졌다. 사천지역이 여러 면에서 귀주 북쪽보다 낫다고 판단한 결과였다.

여기서는 장개석의 국민당 정부군에게 패한 원인규명도 이뤄졌다. 군사지상주의와 전략전술 상의 착오 등이 거론됐다. 총서기인 진방헌은 패한 배경을 보고하면서 서구 제국주의 열강과 국민당의 힘이 강대한 반면 소비에트구의 물질 조건은 뒤떨어졌다는 객관적인 원인만 강조했다. 그러자 모택동이 즉각 반격에 나섰다. 그는 공격의 모험주의, 방어의 보수주의, 이동의 도피주의를 지적했다. 이때 진방헌과 함께 모스크바 유학을 같이했던 장문천과 왕가상 등이 적극적으로 모택동 쪽으로 돌아섰다. 프랑스 유학파인 주은래도 가세했다. 졸지에 진방헌은 고립무원이 되고 말았다.

이해 2월 진방헌이 물러나고 장문천이 총서기의 자리를 차지했다. 그러나 가장 중요한 군사위원회는 장문천 이외에도 주은래와 왕가상이 가담해 3인 집단체제로 운영됐다. '소련파'와 '프랑스파'의 합작인 셈이다. 순수 '국내파'인 모택동은 정치국 상임위원으로 선출됐다. 주목할 것은 준의회의를 계기로 극좌노선이 부인되고 모택동 노선이 채택된 점이다. 지난 1981년 중국공산당 제11기 6중전회에서 통과된 「역사결의」는 그 의미를 이같이 풀이해 놓았다.

"이 회의는 모택동 동지로 하여금 홍군과 당 중앙의 영도적 지위를 확립하게 했고, 위급한 상황에서 당 중앙과 홍군을 보존할 수 있게 했다. 이에 마침내 장정을 성공적으로 완수하고 중국혁명의 새로운 국면을 타개하는 계기가 마련됐다."

준의회의를 모택동이 장차 중국혁명을 승리로 이끄는 일대 전환점 등으로 평가한 것이다. 준의회의 이후 중국공산당과 홍군이 대체로 모택동의 전략구상과 지도력을 좇은 까닭에 이런 주장이 완전히 틀린 것은 아니다. 그러나 이는 과장된 것이다. 크게 두 가지다.

첫째, 준의회의에서 소련파의 좌파노선에 대한 문제가 완전히 해소된 게 아니었다. 실제로 준의회의에서는 과거의 당 노선 전체를 깊이 토의한 적이 없다. 장개석의 국민당 정부군 공격에 대해 진지전 전략으로 대응한 진방헌과 주은래 등의 군사상 오류를 모택동이 비판하고 다수의 군사지도자들이 이를 지지한 게 전부다.

둘째, 준의회의에서 모택동이 당을 실질적으로 장악하게 됐다는 주장도 잘못이다. 모택동은 준의회의에서 정치국 상임위원으로 복귀하고 군사위 위원에 선임되었을 뿐이다. 당과 군의 주요 지도자로 부상한 것은 틀림없지만 군사위 주석은 여전히 주은래가 맡고 있었다. 모택동이 준의회의에서 당 중앙과 군사위 주석으로 취임했다는 '영도적 지위 확립' 운운은 역사적 사실과 동떨어진 것이다. 이는 준의회의 당시 소련 유학을 다녀온 한 이론가의 다음과 같은 독설이 증명한다.

"마오 동지, 당신은 마르크스주의에 대해서는 전혀 모르고 있소. 당신이 알고 있는 것은 『손자병법』뿐이오!"

마르크스주의가 철칙으로 통하던 당시 상황에서 이 말은 통렬한 타격이었다. 실제로 모택동은 1921년 7월에 발족한 중국공산당의 창당 멤버 중 하나였으나 공산주의에 대한 지식은 조악하기 짝이 없었다. 중국공산당은 소련에서 직접 파견한 고문단이나 소련에서 마르크스-레닌주의 이론을 배우고 돌아온 소련 유학파들에 의해 지도되고 있었다. 모택동은 호남성 출신의 고집 센 촌뜨기에 지나지 않았다. 현재 학계에서는 모택동이 공산주의 이론의 성전으로 간주된 『자본론』을 단 한 번도 제대로 읽은 적이 없다는 사실을 부인하는 사람은 없다.

모택동 연구로 세계적 명성을 누리고 있는 하버드 대학 교수 로스 테릴도 『마오전기』에서 모택동의 독서에 대해 이같이 기술해 놓았다.

"마오는 독서광으로 유명한 프랑스의 드골을 뛰어넘는 20세기 세계 지도자 중 제일의 독서가이자 저술가였다. 특히 역사와 지리 방면에는 타의 추종을 불허하는 독보적인 독서광이었으나 과학기술이나 경제경영, 서구의 정치사상인 민주주의, 사회주의, 공산주의를 포함한 서구의 정치사상 서적에는 별 흥미가 없었다."

이는 모택동만의 책임도 아니다. 21세기 현재에 이르기까지 중국 전체의 마르크스에 대한 이해 수준이 그렇다. 마르크스가 18년간에 걸쳐 대영제국 의회도서관에서 살다시피 하며 저술한 『자본론』 독어 원문이 독일 함부르크에서 출간된 것은 1867년이다. 이후 5년 뒤인 1872년에 노어 번역본, 20세기 초에 영어 번역본이 나왔다. 일어 번역본도 이때에 나왔다. 중어 번역본은 1938년 9월 일본 세력 하의 상하이에서 처음으로 나왔다. 곽대력郭大力이라는 퇴직교사가 영문 번역본을 초벌 번역한 것이다. 이는 오역이 너무 많아 1968년에 대부분의 내용을 수정해 다시 펴냈다. 중국공산당의 주도 하에 독어 원문을 대상으로 한 완역본이 나온 것은 1987년이다. 모택동 사후 11년이 지난 뒤이다. 모택동이 『자본론』을 읽지 않은 것을 무턱대고 나무랄 수만도 없는 일이다.

원래 모택동은 국민당 정부군의 그치지 않는 내분을 이용해 무시할 수 없는 규모의 농민군을 꾸준히 육성했다. 장개석이 북벌을 결행할 당시에도 고향인 호남에서 급진적인 농민운동을 이끈 바 있다. 그의 군사지식은 모두 『손자병법』 등을 통해 스스로 습득한 것이었다. 결국 조조의 『손자약해』를 열심히 탐독한 덕분에 '신 중화제국'의 창업주가 된 셈이다.

예나 지금이나 온갖 종류의 사람이 모여 사는 사회공동체 내지 국가공동체를 제대로 운영하고 세상을 깊이 이해하기 위해서는 높은 식견이 필요하다. 기업공동체라고 다를 리 없다. 이는 직접 몸으로 세파에 부딪치며 터득하는 다양한 경험과 더불어 많은 양의 독서를 필요로 한다. 인간의 자연적인 수명은 한계가 있고, 여러 여건상 짧은 생애에서 다양한 경험을 하는 것도 일정한 한계가 있다. 결국은 책을 통해 터득하는 수밖에 없다.

乘勢經營

동양의 역대 병서는 세勢를 극도로 중시한다. 천시의 흐름을 뜻하는 천하대세天下大勢가 대표적인 실례이다. 천하대세에 올라타는 것을 승세乘勢라고 한다. 전쟁터는 말할 것도 없고 21세기 스마트 시대의 경제전쟁 역시 '승세' 여부가 승패를 가른다. 기업의 존망이 '승세'에 달려 있다고 해도 과언이 아니다. 실제로 애플제국의 등장과 노키아의 몰락, 삼성의 약진과 소니의 패퇴 등이 모두 '승세' 여부에 의해 판가름 났다.

19/ 승세경영

흐름에 올라타라

曹公曰: 求之於勢者, 不責於人, 權變明也. 任自然勢也.

조조가 말했다.

전세를 유리하게 이끄는 장수는 일부 장병의 뛰어난 용맹에 기대지 않고 전세에 올라탄 임기응변에서 승리의 원인을 찾는다. 용병할 때 자연의 이치를 좇아 물 흐르듯 지휘해야만 전세를 유리하게 이끌 수 있다.

『손자약해』 「병세」

승세와 무상형세

동양의 역대 병서는 세勢를 극도로 중시한다. 천시의 흐름을 뜻하는 천하대세天下大勢가 대표적인 실례이다. 천하대세에 올라타는 것을 승세乘勢라고 한다. 전쟁터는 말할 것도 없고 21세기 스마트 시대의 경제전쟁 역시 '승세' 여부가 승패를 가른다. 기업의 존망이 '승세'에 달려 있다고 해도 과언이 아니다. 실제로 애플 제국의 등장과 노키아의 몰락, 삼성의 약진과 소니의 패퇴 등이 모두 '승세' 여부에 의해 판가름 났다.

삼국시대에는 모두 1백여 차례의 크고 작은 전쟁이 잇따랐다. 조조는 거의 모든 삶을 전장에서 보냈다. 그는 이겼을 때나 졌을 때나 속도전의 원칙을 엄수했다. 특히 패했을 때 단호히 결단해 신속히 철군하는 모습을 보였다. 한중을 포기할 때 소위 계륵鷄肋의 미련을 버리고 신속히 퇴각한 것이 그 좋은 실례이다. 관동의 호걸들이 동탁 토벌의 연합군을 결성했을 때 조조가 제시한 계책이 바로 속전속결이었다. 속전속결은 전장의 대세, 즉 전세戰勢에 재빨리 올라탔다는 것을 달리 표현한 것에 지나지 않는다.

조조는 관중의 장수가 형주의 유표와 손을 잡고 완성으로 진출해 허도를 기습하려고 하자 곧바로 여포에 대한 공격을 멈추고 군사를 돌렸다. 원소와 건곤일척의 관도대전을 벌일 때에도 속전속결의 원칙에 입각해 대승을 거두었지만 곧바로 허도로 돌아왔다. 조조가 용병의 기본 원칙을 속전속결에 두고 있었음을 극명하게 보여주는 대목이다.

그러나 조조는 원소를 격파하고 하북의 패권을 장악하기 전까지는 주로 적을 기만하는 기병奇兵을 구사했다. 조조가 구사한 기병은 기본적으로 임기응변의 대원칙에 따른 것이다. 『손자병법』은 「허실」에서 임기응변을 이같이 정의해 놓았다.

"물은 지형에 따라 흐르는 방향이 결정된다. 군사작전도 적의 내부사정 변화에 따른 다양한 전술을 구사해야 승리할 수 있다. 군사작전에 일정한 형태가 없는 것은 물이 일정한 형태가 없는 것과 같다. 적의 내부사정 변화를 좇아 승리를 거두는 것을 일컬어 신무神武라고 한다."

이 대목과 관련해 조조는 임기응변을 허허실실虛虛實實로 풀이하면서 그 진수를 기병에서 찾았다. 이를 뒷받침하는 『손자약해』 「허실」의 해당 대목이다.

"『도덕경』이 설파했듯이 세상의 모든 형세는 성대해지면 반드시 쇠미해지는 법이다. 아무리 뛰어난 병법도 한 가지만 고집하면 이내 의도가 드러나 반드시 패하게 되어 있다. 적의 움직임에 따라 수시로 임기응변해야 귀신과 같은 승리를 거둘 수 있다."

'허허실실'의 기병이 『도덕경』이 역설하는 무위겸하無爲謙下의 통치술을 병법에 적용한 것임을 보여준다. 사사로움이 없는 공정한 법집행을 강조하는 법가사상과 허허실실을 주장하는 병가사상이 도가사상과 맥을 같이하는 이유가 여기에 있다.

한비자를 비롯한 법가 사상가들이 노자가 강조한 무위지치無爲之治를 공정한 법집행으로 해석한 데 반해 손무를 비롯한 병가 사상가들은 이를 허허실실로 분석했다. 법가이자 병가인 조조는 무위지치와 허허실실을 하나로 녹였다. 『손자약해』 「허실」의 다음 대목이 이를 뒷받침한다.

"용병할 때 고정된 틀이 없는 것은 마치 해와 달이 늘 차고 기우는 것과 같다. 적의 움직임에 따라 수시로 공수를 바꿔가며 진퇴를 결행해야 하는 이유다."

조조가 생각한 허허실실은 바로 일정한 형세가 없는 무상형세無常形勢를 말한다. 실제로 그는 구체적인 전투상황에서 천지운행의 이치에 좇아 용병했다. 그렇다면 조조는 실제 전투에서 임기응변에 의한 무상형세의 기병을 과연 어떻게 구사했던 것일까? 그는 적과 아군의 병력이 비슷할 경우 매복계埋伏計를 포함해 게릴라전에 해당하는 유병계遊兵計 등의 기병을 통해야만 승리를 기약할 수 있다고 주장했다. 실전경험에서 우러나온 주장인 까닭에 설득력이 있다. 실제로 그는 『손자병법』의 주장이 자신의 실전경험과 차이가 날 경우 일정한 수정을 가했다. 적과 아군의 병력 차이가 10배가 되어야 포위할 수 있다는 『손자병법』「모공」의 이론을 두고 적군이 약하고 아군이 강할 때는 병력이 10배까지 차이 나지 않아도 된다고 주장한 게 그렇다. 하비성을 포위해 여포를 생포한 사례를 논거로 들었다. 당시 그는 2배의 병력만으로 포위공격을 가해 천하의 효장驍將 여포를 사로잡았다. 군사를 둘로 나눠 정병正兵과 기병을 함께 쓴 게 비결이다. 적군보다 10배의 우세를 유지해야 비로소 위공이 가능하다고 주장한 『손자병법』의 원래 이론을 전면 수정한 셈이다. 『손자약해』의 『손자병법』에 대한 반론에 해당한다. 『손자병법』을 읽을 때 반드시 조조의 주석을 참조해야만 하는 이유가 여기에 있다.

삼국시대 당시 조조에 버금하는 군사전문가로 가후賈詡를 들 수 있다. 그러나 그는 전술 면에서만 뛰어났을 뿐 전략 면에서는 조조와 비교할 수 없다. 조조는 전술전략에 뛰어났을 뿐만 아니라 이론과 실제를 겸비한 당대 최고의 군사전문가였다. 이는 조조가 도가에서 말하는 무위지치를 터득한 사실과 무관하지 않다. 『손자약해』에서 역설하고 있는 무상형세의 진세를 무위지치의 이치를 좇아 해석해 놓은 게 그 증거다.

각개격파와 승승장구

삼국시대 초기 군웅들이 한 치의 양보도 없이 치열하게 다투는 상황에서 늘 조조의 뇌리에서 떠나지 않는 두 명의 숙적이 있었다. 북쪽의 원소와 동쪽의 여포였다. 조조는 모든 움직임과 책략을 바로 이 두 숙적을 없애는 데 집중시켰다. 남쪽으로 장수를 쳐 후고지우後顧之憂를 없애고 동쪽으로 원술을 토벌한 것도 이들이 기각지세掎角之勢를 이루는 것을 차단하기 위한 사전조치였다.

그렇다면 원소와 여포 중 누구를 먼저 치는 것이 옳았을까? 당시 원소는 기주를 비롯한 4개 주를 보유한 것만 믿고 내심 조명詔命에 불복하려는 생각을 품고 있었다. 조명은 형식상의 조명일 뿐 사실 조조의 명에 불과할 뿐이라고 생각한 것이다. 원소는 조조가 제1차 장수 정벌에 나섰다가 완성에서 패하고 돌아오자 더욱 방자해졌다. 이는 조조가 환군한 지 얼마 안 된 시점에 원소가 조조에게 보낸 서신을 보면 쉽게 알 수 있다. 서신의 내용은 오만하기 짝이 없었다.

조조가 대로했다. 그 또한 사람인지라 순간 냉정함을 잃고 여포와 원소 중 어느 쪽을 먼저 쳐야 할지 크게 주춤했다. 이때 곽가가 여포를 먼저 칠 것을 건의했다. 순욱도 원소가 비록 강하기는 하나 곧바로 용병할 염려가 없으니 먼저 여포를 치는 것이 필요하다고 진언했다. 당시 원소와 여포는 조조를 사이에 두고 남북으로 기각지세를 이루고 있었다.

곽가와 순욱은 이들의 연합을 우려했다. 조조는 이들의 건의를 좇아 당초의 생각대로 먼저 여포를 치기로 결심했다. 그러나 내심 우려되는 바가 없지 않았다. 곧 제장들을 불러 물었다.

"내가 확신을 갖지 못하고 두려워하는 것은 원소가 관중으로 들어가 서쪽으로 강족羌族과 연결해 난을 일으키고 남쪽으로 익주의 유장과 형주의 유표를 부추겨 우리 영역을 침범할까 하는 점이오. 그리되면 나는 홀로 연주와 예주를 가지고 천하의 6분의 5와 싸워야 하니 이를 어찌하면 좋겠소."

순욱이 건의했다.

"관중의 장수는 겨우 10여 명에 불과하고 서로 통제가 안 되는 상황인데 오직 한수와 마등만이 가장 강력합니다. 그들은 전쟁이 나면 반드시 각자 군사를 거느리고 지켜볼 것입니다. 지금 은덕을 베풀어 그들을 다독이고 사자를 보내 강화를 맺으면 공이 산동을 안정시킬 때까지는 변치 않을 것입니다."

조조가 이를 받아들였다. 상대적으로 약한 여포를 친 뒤 막강한 무력을 자랑하는 원소를 도모하는 이른바 선약후강先弱後强과 상대적으로 멀리 떨어져 있는 원소를 띄워주며 안심시킨 뒤 가까이 있는 여포를 치는 원교근공遠交近攻의 기본방침을 수립한 배경이다. 조조는 기본방침이 정해지자 주어진 상황에 따라 단계별로 여포를 포획하기 위한 구체적인 작업에 들어갔다. 당시 그가 전개한 작전을 시간대별로 요약하면 다음과 같다.

첫째, 가장 먼저 관중을 안무하고 나섰다. 먼저 종요를 장안으로 보내 한수와 마등을 설득하게 했다. 종요가 조조의 서신을 보이며 설득하자 마등과 한수가 각기 자신의 아들을 허현으로 보내 입시入侍하게 했다. 이는 사실 일종의 인질이나 다름없었다. 마등과 한수는 이를 전혀 눈치 채지 못했다.

둘째, 원소를 안심시켰다. 조조는 원소에게 최고의 관직을 수여하고 영예를 부여했다. 이는 적에게 약한 것으로 내비쳐 화해를 구함으로써 원소를 태만하게 만들려는 책략이었다. 이때 조조는 하북 쪽을 향해 조그마한 군사적 움직임도 보이지 않도록 주의했다. 이는 원소로 하여금 마음 놓고 공손찬을 공격하게 만들어 자신의 배후를 칠 생각을 갖지 못하게 하려는 속셈이었다.

셋째, 본격적으로 여포의 내부를 와해시키고 나섰다. 건안 3년 봄에 원술이 빈사상태에 빠졌을 때 여포는 돌연 깨달은 바가 있어 다시 원술와 통교하고자 했다. 이때 진규가 아들 진등을 조조에게 사자로 보내려 하자 여포가 이를 허락지 않았다. 마침 조조가 여포를 좌장군에 임명하자 여포가 크게 기뻐하며 즉시 진등을 사은사謝恩使로 삼고는 자신을 서주목으로 임명할 것을 청하는 서신 한 통을 조조에게 전하게 했다. 진등은 조조를 만나자 여포를 용맹만 있고 꾀가 없는 데다가 반복무상한 인물로 비난하면서 속히 그를 제거하라고 촉구했다. 이에 조조가 진규 부자를 불러 은밀히 세력을 규합해 장차 내응해 줄 것을 당부했다. 여포는 진등의 말을 사실로 믿고 조조에 대해 아무런 방비도 취하지 않았다.

넷째, 조조는 여포의 힘을 소진시킨 뒤 고립무원의 상태로 몰아갔다. 이는 여포와 원술 간의 갈등을 증폭시킨 결과였다. 여포는 원술을 격파하면서 적잖은 병력을 소모했다. 더 큰 문제는 장차 자신의 원군이 될 수도 있는 원술군을 격파함으로써 스스로 고립무원의 상태를 조성한 데 있다. 이때 조조는 여포의 잠재적 지원세력인 유비를 원술 및 여포와 대치하도록 만들었다. 이를 위해 조조는 유비를 예주목으로 천거해 여포를 치게 만들었다. 유비가 비록 패하기는 했으나 여포는 잇단 싸움으로 힘을 크게 소진하게 되었다.

이 모든 작업이 은밀히 진행됐다. 원소는 물론 마등과 한수, 여포, 유비 모두 조조가 장차 여포를 치기 위해 자신들을 이용하고 있다는 사실을 전혀 눈치 채지 못했다. 한 사람도 아니고 당대의 내로라하는 군웅이 모두 조조의 은밀한 작전에 말려든 셈이다.

건안 3년(198) 9월 조조는 마침내 군사들을 이끌고 여포 토벌에 나섰다. 이때 제장들이 입을 모아 건의했다.

"유표와 장수가 뒤에 있는데 여포를 치게 되면 반드시 위기에 빠질 것입니다."

그러나 순유가 단호한 어조로 조조의 결단을 지지하고 나섰다.

"유표와 장수는 이번에 격파되어 사세상 감히 움직이지 못할 것입니다. 지금 여포가 반기를 든 지 얼마 안 된 시기를 틈타 사람들의 마음이 아직 그에게 귀의하지 것을 이용하면 가히 여포를 깨뜨릴 수 있습니다."

결국 조조는 여포 토벌에 나선 지 불과 3달 만에 숙적 중의 하나인 여포를 제거하는 쾌거를 이뤘다. 본래 여포는 서주와 회하 사이에 웅거하며 남쪽으로 원술과 연결되고 북쪽으로 원소와 통하고 있었던 까닭에 제압하기가 매우 어려웠다. 그러나 조조는 은밀한 행보로 군웅들을 모두 착각에 빠뜨려 여포를 고립무원의 상황으로 몰아넣은 뒤 최후의 일격을 가해 제거한 것이다.

조조의 여포 토벌에서 돋보이는 것은 그의 용병술이다. 조조는 여포를 치면서 전선을 길게 펴지 않고 한곳에 집중시켰다. 조조는 지금의 하남성 회양에서 출병하여 유비와 합세한 후 곧바로 여포의 근거지인 팽성을 함몰시켰다. 이어 진등을 선봉으로 삼아 여포를 하비성 안으로 몰아넣고는 군사들이 하비에 이르자 성 둘레에 참호를 판 뒤 기수와 사수의 물을 끌어들여 성 안으로 흘려보냈다. 이에 구원병도 없는 상황에서 식량마저 떨어지게 되자 여포는 더 이상 버티지 못하고 항복하고 말았다.

당시 형주의 유표와 강동의 손책, 익주의 유장, 농서의 한수와 장로 등이 있었으나 이들의 세력은 원소에 비할 바가 아니었다. 나아가 조조가 원소와 결전을 벌이게 되면 중립을 취할 가능성이 높았다. 조조는 여포의 제거로 순식간에 장강 이북의 양주, 서주, 연주, 예주 등 4개 주를 모두 손에 넣고 기주, 청주, 유주, 병주 등 4개 주를 옹유하고 있는 원소와 하북의 패권을 놓고 결전을 벌일 수 있는 결정적인 전기를 마련했다. 결국 원소를 굴복시키고 하북 일대를 손에 넣었다. 각개격파 전술로 배후를 기습당하는 후고지우를 제거한 뒤 여세를 몰아 승승장구乘勝長驅한 덕분이다. 승승乘勝은 승승세乘勝勢를 줄인 말로 결국 승세乘勢와 같은 뜻이다.

도광양회와 난득호도

공자는 자신의 학문과 사상을 이어받을 인물로 안회를 생각했다.

그러나 안회는 요절하고 말았다. 일설에는 안회의 사상이 남쪽으로 전해져 장자의 도가사상을 잉태하게 됐다는 주장을 펼치고 있다. 그만큼 유사성이 많다. 실제로 『장자』에는 공자가 아닌 안회가 주인공으로 나온다. 안회의 말에 공자가 깨닫는 식의 일화가 많은 게 그 증거다. 북송 때의 소동파는 『장자』에서 공자가 안회의 지적을 받고 새삼 깨닫는 것과 유사한 취지로 소위 대지약우大智若愚를 언급한 바 있다. 크게 깨달은 사람은 마치 어리석은 사람처럼 행동한다는 뜻이다. 난득호도難得糊塗와 같다. 머저리 흉내를 내는 게 어렵다는 의미이다.

원래 호도는 말 그대로 깨진 도자기를 살짝 풀을 붙여 온전한 것처럼 만들어 놓듯이 명확히 결말을 내지 않고 일시적으로 땜질하는 것을 말한다. 우리 속담의 눈 가리고 아웅에 가깝다. 우리말에서는 호도를 잘못된 것을 임시변통으로 얼기설기 꿰어 맞춘 미봉彌縫과 같은 뜻으로 사용한다. 그러나 중국어 호도는 똑같은 한자일지라도 우리말과 그 뉘앙스가 다르다. 머저리 뜻이다. 중국인은 자신의 총명함을 가볍게 드러내는 것을 극도로 꺼린다. 대지약우와 난득호도 성어가 나온 이유다.

삼국시대 당시 난득호도의 행보를 보인 대표적인 인물이 바로 조조이다. 유비가 짐짓 군자처럼 행동하려고 과장된 몸짓을 보인 것과 대비된다. 난득호도는 자신의 약점을 모두 드러내 보이는 것을 말한다. 조조처럼 비상한 사람이 군자처럼 행동하면 사람들을 모으기가 어렵다. 지나치게 깨끗한 물에는 물고기가 모이지 않는 법이다. 타의 추종을 불허하는 지략과 재능을 지닌 조조는 유비와 정반대로 머저리처럼 보이는 도광양회韜光養晦의 책략이 필요했다. 도광양회는 빛을 감추고 밖에 비치지 않도록 한 뒤 어둠 속에서 은밀히 힘을 기른다는 뜻이다.

약자가 모욕을 참고 견디면서 힘을 갈고 닦을 때 많이 인용된다.

도광양회가 오늘날처럼 널리 알려지게 된 것은 1980년대부터 중국이 취한 대외정책 때문이다. 당시 등소평은 개혁개방 정책을 취하면서 도광양회를 대외정책의 뼈대로 삼았다. 이는 국제적으로 영향력을 행사할 수 있는 경제력이나 국력이 생길 때까지는 침묵을 지키면서 강대국들의 눈치를 살피고 전술적으로도 협력하는 외교정책을 말한다. 이후 20여 년 간 도광양회는 중국의 대외정책을 대표했다.

그러나 2002년 11월 후진타오를 중심으로 한 제4세대 지도부가 들어서면서 도광양회는 새로운 외교노선으로 대체되었다. 그래서 나타난 것이 소위 화평굴기和平崛起와 유소작위有所作爲이다. 화평굴기는 평화적인 방법을 통해 강대국으로 우뚝 서는 것을 말하고, 유소작위는 2004년부터 화평굴기를 대신한 외교책략으로 어떤 일에 적극적으로 개입해 자신의 뜻을 관철시키는 것을 뜻한다. 이는 경제력뿐 아니라 국방력에서도 국제적 위력을 행사한다는 부국강병 정책의 전 단계에 해당한다.

주목할 것은 삼국시대 당시 조조가 특별히 호도처럼 보이기 위해 도광양회의 책략을 구사하지 않았음에도 그런 므습으로 비쳐진 점이다. 타고난 성정을 그대로 드러낸 결과로 해석할 수 있다. 난득호도의 높은 경지에 올랐기에 가능한 일이다. 천하를 호령한 것도 군웅들을 동시에 착각에 빠뜨린 난득호도 행보의 개가이다. 이종오는 『후흑학』에서 이를 심흑으로 평가했다. 틀린 말은 아니나 사실 이는 군사전략에서 응당 취해야 하는 자연스런 계책에 지나지 않는다. 병법의 대가 조조는 생과 사를 가르는 전장에서 오직 병법에 충실했을 뿐이다.

전한제국 초기의 개국공신인 평양후 조참曹參은 '난득호도'의 무위지치로 성가를 높인 바 있다. 『삼국지』「위지 · 무제기」는 그가 조조의 조상이라는 얘기를 실어놓았으나 이는 유비가 한실의 후예를 자처한 것만큼이나 근거가 없다.

조참은 유방과 동일한 패현沛縣 출신이다. 그는 진나라 때 패현에서 지금의 교도관에 해당하는 중연中涓으로 있었다. 그와 함께 일한 소하蕭何는 서리의 우두머리였다. 지금의 파출소장에 해당하는 정장亭長 출신 유방이 궐기하자 곧바로 이에 호응하고 나섰다. 유방이 천하를 통일한 후 서로 자리를 이어가며 승상의 자리에 오른 배경이다.

『사기』「소상국세가」에 따르면 조참과 소하는 서로 사이가 좋지 않았다. 혜제 2년(기원전 193) 7월 조참은 소하가 죽었다는 소식을 듣자 곧바로 집사인 사인舍人에게 이같이 하령했다.

"속히 행장을 준비하도록 하라. 내가 곧 승상이 될 것이다."

얼마 후 과연 사자가 조참을 부르러 왔다. 당초 조참은 미천했을 때 소하와 친하게 지냈다. 이후 서로 장상將相이 된 후 원망하는 마음이 생겼다. 그러나 소하가 죽기 직전에 천거한 사람은 오직 조참뿐이었다. 조참 또한 소하를 대신해 승상이 된 뒤 일을 행하면서 소하가 만든 것을 변경치 않고 법령제도를 그대로 준수했다.

조참은 군국郡國의 관리를 선발할 때에도 글과 말에서 질박하고 어눌하며 중후한 자를 뽑았다. 이들 중에서 승상부의 관원을 선발했다. 언행과 일처리가 각박하고 좋은 명성을 얻기에 애쓰는 관원은 곧바로 쫓아냈다. 그러고는 주야로 진한 술을 마셨다.

경대부 이하의 관리와 빈객들이 조참을 만나러 오면 승상의 업무를 보지 않았다. 그를 찾아온 사람들이 모두 그에게 무슨 말을 하고 싶어 했으나 그때마다 그는 이들에게 진한 술을 마시게 했다. 잠시 틈을 내

다시 말을 하려고 하면 또 다시 진한 술을 마시게 했다. 결국 이들 모두 취한 뒤에 돌아갈 수밖에 없어 종내 입을 열지 못했다. 그는 늘 이같이 했다.

조참은 다른 사람의 작은 과실을 보면 하나같이 이를 가리고 덮어주었다. 이로 인해 승상부는 달리 할 일이 없었다. 조참의 아들 조줄曹窋이 중대부로 있었다. 혜제는 조참이 상국의 업무를 제대로 하지 않는 것을 이상히 여겼다.

"어찌 저토록 짐을 어리게 보는 것인가?"

이에 조줄에게 명하여 집으로 가 조참에게 사적으로 물어보게 했다. 조참이 노해 조줄을 2백 대나 매를 치며 일갈했다.

"속히 입시入侍하도록 하라. 천하사天下事는 네가 말할 바가 아니다."

조참이 조현하자 황제가 조참을 나무랐다.

"지난번 일은 짐이 그대에게 간하도록 시킨 일이었소."

조참이 관모를 벗고 사죄하며 물었다.

"폐하가 보건대 성무聖武에서 선황과 비교하면 어떻습니까?"

"짐이 어찌 감히 선황을 바라볼 수 있겠소."

"폐하가 보건대 신과 소하 중 누가 더 현명합니까?"

"그대는 아마 미치지 못할 것이오."

조참이 말했다.

"폐하의 말씀이 옳습니다. 선황과 소하는 천하를 평정하면서 법령을 밝게 했습니다. 지금 폐하도 팔짱을 끼고 편히 쉬고, 저 또한 직분을 지키며 선황과 소하가 만들어 놓을 것을 지키며 잃지 않는 것이 옳지 않겠습니까?"

혜제가 찬탄했다.

"훌륭한 말이오!"

조참이 상국이 된 지 3년이 지나자 백성들이 노래를 지어 칭송했다. 원래 조참의 집 후원은 관원들의 숙사와 가까웠다. 종일 술 마시고 노래하며 떠들어대는 소리로 시끄러웠다. 조참을 수종하는 자가 이내 조참에게 후원으로 나와 놀 것을 권했다. 관원들이 취해서 떠들고 노래하는 것을 듣게 되면 상국이 그들을 불러 조치할 것으로 기대한 것이다. 그러나 조참은 오히려 술자리를 마련케 한 뒤 술을 마시고 노래하며 그들과 서로 사이 좋게 지냈다.

한혜제 5년(기원전 190) 가을 8월 평양의후平陽懿侯 조참이 숨을 거두었다. 사마천은 「조상국세가」에서 조참을 이같이 평했다.

"상국 조참은 야전에서 많은 공을 세운 것이 회음후淮陰侯 한신과 같았다. 한신이 패망한 후 열후 중 성공을 거둔 사람을 보면 오직 조참만이 그 이름을 떨칠 수 있었다. 조참은 한나라의 상국이 된 후 청정무위淸靜無爲의 자세로 정사에 임했다. 백성들 모두 진나라의 잔혹한 통치를 받은 직후인지라 그들에게 휴식을 주고자 한 것이다. 천하가 입을 모아 그의 공덕을 칭송했다."

조참은 중국의 전 역사를 통틀어 도가에서 말하는 '무위지치'를 현실에 구현한 거의 유일한 인물로 꼽을 수 있다. 이는 사마천이 지적한 것처럼 진제국의 엄혹한 법제 하에서 숨조차 제대로 쉬지 못한 백성들에게 휴식을 주고자 한 의도에서 나온 것이다. '무위지치'가 성공한 기본 배경은 때가 절묘하게 맞아떨어진 데 있다.

한문제 때 학자 가의賈誼는 박사에서 의론을 담당하는 태중대부太中大夫가 되었다. 바른 말을 자주 한 탓에 무함을 받고 장사왕의 태부太

傅로 좌천되었다가 다시 양회왕梁懷王의 태부가 되었으나 이내 요절하고 말았다. 당시 33세였다. 저서에 『신서新書』와 『가장사집賈長沙集』 등이 있다. 가장 유명한 글로는 진나라의 패망원인을 분석한 「과진론過秦論」이다.

「과진론」은 사실史實에 기초한 뛰어난 논리로 흥망성쇠의 요체를 설파한 당대의 명문이다. 실제로 후대인들은 이를 제갈량의 「출사표」에 버금하는 명문으로 칭송했다. 흥망에 관한 후대의 사론史論 모두 크고 작은 차이는 있으나 「과진론」의 영향을 크게 받았다. 사마천은 『신서』에 실려 있는 「과진론」을 높이 평가해 그 전문을 거의 그대로 인용해 놓았다. 치평의 요체는 천하를 얻는 '득천하'와 천하를 다스리는 '치천하'의 논리가 다르다는 것을 통찰해 민심을 장악하는 데 있다는 게 「과진론」의 요체이다. 이는 상황에 따라 왕도와 패도를 적절히 섞어 사용하는 왕패병용 이치를 달리 표현한 것이다. 따지고 보면 조조가 죽을 때까지 40여 년 동안 사방의 전장을 누비고 다니며 구사한 모든 전략전술 역시 왕패병용 이치의 활용에 지나지 않는다.

後嗣經營

설령 아무리 불초한 후계자일지라도 미리 정해놓는 것이 아예 선정치 않는 것보다는 훨씬 낫다. 그러지 않을 경우 보위를 차지하기 위한 다툼이 끊이지 않기 때문이다. 이는 적군이 코앞까지 들이닥치는 상황에 비유할 수 있다. 지휘관은 가장 유리한 시기가 도래하기를 기다리기보다는 차라리 잘못된 명령일지라도 진격이든 후퇴든 양단간에 결단을 내리는 것이 훨씬 낫다.

20/ 후사경영

후계자를 엄선하라

曹公曰: 恃武者滅, 恃文者亡. 夫差, 偃王是也.

조조가 말했다.

예로부터 칼의 힘에만 의지하는 자도 패망하고 붓의 힘에만 의지하는 자도 패망했다. 춘추시대 말기의 오왕 부차夫差와 서주시대 초기의 서徐나라 언왕偃王이 바로 그런 자들이다. 『손자약해』「서문」

조비와 조식

조조가 『손자약해』「서문」에서 오왕 부차와 서나라 언왕을 언급한 것은 문무병용文武幷用의 취지를 밝히기 위한 것이다. 난세에는 '무'에 방점을 찍기는 하나 '문'을 무시해서는 안 되고, 치세 역시 '문'에 무게를 두어야 하나 '무'를 잊어서도 안 된다는 취지이다. 『사마법』「인본人本」에 이를 경계하는 구절이 나온다.

"나라가 아무리 강대할지라도 전쟁을 좋아하는 나라는 반드시 망하고, 천하가 태평할지라도 국방을 게을리해도 반드시 위기에 처하게 된다."

'천하수안天下雖安, 망전필위忘戰必危' 성어가 여기서 나왔다. 임진왜란 당시의 상황이 반면교사에 해당한다. 당시 일본에 통신사로 갔다 온 정사 황윤길과 부사 김성일의 증언이 엇갈렸다. 결국 공연히 백성들을 고생시킨다는 집권세력 동인의 주장이 관철돼 왜란에 대비한 성의 수축작업마저 정지됐다. 나라가 패망의 위기까지 몰린 이유다. '천하수안, 망전필위' 금언을 무시한 후과로 볼 수 있다.

고금을 막론하고 국제관계에서는 자애심에 따른 일방적인 선린우호善隣友好는 존재하지 않는다. 스스로 방비한 뒤에야 '선린우호'도 존재한다. 동양의 역대 병서가 하나같이 '유비무환'을 역설한 이유다. 따지고 보면 지난 세기 말에 빚어진 IMF 환란도 유사한 경우에 속한다. 이를 초래한 장본인은 슬로건 정치로 일관한 문민정부와 이를 뒷받침한 한국의 경제 관료들이었다. '세계화' 운운하며 외환시장의 빗장을 모두 풀어젖힌 게 화근이었다.

2012년 대선정국의 최대 화두로 부상한 '경제민주화'의 허상을 신랄하게 꼬집은 언론인 출신 김영호의 『경제민주화 시대 대통령』이 이를 뒷받침한다. 수십 년 동안 경제부 기자로 활약한 저자는 이 책에서 6공화국의 문민정부 이래 역대정권 모두 시장주의와 규제완화에 근거한 신주유주의를 맹신한 나머지 계층 간 양극화만 더욱 심화시켜 놓았다고 비판했다. OECD 국가 가운데 미국의 뒤를 이어 사상 최대의 빈부격차를 자초하고, 가계부채가 1,000조 원에 육박한 가운데 부동산 투기와 전세대란이 빚어지고, 세계 최고의 자살율과 세계 최저 출산율 저하에 이어 비정규직 양산과 청년실업이 일상화하고, 유통재벌의 골목시장 침탈과 거대자본의 자영업 및 중소기업 영역 침투가 횡행하는 것 등이 대표적인 사례로 지적됐다.

IMF 사태 초래의 1차 책임을 떠안아야 할 관료집단이 무풍지대로 남아 지금까지도 여전히 경제경찰의 권세를 자랑하고 있고, 그 고통과 시련이 고스란히 서민의 몫이 되었다는 그의 지적은 통렬하다. 그의 분석에 따르면 문민정부는 미국이 채택한 세계시장 석권전략인 '세계화'의 뜻도 모른 채 이를 국정운영의 최우선 과제로 설정했다. 이게 IMF 환란의 단초가 됐다. 'IMF 장학생' 칭찬에 우쭐해진 국민의 정부는 한 술 더 떠 아예 시장질서와 약자보호를 위한 규제까지 철폐대상으로 삼았다. '부익부 빈익빈' 현상이 더 가속화한 이유다. 노무현 정부와 이명박 정부도 규제완화에 매달리며 서민들의 삶을 더 팍팍하게 만든 점에서는 이전 정부와 하등 다를 게 없다는 게 그의 지적이다.

헌법 119조 2항의 '경제민주화'는 6공화국 헌법 개정 당시 쿠데타로 권력을 잡은 신군부 세력이 취약한 정치적 정당성을 보완하기 위한 방안으로 채택된 것이다. 당시 국회에서 이를 명문화하려고 하자 전경련이 20억 원을 거둬 반대여론 조성에 총력을 기울였으나 역부족이었다. 원래 '경제민주화'는 경제학 교과서에 나오지 않는 용어이다. 전경련의 반대는 경제단체의 이해관계에서 비롯된 것이기는 했으나 결과적으로 '슬로건 정치'로 일관한 정치권의 한심한 작태로 인해 화를 부른 셈이 됐다. 2012년의 대선정국에서 여야 모두 신자유주의 등장 배경도 알지 못한 채 규제완화에 '올인'한 역대 정부의 무능과 천박한 식견을 그대로 이어받고 있다는 지적은 탁견이다.

결과적으로 문민정부 이래 역대 정부 모두 임진왜란 당시 동인들이 저지른 잘못을 재연한 꼴이다. 박정희가 지난 1978년 '천하수인, 망전필위'를 신년휘호로 내놓으면서 해외 투기자금의 유입을 철저히 봉쇄한 것과 대비된다. 무인 출신인 그는 이율곡이 역설한 '10만양병설'의 의미를 통찰하고 있었다.

조조가 칼의 힘에만 의지했다가 패망한 오왕 부차와 더불어 붓의 힘에만 의지했다가 패망한 서나라 언왕을 언급한 것도 이런 맥락에서 이해할 수 있다. 서언왕의 사적은 자세히 알려진 게 없다. 『후한서』 「동이전」 등의 기록에 따르면 그는 주목왕 때 인정仁政을 펼쳐 장강과 회수 사이의 제후 가운데 36국이 그를 따랐다. 그러나 주목왕이 초나라를 시켜 토벌하게 했을 때 백성들을 너무 사랑한 나머지 접전을 피하다가 목숨을 잃고 나라마저 패망했다고 한다.

사마천은 『사기』에서 오왕 부차가 패망한 것은 충신 오자서의 충언을 듣지 않고 간신 백비白嚭의 말을 좇은 탓에 패망했다고 기록해 놓았다. 그러나 백비는 결코 '만고의 간신'도 아니었고 오자서 역시 '만고의 충신'도 아니었다. 백비를 '만고의 간신'으로 매도하는 것은 곧 그의 말을 곧이들은 오왕 부차를 암군으로 단정한 데서 출발하고 있다. 부차는 월왕 구천에게 패한 탓에 후대의 사가들에게 사정없이 난도질을 당하기는 했으나 결코 암군은 아니었다. 그가 암군이었다면 중원의 패자인 진나라를 제압하고 패자의 자리에 오르는 일 자체가 불가능했다고 봐야 한다.

당시 오자서는 부친의 원수를 갚기 위해 수단방법을 가리지 않은 인물이다. 자신의 뜻을 이루기 위해 망명과정에서 초평왕의 아들 태자 건建을 진나라의 첩자로 활용했고, 오나라 공자 광光을 지렛대로 삼기 위해 자객을 동원해 멀쩡한 오왕 요僚를 척살하는 일을 서슴없이 자행했다. 공자 광이 오왕 부차의 부친인 합려闔閭이다. 합려의 패업은 전적으로 오자서의 공으로 보아야 한다. 부차가 합려의 뒤를 이은 데에도 오자서의 공이 컸다.

문제는 그 다음이다. 오자서는 부차의 즉위에 공을 세운 것을 이유로 군신들이 보는 앞에서 부차의 체면을 사정없이 깎아내렸다. 군주를 두렵게 하는 위세를 떨친 신하는 목숨을 부지하기 어렵다는 간단한 이치를 무시한 것이다. 방자했다고 해석할 수밖에 없다. 오자서의 죽음은 자업자득의 성격이 짙다. 조조가 『손자약해』「서문」에서 칼의 힘에만 의지한 대표적인 인물로 부차를 언급한 것도 바로 이와 같은 관점에서 해석할 필요가 있다. 칼로 흥한 합려가 오자서의 말만 믿고 칼의 힘을 과신하는 부차를 후계자로 낙점한 게 잘못이었다는 취지를 내포하고 있는 것이다. 만일 오자서가 후계자 문제에 중립을 지켰다면 부차가 합려의 뒤를 이어 보위에 오르는 일도 없었을 것이고, 오자서 역시 비참한 최후를 맞이하지는 않았을 것이다. 남방의 강대국 초나라를 제압하고 천하를 호령한 합려의 패업이 무색해진 것도 바로 이 때문이다.

예로부터 커다란 족적을 남긴 뛰어난 인물들 중 후계자를 미리 선정하지 못해 나라를 일거에 혼란의 도가니로 몰아가거나 망국으로 이끈 인물들은 그 수를 헤아릴 수 없을 정도로 많다. 조조의 경우는 비록 한때 조비曹丕와 조식曹植을 놓고 심적인 갈등을 겪었으나 이내 결단해 이 문제를 매듭지었다. 나름 현명한 선택을 한 셈이다.

오랫동안 조비에 대한 기존의 평가는 대략 비판적이다. 한나라의 제위를 찬탈했다는 평가 때문이다. 그러나 이는 지나치다. 조비가 제위에 오르는 것은 이미 예견된 일이었다. 유가에서 강조하는 천명론의 관점에서 볼 때 천하가 반드시 유씨의 것이어야 할 이유가 없다. 덕을 쌓으면 어제의 필부가 오늘의 천자가 될 수 있다. 후한 말기의 난세상황이 근 60년 가까이 진행돼 백성이 도탄에 빠진 상황에서 후한의 천명은 오래전에 끝난 것이나 다름없다. 조비는 이미 확정된 상황을 현실화시켰을 뿐이다.

그를 두고 찬탈이라고 얘기하는 것은 분명 잘못된 것이다. 『삼국지』도 『삼국연의』와 달리 조비의 즉위를 찬탈의 입장에서 기록하지 않았다. 『자치통감』도 조비의 수선受禪을 당연한 것으로 간주했다. 조비의 즉위는 사마씨가 멀쩡한 조씨의 위나라를 찬탈한 것과는 차원이 다르다. 조조의 리더십을 후흑의 달인인 사마의의 리더십으로 혼동해서는 안 되는 이유다.

물론 조비는 여러 모로 조조에 미치지 못한다. 그러나 그는 결코 호부견자虎父犬子의 '견자'는 아니었다. 종합적으로 볼 때 조식보다 뛰어난 면모를 보였다. 조식 대신 조비를 선택한 조조의 선택이 옳았다는 얘기다.

당초 조조는 정부인丁夫人을 처로 맞았으나 자식이 없었다. 첩 유씨劉氏가 조앙曹昂을 낳고 변씨卞氏가 조비와 조창曹彰, 조식, 조웅曹熊 등 4명의 아들을 낳았다. 변씨는 원래 가기歌妓 출신이다. 그녀가 20세였을 때 초현에 있던 조조가 그녀를 첩으로 삼았다. 그녀는 나중에 조조를 따라 낙양에 왔다. 동탁이 난을 일으켰을 때 조조가 평상복으로 갈아입고 낙양을 떠나 동쪽으로 몰래 도주했다. 이때 원술은 조조가 이미 죽었다는 헛소문을 듣고 이를 변씨 등에게 알려주었다. 조조를 좇아 낙양으로 왔던 첩들이 모두 고향으로 돌아가려고 했다. 변씨가 이들을 저지하며 이같이 말했다.

"부군의 생사 여부를 아직 확실히 알지도 못하면서 여러분이 오늘 집으로 달아나 버린 뒤 만일 내일 부군이 여기에 있다면 우리는 무슨 낯으로 부군을 바라볼 것이오. 설령 화가 눈앞에 닥칠지라도 함께 죽는다면 무슨 두려움이 있겠소."

조조의 첩들이 모두 변씨의 말을 좇았다. 조조가 후에 이런 얘기를 듣고 변씨를 크게 칭찬했다. 훗날 정씨가 쫓겨나자 변씨가 정실이 되어 왕비의 자리에 오르게 된 것도 바로 이런 행보가 높은 평가를 받은 결과였다.

당시 변씨가 낳은 셋째 아들 조식은 행동이 민첩하고 지혜가 많은데다 글을 짓는 재능이 뛰어났다. 문학가이기도 한 조조가 그를 한때 후계자로 삼을 생각을 하게 된 가장 큰 이유가 바로 조식의 뛰어난 문장 때문이었다. 물론 조비의 문장도 이에 못지않았다. 중국문학사에서는 이들 3부자를 통칭해 소위 '3조三曹'로 부른다.

조조의 마음이 조식에게 기우는 조짐을 보이자 조조의 총신 정의丁儀가 동생인 황문시랑 정이丁廙 및 승상주부 양수楊修 등과 함께 은근히 조식을 칭송하여 그를 후계자로 삼도록 권했다. 황문시랑 정이는 어려서부터 재능과 용모가 뛰어난데다 박학하고 견문이 넓었다. 그가 하루는 조조에게 이같이 말했다.

"임치후臨菑侯 조식은 천성이 어질고 효성스러운데, 이는 자연적으로 나온 것입니다. 그는 총명한 데다 넓은 학식과 깊은 견문이 있고 문장은 매우 뛰어나니 아마도 세상에 보기 드문 인재라 할 것입니다."

조조는 이들의 말을 듣고 조식에게 마음이 끌렸다. 곧 좌우에 명해 몰래 자식들의 동정을 조사하도록 했다. 상서 최염이 이 사실을 알고 급히 간했다.

"『춘추』의 대의에 따르면 마땅히 장자를 세워야 합니다. 또 오관중랑장五官中郎將 조비는 어질고 효성스러운 데다 총명하니 응당 대통을 이어야 합니다. 신은 죽음으로써 이를 지킬 것입니다."

당시 조비를 추종하는 세력이 만만치 않았다. 상서복야 모개도 그들 중 하나였다. 모개가 간했다.

"원소는 적서嫡庶와 서열을 분명히 하지 않아 일족이 전멸하고 나라 또한 망했습니다. 태자의 폐립은 국가대사이니 응당 이런 얘기가 나오지 않도록 해야 합니다."

조조도 사람인지라 이런 얘기를 듣고는 다시 조비 쪽으로 마음이 기울어지게 되었다. 물론 조조는 나름 확고한 기준이 있었다. 개인적인 재능보다 과연 누가 나라를 지키는 데 더 도움이 될까 하는 점이다. 사서의 기록을 종합해 보면 조비의 낙점에 결정적인 도움을 준 사람은 태중대부太中大夫로 있던 가후였다.

하루는 조비가 사람을 가후에게 보내 자신의 지위를 공고히 하는 방법을 물었다. 가후가 이같이 회답했다.

"원컨대 장군이 덕성을 널리 펴고 친히 학업을 닦는 데 밤낮으로 애쓰면서 자식의 도리에 어긋나지 않기를 바랍니다. 오직 이같이 하기만 하면 됩니다."

조비가 이 얘기를 듣고 남몰래 덕행을 닦기에 진력했다. 얼마 후 조조가 측근을 물리치고 가후를 불러 의견을 구했다. 가후가 입을 다문 채 대답하지 않았다. 조조가 의아하게 생각해 물었다.

"경과 얘기를 나누는데 대답을 하지 않으니 어찌된 일이오?"

가후가 짐짓 모른 척하며 이같이 대답했다.

"마침 생각하던 중이어서 즉각 대답을 하지 못했습니다."

"도대체 무엇을 생각하던 중이었소."

가후가 비유를 들어 대답했다.

"신은 원소와 유표 부자간의 일들을 생각하던 중이었습니다."

조조가 그 뜻을 알아채고 크게 웃었다. 이로써 조조의 마음은 거의 조비에게 완전히 기울게 되었다. 조조의 마음을 결정적으로 확정지은 사건은 이로부터 얼마 안 돼 일어난 다음과 같은 사건 때문이었다.

한번은 위왕 조조가 출정할 때였다. 조비와 조식이 함께 길에 나와 배송했다. 조식이 위왕의 공덕을 칭송하자 입을 열면 문장이 되었다. 좌우의 사람들이 모두 놀라 눈이 휘둥그래지자 위왕도 매우 기뻐했다. 조비가 망연자실한 모습을 보이자 조비의 심복 오질吳質이 조비에게 다가와 귓속말로 다음과 같이 속삭였다.

"왕이 떠나려 할 때 눈물을 흘리기만 하면 됩니다."

드디어 환송인사를 할 때 조비가 눈물을 흘리며 절을 올렸다. 위왕과 좌우의 사람 모두 비창한 생각이 들어 슬피 흐느꼈다. 이에 모든 사람들이 조식이 비록 문사가 화려하지만 성심은 조비에 못 미친다고 생각하게 되었다.

이런 상황에서 조식은 자충수를 범하고 말았다. 이는 흔히 문학적인 재질을 가진 자들에게서 흔히 볼 수 있는 자유분방함에 기인한 것이기도 했다. 그는 장군으로 임명되어 전선으로 출정명령을 받을 때에도 이틀 동안 술에 취해 사람들에게 '명을 받을 자격이 없는 자'라는 인상을 깊게 심어주었다. 일설에 의하면 이때 조식이 일부러 술에 취해 이같이 했다는 말도 있으나 이는 믿을 만한 것이 못 된다. 당시 조식이 취한 태도로는 아무리 문재가 뛰어나다고 한들 일국의 후계자로서는 실격이었다. 이를 두고 진수는 이같이 평해놓았다.

"조식은 본인이 생각나는 대로 행동하여 행동에 꾸밈이 없었다. 조비는 술책을 구사하여 자신의 감정을 억제하고 스스로를 꾸미는 데 능했다. 이로 인해 궁인들을 비롯한 위왕 주변 사람들 모두가 조비를 칭송하게 되었다."

결국 위왕 조조는 조식을 단념하고 조비를 태자로 확정지었던 것이다. 이런 갈등과정이 조비에게 적잖은 상흔을 안겨주었을 것으로 짐작된다. 이는 그가 즉위하자마자 조식의 심복들을 일거에 제거한 사실을 보면 쉽게 알 수 있다. 조식은 죽을 때까지 모두 11년 동안 3차례나 봉지를 옮기는 등 삼엄한 경계 속에 살다가 숨을 거두었다. 조비는 후계자 경쟁으로 인한 고통을 두 번 다시 반복하지 않기 위해 그 싹을 사전에 제거하고자 했던 것이다. 이로 인해 조비는 냉혹하고 음험하다는 비난을 받게 되었다. 그러나 친동생들을 감싸지 못하는 협량狹量이었다는 비난은 가능하나 이를 두고 냉혹하다고 평하는 것은 지나치다. 당시 불가피한 측면이 있었다. 조식 자체가 자유분방했다. 게다가 그의 세력이 간단치 않았다. 방치했다가는 나라를 제대로 다스리기 어려웠다.

실제로 당시 조식은 후계 경쟁에서 패한 후 계속 방자한 모습을 보였다. 조식의 처가 비단에 수놓은 옷을 입고 있을 때 조조가 우연히 누대에 올라가 사방을 둘러보다가 그녀를 보게 되었다. 조조가 곧 그녀를 친정으로 돌려보낸 뒤 사약을 내렸다. 이로써 조식은 조조의 마음으로부터 완전히 멀어지게 되었다.

조비의 업적 가운데 가장 뛰어난 것 중 하나로 인재선발 제도인 소위 구품중정법九品中正法을 들 수 있다. 조조로부터 시작된 '구현령求賢令'이 이때 비로소 제도화된 것이다. 훗날 곽말약은 그의 저서 『역사인물』에서 조비를 이같이 극찬했다.

"정치의식은 아우인 조식보다 훨씬 고명했다. 풍도 역시 부친인 조조보다 뛰어났다고 할 수 있다. 예를 들면 환관의 월권행위를 차단한 일과 태후의 정치 관여를 금지시킨 일, 경력보다는 실적 위주로 인재를 등용했던 일, 조세를 경감하고 절약에 힘썼던 일 등이 그것이다. 그를 고대 명군의 본보기로 평할 수 있는 근거들이다. 겨우 40세밖에 살지 못해 황제 재위 7년 만에 죽은 것이 애석할 뿐이다. 만일 그가 오래 살았다면 사마씨에게 보위를 찬탈당하는 일은 없었을 것이다."

곽말약의 지적대로 조비가 장수했다면 사마씨가 위나라를 찬탈하는 일은 일어나지 않았을 공산이 크다. 그러나 결과적으로 조비는 사마의를 중용함으로써 사마씨가 나라를 훔치는 길을 열어주었다는 지적을 면하기 어렵다. 조조는 평소 사마의라는 인물을 정확히 파악하고 있었기 때문에 그에 대한 경계를 늦추지 않았다. 조비를 조조보다 뛰어났다고 평한 것은 확실히 지나쳤다.

당시 유비는 여러 명의 부인을 두었으나 혈육이라고는 오직 유선밖에 두지 못했으니 아예 언급할 바가 못 된다. 그러나 손권의 경우는 생전에 이 문제를 제대로 정리하지 못해 커다란 내분을 자초했다. 그의 사후 오나라가 이내 패망하게 된 것도 이와 무관치 않다. 세 사람 중 조조만 유일하게 후사선정에 성공했다고 평할 수 있다.

국본과 후사

제왕정 시절에는 태자와 세자 등의 후사를 소위 국본國本으로 불렀다. 나라의 근본이라는 뜻이다. 이를 제대로 정립하지 못하면 아무리 큰 공을 세울지라도 이내 그 의미가 퇴색될 수밖에 없다. 실제로 제환공은 사상 첫 패업을 이뤘음에도 관중 사후 어지러운 모습을 보이다가 아사하는 비참한 최후를 맞았다. 생전에 후사문제를 매듭짓지 못한 탓이다.

당시 제나라는 제환공이 죽은 지 꼭 2달이 된 뒤에야 비로소 각 제후국에 사자를 보내 부고를 알릴 수 있었다. 그 사이 제환공의 시신은 침상 위에 그대로 있었다. 추운 겨울이라고는 하나 2달이 지나자 시신 썩는 냄새가 코를 찔렀다. 사람들은 문을 열고 침실로 들어가서야 구더기들이 들끓는 것을 보고 그 처참한 광경에 입을 다물 수밖에 없었다. 이를 두고 『사기』「제태공세가」는 이같이 기록해 놓았다.

"제환공의 시신이 침상에서 67일 동안 방치되자 시체에서 나온 구더기가 문밖까지 기어나왔다."

제나라 대부들은 부고를 낸 지 6일 만에 제환공을 비로소 빈殯했다. 이는 시신에 옷을 입혀 입관하는 것을 말한다. 이들은 비록 제환공의 시신을 성대히 '빈'하기는 했으나 워낙 시신이 상해 겨우 수의로 뼈를 감싸는 정도였다. 관중의 보필에 힘입어 사상 처음으로 중원천하를 호령했던 제환공은 왜 이토록 비참한 최후를 맞이해야만 했던 것일까? 많은 사람들은 관중 사후 역아易牙 등의 소인배를 곁에 두었기 때문으로 풀이하고 있다. 그러나 이는 지엽적인 문제에 불과하다. 보다 근원적인 이유는 후계자에 대한 결단을 내리지 못한 데서 찾아야 한다. 춘추전국시대를 통틀어 생전에 천하를 호령하다가 후사문제로 인해 비참한 최후를 맞이한 사람이 제환공 이외에도 두 명 더 있다. 초성왕楚成王과 조무령왕趙武靈王이 당사자이다.

원래 초성왕은 제환공 및 진문공에 비견할 만한 뛰어난 자질을 지닌 인물이다. 제환공이 중원을 호령할 때 결코 그에게 굴하지 않았고, 진문공이 망명해 왔을 때에는 그를 후하게 대접하여 훗날 당당히 일전을 겨룰 것을 약속하는 아량을 보여주기도 했다. 그럼에도 후사 문제로 인해 비참한 최후를 맞이한 것이다.

당초 초성왕은 아들 상신商臣을 태자로 세울 때 영윤으로 있던 투발鬪勃과 상의한 적이 있다. 이때 투발이 이같이 말했다.

"군왕은 춘추가 아직 많지 않고 사랑하는 자제들 또한 많습니다. 태자를 미리 정했다가 훗날 내치게 되면 화란이 일게 됩니다. 초나라는 줄곧 태자를 세울 때 나이 어린 왕자를 택했습니다. 특히 상신은 관상을 보건대 눈이 벌과 같고 목소리는 승냥이와 같습니다. 이것만 보아도 그의 성정이 매우 잔인하다는 것을 알 수 있습니다. 그를 태자로 세워서는 안 됩니다."

그러나 초성왕은 이를 듣지 않고 상신을 태자로 낙점한 뒤 대부 반숭潘崇을 상신의 사부로 삼았다. 상신은 태자의 자리에 오른 뒤 자신을 반대한 사람이 투발이었다는 사실을 알고는 내심 커다란 원한을 품었다.

기원전 627년 겨울 중원의 패자 진晉나라가 진陳나라 및 정鄭나라와 함께 허許나라를 쳤다. 이는 허나라가 중원의 패자인 진나라와 남방의 패자 초나라 사이를 오가며 두 마음을 가진 것을 응징한 것이었다. 허나라가 초나라에 급히 구원을 청하자 초성왕이 이내 영윤 투발을 시켜 허나라를 구하게 했다. 투발이 진陳·채蔡 두 나라를 치자 두 나라가 즉시 초나라와 화친을 맺었다. 여세를 몰아 정나라로 쳐들어가자 진晉나라 대부 양초보陽處父가 문득 방향을 바꿔 허나라에 대한 공격을 멈추고 초나라와 화친한 채나라를 쳤다. 이 소식을 들은 투발이 다시 채나라를 구원하기 위해 정나라에서 급히 군사를 돌려 채나라로 달려갔다. 두 나라 군사가 이내 강을 사이에 두고 대치했다. 양처보는 초나라의 군세가 매우 성한 것을 보고 크게 우려해 곧 사람을 투발에게 보냈다.

"만일 그대가 싸우고자 한다면 나는 30리를 물러나 진세를 펼칠 터이니 그대는 강을 건너와 진을 치도록 하시오. 시기는 그대가 원하는 대로 잡겠소. 만일 그렇지 않으면 내가 강을 건널 수 있도록 허락해 주시오. 군사를 피로하게 만들고 물자를 허비하는 것은 서로에게 무익한 일이오."

투발이 이를 좇아 30리를 물러났다. 그러자 양처보가 병사들에게 이같이 선언했다.

"초나라 군사가 달아났다!"

그리고는 곧바로 회군했다. 이에 초나라 군사도 돌아가게 되었다. 양처보가 접전을 두려워한 나머지 곧바로 퇴각한 만큼 투발의 일방적인 승리였다. 이때 초나라 태자 상신이 초성왕에게 이같이 무함했다.

"투발이 진나라로부터 뇌물을 받고 진나라 군사를 피했으니 이는 초나라의 치욕입니다. 이보다 더 큰 죄는 없을 것입니다."

초성왕은 태자 상신의 말만 믿고 투발을 만나지도 않았다. 곧 사람을 시켜 보검 한 자루를 투발에게 보냈다. 투발이 이내 자신의 목을 찌르고 자진했다. 투발과 같은 용장을 잃은 것은 초나라에 커다란 손실이었다. 얼마 후 초성왕은 태자 상신의 말만 믿고 명장을 잃게 된 사실을 알고는 크게 노했다. 이내 상신을 내쫓은 뒤 서자인 왕자 직職을 태자로 삼고자 했다.

태자 상신이 모반할까 우려한 그는 먼저 태자를 제거할 구실을 이리저리 찾기 시작했다. 문제는 이를 은밀히 진행하지 못한 데 있었다. 이내 궁중에서는 초성왕이 태자를 미워한다는 소문이 나돌게 되었다. 이 소문이 곧 태자 상신의 귀에도 들어갔다. 그 배경을 알 길이 없는 상신이 스승인 반숭을 찾아가 물었다.

"요즘 대왕이 나를 태자 자리에서 쫓아내려 한다는 소문이 파다하오. 불안해서 잠을 못 잘 지경이오."

"우선 그 소문이 진실인지 여부를 알아야 할 것입니다."

"어찌하면 그것을 알아낼 수 있겠소?"

"강江나라로 출가한 고모 강미江芈가 아직 돌아가지 않고 있습니다. 누구보다 이 소문에 대해 잘 알고 있을 것입니다. 연회를 베풀어 고모를 초대하도록 하십시오. 이후 고모가 오거든 고의로 불경스런 태도를 취하십시오. 그러면 성미가 급한 고모가 화를 내며 뭐라고 말할 것입니다. 여인은 화를 내면 바른 말을 하는 법입니다."

과연 반숭의 계책대로 하자 강미가 크게 화를 냈다.

"참으로 천하기 그지없구나. 대왕이 너를 죽이고 왕자 직을 세우려고 하는 것이 결코 이상한 일이 아니다!"

강미는 뒤도 돌아보지도 않은 채 곧바로 수레를 타고 가버렸다. 상신이 반숭을 찾아갔다.

"소문이 사실이오. 이를 어찌하면 좋겠소?"

"태자는 능히 직을 왕으로 섬길 수 있습니까?"

"그리할 수 없소."

"그러면 외국으로 도망갈 수 있습니까?"

"그리할 수 없소."

"그러면 큰일을 해낼 수 있습니까?"

"해낼 수 있소."

상신이 마침내 야음을 틈타 태자궁을 지키는 위사衛士들을 이끌고 가 초성왕이 머무는 왕궁을 포위하자 반숭이 칼을 들고 장사들과 함께 궁 안으로 들어가 초성왕을 깨웠다. 초성왕이 크게 놀랐다.

"나에게 무엇을 원하는 것인가?"

"대왕이 왕위에 있은 지 이미 37년이나 되었으니 이제 물러갈 때가 되었습니다. 백성들은 새 왕을 모시고자 합니다. 보위를 태자에게 전하고 자진토록 하십시오."

"그리하겠다. 내가 조금 전에 주방에 명하여 곰 발바닥을 삶아오도록 명했으니 그것이나 먹은 뒤 죽으면 원이 없겠다."

곰 발바닥은 삶는 데 매우 시간이 많이 걸린다. 초성왕은 이 틈을 타 태자 상신에게 반격하려고 한 것이다. 반숭과 상신은 초성왕의 속셈을 읽고 이를 허락지 않았다. 결국 초성왕은 포위된 지 채 10일도 되지 않은 사이에 궁지에 몰린 나머지 끝내 스스로 목을 매어 자진하고 말았다. 이 비극은 초성왕 46년인 기원전 626년 10월 10일에 일어났다. 그의 나이는 56세 안팎이었다.

당초 초성왕은 제환공의 비참한 죽음을 익히 알고 있었던 게 확실하다. 투발의 만류에도 불구하고 상신을 태자로 삼은 게 그 증거다. 생전에 미리 후사를 정해놓지 않은 것은 미욱한 자를 후사로 둔 것만도 못하다. 원래 공자 상신은 나름 뛰어난 면모를 지니고 있었다. 투발의 만류를 뿌리치고 상신을 태자로 삼은 것 자체를 문제 삼을 것은 없다.

문제는 그 다음이다. 재위 말기에 후계자를 교체하고자 한 것도 나름 일리가 있는 만큼 수긍할 수 있다. 그러나 이를 은밀히 진행하지 못해 궁 안에 소문이 파다하게 퍼지게 만든 것은 크나큰 실수이다. 설령 강미가 비밀을 토설하지 않았을지라도 태자 상신은 어떤 방법을 동원해서라도 소문의 진위를 반드시 알아내고야 말았을 것이다. 초성왕은 뛰어난 명군의 자질을 지녔음에도 태자폐립과 같이 중차대한 일을 허술하게 다뤘다는 지적을 면하기 어렵다. 그의 죽음은 스스로 초래한 측면이 강하다.

조무령왕 역시 시호에 무武 자가 들어간 데서 알 수 있듯이 당대의 명군이었다. 그러나 그는 특이하게도 영靈의 시호가 덧붙어져 있다. 이는 암군을 뜻한다. 명군의 행보를 보이다가 말년에 암군의 길을 걸었다는 취지에서 덧붙여진 것이다. 그가 명군의 행보를 보인 것은 소위 호복기사胡服騎射 덕분이다. 이는 동북쪽 호인들의 옷을 입고 말을 타며 무술을 연마하는 것을 말한다. 요즘 말로 하면 일종의 계엄령을 펼친 것이나 다름없다. 당시 조나라 관원들은 '호복령'에 따라 일종의 전투복에 해당하는 소매가 짧은 호복을 입고 회의에 참석했다. 이를 계기로 조나라는 급속히 군사대국으로 성장했다.

그가 암군의 행보를 보이게 된 것 역시 후사 문제로 인한 것이었다. 전국시대 말기인 기원전 298년 그는 태자 하何에게 보위를 넘기고 상왕이 되었다. 그가 바로 조혜문왕趙惠文王이다. 그는 사상 최초로 살아있는 부왕父王으로부터 보위를 넘겨받은 경우에 속한다.

당시 조무령왕은 대부 비의肥義를 상국 겸 왕의 보좌역인 부왕傅王으로 삼으면서 본인은 '군왕의 부친'을 뜻하는 주부主父를 자처했다. 그는 후대에 나타나는 태상황太上皇의 효시에 해당한다. 기원전 295년 조무령왕이 중산 땅을 새로 손에 넣은 것을 기념해 대사령을 발포하고 일반 백성들에게도 5일 동안 술을 나눠줄 것을 분부했다. 조나라의 신민들 모두 즐거이 먹고 마시며 조무령왕을 칭송했다. 조정은 그의 공업을 기리기 위해 지금의 하북 영수현에 영수궁靈壽宮을 지었다.

이때 그는 큰 실수를 저지른다. 원래 태자로 있던 장자 장章을 대代 땅에 봉한 뒤 안양군安陽君에 봉한 게 그것이다. 이는 나라를 두 개로 쪼갠 것이나 다름없었다. 원래 장자 장은 명실상부한 태자로 있었으나 조무령왕이 후실인 오왜吳娃를 총애하며 왕비로 삼으면서 이내 태자의 자리에서 밀려난 인물이다. 내심 앙심을 품지 않을 리 없다. 그를 대 땅에 봉한 것은 내란을 자초한 것이나 다름없었다.

실제로 대왕代王이 된 안양군 장은 그간 가슴 깊숙이 담아온 원한을 풀기 위해 심복인 대부 전불례田不禮와 대책을 상의했다. 전불례가 건의했다.

"지금 왕은 너무 어려 철이 없습니다. 이 기회를 놓치지 말고 대사를 도모하면 '주부'도 우리의 일을 막지 못할 것입니다."

"그대는 어떻게 해서든 이 일을 성사토록 하시오. 장차 그대와 함께 이 나라 부귀를 누릴 것이오."

얼마 후 조두령왕이 오왜 소생의 조혜문왕과 함께 지금의 하북 광종현인 사구沙丘로 순행을 나갔다. 안양군 장이 이들을 수행했다. 당시 사구에는 두 채의 이궁이 있었다. 조무령왕과 조혜문왕은 이궁을 하나씩 차지해 머물렀다. 이궁 사이의 거리는 약 10리 가량 되었다.

안양군의 행관은 두 이궁의 중간쯤 되는 곳에 있었다. 전불례가 안양군에게 말했다.

"우선 조왕에게 사람을 보내 주부의 명이라고 속이고 이리로 부르십시오. 그는 주부가 부르는 줄 알고 올 것입니다. 그때 저는 군사를 이끌고 도중에 매복하고 있다가 조왕이 오면 즉시 쳐 죽이겠습니다. 연후에 즉시 주부를 받들고 모든 신하와 군사를 무마하면 될 것입니다."

이날 밤 안양군이 심복을 조혜문왕이 있는 이궁으로 보냈다.

"주부가 갑자기 병이 나 왕을 찾고 있습니다."

이를 수상하게 여긴 조혜문왕의 스승 비의가 이궁을 빠져나갔다가 이내 살해됐다. 조혜문왕의 총신인 고신이 곧 군사들을 동원해 안양군 장의 무리와 싸웠다. 이때 도성 한단을 지키고 있던 공자 성成이 4개 성읍의 군사를 동원해 안양군 장의 무리를 쳤다. 싸움에서 패한 안양군이 주부의 행궁으로 달려가자 주부가 문을 열어 받아들였다. 공자 성과 이태가 주부의 행궁을 포위했다. 공자 성이 심복과 상의했다.

"공자 장이 작란하여 행궁을 포위하게 되었소. 만일 지금 포위를 풀고 군사를 철수시키면 우리는 곧 주살되고 말 것이오."

그러고는 계속 행궁을 포위케 한 뒤 이같이 명했다.

"궁 안에 있다가 가장 늦게 나오는 자는 주살될 것이다!"

궁에 있던 사람들이 모두 빠져나왔다. 주부는 출궁하려 해도 그럴 수가 없었다. 결국 그는 먹을 것이 없어 참새 새끼를 찾아 잡아먹다가 3달 만에 굶어죽었다. 조무령왕의 죽음은 시신에서 구더기가 나온 제환공의 최후와 사뭇 닮았다. 사마천도 『사기』「조세가」에서 주무령왕의 비참한 죽음을 이같이 평해놓았다.

"주부는 두 사람을 모두 왕으로 삼으려다가 머뭇거리며 결정을 내리지 못했다. 이에 난이 일어나 부자가 모두 죽는 지경에 이르고 말았다. 이로써 후세 사람들의 비웃음을 사게 되었으니 이 어찌 애석한 일이 아니겠는가!"

원래 자식이 여럿 있을 경우 후사를 선정하는 게 그리 쉬운 일은 아니다. '적장자 승계'의 원칙이 있다고는 하나 군주도 사람인 이상 총애하는 여신의 소생에게 더 신경이 쏠릴 수밖에 없다. 나아가 적장자보다 출중한 인물이 존재할 경우 국가의 백년대계를 위해 원칙을 무시하고픈 마음이 생길 수밖에 없다. 그러나 이로 인한 참사는 각오해야만 한다. 일단 후계자를 결정했으면 약간 미흡한 선택일지라도 이를 번복하지 않는 게 최상이다. 불가피한 번복 사유가 발생했을 경우에는 조기에 깨끗이 마무리짓는 것이 차선책이다.

설령 아무리 불초한 후계자일지라도 미리 정해놓는 것이 아예 선정치 않는 것보다는 훨씬 낫다. 그러지 않을 경우 보위를 차지하기 위한 다툼이 끊이지 않기 때문이다. 이는 적군이 코앞까지 들이닥치는 상황에 비유할 수 있다. 지휘관은 가장 유리한 시기가 도래하기를 기다리기보다는 차라리 잘못된 명령일지라도 진격이든 후퇴든 양단간에 결단을 내리는 것이 훨씬 낫다. 후계자를 선정하는 경우는 이보다 훨씬 중요한 것임은 말할 것도 없다.

|부록 1|

난세의 간웅인가 영웅인가

서론_영웅과 간웅

조조는 중국 역사에 지대한 영향을 미친 까닭에 시대에 따라 그에 대한 평가가 들쭉날쭉하다. 상대적으로 태평한 시기에는 그를 간적으로 평가한 데 반해 어지러운 시기에는 그를 영웅으로 칭송하는 목소리가 높아졌다. 오랫동안 포폄褒貶이 그치지 않은 이유다. 그러나 '신중화제국' 성립 이후처럼 최고통치권자인 모택동을 비롯해 곽말약 등 내로라하는 학자들이 입을 모아 극찬한 시기는 존재한 적이 없다. 대만으로 쫓겨난 장개석 정권이 유비를 극도로 높이며 조조를 폄하하는 입장을 취한 것과 대비된다.

모택동은 생전에 조조의 '영웅론'을 매우 좋아했다. 1957년 봄 3월 20일 천진과 남경 등지를 차례로 시찰한 그는 비행기를 타고 상해로 떠났다. 진강鎭江의 상공을 지날 때 시흥에 겨워 시를 한 수 지으면서 많은 말을 했다.

"조조가 유비에게 '영웅론'을 얘기하면서 천하의 영웅은 오직 유비와 자신 두 사람뿐이라고 했다. 유비는 조조보다 식견이 떨어진다. 그럼에도 조조가 그를 영웅으로 대접한 것은 유비가 사람을 아주 잘 쓰고, 단결을 잘 시키고, 큰일을 잘 이끌었기 때문이다."

모택동이 죽을 때까지 조조의 명예회복을 위해 애쓴 것도 이런 맥락에서 이해할 수 있다. 21세기는 안방과 문밖의 차이가 없다. 글로벌 기업 CEO들은 조조가 영웅론에서 역설했듯이 먼저 큰 스케일로 천하를 삼켰다 내뱉는 웅혼한 자세를 지닐 필요가 있다. 천하탄토의 웅지를 펼칠 무대를 멀리서 찾을 것도 없다. 세계 최대 시장으로 떠오른 중국 시장이 바로 곁에 있다. 중국 시장을 석권하는 자가 곧 세계 시장을 석권하는 자에 해당한다.

원래 조조는 청년 시절부터 당대의 명사인 교현橋玄과 하옹何顒 등으로부터 난세를 평정할 인물이라는 평을 받았다. 당시 인물평의 최고 권위자였던 허소許劭가 그를 난세의 영웅으로 평한 게 그 증거다. 『후한서』「허소전」의 해당 대목이다.

"당시 조조가 자신의 사람됨을 묻자 허소는 조조를 비루하게 보고 대답지 않았다. 조조가 틈을 보아 협박하자 허소가 마지못해 말하기를, '그대는 치세의 간적이고 난세의 영웅이오'라고 했다."

『후한서』는 남북조 때 남조 송나라의 범엽范曄이 편찬한 사서로 유비의 촉한을 정통으로 삼은 게 특징이다. 조조를 잘 써놓았을 리 없다. '조조를 비루하게 보고' 운운한 것이 그 증거다. 이는 왜곡이다. 「무제기」의 배송지주에 인용된 『세어』에는 정반대의 내용이 나온다.

"교현이 조조에게 이르기를, '그대는 아직 명성이 높지 않으니 허소와 사귀는 것이 좋을 듯싶소'라고 했다. 조조가 이내 허소를 찾아가자 허소가 조조를 친구로 받아들였다. 이로써 조조의 이름이 널리 알려지게 되었다."

주목할 것은 『후한서』조차 난세의 영웅이라고 평한 허소의 얘기를 그대로 실어놓은 점이다. 이는 당시만 해도 조조가 인물평으로 소문난 당대의 명사 허소와 매우 가까이 지냈고, 이로 인해 난세의 영웅이라는 얘기가 매우 널리 퍼져 있었음을 시사한다. 그러던 것이 위나라가 패망한 후 문득 난세의 간웅으로 둔갑하고 말았다. 패망한 조조의 후손들은 이를 반박할 여지도 없었다.

여기에는 남북조 때 동진의 손성이 『이동잡어』에서 허소의 평을 멋대로 개작한 게 크게 작용했다. 이런 왜곡은 진수의 『삼국지』를 풀이한 배송지의 주석을 위시해 명대 나관중의 『삼국지통속연의』와 이를 개작한 청대 모종강 부자의 『삼국연의』 등으로 인해 더욱 확대되었다.

불행하게도 이런 흐름은 21세기 현재까지 지속되고 있다. 이종오李宗吾와 역중천易中天이 조조를 심흑의 대가로 평하고 있는 게 그 증거다. 당사자들은 비록 정사 『삼국지』를 토대로 역사적 사실에 입각해 평했다고 주장했으나 『이동잡어』 등을 토대로 한 『삼국연의』의 관점을 그대로 수용한 결과다. 당초 사마염의 서진 때까지만 해도 조조에 대한 호평이 이어졌다. 진수의 『삼국지』가 그 증거다. 왕찬王粲의 『영웅기英雄記』와 왕침王沈의 『위서魏書』, 사마표司馬彪의 『속한서續漢書』 등도 조조를 높이 평가한 대표적인 사서에 속한다. 특히 『위서』의 평가는 『삼국지』의 호평을 능가하고 있다. 왕침은 조조를 용병과 용인, 재능, 검약, 상벌 등 모든 면에서 타의 추종을 불허하는 당대 최고의 정치가이자 군사가로 평했다.

왜곡의 빌미는 남북조 때 남조 송나라의 배송지가 제공했다. 그는 진수의 『삼국지』에 주석을 가하는 과정에서 2백여 종의 책을 마구 인용해 놓았다. 이는 후대인들이 조조를 왜곡하는 결정적인 계기로 작용했다. 예컨대 「무제기」에 인용된 책은 『위서』를 포함해 20여 종에 달한다. 여기에는 조조를 극도로 왜곡한 남북조시대 동진의 손성孫盛이 쓴 『이동잡어異同雜語』와 삼국시대 오나라의 무명인이 쓴 『조만전曹瞞傳』 등이 무차별적으로 인용돼 있다.

『조만전』은 조조를 매사에 경박해 위엄이 없고, 법집행이 지나치게 각박한 데다 보복적이었고, 기만적인 궤사詭詐가 많아 무고한 사람을 대거 주살한 것으로 묘사해 놓았다. 동진 때 비서감秘書監을 지낸 손성 역시 조조에 대해 악감을 지닌 인물이다. 『이동잡어』에서 조조를 난세의 영웅으로 언급한 허소의 평을 아무런 근거도 없이 난세의 간웅으로 개작한 게 그 증거다. 그는 여백사呂伯奢에 관한 일화를 악의적으로 개작한 혐의를 받고 있다. 무고한 여백사의 자식들을 죽이고 술을 받아가지고 돌아오는 여백사마저 무참히 죽이는 인물로 그려놓은 『삼국연의』 내용은 『이동잡어』를 그대로 인용한 것이다.

손성의 조조에 대한 편견은 조조의 행위에 대한 악의적인 주석을 통해서도 극명히 드러나고 있다. 대표적인 예로 조조가 원소의 묘를 찾아가 눈물을 흘리며 제사지낸 행위에 대한 평을 들 수 있다.

"무릇 선현들은 친구에 대한 원한을 감추는 것을 부끄럽게 생각했다. 조조가 이미 원소의 집 등을 그대로 존치시켰다면 원소의 묘를 찾아가 거짓 울음을 보이지 않는 게 의리에 부합한다. 실로 원소의 행동이 도에 어그러졌고 그와의 우정마저 끊어졌는데 어찌하여 눈물을 흘

린단 말인가?"

조조를 심흑의 대가로 본 대표적인 사례다. 비록 조조의 리더십을 높이 평가하기는 했으나 이종오와 역중천의 평가도 이와 별반 다를 게 없다. 두 사람의 경우 이종오는 조조가 심흑을 구사했다는 이유로, 역중천은 심흑에도 불구하고 나름 훌륭한 정책을 시행했다는 이유로 조조를 높이 평가한 것만이 다를 뿐이다.

얼핏 보면 이종오와 역중천의 평가는 조조를 시종 패륜아에 가까울 정도로 혹평한 손성과 크게 다른 것처럼 보이지만 그 골자를 보면 서로 통하고 있다. 이종오와 역중천 모두 명대 초의 나관중과 청대 초의 모종강 부자처럼 유비를 좋아하고 조조를 꺼리는 대중의 정서에 영합코자 했다는 혐의를 벗기 힘들다. 곽말약과 모택동의 조조에 대한 호평이 더욱 돋보이는 이유다. 두 사람은 난세의 간웅으로 간주하는 기존의 평가는 말할 것도 없고 이종오처럼 심흑의 대가로 평가하는 견해에 대해서도 강한 불만을 나타냈다. 두 사람의 평가는 이종오와 정반대된다. 조조는 심흑의 인물이기는커녕 오히려 자신의 희로애락을 그대로 드러내는 이른바 심백心白의 인물에 가깝다는 것이다. 한중대전 당시 천하를 통일할 수 있는 절호의 기회를 맞았음에도 불구하고 우유부단한 행보로 인해 이를 무산시켰다는 모택동의 지적이 그 실례다. 사실 그 누구일지라도 『삼국지』와 『자치통감』을 제대로 읽었다면 결코 조조를 심흑의 대가로 평할 수 없다.

그럼에도 조조의 생존 당시부터 그에 대한 세인들의 평가는 극명하게 엇갈렸다. 『조만전』과 『이동잡어』는 조조를 혐오한 일부 사대부들의 견해를 그대로 반영한 것이기도 했다. 불행하게도 『조만전』과 『이동잡어』의 이런 악평은 후대인들에게 커다란 영향을 미쳤다. 21세기 현재에 이르기까지 삼국시대와 관련한 대다수 문예 창작물이 조조를 난세의 간웅 내지 심흑의 대가로 묘사한 게 그 증거다.

역대 사가 중 조조를 가장 노골적으로 비난한 대표적인 인물은 동진 때의 습착치習鑿齒였다. 그의 악평은 성리학을 완성시킨 남송대 주희의 사론史論 및 사평史評에 지대한 영향을 미쳤다는 점에서 손성과 차원을 달리한다. 그가 펴낸 『한진춘추漢晉春秋』는 그의 박학한 학식과 유려한 문장을 유감없이 드러낸 작품으로 평가받고 있다. 그러나 『한진춘추』는 극단적인 촉한정통설의 입장에 서 있다. 유비의 촉한과 조조의 위나라를 선악의 관점에서 비교해 놓은 다음 구절이 이를 웅변한다.

"촉한은 한실의 종실로서 정통성을 지니고 있었다. 이에 반해 위나라는 비록 한실로부터 선양을 받아 진나라에 제위를 선양하기는 했으나 그 본질은 찬역이다."

습착치는 진수와는 정반대로 사마씨의 진나라는 위나라를 뛰어넘어 곧바로 후한제국으로부터 그 정통성을 이어받았다고 주장했다. 후대 성리학자들의 주장과 하등 다를 바가 없는 것이다. 습착치는 그 이유를 이같이 밝혔다.

"삼국이 각자 천하의 한 쪽을 차지하고 있었다고는 하나 이는 한나라 말기의 난이 지속된 것에 지나지 않았다. 삼국 대립으로 인한 큰 피해를 제거한 것은 모두 사마씨가 한 것이다. 조씨의 위나라는 도덕심이 부족했던 까닭에 당대를 제압했다고 말할 수 없다. 당대를 제압하지 못했으니 결국 단 하루도 천하의 주인이 된 적이 없는 셈이다."

습착치는 심지어 사마의가 위나라가 아닌 한나라에서 공을 세웠다는 억지주장을 펼치기도 했다. 정통성을 지나치게 강조하다 보니 현실적으로 존재했던 역사적 사실마저 무시한 것이다. 조조를 찬탈의 주역으로 간주한 이런 시각은 이후에도 그대로 이어졌다.

조조의 이미지를 더욱 일그러지게 만드는 데 일조한 사람은 남북조 때 자사와 도독을 지낸 송무제宋武帝의 조카 유의경劉義慶이다. 조조에 관해 수도 셀 수 없이 많은 악의적인 얘기가 그가 지은 『세설신어』「가휼」에 실려 있다. 온통 사람을 속이고 이용한 내용뿐이다. 이것이 조조의 리더십을 왜곡하는 결정적인 배경으로 작용한 것은 말할 것도 없다.

실제로 성리학을 집대성한 주희는 「가휼」의 관점에서 조조를 혹평했다. 그는 조조를 높게 평가한 사마광의 『자치통감』을 촉한정통설의 관점에서 완전히 새롭게 뜯어고친 『통감강목』을 저술한 바 있다. 여기서 그는 조조를 간신으로 매도하면서 촉한정통설을 불변의 사론으로 못박았다. 불행하게도 사대부들은 두꺼운 『자치통감』 대신 간략히 정리된 『통감강목』을 숙독했다. 『자치통감』과 『통감강목』의 기본 입장은 완전히 상반되고 있다.

모택동이 『통감강목』을 쓰레기통에 버리고 원본에 해당하는 『자치통감』만을 죽을 때까지 모두 17번이나 읽은 데서 알 수 있듯이 그의 조조에 대한 평가는 놀랄 만큼 객관성을 띠고 있다. 수십 년간에 걸쳐 사서를 통독한 결과다. 이는 매우 희귀한 일이다. 평생 조조만을 연구한 학자도 그런 평을 내리기가 쉽지 않다.

조조가 세인들의 구설에 오른 후 현재에 이르기까지 다양한 평가가 나왔음에도 중국에서는 아직 모택동의 평가를 뛰어넘는 객관적인 평이 나오지 않고 있다. 이는 무수한 사람이 『손자병법』에 대한 주석을 시도했음에도 21세기 현재까지 조조를 뛰어넘는 주석이 나오지 않고 있는 것에 비유할 만하다. 사실 실질적인 저자에 해당하는 조조보다 더 뛰어난 『손자병법』의 주석서를 쓴다는 것 자체가 불가능한 일이기도 하다.

모택동 못지않게 조조를 높이 평가한 대표적인 인물로 증국번을 들 수 있다. 그는 청조 말기에 한인 출신으로는 최초의 총독이 되어 태평천국의 난을 진압했다. 죽을 때까지 사직을 돌보며 충성을 다하는 등 여로 모로 제갈량을 닮았다. 1852년 문교차관에 해당하는 예부우시랑禮部右侍郎으로 있을 당시 예수의 동생을 자처한 홍수전의 태평천국의 군사가 진격해 오자 황제로부터 호남을 방위하라는 명을 받았다. 그는 곧 농민과 병사를 의용군인 상군湘軍으로 편제하고 수군도 조직해 태평천국 진압을 주도했다.

황제와 만주 귀족은 한인세력의 진출을 두려워해 그의 활동을 제한했으나 그는 충성을 맹세함으로써 점차 신임을 얻을 수 있었다. 1860년 한인 출신으로는 최초의 총독인 양강총독兩江總督에 임명돼 장강 유역에서 태평천국을 토벌하는 전권을 수여받았다. 그는 곧 제자인 이홍장李鴻章에게 회군淮軍을 조직하도록 했다. 당시 증국번은 태평천국 토벌에 나서면서 그 취지를 천하에 알리는 「토월비격討粵匪檄」의 격문을 이같이 썼다.

"비적들은 오로지 하늘만을 아버지로 칭하면서 백성의 아버지를 형제, 백성의 어머니를 자매라고 부른다. 농민은 스스로 경작해도 그 작물을 가질 수 없고, 선비는 공자의 경전을 읽어서는 안 되고 야소耶蘇의 설만을 배워야 하다. 이는 천지개벽 이래 우리가 지켜온 유교의 기변奇變이다. 우리는 공맹의 묘 앞에서 통곡하지 않을 수 없다. 무릇 책을 읽고 문자를 아는 자라면 어찌 이런 사태를 가만히 앉아 지켜볼 수 있는가!"

당시 적잖은 사람들은 태평군이 파죽지세의 승리를 거두자 청조는 이미 종말을 맞았다고 생각했다. 그러나 증국번은 민심을 수습할 수 있는 이론을 제시하기만 하면 얼마든지 제압할 수 있다고 생각했다. 그가 「토월비격」을 쓴 이유이다. 그는 이 격문에서 크게 5가지 책략을 구사했다.

첫째, 태평군을 비적으로 낙인찍어 고립시켰다. 태평군의 핵심 간부는 거의 광동 및 광서 출신이었다. 그는 「토월비격」에서 이를 집중 부각시켜 광동과 광서를 '도적의 소굴'로 몰아갔다. 이로 인해 태평군의 공격대상이 된 호남과 호북 일대는 비적에게 협박당하는 의인의 땅이 되었다. 이는 상군을 토벌군의 대본영으로 각인시키는 효과를 낳았다.

둘째, 땅은 하늘의 것이라고 말함으로써 태평천국이 역설하는 천조전무天朝田畝 제도의 취지를 격하시켰다. 천조전무제의 핵심은 지주 소유 토지의 몰수와 균배에 있었다. 그러나 실시과정에서 적잖은 마찰이 있었다. 자작농의 땅도 몰수대상이 된 게 그것이다. 그는 이를 집중 부각시켰다.

셋째, 인륜을 들먹이며 태평천국을 반대하게 만들었다. 당시 남녀노소를 막론하고 모든 사람이 서로 '형제자매'를 칭하는 것은 전래의 유교에 대한 충격이었다. 이는 '남녀유별'과 '장유유서'를 강조한 유가의 전통과 어긋나는 것이었다. 많은 사람들이 태평군의 이런 행태를 혐오했다. 그는 이를 적극 활용한 셈이다.

넷째, 공자를 부각시킴으로써 사대부들의 호감을 샀다. 태평군의 주력은 헐벗은 농민과 노동자들이었다. 사대부들이 반감을 가진 것은 당연했다. 태평천국이 공맹을 부정한 점을 집중 공격해 상군이야말로 유가의 진정한 수호자임을 자연스럽게 부각시켰다. 사대부들이 상군을 전폭 지원하게 된 배경이 여기에 있다.

다섯째, 민간신앙과 기독교를 적극 대비시켜 외래 종교를 배격하게 만들었다. 당시 태평군은 민중들의 우상인 관우와 악비의 동상 등도 훼손했다. 일반 백성들이 태평군의 행동을 도무지 이해하지 못하는 부분이 바로 이 점이었다. 일반 백성들이 동조하지 못하도록 만드는 관건이 여기에 있었다. 증국번의 승리는 「토월비격」의 발표에서 시작되었다고 해도 과언이 아니다.

그가 「토월비격」에서 노린 것은 전선의 단순화였다. '중화문명을 지키려는 세력'과 '이를 타도하려는 세력'의 대립이 그것이다. 명분싸움에서 이미 승기를 잡은 셈이다. 태평군이 도처에서 공맹은 물론 관우와 악비의 사당 등을 훼멸하고, 심지어 부부간의 동침까지 불허하는 등 극히 반인륜적인 행태를 자행한 것은 치명적인 실수였다. 결국 그는 자신이 이끄는 상군과 제자인 이홍장이 이끄는 회군을 이끌고가 마침내 태평천국의 수도인 남경을 함락시킬 수 있었다. 증국번과 홍수전의 싸움은 명분 면에서 조조와 동탁의 싸움을 연상시키고 있다.

이후 직례총독直隸總督에 임명되기도 한 그는 산동 일대의 반란군인 염군捻軍을 제압하면서 정치의 쇄신과 감세減稅 등 여러 개혁안을 제시해 이를 관철시켰다. 이 과정에서 서구의 무기 도입을 통한 군사력 강화를 제창해 최초로 유학생을 미국에 파견하고 안경安慶에 서양기술을 도입한 최초의 무기공장을 설립하는 등 소위 양무운동洋務運動의 선구자가 되었다. 비록 단기간에 그치기는 했으나 동치중흥同治中興으로 불리는 안정기가 찾아온 이유다.

그러나 이로 인해 신해혁명 이후 그는 한족 출신 매국노를 뜻하는 소위 한간漢奸으로 매도됐다. 일찍 망해야 할 청나라에 충성을 바쳤다는 게 논거다. 그러나 21세기에 들어와 중국이 경제대국으로 부상하면서 그에 대한 평가가 일변했다. 지난 2008년 북경올림픽을 전후해 『인민일보』는 태평천국의 난을 평정한 증국번을 중국의 전 역사를 통틀어 가장 영향력이 있는 인물 중 한 사람으로 선정한 바 있다. 일각에서는 그를 제갈량보다 훨씬 뛰어난 재상으로 평가하며 성인에 가까운 재상인 소위 성상聖相으로 극찬했다.

증국번은 득인 및 용인의 계책에서 제갈량보다 한 수 위였다. 제갈량은 북벌을 위해 기산으로 6번 출격하는 소위 '육출기산六出祁山'을 행하며 대소사를 모두 직접 해결했다. 위연을 시종 기용하면서도 신뢰를 보내지 않은 게 그 증거다. 신뢰할 수 없으면 기용하지 말고, 일단 기용했으면 전폭적인 신뢰를 보내야 했는데도 어정쩡한 태도를 취한 것이다. 그가 진몰할 때 촉한에 장수가 적고 인재가 모자랐던 이유다. 그의 잘못이다.

통상 '읍참마속泣斬馬謖' 일화는 제갈량의 결단을 상징하는 사건으로 평가되고 있으나 사실 이는 단 한 번의 실수조차 포용치 못하는 제갈량의 협량을 드러낸 것이다. 그는 지혜롭고 계책이 많은 사람이었으나 사람을 대할 때는 유달리 소심했다. 매사에 재와 덕을 겸비한 완벽한 인물을 구한 탓이다. 후대인들에게 사람을 기용하는 데 지나치게 각박했다는 지적을 받는 것은 이 때문이다. 증국번은 이를 거울로 삼아 막료들에게 이같이 훈계했다.

"무릇 한 가지라도 재주가 있는 자는 절대로 경시해서는 안 된다. 인재는 구하기 힘들기 때문이다. 작은 결함을 이유로 인재를 잃는 것은 어리석은 짓이다."

증국번은 단 한 가지 재주만 있는 자일지라도 크게 아꼈다. 말할 것도 없이 조조의 용인술을 흉내 낸 것이다. 증국번은 제갈량처럼 온몸을 내던져 나라에 충성한 국궁진췌鞠躬盡瘁의 전형에 해당한다. 오랫동안 한간漢奸으로 매도당했던 증국번이 21세기에 들어와 역사상 가장 위대한 재상으로 평가받게 된 데에는 조조의 리더십에 대한 재평가가 크게 작용했다. 만인의 지탄을 받았던 '한간'에서 최고의 성상聖相으로 떠받들어진 증국번의 변신은 조조가 '만고의 간웅'에서 '만고의 영웅'으로 재평가받게 된 것과 사뭇 닮았다.

조조 리더십 덕목(1) 구현경청求賢傾聽

천하를 놓고 다투는 소위 쟁천하爭天下는 흔히 인재들 간의 싸움으로 비유된다. 이는 득인 내지 구현求賢에서 출발한다. 그러나 득인 내지 구현 자체가 쟁천하의 승리를 보장하는 것은 아니다. 뛰어난 인재를 과감히 발탁해 쓸 줄 하는 탁월한 용인 내지 용현用賢이 뒷받침되어야만 한다. 반면교사의 사례로 원소를 들 수 있다. 그 역시 겉으로는 구현에 노력하는 모습을 보였다. 그러나 그는 막상 뛰어난 인재들을 휘하에 거느리고도 이를 제대로 활용하지 못해 패망하고 말았다.

이에 반해 조조는 초기만 하더라도 그토록 구현에 노력했음에도 불구하고 소기의 성과를 거두지 못했다. 이후 그가 인재들을 과감히 발탁해 쓸 줄 아는 사람이라는 소문이 사방으로 퍼지면서 많은 인재들이 몰려들기 시작했다. 조조는 이들을 모두 거두어들인 것은 물론 초야에 묻혀 있던 많은 인재들까지 불러들여 이들에게 각자의 재능에 맞는 직책을 부여했다.

당시 조조가 구현과 용인에 타의 추종을 불허할 정도로 뛰어난 면모를 보여준 것은 귀를 크게 열고 이들 인재의 건의를 전폭 수용했기 때문이다. 머리가 비상했던 그는 건의를 받을 때마다 요지가 무엇인지 재빨리 간취해 신속히 결단했다. 전장은 말할 것도 없고 모든 것이 급속하게 변하는 난세의 상황에서 이것이 얼마나 중요한지는 재언할 필요가 없다.

그렇다면 조조는 과연 구체적으로 여타 군벌들과의 싸움에서 무슨 방법을 동원해 우위를 점하게 된 것일까? 조조는 일찍이 원소와 함께 기병하여 동탁을 칠 때 원소가 문득 조조에게 이같이 물은 적이 있다.

"만일 사정이 여의치 못하면 어느 쪽으로 나아가 근거지로 삼는 것이 가하겠소?"

"그대는 어떻게 하는 것이 좋다고 생각하오?"

"나는 남으로 황하를 점거하고 북으로 연燕과 대代에 의지해 북쪽 오랑캐를 병사로 불러들여 남쪽으로 내려가 쟁천하를 하겠소. 대략 이리하면 거의 성공할 것이오."

그러자 조조가 이같이 대답했다.

"나는 천하의 지모와 역량을 사용하여 도로써 그들을 제어할 생각이오. 어느 곳이든 안 될 곳이 없소."

원소는 지리地利를 가장 중요한 쟁천하의 요소로 꼽은 데 반해 조조는 득인을 가장 중요한 요소로 간주했다. 조조가 언급한 천하의 지모와 역량은 곧 지략이 뛰어난 책사와 무용이 출중한 장수를 통칭하는 것이다. 어느 곳이든 둥지를 틀고 세력을 확대시킬 수 있다고 말한 것은 바로 득인이 쟁천하의 관건이라는 사실을 통찰한 결과다. 「무제기」 배송지주에 인용된 『부자』에는 조조의 다음과 같은 언급이 나온다.

"은나라 탕왕湯王과 주나라 무왕武王과 같은 제왕이 어찌 같은 땅에서 일어났겠는가? 만일 견고한 요새를 배경으로 삼고자 한다면 기회에 응하여 변화하는 응기변화應機變化가 불가능할 것이다."

이는 원소의 주장이 얼마나 허무맹랑한 것인지를 갈파한 것이다. 지리는 쟁천하에서 약간의 도움이 될지는 몰라도 결정적인 요인이 될 수 없다. 특히 견고한 요새에 의지해 쟁천하에서 승리하고자 할 경우 응기변화가 불가능하다고 한 조조의 지적은 탁견이다. 조조가 원소에게 승리를 거두게 된 것은 결코 우연이 아니었다.

원소는 자신이 원한 바대로 기주를 점거한 뒤 차례로 청주와 유주, 병주 등 4개 주를 장악했다. 영토의 크기도 컸을 뿐만 아니라 인재도 제법 많았다. 그러나 그는 휘하의 인재를 제대로 활용치 못한 결과 끝내 패망하고 말았다. 자신의 능력만 믿고 휘하 참모들의 건의를 좇지 않은 후과다.

당시 원소 밑에 있던 순욱과 곽가, 장합, 고람 등이 모두 그를 떠나 조조에게 갔다. 마지막까지 원소에게 기대를 걸며 남아 있던 천하의 책사 저수와 전풍 등은 관도대전 당시 조조를 일거에 깰 수 있는 뛰어난 계책을 제시했다. 그러나 원소는 이를 받아들이지 않았다.

이에 반해 조조는 시종 뛰어난 인재들을 거두기 위해 혼신의 노력을 기울였다. 화흠과 왕랑, 서황, 주령 등과 같은 용장들이 조조의 휘하로 자진해 귀의한 것은 바로 조조가 인재를 얻기 위해 애쓰고 있다는 사실에 감복했기 때문이다. 이는 서황이 조조를 만난 뒤 감개한 표정으로 이런 언급한 대목을 보면 쉽게 알 수 있다.

"선비는 명군을 만나지 못할까 노심초사한다. 지금 나는 다행히 그 같은 명군을 만났다. 당연히 모든 것을 바쳐 공을 세워야 하지 않겠는가?"

주령도 조조를 만난 뒤 크게 감읍해했다.

"조공이야말로 진정한 주군이다. 내가 지금 그를 만나게 되었으니 다른 그 무엇을 구하겠는가?"

사실 조조는 인재 한 명을 얻을 때마다 한 주州를 얻는 것에 비유하며 흥분을 감추지 못했다. 형주의 괴월蒯越이 유종을 부추겨 조조에게 투항하게 만들자 조조가 크게 기뻐하며 순욱에게 편지를 보냈다.

"나는 형주를 얻은 것이 기쁜 것이 아니라 괴월을 얻은 것이 기쁠 뿐이오!"

당시 조조는 형주의 인재들을 대거 얻게 된 사실에 크게 고무된 나머지 한수의 강변에 연석을 베풀어 이들 인재들의 귀의를 자축했다. 이때 괴월과 함께 조조에게 귀의한 15명의 인재 중 한 사람인 왕찬이 자리에서 일어나 축배를 권하면서 조조를 이같이 칭송했다.

"원소가 하북에서 일어났을 때 그를 의지하며 따르는 사람이 많았습니다. 그는 이내 뜻을 세워 천하를 겸병하려고 했습니다. 그러나 그는 호현好賢만 할 줄 알았지 용현用賢할 줄을 몰랐습니다. 이에 재주가 탁월한 선비들이 그의 곁을 떠나게 된 것입니다. 유표도 형주에 앉아서 시세의 변화를 관망하다가 스스로 주문왕과 같은 명군이 될 수 있다고 생각했습니다. 난을 피해 형주로 온 선비들은 모두 이 나라의 준걸들이었습니다. 그러나 유표는 그들을 등용할 줄 몰랐으므로 나라가 위태로워졌는데도 보좌하는 사람이 없었습니다. 명공은 기주를 평정하던 날 수레에서 내려 군사를 정돈하고 그곳의 호걸들을 받아들여 천하를 평정했습니다. 장강과 한수 지역을 평정해 그곳의 어진 사람과 뛰어난 인물을 등용해 천하로 하여금 당신에게 마음이 돌아가도록 하였습니다. 이로 인해 모든 인재들이 명공을 위해 전력을 다하고자 합니다."

왕찬의 이런 찬사는 조조를 미화한 측면이 없는 것은 아니나 결코 근거 없는 것은 아니었다. 원소 및 유표와 대비되는 조조의 행보는 뛰어난 바가 있다. 이를 통해 조조가 얼마나 인재를 얻기 위해 안간힘을 썼는지를 짐작할 수 있다. 이는 그가 지은 「단가행短歌行」의 다음 구절에 잘 나타나 있다.

산은 높다 거절 않고 물은 깊다 마다 않네	山不厭高, 海不厭深
주공이 토포하자 천하인이 귀의했다네	周公吐哺, 天下歸心

주공토포는 주나라 건국의 기틀을 닦은 주공이 인재를 귀히 여겨 누가 찾아오면 머리를 감다가도 얼른 걷어올리고, 밥을 먹다가도 얼른 뱉고 나가 손님을 맞이한 데서 나온 고사다. 조조가 주공토포를 얘기한 취지는 바로 앞에 나오는 '산불염고山不厭高와 해불염심海不厭深' 구절에 잘 나타나 있다.

산은 본래 높은 산일수록 토석土石을 구분하지 않는 법이고, 바다는 넓은 대양일수록 강하江河를 구분하지 않는 법이다. 이는 득인 차원뿐만 아니라 용인에 대한 자신감을 드러낸 것이다. 그 누구일지라도 재능만 있으면 능력에 따른 배치는 자신이 알아서 할 터이니 거리낌 없이 찾아오라고 주문하고 있는 것이다. 주공의 토포보다 한 차원 높은 웅혼한 포용력을 유감없이 보여주는 대목이다.

주공은 머리를 감을 때 세 번이나 머리를 손으로 거머잡은 채 손님을 만나고, 한번 식사를 하는 동안에도 세 번이나 입에 문 밥을 뱉어 버리고 손님을 만났다. 이를 토포악발吐哺握髮이라고 한다. 세상의 인재를 잃지 않기 위해 노력한 주공의 모습이 선명히 드러나고 있는 것이다. 토포악발의 대상은 재덕을 겸비한 자만을 의미한다. 이에 반해 조조가 말한 토포악발의 대상은 오직 재능 있는 자만을 말한다. 그가 주공토포를 꺼내기에 앞서 '산불염고, 해불염심'을 언급한 이유다. 그럼에도 주희는 『주자어류』에서 주공토포 구절을 놓고 이같이 혹평해 놓았다.

"국권을 훔치려는 것일 뿐만 아니라 성인의 법까지 훔치려는 속셈이다!"

이는 촉한을 정통으로 삼은 주희의 역사관에서 비롯된 것이다. 감정에 치우친 평가인 것은 말할 것도 없다. 그럼에도 주희의 이런 혹평은 후대에 적잖은 영향을 미쳤다. 명나라 때 양신楊愼은 『승암시화升菴詩話』에서 조조의 시를 소위 문간文奸으로 낙인찍었다. 명분주의에 치우칠 경우 천고의 명문조차 얼마나 극렬한 혹평을 받을 수 있는지를 여실히 보여주는 사례다.

조조 리더십 덕목(2) 변법선변變法善變

조조는 죽는 순간까지 책을 손에서 놓지 않았다. 특히 병서를 열심히 탐독했다. 단순히 탐독하는 차원에 그친 게 아니라 여러 권의 병서를 펴냈다. 난세를 치세로 돌려놓기 위한 방략을 찾아내기 위해 심혈을 기울인 결과다. 상앙이 역설한 농전農戰을 흉내 내 전국에 걸쳐 둔전屯田을 강력 시행하며 병사들을 무적의 전사로 만들어낸 게 그 실례다. 법가와 병가의 부국강병 이론을 추종한 결과다.

사실 중국의 전 역사를 통틀어 상앙의 '농전'만큼 철저한 변법은 존재하지 않았다. 그 효과는 엄청났다. 서쪽 변방의 진秦나라가 일거에 천하무적의 강대국이 된 게 그 증거다. 진시황의 천하통일 기반이 이때 마련됐다고 해도 과언이 아니다. 진시황은 상앙의 '농전'을 차질 없이 이행했다. 그가 사상 최초로 천하를 통일한 것은 상앙이 심은 나무의 열매를 수확한 것에 비유할 수 있다.

그러나 이후에 나온 변법은 조조의 변법을 제외하고는 대부분 실패했다. 20세기에 들어와 '신 중화제국'의 창업주인 모택동이 실시한 변법만이 조조의 변법을 이어 유일하게 성공한 사례에 속한다. 난세의 시기에는 부국강병이 절대 필요한데도 불구하고 이를 위한 변법의 시행이 그만큼 어렵다는 것을 반증한다.

모택동에 앞서 조조의 변법을 흉내 낸 대표적인 인물로 청대 말기에서 민국 초기에 활약한 양계초梁啓超를 들 수 있다. 그는 당대 최고의 지식인이었다. 청조가 무너지고 민국이 들어서는 격동의 난세 속에서 파란만장한 삶을 살았다. 그가 활약한 시기는 중국이 근대화를 위해 나름의 갖가지 방법으로 몸부림쳤던 때였다. 그의 생전에 양무운동과 변법운동, 의화단운동, 신해혁명, 복벽, 5·4운동, 북벌 등이 잇달아 일어났다. 그는 이들 굵직한 사건의 한복판에 있었다. 그는 평생 혁명가이자 사상가, 문학가, 언론인 등으로 활약했다. 난세를 치세로 돌리기 위해 평생 각지에 할거한 군웅의 토벌에 헌신한 조조의 삶과 사뭇 닮았다. 『상군서』의 주석작업에 뛰어들면서 시종 변법자강變法自

疆을 꾀한 게 그렇다.

당시 그는 세월이 격변하는 만큼 자주 변신하는 모습을 보였다. 이는 그가 언론인으로 활약하면서 스승인 강유위康有爲와 여러 면에서 대조적인 모습을 보인 것도 이와 무관치 않을 것이다. 강유위는 학자 스타일로 한 가지 일에 몰두하면 깊이 파고드는 스타일이었다. 그가 만년에 자신의 은거지에서 수많은 문인들과 만나며 전심전력으로 서예를 연구해 해서체와 예서체를 결합한 독특한 서체를 완성한 것이 그 증거이다.

이에 반해 양계초는 저널리스트처럼 관심의 대상이 매우 넓었다. 좋은 점도 있으나 관심대상이 자주 변하는 까닭에 참을성이 없는 게 결점이었다. 훗날 그는 딸에게 자신의 이런 결점을 닮아서는 안 된다고 훈계한 바 있다. 스승이 수차례의 도전 끝에 결국 진사시험에 합격한 것과 달리 이내 진사시험을 포기한 것도 같은 맥락에서 이해할 수 있다.

이로 인해 그는 생전에 혁명파로부터 시류를 좇아 자주 변한다는 비판을 받기도 했다. 그의 삶을 크게 과도過渡와 다변多變으로 요약하는 분석도 이런 맥락에서 나온 것이다. 5·4 운동 당시의 일화가 자주 그 증거로 거론되고 있다.

당시 양계초와 함께 언론활동을 전개해 온 장사조章士釗는 백화문을 주장하는 노신魯迅의 '신문학운동'에 커다란 거부감을 표시했다. 그는 양계초가 유럽 여행에서 돌아오면 함께 투쟁할 생각이었다. 그러나 양계초는 여행 도중 이내 백화문으로 된 『구유심영록歐游心影錄』을 펴냈다. 이 소식을 들은 그는 대노하여 책상을 내리치며 욕설을 퍼부었다.

"양임공梁任公! 이자는 시세에 아부하는 소인배일 뿐이다."

'임공'은 양계초의 자였다. 그러나 이는 지나친 것이다. 그의 변신은 결코 일신의 영달을 위해 시류에 영합한 게 아니었다. 당시 상황에서 백화문의 사용은 거역할 수 없는 하나의 흐름이었다. 양계초도 이것이 낫다고 판단해 곧바로 수용한 것일 뿐이다. 공자가 『논어』「자한」에서 이같이 말했다.

"원래는 마견麻冕이 예에 맞다. 그러나 지금은 생사로 만들었어도 매우 검소하니 나는 뭇사람들을 따르겠다."

마면은 가는 베로 만든 예관을 말한다. 공자는 예를 중시했지만 고식적인 형식은 거부했다. 예를 지키는 정신을 중시한 결과다. 양계초가 바로 이런 삶을 살았다. 중국의 백성을 신민新民인 소위 '중화민족'으로 변신시키는 데 헌신한 점에서 그의 삶을 '과도'로 요약한 것은 나름대로 타당하다.

그러나 '다변'은 부적절하다. 오히려 '선변善變'으로 표현하는 게 옳다. '선변'과 '다변'의 차이는 변신의 이유와 시점 등이 적절한지 여부에 달려 있다. 그는 초기에 발표한 『선변과 호걸』에서 '선변'의 의미를 이같이 풀이한 바 있다.

"군자의 잘못은 일식월식과 같아 모든 사람들이 훤히 보고 그 변화 역시 모든 사람들이 분명히 파악한다. 대장부의 일처리가 광명정대해야 하는 이유이다. 방법은 수시로 상황에 따라 변해야 한다. 그러나 그 기본 취지는 변하지 않는 것이다."

그는 '선변'의 요체를 정확히 파악하고 있었다. 그의 '선변'은 기본적으로 『주역』에서 역설하는 '자강불식'의 또 다른 표현이기도 하다. 상황에 따라 변화해야 한다는 것은 불합리한 것은 과감히 파괴할 수 있어야 하고, 새로운 것을 받아들이는 것은 곧 자강불식의 자세를 뜻한다. 상황이 변하고 있는데도 과거의 것을 묵수墨守하는 것은 보수가 아닌 수구일 뿐이다. 실제로 그는 청조의 복벽을 찬성한 자신의 스승 강유위를 공개적으로 비판하면서 이같이 언급한 바 있다.

"나는 나의 스승을 사랑하지만 나는 진리를 더욱 사랑한다."

그가 '다변'이 아닌 '선변'을 취했다고 평가할 수 있는 이유가 여기에 있다. 물론 상황에 따른 변화는 어디까지나 방법에 그쳐야지 지향하는 목표까지 바뀌서는 안 된다. 그가 추구한 궁극적인 목표는 '빈국약병貧國弱兵'으로 인해 열국의 침탈대상이 되어 있는 중국을 '부국강병'의 나라로 탈바꿈시키는 것이었다. 그가 '선변'한 이유가 바로 여기에 있다.

만일 그가 '선변'하지 않았다면 중국은 '신중화'의 바람직한 노선을 찾기 위해 더 많은 시간을 소진했을 공산이 컸다. '신중화'를 건설한 모택동이 『대학』의 핵심어인 '신민'을 새롭게 해석한 그의 지론에 감복해 이내 '신민론'의 열렬한 지지자가 된 사실이 이를 뒷받침한다. 두 사람 모두 '중화민족'이 새로워지지 않으면 중국의 앞날을 기약하기가 어렵다는 데 공명한 셈이다. 실제로 모택동은 1918년에 학생단체를 조직하면서 그 명칭을 '신민학회'로 정했다. 달할 것도 없이 양계초가 역설한 '신민론'에 감복한 결과였다. 모택동 사상의 근간을 이루고 있는 '신민주주의'가 출현하게 된 배경이 바로 여기에 있다.

현재 대만은 손문의 민족혁명을 상징하는 청천백일靑天白日을 국기로 삼고 있다. 여기의 '백일'은 말할 것도 없이 '소민족주의'에 입각한 한족을 상징한다. 그러나 신해혁명 당시 대부분의 지역에서는 오색공화五色共和를 더 애호했다. 이는 양계초의 '대민족주의'에서 나온 것이다. 현재 사용되는 중국의 '오성홍기' 역시 그 취지를 이어받은 것이다.

최근 비약적인 경제발전으로 '중화민족'의 자부심을 되찾은 중국은 신해혁명을 재조명하며 양계초의 변법선변變法善變 행보를 높이 평가하는 움직임이 거세게 일고 있다. 변법선변은 『손자약해』를 관통하는 임기응변의 전략전술을 달리 표현한 것이다. 사회주의 시장경제에 입각한 발전노선이 양계초의 변법선변 노선과 부합하고 있다는 사실을 새삼 발견한 결과로 볼 수 있다.

조조 리더십 덕목(3) 방모두단房謀杜斷

천하는 홀로 다스릴 수 없다. 반드시 뛰어난 참모의 보필을 받아야 한다. 당대 최고의 전략가인 조조도 결정적인 순간에는 크게 망설였다. 사람이기 때문이다. 그때마다 순욱과 정욱, 가후, 곽가 등이 계책을 내며 그의 결단을 촉구했다. 조조가 천하통일의 기반을 확고히 닦게 된 배경이다.

이와 유사한 과정을 거친 인물로 당태종을 들 수 있다. 그 역시 조조처럼 위대한 정치가이자 문예가였다. 조조가 사방으로 군웅 토벌에 나서면서 수많은 시를 쓴 것처럼 그는 당대 최고의 서예 실력을 자랑했다. 서예 이론서까지 펴냈다. 수많은 사람들이 중국의 역대 황제 가운데 최고 수준의 필력을 자랑하는 사람을 꼽으라면 단연 당태종을 든다. 뛰어난 참모들을 곁에 두고 늘 그들에게 자문을 구하며 보필을 받고 병법에 일가견을 보인 것도 닮았다. 명장 이정李靖과 함께 역대 병서의 특징을 논한 『당리문대唐李問對』는 북송 때 『손자병법』과 더불어 무경칠서武經七書의 하나가 되었다. 조조가 『손자약해』를 펴낸 것에 필적할 만하다. 조조처럼 검박한 생활을 영위한 것도 위대한 면모 중 하나이다. 그는 동궁을 다시 축조해야 한다는 건의가 올라오자 이같이 말했다.

"짐이 기거하는 궁전은 수문제가 건축한 것이다. 이미 40여 년이 경과했지만 손상된 곳이나 파괴된 곳이 그리 많지 않다. 다만 수양제가 건축한 태자의 궁전은 목수들이 몹시 새롭고 기이하게 지으려 한 나머지 건축한 지 얼마 안 되었는데도 훼손된 곳이 많다. 지금 다시 고치고자 해도 이전의 궁전과 닮게 만들지나 않을까 걱정이다!"

이세민은 죽기 1년 전인 정관 22년(648)에 『제범帝範』을 저술해 22세의 태자 이치李治에게 하사했다. 『제범』은 제왕이 스스로 제왕학의 교범을 편찬한 뒤 이를 태자에게 물려준 최초의 사례에 해당한다. 그가 후사의 교육에 얼마나 깊은 관심을 기울였는지를 방증한다. 『제범』은 모두 12개 부분으로 구성돼 있다. 군주의 기본 자세를 역설한 군체君體, 현자를 구하는 방법을 논한 구현求賢, 신하의 충성과 재능을 가리는 방법을 얘기한 심관審官, 간언을 받아들이는 자세를 설명한 납간納諫, 참언을 물리치는 방법을 거론한 거참去讒, 지나친 자부심을 경계하는 자세를 주지시킨 계영誡盈, 절검을 숭상하는 자세를 언급한 숭검崇儉, 신상필벌의 중요성을 깨우친 상벌賞罰, 증산에 힘써야 하는 이유를 밝힌 무농務農, 상비군을 유지하는 법을 소개한 열무閱武, 무력이 필요한 이치를 강조한 숭무崇武 등이 그것이다. 제왕학의 모든 내용을 망라한 셈이다.

당제국의 사실상의 창업주에 해당하는 이세민이 신상필벌을 『제범』의 중요한 항목으로 편제한 것은 그 자신이 창업의 어려움을 절감했기 때문이다. 신상필벌은 수성보다 창업과정에 더욱 절실히 요구되는 덕목이기도 하다. 『정관정요』를 보면 그가 천하를 거머쥔 후 창업과 수성의 어려움을 논한 대목이 나온다. 정관 10년(636) 이세민이 좌우 시신에게 이같이 물었다.

"제왕의 사업에서 창업과 수성 중 어느 것이 더 어렵다고 보는가?"

정2품의 상서성 장관인 상서좌복야尙書左僕射 방현령房玄齡이 대답했다.

"창업 당시는 천하가 혼란스럽고, 군웅이 다투어 일어납니다. 이에 성을 깨뜨려야 상대방을 항복케 만들 수 있고, 싸움에서 승리해야 상대방을 제압할 수 있습니다. 이로써 말하면 창업이 어렵다고 할 것입니다."

정2품의 특진特進으로 있는 위징魏徵이 반박했다.

"제왕이 일어날 때는 반드시 세도世道가 쇠잔해져 혼란한 까닭에 백성들은 난세를 구할 수 있는 영웅을 즐겨 천자로 추대합니다. 제왕이 되는 것은 하늘이 천명을 내리고 백성이 받드는 것이기에 어려운 일이 아닙니다. 그러나 이미 제왕의 자리를 얻게 된 후에는 뜻과 의도하는 바가 교만하고 방자하게 됩니다. 백성들은 휴식을 바라지만 각종 요역徭役이 그칠 줄 모릅니다. 백성들은 이미 궁핍하여 피폐한데 사치한 업무는 잠시도 멈출 줄 모릅니다. 나라가 피폐해지는 것은 늘 여기서 비롯됩니다. 이로써 말하면 수성이 어렵다고 할 것입니다."

이세민이 말했다.

"방현령은 옛날 짐을 따라 천하를 평정할 때 온갖 고초를 두루 맛보았고, 만 번의 죽을 고비를 넘겨 간신히 살아난 까닭에 창업의 어려움을 본 것이다. 위징은 짐과 더불어 천하를 안정시키면서 교만과 방종의 단서가 생겨나 필히 위망危亡의 상황에 이르지나 않을까 염려한 까닭에 수성의 어려움을 본 것이다. 지금 창업의 어려움은 이미 지나갔다. 앞으로 수성의 어려움은 응당 공들과 함께 신중히 대처해 나가도록 하겠다."

방현령은 어려서부터 명민하고 문장에 능했다. 수나라 말기에 진사가 되어 관원으로 있다가 이세민 휘하로 들어가 북도행군北道行軍의 기실참군記室參軍이 되었다. 이세민이 친형인 태자 이건성 및 친동생인 제왕 이원길과 보위를 놓고 혈전을 벌인 '현무문玄武門의 변' 당시 계책을 내어 대공을 세웠다. 정관 원년에 중서령이 된 후 상서좌복야를 거쳐 양국공梁國公에 봉해졌다. 15년 동안 재상의 자리에 있으면서 늘 두여회杜如晦와 상의하며 정사를 펼쳤다.

여기서 뛰어난 참모의 보필을 뜻하는 방모두단房謀杜斷 성어가 나왔다. 방현령의 계책과 두여회의 결단이라는 뜻이다. 방현령은 지략이 뛰어나지만 담력이 약해서 결단을 내릴 때는 많이 망설였다. 두여회는 비록 지략은 방현령을 따르지 못하지만 결정적인 순간에 동물적인 후각과 유사한 뛰어난 감각으로 결단하는 능력을 지니고 있었다. 방현령이 늘 선택의 시간이 오면 두여회를 찾은 이유다. 두 사람은 간언을 임무로 삼은 위징과 대조를 이룬다. 위징이 치세의 명신이라면 방현령과 두여회는 난세의 능신에 해당한다. 당태종 이세민이 천하를 거머쥔 배경이 바로 '방모두단'에 있다고 해도 과언이 아니다. 『정관정요』로 상징되는 '정관의 치'도 이 때문에 가능했다. 득천하 이후에 비로소 치천하가 가능한 만큼 당연한 얘기이기도 하다.

이와 달리 위징은 득천하보다는 치천하에 어울리는 인물이다. 당초 그는 수나라 말기 반란군 이밀李密의 군대에 참가했으나 곧 이연에게 귀순해 이건성의 최측근이 되었다. '현무문의 변' 당시 이세민의 지은知恩으로 목숨을 구한 것은 물론 간의대부諫議大夫에 발탁된 것을 계기로 '정관지치'의 구현에 결정적인 공헌을 했다. 직간을 서슴지 않은 결과다. 사서 및 제왕학서인 『군서치요群書治要』 등의 편찬에 큰 공헌을 했다. 서예에도 일가견이 있어 이세민이 왕희지王羲之의 진필眞筆을 구할 당시 우세남 및 저수량 등과 함께 감정에 참여하기도 했다.

이세민이 '정관지치'를 이루게 된 데에는 위징을 포함한 명신들의 보필이 결정적인 도움이 됐다. 『정관정요』는 이들 군신이 '정관지치'를 이루기 위해 얼마나 노력했는지를 잘 보여주고 있다. 대표적인 사례로 다음 일화를 들 수 있다.

이세민은 즉위한 해인 서기 626년에 장병의 징집명령을 내린 바 있다. 10세가 안 되어도 키가 큰 남자는 징집할 수 있도록 규정한 게 특징이다. 위징은 이 조서를 거머쥔 채 발송하지 않았다. 이세민이 여러 번 재촉해도 전혀 개의치 않았다. 대로한 이세민은 당장 위징을 불러 그의 대담한 항명행위를 꾸짖었다. 위징이 간했다.

"신이 듣기에 연못의 물을 다 없애고 물고기를 잡으면 나중에 잡을 물고기가 없어진다고 합니다. 폐하가 지금 18세도 안 된 건장한 장정도 병사로 징집하시면 나중에는 어디서 병사를 충당하겠습니까? 또 나라의 조세를 누구에게 부담시키겠습니까? 18세 이상의 남자를 징집한다고 선포해 놓고 지금 다시 조서를 내리면 천하의 신뢰를 잃게 되지 않겠습니까?"

이세민이 자신의 잘못을 시인하고 조서를 철회한 뒤 위징을 태자태사太子太師로 승진시켰다. 당시 그가 군주보다 백성이 중요하다는 사실을 깨닫게 된 데에는 위징의 공이 컸다. 이후 이세민은 위징을 무서워했다. 이를 뒷받침하는 일화가 있다.

하루는 이세민이 매를 데리고 놀다가 위징이 들어오는 것을 보고 나무랄까봐 그것을 품속에 감췄다. 위징은 그것을 못 본 척하고 이세민에게 업무를 보고하면서 일부러 시간을 끌었다. 위징이 돌아가고 나서 보니 매는 이미 숨이 막혀 죽어 있었다. 하루는 이세민이 조회를 마치고 내전으로 돌아와 중얼거리듯이 말했다.

"언젠가는 이 촌놈을 죽여버리고 말테다!"

곁에 있던 장손황후가 누구를 말하는 것이냐고 묻자 이세민이 짜증스럽게 대답했다.

"위징이 늘 면전에서 나를 반박하며 난감하게 만드니 정말 짜증스럽기 한이 없소!"

장손황후가 잠시 물러났다가 예복으로 갈아입고 다시 들어와서 이세민에게 축하했다.

"군주가 현명해야 신하가 감히 직언을 올릴 수 있는데 위징이 감히 면전에서 폐하를 반박하는 것은 폐하가 성군이라는 뜻이 아니겠습니까!"

이세민이 곧 노기를 가라앉혔다. 그의 치세 때 태평한 세월이 지속되자 대신들 모두 그의 덕을 극구 찬양했다. 그러나 오직 위징만은 그의 10가지 결점을 지적하는 등 간언을 그치지 않았다. 이세민이 자만에 빠질까 우려한 것이다. 이세민은 이를 병풍에 옮겨 적고 조석으로 읽어보며 좌우명으로 삼았다. 그가 재위기간 내내 수성과 창업의 어려움을 묻는 질문을 스스로에게 던지면서 초심을 잃지 않은 이유다.

일각에서는 위징 사후 이세민이 잇단 실책을 범한 것도 위징을 잃은 후과로 해석하고 있다. 고구려 원정을 무리하게 밀어붙여 곤경에 처하고 후사 문제로 어지러운 행보를 보인 것 등이 논거이다. 일리 있는 지적이다. 실제로 당제국은 이세민 사후 이내 그의 후궁 출신인 측천무후에 의해 비록 한시적이기는 하나 명목상 역사의 무대에서 사라지고 말았다. 고금을 막론하고 뛰어난 신하들의 보필이 없으면 결코 성세를 구가할 수 없다. 조조가 적벽대전에서 패한 후 곽가가 요절한 것을 통탄한 사실이 이를 방증한다.

조조 리더십 덕목(4) 자강불식自强不息

무릇 아무리 열심히 노력하는 사람일지라도 어느 정도 성공을 거두면 대개 현실에 안주하기 마련이다. 스스로를 채찍질하는 '자강불식'을 행하려면 천하통일과 같이 거창한 웅지를 품지 않으면 안 된다. 조조는 앞서 그의 영웅론에서 살펴보았듯이 제폭구민除暴救民의 이상을 실현하기 위해 '자강불식' 행보를 멈추지 않았다. '뜻이 커야 그릇도 커질 수 있다'는 속설이 그대로 맞아떨어진 셈이다. 공자는 이를 『논어』「위정」에서 군자불기君子不器로 표현했다. 일정한 틀에 얽매이지 않는다는 의미이다. 조조 병법이 역설하는 임기응변의 취지와 부합한다. 기존의 가치와 관행에 얽매이지 않는 파탈擺脫의 행보와 역발상의 창의적인 아이디어는 바로 여기서 나온다.

중국의 전 역사를 통틀어 가장 혹독한 모습으로 자강불식을 행한 사람은 춘추시대 말기 최후의 패자가 된 월왕 구천句踐이다. 원래 월나라는 지금의 장강 이남 지역인 절강성을 중심으로 한 작은 나라에 지나지 않았다. 춘추시대 말기에 들어와 이웃한 오나라가 문득 흥기하기 전까지는 중원의 제후국들에게 그 존재 자체도 알려지지 않았다. 『사기』「월왕구천세가」는 전설적 왕조인 하나라 소강少康의 서자인 무여無余가 회계會稽에 도읍한 데서 월나라의 역사가 시작됐다고 기록해 놓았으나 이는 후대인이 만들어낸 얘기에 지나지 않는다. 고고학적인 측면에서 볼지라도 월나라는 중원문화권에 속해 있던 이웃 오나라와 달리 남만南蠻의 소국에 지나지 않았다.

그러나 월나라는 농업기반이 뛰어난 데다 북으로 장강 하류 지역을 차지하고 있는 오나라와 이웃하며 치열한 경쟁을 전개한 까닭에 오나라와 함께 역사무대의 전면에 나서는 행운을 만나게 됐다. 이는 전래의 강국인 제齊, 초楚, 진晉, 진秦 등이 잇단 전쟁과 내란으로 크게 쇠약해진 사실과 깊은 관련이 있다. 오월은 이들 4대 강국이 피폐해진 틈을 적극 활용해 부국강병을 추구한 덕분에 천하를 호령하게 된 것이다.

주목할 것은 오월 두 나라 간의 한 치의 양보도 없는 무한경쟁이 바로 이런 결과를 낳은 점이다. 사서의 기록을 종합해 볼 때 오월 두 나라는 당초 중원을 제패할 의도가 전혀 없었다. 실제로 그런 실력을 갖추지도 못했다. 그럼에도 생존을 위한 무한경쟁의 상황에 처해 있던 두 나라는 죽기살기식으로 온갖 수단을 동원해 무력을 강화할 수밖에 없었다. 그게 바로 동쪽 구석에 위치해 있던 오월 두 나라를 문득 천하제일의 강국으로 만드는 결정적인 계기로 작용한 것이다. '라이벌이 최고의 스승'이라는 속설을 방증하는 대목이다.

세상에 영원한 1등은 없다. 노력하기에 따라서는 꼴찌가 1등이 될 수 있다. 스스로를 끊임없이 채찍질하며 혼신의 노력을 기울이는 게 비결이다. 꼴찌나 다름없는 동쪽 변방의 오월이 바로 죽기살기식의 경쟁 속에서 부국강병을 달성해 마침내 천하를 차례로 호령한 게 그 실례다. 이는 오월 두 나라가 당초 의도했던 일도 아니었다. 부국강병을 멈추는 순간 이내 상대국에 먹힐 수밖에 없다는 절박감이 이런 일을 가능하게 한 것이다. 춘추시대 말기를 '오월시대'로 부르게 된 배경이다.

오월이 차례로 천하를 호령하게 된 데에는 수백 년에 걸쳐 중원과 남방을 호령했던 전래의 4대 강국이 기왕의 성과에 안주하며 내분을 일삼는 게 크게 작용했다. 오월은 서로 피나는 경쟁을 하는 동안 자신들도 모르는 사이에 상대적 우위를 차지해 천하의 정상에 우뚝 선 것이다. 두 나라 모두 결과적으로 『주역』이 역설하는 '자강불식'을 행한 덕분이다. 한국이 일본을 따라잡기 위해 안간힘을 쓴 덕분에 나름 상당 수준의 기술대국으로 우뚝 선 것과 같다. 당시 약 1백 년간에 걸쳐 진행된 '오월시대'는 꼴찌가 1등이 되고 돌아가며 1등을 차지했던 4대 강국이 오월에게 수모를 당한 전형적인 변역의 시대였다.

원래 월나라는 지금의 항주를 중심으로 절강성 일대에서 흥기했다. 이후 일대에 살던 월족越族은 시간이 지나면서 북방의 압력으로 인해 점차 아래로 밀려나 지금의 광동 일대에 집중 분포하게 됐다. 광동을 뜻하는 월粵은 월越과 같은 뜻이다. 베트남의 한자어인 월남越南은 곧 광동 아래쪽에 있다는 뜻의 월남粵南이나 다름없다. 지금 베트남이 '오월시대'의 월나라처럼 무섭게 떨쳐 일어나고 있다. 와신상담臥薪嘗膽과 도광양회韜光養晦로 상징되는 월왕 구천의 '자강불식' 행보를 흉내 내고 있는 셈이다.

조조 리더십 덕목(5) 관맹호존寬猛互存

『대학』에서 말하는 신독愼獨은 『주역』의 자강불식을 달리 말한 것이다. 이는 남이 보지 않는 곳에서도 행동을 신중히 하는 것을 뜻한다. 『맹자』「공손추 상」에도 유사한 구절이 나온다.

"활을 쏘는 자는 먼저 자신의 몸을 바르게 한 뒤 화살을 쏜다. 설령 명중시키지 않았을지라도 자신을 이긴 자를 원망치 않고 자신을 돌이켜 반성할 뿐이다."

자신을 되돌아보며 원인을 찾는다는 뜻의 반구저기反求諸己 성어는 여기서 나왔다. '작은 주역'으로 일컬어지는 『중용』은 자강불식을 성誠이라는 단 한 글자로 요약해 놓았다. 성은 언言과 성成을 합성한 데서 알 수 있듯이 내뱉은 말을 지키는 것을 말한다. 성실한 행보로 믿음을 얻으라는 것이다. 고금동서를 막론하고 인간경영에서 인간적인 신뢰만큼 중요한 것은 없다. 『논어』「안연」을 보면 정치의 요체를 묻는 제자 자공의 질문에 공자는 이같이 대답했다.

"나라가 위기상황에 처했을 때 백성들이 의정자를 믿지 않으면 나라가 설 수조차 없게 된다."

난세의 상황일수록 인간적 신뢰가 더욱 중요할 수밖에 없다. 많은 사람들이 조조를 기만의 명수로 생각하고 있으나 이는 잘못이다. 그가 기만술을 쓴 것은 오직 전장뿐이다. 전장은 전투를 지휘하는 당사자는 물론 병사들의 생사가 엇갈리는 현장이기에 적을 혼동하게 만드는 다양한 기만전술을 쓸 수밖에 없다. 『손자병법』이 궤도詭道를 역설한 이유다.

그러나 조조는 전장이 아닌 곳에서 기만술을 쓴 적이 없다. 이 점이 사마의와 다른 점이다. 조조는 오히려 전장에서조차 궤도를 제대로 구사하지 못해 천하통일의 대업을 이루지 못했다고 보는 게 옳다. 어떤 면에서는 고지식한 행보를 보였다. 사마의 등의 건의에도 불구하고 '등록망촉' 운운하며 머뭇거리다가 천하를 통일할 수 있는 절호의 기회를 놓친 게 그 증거다.

그는 사서를 많이 읽었으니 틀림없이 광무제가 '평롱망촉'의 노선을 취해 천하를 통일한 역사적 사실을 알고 있었을 것이다. 그럼에도 그는 이를 거꾸로 해석한 꼴이다. 소동파는 일찍이 인생은 글자를 알 때부터 우환이 시작된다고 갈파한 바 있다. 너무 많이 알기 때문에 쓸데없는 근심도 그만큼 많이 하게 되는 것이다. 식자우환識字憂患 성어가 여기서 나왔다. 조조 역시 통상 지식인들이 아는 게 많아 결정적인 순간에 머뭇거리는 식의 식자우환을 범한 셈이다.

이를 두고 간계를 꾸미려다 실패한 것으로 해석하는 것은 왜곡이다. 그럼에도 21세기 현재까지 이종오가 말한 후흑의 관점에서 조조의 리더십을 파악하는 주장이 횡행하고 있다. 조조의 능력과 공업 등을 높이 평가하면서도 그의 품성 등을 놓고는 엄격하면서도 부드럽고, 간교하면서도 영웅답고, 법대로 하면서도 법을 어기고, 인자하면서도 옹색하다는 식으로 평해놓은 게 그것이다. 도대체 이런 식의 정신병자에 가까운 리더십을 보이고도 천하를 호령할 수 있는 것일까? 조조가 구사한 왕패병용의 리더십을 제대로 파악하지 못한 탓으로 해석할 수밖에 없다.

조조의 품성 등을 평가할 양이면 엄격하면서도 부드러운 소위 관맹호존寬猛互存의 모습을 보여주었다고 정의하는 게 옳다. 왕도와 패도를 적절히 섞어 쓰는 왕패병용의 리더십에서 나온 것이다. 조조는 결코 간교하지도, 법을 어기지도, 옹색하지도 않았다. 역중천이 『삼국지 강의』에서 조조를 간교와 영웅, 준법과 위법, 인자와 옹색 등 이중적인 리더십으로 파악한 것은 큰 잘못이다.

|부록 2|

조조 연표

나이	연도 / 사건
1세	영수永壽 원년(155), 조조가 패국沛國 초현譙縣에서 조숭曹嵩의 아들로 태어나다.
7세	연희延熹 2년(159), 유비가 태어나다.
12세	9년(166), 당고지화黨錮之禍가 일어나다.
13세	영강永康 원년(167), 12월에 환제가 죽자 해독정후解瀆亭侯 유굉劉宏이 뒤를 잇다.
14세	건녕建寧 원년(168), 중상시 조절 등이 대장군 두무를 죽이고 두황후를 유폐하다.
15세	2년(169) 당고지화에 연루된 이응과 두밀 등이 옥사하다.
18세	희평熹平 원년(172), 두태후가 사망하다. 회계군의 허소 등이 기의해 월왕을 칭하다.
20세	3년(174), 조조가 효렴에 천거되어 낙양의 북부도위北部都尉가 되다.
23세	6년(177), 조조가 돈구령頓丘令이 되었다가 의랑에 제수되다.
24세	광화光和 원년(178), 영제가 환관의 말을 듣고 송황후를 폐하자 송황후가 근심으로 죽다.
25세	2년(179), 조조가 면직되었다가 초현에서 변씨卞氏를 첩으로 맞아들이다.
26세	3년(180), 조조가 고학古學에 밝아 다시 의랑에 징소되다. 영제가 귀인 하씨를황후로 맞아들이다.
27세	4년(181), 조조가 상서하여 환관을 탄핵했으나 영제가 받아들이지 않다. 이

해에 손권과 제갈량이 태어나다.

30세 중평中平 원년(184), 황건적의 난이 일어나다. 영제가 당고黨錮를 해제하다. 조조가 영천의 황건적을 치고 제남상이 되어 음사淫祀를 금단하다. 유비가 관우및 장비 등과 함께 기의하다.

31세 2년(185), 흑산적이 일어나 하북을 치다.

33세 4년(187), 대사농 조숭이 돈을 주고 태위가 되다. 조조가 동군태수로 징소되었으나 칭병하고 고향으로 돌아가 독서와 사냥으로 소일하다. 이해에 조비가 태어나다.

34세 5년(188), 조숭이 파면되다. 기주자사 왕분 등이 황제 폐립의 동참을 구하자 조 조가 이를 거부하다.

35세 6년(189), 영제가 죽고 유변이 뒤를 잇다. 동탁이 낙양에 입성한 뒤 진류왕 유협을 새 황제로 옹립하다. 조조를 효기교위로 삼으려 하자 조조가 이를 거부하고 고향으로 도주하다. 조조가 병사 5천 명을 모아 기의하다.

36세 초평初平 원년(190), 발해태수 원소가 동탁 토벌군의 맹주가 되다. 동탁이 헌제를 이끌고 장안으로 천도하다. 조조가 동탁군에게 패하다. 원소가 유우를 새 황제로 세우려 하자 조조가 반대하다.

37세 2년(191), 원소가 한복을 몰아내고 기주를 차지하다. 조조가 복양에서 흑산적을 치자 원소가 조조를 동군태수로 천거하다. 순욱이 원소를 떠나 조조에게 귀의하다.

38세 3년(192), 여포가 동탁을 척살하다. 이각과 곽사가 장안으로 들어가 왕윤을 죽이다. 조조가 황건적을 깨뜨리고 청주군을 편성하다. 조식이 태어나다.

39세 4년(193), 조숭이 낭야에서 죽자 조조가 도겸을 치다.

40세 흥평興平 원년(194), 진궁의 반기를 들어 여포가 연주를 차지했다가 조조에게 패퇴하다. 유장이 익주목이 되고 유비가 도겸의 뒤를 이어 서주목이 되다.

41세 2년(195), 헌제가 조조를 연주목으로 삼다. 조조가 장막 일족을 주살하고 연주를 장악하다.

42세 건안建安 원년(196), 조조가 헌제를 맞아들여 허현을 도읍지로 삼은 뒤 둔전을 시작하다.

43세 2년(197), 항장 장수의 반기로 장자 조앙이 죽다. 조조가 장수를 깨뜨린 뒤 원술 마저 깨뜨리다.

44세 3년(198), 조조가 유표와 장수의 연합군을 격파하다. 조조가 여포를 죽이고 서주를 취하다. 손책이 강동을 점거하다.

45세 4년(199), 원소가 공손찬을 격멸하다. 유비가 조조를 배반하고 서주를 차지하다. 원술이 병사하다. 조조군이 관도를 지키다. 장수가 귀부하다.

46세 5년(200) 동승 등이 조조를 죽이려다 주살되다. 조조가 유비를 치고 그의 처자와 관우를 생포하다. 관우가 원소군의 문추를 벤 뒤 유비에게 가다. 조조군이 관도에서 원소군을 대파하다.

47세 6년(201), 원소군을 창정에서 격파하다. 유비가 조조에게 패해 형주로 달아나다.

48세 7년(202), 원소가 병사하자 원담과 원상이 대치하다.

49세 8년(203), 원상의 부장들이 투항하다.

50세 9년(204), 업성에 입성하다.

51세 10년(205), 원담을 격멸하다. 흑산적이 투항하다.

52세 11년(206), 「구언령求言令」을 내리다.

53세 12년(207), 조조가 오환정을 정벌하다. 요동태수 공손강이 원희와 원상의 수급을 바치다.

54세 13년(208), 형주를 취하다. 주유군의 화공으로 적벽대전에서 패하다.

55세 14년(209), 손권을 치러 갔다가 돌아오다. 유비가 공안公安에 머물다.

56세 15년(210), 「구현령求賢令」을 내리다.

57세 16년(211), 조비가 오관중랑장이 되다. 조조가 마초 등을 깨고 관중을 손에 넣다. 유비가 관우에게 형주를 맡기고 익주로 들어가다.

58세 17년(212), 손권이 건업으로 천도하다. 조조가 손권 정벌에 나서던 중 순욱이 자 살하다.

59세 18년(213), 조조가 손권의 강서 군영을 깨뜨린 뒤 철군하다. 헌제가 조조를 위공으로 삼고 구석을 내리다.

60세 19년(214), 유비가 익주를 취하다. 조조가 손권 정벌에 나섰다가 돌아와 장합을시켜 농우를 손에 넣다.

61세 20년(215), 조조가 한중을 손에 넣다.

62세 21년(216), 조조가 위왕이 되다. 손권 정벌에 나서 초현에 머물다.

63세 22년(217), 손권군을 깨뜨린 뒤 하후돈 등에게 거소居巢를 지키게 하다. 「거현물구품행령」을 내리다.

64세 23년(218), 자신을 암살하려던 태의령 길본 등을 주살하다. 조조가 유비를 치기위해 장안에 이르다.

65세 24년(219), 하후연이 정군산에서 유비군에 의해 피살되다. 조조가 한중에서 유비와 대치하다 장안으로 퇴각하다. 유비가 한중을 손에 넣고 한중왕을 칭하다. 관우가 번성을 치다가 여몽의 계책에 말려 형주를 잃고 죽임을 당하다.

66세 황초黃初 원년(220), 정월에 조조가 낙양으로 돌아온 뒤 병사하다. 이해 10월에 조비가 한헌제로부터 선양을 받아 보위에 오른 뒤 조조를 위무제로 추숭하다. 이듬해 유비가 황제를 칭한 뒤 손권을 치다. 손권이 위나라에 칭신하며 오왕에 봉해지다.

|참고문헌|

1. 기본서

『논어』, 『맹자』, 『관자』, 『순자』, 『열자』, 『한비자』, 『윤문자』, 『노자』, 『장자』, 『묵자』, 『양자』, 『상군서』, 『여씨춘추』, 『안자춘추』, 『춘추좌전』, 『춘추공양전』, 『춘추곡량전』, 『여씨춘추』, 『회남자』, 『춘추번로』, 『신어』, 『손자병법』, 『오자』, 『포박자』, 『안씨가훈』, 『세설신어』, 『신감』, 『잠부론』, 『염철론』, 『국어』, 『설원』, 『전국책』, 「논형』, 『공자가어』, 『정관정요』, 『자치통감』, 『근사록』, 『송명신언행록』, 『사기』, 『한서』, 『후한서』, 『삼국지』, 『진서』, 『신오대사』, 『수서』, 『구당서』, 「신당서』, 『송사』, 『원사』, 『명사』, 『청사고』, 『입이사차기』.

2. 저서 및 논문

1 한국

공학유, 『삼국지역사기행』, 이주영 역, 이목, 1995.
곽말약, 『중국고대사상사』, 조성을 역, 도서출판 까치, 1991.
김　엽, 「전국 · 진한대의 지배계층」 『동양사학연구』, 1989.
김문경, 『삼국지의 영광』, 사계절, 2002.

김승혜, 『원시유교』, 민음사, 1990.
김용장, 『또 하나의 삼국지』, 범우사, 1997.
김재웅, 『나관중도 몰랐던 삼국지 이야기』, 청년사, 2000.
김호동, 『황하에서 천산까지』, 사계절, 1999.
나관중 저 모종강 평개, 『평역삼국지』, 이문열 평역, 민음사, 1988.
______, 『정본삼국지』, 연변대번역조 역, 청년사, 1992
______, 『중국5대기서삼국지』, 김광열 외 역, 삼성출판사, 1994.
다께다 아끼라, 『조조평전』, 정벽탁 역, 제오문화사, 1978.
라이샤워 외, 『동양문화사』상하, 고병익 외 역, 을유문화사, 1973.
마준, 『손자병법 교양강의』, 임홍빈 역, 돌베개, 2010.
모리야 히로시, 『삼국지의 인물학』, 이시헌 역, 하나미디어, 1993.
박한제, 『영웅시대의 빛과 그늘』, 사계절, 2003.
부낙성, 『중국통사』, 신승하 역, 우종사, 1998.
북경대중국철학사연구실 편 박원재 역, 『중국철학사』, 자작아카데미, 1994.
사마광, 『자치통감』1-3, 권중달 역, 푸른역사, 2002.
______, 『자치통감-삼국지』, 신동준 역, 살림, 2003.
사마열인, 『조조의 면경』, 홍윤기 역, 넥서스북스, 2004.
서울대동양사학연구실 편, 『강좌 중국사』1-7, 지식산업사, 1989.
소공권, 『중국정치사상사』, 최명 외 역, 서울대출판사, 2000.
손무, 『손자병법』, 이종학 역, 명문당, 1993.
솔즈베리, 『새로운 황제들』, 박월라 외 역, 다섯수레, 1993.
신동준, 『CEO의 삼국지』, 청림출판, 2010.
______, 『조조통치론』, 인간사랑, 2005.
심백준, 『삼국만담』, 정원기 역, 책이 있는 마을, 2001.
______ 외, 『삼국지사전』, 정원기 역, 범우사, 2000.
야마구치 히사카즈, 『사상으로 읽는 삼국지』, 전종훈 역, 이학사, 2003.
양계초, 『중국문화사상사』, 이민수 역, 정음사, 1980.

양룡, 『조조 읽는 CEO』, 이은미 역, 21세기북스, 2009.
요시가와 에이지, 『삼국지』, 이인광 역, 1973.
유동환, 『조조병법』, 바다출판사, 1999.
유의경, 『세설신어』1-3, 김장환 역, 살림, 2000.
유협, 『문심조룡』, 이민수 역, 을유문화사, 1984.
이마이즈미 준노스케, 『관우전』, 이만옥 역, 예담, 2002.
이성규 외, 『동아사상의 왕권』, 한울아카데미, 1993.
이재하, 『인간 조조』, 바다출판사, 1998.
이전원 · 이소선, 『삼국지고증학』1-2, 손경숙 외 역, 청양, 1997.
이종오, 『후흑학』, 신동준 역, 인간사랑, 2010.
여동방, 『삼국지 교양강의』, 문현선 역, 돌베개, 2010.
역중천, 『삼국지강의』1-2, 김성배 외 역, 김영사, 2007.
장아신, 『조조, CEO를 위한 용인술의 대왕』, 박한나 역, 휘닉스드림, 2010.
장작요, 『조조평전』, 남종진 역, 민음사, 2010.
장정일 외, 『삼국지해제』, 김영사, 2003.
전목, 『중국사의 새로운 이해』, 권중달 역, 집문당, 1990.
전해종 외, 『중국의 천하사상』, 민음사, 1988.
정원기, 『최근 삼국지연의 연구동향』, 대구, 중문, 1998.
진수, 『삼국지』, 김원중역, 신원문화사, 1994.
진순신, 『중국의 역사』, 권순만 외 역, 한길사, 1995.
차이위치우, 『도략』1-3, 김영수 역, 들녘, 2003.
최 명, 『삼국지 속의 삼국지』1-2, 인간사랑, 2003.
카노 나오사다, 『제갈공명』, 임종삼 역, 동국출판사, 1983.
크릴, 『공자-인간과 신화』, 이성규 역, 지식산업사, 1989.
하야시다 신노스케, 『제갈공명평전』, 심경호 역, 강, 1998.
한조기, 『사기 교양강의』, 이인호 역, 돌베개, 2010.

2 중국

金德建,『先秦諸子雜考』, 北京：中州書畵社, 1982.

童書業,『先秦七子思想硏究』, 濟南：齊魯書社, 1982.

羅貫中 原著 毛宗岡 評改,『三國演義』, 臺北：臺灣文源書局, 1979.

______,『三國志通俗演義』, 長春：劉奉文 點校, 吉林人民出版社, 1998.

謝祥皓,『中國兵學』1-3, 濟南：山東人民出版社, 1998.

徐復觀,『中國思想史論集』, 臺中：臺中印刷社, 1951.

蕭公權,『中國政治思想史』, 臺北：臺北聯經出版事業公司, 1980.

蕭統 著 李善 注,『昭明文選』1-3, 北京：京華出版社, 2000.

孫祖基,『中國歷代法家著述考』, 臺北：進學書局, 1970.

沈展如,『新莽全史』, 臺北：正中書局, 1977.

梁啓超,『先秦政治思想史』, 上海：商務印書館, 1926.

楊榮國 編,『中國古代思想史』, 北京：三聯書店, 1954.

楊幼炯,『中國政治思想史』, 上海：商務印書館, 1937.

楊鴻烈,『中國法律思想史』1-2, 上海：商務印書館, 1937.

呂思勉,『秦學術槪論』, 上海：中國大百科全書, 1985.

吳乃恭,『儒家思想硏究』, 長春：東北師範大學出版社, 1988.

吳辰佰,『皇權與紳權』, 臺北：儲安平, 1997.

王德保,『司馬光與資治通鑑』, 北京：中國社會科學出版社, 2002.

王文亮,『中國聖人論』, 北京：中國社會科學院出版社, 1993.

王亞南,『中國官僚政治硏究』, 北京：中國社會科學出版社, 1990.

袁閭琨 主編,『中國兵法十代名典』1-2, 瀋陽：遼寧人民出版社, 2000.

劉澤華,『先秦政治思想史』, 天津：南開大學出版社, 1984.

游喚民,『先秦民本思想』, 長沙：湖南師範大學出版社, 1991.

李錦全 外,『春秋戰國時期的儒法鬪爭』, 北京：人民出版社, 1974.

李宗吾,『厚黑學』, 北京：求實出版社, 1990.

______ 著 劉泗 編譯,『李宗吾與厚黑學』, 北京：經濟日報出版社, 1997.

李澤厚, 『中國古代思想史論』, 北京 : 人民出版社, 1985.

人民出版社編輯部 編, 『論法家和儒法鬪爭』, 北京 : 人民出版社, 1974.

張作耀, 『曹操傳』, 北京 : 人民出版社, 2000.

張豈之, 『中國儒學思想史』, 西安 : 陝西人民出版社, 1990.

張君勱, 『中國專制君主政制之評議』, 臺北 : 弘文館出版社, 1984.

張岱年, 『中華的智慧-中國古代哲學思想精髓』, 上海, : 上海人民出版社, 1989.

鄭良樹, 『商鞅及其學派』, 上海 : 上海古籍出版社, 1989.

曹　謙 編, 『韓非法治論』, 上海 : 中華書局, 1948.

趙光賢, 「什麽是儒家? 什麽是法家?」『歷史教學』1 : 1980.

曹思峰, 『儒法鬪爭史話』, 上海 : 上海人民出版社, 1975.

趙守正, 『管子經濟思想研究』, 上海 : 上海古籍出版社, 1989.

趙翼, 『廿二史箚記』1-2, 王樹民 校證 : 中華書局, 2001.

曹操, 『曹操集』, 北京 : 中華書局, 1959.

______ 外, 『孫子十家注』, 北京 : 中華書局, 1986

鍾肇鵬, 「董仲舒的儒法合流的政治思想」, 『歷史研究』3 : 1977.

周立升 編, 『春秋哲學』, 山東 : 山東大學出版社, 1988.

周燕謀 編, 『治學通鑑』, 臺北 : 精益書局, 1976.

中華書局編輯部 編, 『曹操集』, 北京 : 中華書局, 1959.

曾小華, 『中國政治制度史論簡編』, 北京 : 中國廣播電視出版社, 1991.

陳啓天, 『中國法家概論』, 臺北 : 中華書局, 1970.

祝瑞開, 『先秦社會和諸子思想新探』, 福州 : 福建人民出版社, 1981.

彭慶生 · 張仁健 主編, 『唐詩精品』, 北京 : 北京燕山出版社, 1997.

許盤淸 · 周文業, 『三國演義 · 三國志 對照本』1-2, 南京 : 江蘇古籍出版社, 2002.

嵇文甫, 『春秋戰國史話』, 北京 : 中國靑年出版社, 1958.

3 일본

加藤常賢,『中國古代倫理學の發達』, 東京：二松學舍大學出版部, 1992.

加賀榮治,『中國古典解析史』, 東京：勁草書房, 1973.

角田幸吉,「儒家と法家」『東洋法學』12-1：1968.

岡田脩,「法家學說の社會的背景」『大東文化大學紀要:社會.自然科學』13：1975.

岡田武彦,『中國思想における理想と現實』, 東京：木耳社, 1983.

鎌田正,『左傳の成立と其の展開』, 東京：大修館書店, 1972.

高文堂出版社 編,『中國思想史』1-2, 東京：高文堂出版社, 1986.

高山方尙,「商子・荀子・韓非子の國家-回歸と適應-」『中國古代史硏究』4：1976.

高須芳次郞,『東洋思想十六講』, 東京：新潮社, 1924.

高田眞治,「孔子的管仲評-華夷論の一端として」『東洋硏究』6：1963.

館野正美,『中國古代思想管見』, 東京：汲古書院, 1993.

溝口雄三,『中國の公と私』, 東京：硏文出版, 1995.

宮崎市定,『アジア史硏究:I-V』, 京都：同朋社, 1984.

金谷治,『秦漢思想史硏究』, 東京：平樂寺書店, 1981.

______,「先秦における思想の展開」『集刊東洋學』：1982.

吉川英治,『三國志』, 六興出版社, 1953.

內山俊彦,『荀子-古代思想家の肖像』, 東京：評論社, 1976.

大久保隆郞也,『中國思想史』, 東京：高文堂出版社, 1985.

大濱晧,『中國古代思想論』, 東京：勁草書房, 1977.

渡邊信一郞,『中國古代國家の思想構造』, 東京：校倉書房, 1994.

木村英一,『法家思想の探究』, 東京：弘文堂, 1944.

尾藤正英,『日本文化論』, 東京：放送大學教育振興會, 1993.

山口義勇,『列子硏究』, 東京：風間書房, 1976.

上野直明,『中國古代思想史論』, 東京：成文堂, 1980.

小野勝也,「韓非.帝王思想の一側面」『東洋學學術硏究』10-4：1971.

小倉芳彦,『中國古代政治思想硏究』, 東京：青木書店, 1975.

松浦玲, 「王道論をめぐる日本と中國」『東洋學術硏究』16-6 : 1977.
守本順一郎, 『東洋政治思想史硏究』, 東京 : 未來社, 1967.
狩野直禎, 『韓非子の知慧』, 東京 : 講談社, 1987.
守屋洋, 『韓非子の人間學』, 東京 : プレジデント社, 1991.
信夫淳平, 『荀子の新硏究』, 東京 : 硏文社, 1959.
安岡正篤, 『東洋學發掘』, 東京 : 明德出版社, 1986.
________, 『人物を修める』, 東京 : 竹井出版社, 1986.
安居香山 編, 『讖緯思想の綜合的硏究』, 東京 : 國書刊行會, 1993.
栗田直躬, 『中國古代思想の硏究』, 東京 : 岩波書店, 1986.
伊藤道治, 『中國古代王朝の形成』, 東京 : 創文社, 1985.
日原利國, 『中國思想史』, 東京 : ペリカン社, 1987.
張　柳雲, 「韓非子の治道與治術」『中華文化復興月刊』3-8 : 1970.
竹田晃, 『曹操』, 東京 : 講談社學術文庫, 1996.
中村愿, 『三國志-曹操傳 改訂新版』, 東京 : 新人物往來社, 2007.
中村哲, 「韓非子の專制君主論」『法學志林』74-4 : 1977.
陳舜臣, 『曹操殘夢-魏の曹一族』, 東京 : 中央公論新社, 2008.
津田左右吉, 『左傳の思想史的硏究』, 東京 : 岩波書店, 1987.
淺井茂紀他, 『孟子の禮知と王道論』, 東京 : 高文堂出版社, 1982.
村瀨裕也, 『荀子の世界』, 東京 : 日中出版社, 1986.
塚本靑史, 『三國志- 曹操傳』, 東京 : 講談社學術文庫, 2011.
貝塚茂樹 編, 『諸子百家』, 東京 : 筑摩書房, 1982.
戶山芳郞, 『古代中國の思想』, 東京 : 放送大敎育振興會, 1994.
丸山松幸, 『異端と正統』, 東京 : 每日新聞社, 1975.
丸山眞男, 『日本政治思想史硏究』, 東京 : 東京大出版會, 1993.

4 서양

Ahern, E. M., Chinese Ritual and Politics, London : Cambridge Univ. Press, 1981.

Allinson, R., ed., Understanding the Chinese Mind : The Philosophical Roots, Hong Kong : Oxford Univ. Press, 1989.

Ames, R. T., The Art of Rulership–A Study in Ancient Chinese Political Though, Honolulu : Univ. Press of Hawaii, 1983.

Bell, D. A., "Democracy in Confucian Societies : The Challenge of Justification," in Daniel Bell et. al., Towards Illiberal Democracy in Pacific Asia, Oxford : St. Martin's Press, 1995.

Carr, E. H., What is History, London : Macmillan Co., 1961.

Cohen, P. A., Between Tradition and Modernity–Wang Tao and Reform in Late Ch'ing China, Cambridge : Harvard Univ. Press, 1974.

Creel, H. G., Shen Pu–hai. A Chinese Political Philosopher of The Fourth Century B.C., Chicago : Univ. of Chicago Press, 1975.

Cua, A. S., Ethical Argumentation—A study in Hsün Tzus Moral Epistemology, Honolulu : Univ. Press of Hawaii, 1985.

Fingarette, H., Confucius : The Secular as Sacred, New York : Harper and Row, 1972.

Machiavelli, N., The Prince, Harmondsworth : Penguin, 1975.

Moritz, R., Die Philosophie im alten China, Berlin : Deutscher Verl. der Wissenschaften, 1990.

Munro, D. J., The Concept of Man in Early China, Stanford : Stanford Univ. Press, 1969.

Peerenboom, R. P., Law and Morality in Ancient China–The Silk Manuscripts of Huang–Lao, Albany New York : State Univ. of New York Press, 1993.

Rubin, V. A., Individual and State in Ancient China–Essays on Four Chinese Philosophers, New York : Columbia Univ. Press, 1976.

Sabine, G., A History of Political Theory, New York, Holt : Rinehart and Winston, 1961.

Schwartz, B. I., The World of Thought in Ancient China, Cambridge : Harvard Univ. Press, 1985.

Taylor, R. L., The Religious Dimensions of Confucianism, Albany New York : State Univ. of New York Press, 1990.

Tu, Wei–ming, Way, Learning and Politics–Essays on the Confucian, Intellectual : Albany New York : State Univ. of New York Press, 1993.

Waley, A., Three Ways of Thought in Ancient China : New York, doubleday & company, 1956.

Wu, Geng, Die Staatslehre des Han Fei–Ein Beitrag zur chinesischen Idee der Staatsräson, Wien & New York : Springer–Verl., 1978.

Wu, Kang, Trois Theories Politiques du Tchouen Tsieou, Paris : Librairie Ernest Leroux, 1932.

Zenker, E. V., Geschichte der Chinesischen Philosophie, Reichenberg : Verlag Gebrüder Stiepel Ges. M. B. H., 1926.